图书在版编目(CIP)数据

商业养老保险及其产业链延伸国际比较研究 / 江生
忠,薄滂沱主编. —天津:南开大学出版社,2015.7
ISBN 978-7-310-04818-2

Ⅰ.①商… Ⅱ.①江… ②薄… Ⅲ.①商业保险－养
老保险－研究－中国 Ⅳ.①F842.67

中国版本图书馆 CIP 数据核字(2015)第 107008 号

南开大学出版社出版发行
出版人:孙克强
地址:天津市南开区卫津路 94 号　　邮政编码:300071
营销部电话:(022)23508339　23500755
营销部传真:(022)23508542　　邮购部电话:(022)23502200

*

北京楠海印刷厂印刷
全国各地新华书店经销

*

2015 年 7 月第 1 版　　2015 年 7 月第 1 次印刷
230×160 毫米　16 开本　25.75 印张　2 插页　390 千字
定价:48.00 元

如遇图书印装质量问题,请与本社营销部联系调换,电话:(022)23507125

本书受到 2013 年度中国保监会部级研究重点课题："商业养老保险及其产业链延伸国际比较研究"的资助

商业养老保险及其产业链延伸国际比较研究

主　编：江生忠　薄滂沱

副主编：刘　越　贾士彬　杨汇潮　江时鲲

南开大学出版社

天　津

前　言

一

　　该书是在南开大学风险管理与保险学系江生忠教授与信泰人寿保险股份公司共同承担的2013年度保监会部级重大课题的结项报告基础上修改完成的。该书立足于产业关联、产业集群和产业链延伸等基础理论，在总结商业养老保险产业链延伸的国际经验与考察我国养老产业市场规模与发展前景的基础上，以前沿的思考和创新的视角分析了我国寿险公司应当如何在老龄化深化发展的背景下，一方面利用市场资源配置方式减轻社会养老压力，进一步发挥保险的经济保障、资金融通及社会管理职能，另一方面抓住老龄化带来的市场机遇，促进寿险业拓宽业务范围和服务领域，发现与创造新的公司价值，提高保险业整体实力，实现可持续发展。

　　商业养老保险产业链的延伸，寿险公司参与养老事业建设，从社会角度来说，应是寿险公司对国家鼓励社会力量参与养老事业建设的积极响应；从行业角度来说，寿险公司介入养老产业，可以拉长寿险公司业务链条，拓宽盈利来源，进一步增加寿险业在整个金融体系中的市场参与度与服务能力，培养与提高核心竞争力；从公司角度来说，商业养老保险及其产业链的发展，有利于寿险公司更大程度地发挥保险产品优势，建立与扩展新的优质客户平台，提高公司盈利能力，解决寿险公司资产负债错配问题；从理论角度来说，研究商业养老保险及其产业链延伸是利用产业链等理论基础发现寿险业发展规律的有益探索，也为寿险公司延伸传统业务，拓宽业务领域与利润来源提供了理论依据。

近几年来，随着监管部门对保险公司资金运用渠道的放宽和对业务创新、服务创新的鼓励，一些寿险公司开始涉入养老社区、保险信托、以房养老等非传统业务领域。由于这些领域并不为我国寿险公司所熟知，在"摸着石头过河"的发展过程中，实施战略、策略规划、盈利模式和风险防范等方面都需要不断探索与完善。

作为前沿性分析寿险公司延伸养老保险产业链的书籍，创新之处在于，一是从理论方面深入分析了产业链的构建与运行对我国寿险业可持续发展、商业养老保险发挥社会管理功能的重要经济意义与现实意义；二是切合我国现实国情、结合国际发展经验，对我国未来10年的养老产业市场的总体规模、老年生活必需品产业规模、老年医疗保健产业规模、老年文化娱乐产业规模、老年养老地产产业规模进行了预估，这些数据可以成为寿险公司进入养老产业的重要依据；三是根据我国寿险业进行养老保险产业链延伸的能力分析及目前的实践，在区分大型与中小寿险公司的基础上，分别提出了我国发展商业养老保险产业链的可行步骤与经营模式，这在以前的研究中是没有的；四是结合我国经济体制改革进程、寿险市场经营现状、相关养老行业的发展情形等切实国情，分析了商业养老保险产业链运行可能面临的风险与挑战，并对各涉及主体提出了相应具备可行性的政策建议。

本书在章节结构上共分为三个部分。第一部分以理论分析和概念界定为主，包括第一章我国商业养老保险产业链现状及其延伸必要性分析、第二章我国商业养老保险产业链延伸的可行性分析和第三章我国商业养老保险产业链延伸的定位及战略选择。

在第一部分中，首先对商业养老保险产业链延伸及其相关领域的国内外文献进行整理。从产业链概念、延伸效应、商业养老保险研究现状、寿险公司延伸优势、产业链延伸的影响因素及延伸相关领域进展进行了分类文献述评，形成了基本判断，并确立了本书的主要研究内容；然后对产业链延伸的理论和现实必要性进行了深入的剖析：产业链具备有效整合行业资源、减少交易成本、加强专业化分工、共用营销渠道、降低总体成本等整合、协同、示范、信息传递等效应。与此同时，观察到目前我国商业养老保险存在相关养老产业链条未形成，业内市场格局封闭化、结构碎片化，服务领域不宽等发展问题，保费收入虽然连年增加，但经营活动大都围绕养老保险产品展开，与社会养老事业发展的多样化需求衔接不完整，限于传统服务业发展缓慢与现金给付服务方式的法律规定，在产品设计方面对养老实体服务、健康管理领域开拓少，服务能力与盈利能力较低。其次，在借鉴美日商业养老保险产业链延伸模式和经验的基础上，对我国商业养老保险产业链延伸的可行性进行分析。最后，根据产业间关联程度及目前寿险公司的相关业务延伸实践，认为核心延伸业务应优先集中于老年金融业、老年服务业和养老地产业。

第二部分是寿险公司延伸养老产业链的策略分析，包括第四章寿险公司介入老年金融业的策略分析、第五章寿险公司介入老年服务业的策略分析、第六章寿险公司介入养老地产的策略分析、第七章寿险公司介入社区养老的策略分析。

寿险公司介入老年金融业主要分为开发"以房养老"产品、延伸长期护理保险产品、介入人寿保险信托以及介入企业年金四个方面。对于开发以房养老产品，认为现阶段应以"非参与型"先行试点，避免传统文化观念、房价波动、产权法律等方面带来的风险，对于大型寿险公司（集团）报告建议利用其资产管理、产品精算等优势进行独立开发，对于中小寿险公司，特别是具有银行股东背景的中小寿险公司，建议以"银保合作"形式开发；在寿险公司延伸长期护理保险方面，在总结分析了日本长期护理保险制度和美国长期护理保险运营情况的基础上，提出了我国长期护理保险运营及延伸策略：将长期护理保障融入寿险或年金产品、增加通货膨胀保护条款、大力发展企业团体长期护理保险、积极发展老年护理咨询服务和老年护理服务；在寿险公司介入人寿保险信托方面，关注了目前国内平安家庭信托、中信信托和信诚人寿的保险金信托的最新发展动向，主要分析了目前寿险公司开展保险信托业务的制度障碍、法律环境及财税体系环境等方面的制约；在介入企业年金方面，大型寿险公司资本实力雄厚，知名度和可靠性方面占据优势，加大产品创新力度、提高服务质量，着力维护现有市场地位，凭借实力赢得更多客户。中小寿险公司，应该努力参与社会公益活动，宣传品牌理念，提高公司的社会认可度。同时需加强与其他金融机构的合作，并注重开发中小企业的企业年金市场，提高资金管理的能力和透明度。

未来养老产业的主体必然是服务业，在研究了美国、英国管理式医疗发展经验后，认为发展养老服务业特别是医疗服务业和护理服务业，我国寿险公司有两种投资方式，一种是直接投资建立医疗机构和护理机构；另一种是通过投资参股现有的医疗机构和服务机构，通过股权合作关系进一步深化双方的合作项目和经营深度，前者投资方式针对大型寿险公司，后者更适用于中小寿险公司。

目前寿险公司对养老地产的投资方兴未艾，大型寿险公司在介入养老地产方面有资金、品牌与客户资源上的优势，应当充分发挥这些优势，尽可能抓住有效盈利点，在开发模式上定位于具有消费水平的中高端客户群体，在投资模式上除全资持有外，可以考虑利用医疗护理机构的专业优势进行合作，并在自行运营时要注重控制成本与保险产品对接问题；中小寿险公司在资金运用规模较小，一定程度上限制了其对养老地产的投资，但合作投资方式可以帮助中小寿险公司规避养老地产投资的过高门槛及过长的回收周期，因此中小寿险公司介入养老地产的商业模式与大型寿险公司不同，要特别注意选择恰当的开发模式与投资模式，尽可能地控制风险，缩短盈利回收区间，保证偿付能力，同时中小寿险公司可优先考虑发展养老服务机构等轻资产类投资。

受居家观念、收入水平、服务便利性等因素的影响，当前及未来一段时间，大多数人青睐和选择社区养老。与养老产业相对发达的美、英、日等国家相比：我国的社区养老精细化、人文化程度不高，服务内容和质量上有所欠缺；缺乏资金投入，社会化程度偏低；大多为分散化管理。寿险公司应充分发挥自己在资金、管理方面的优势，与相关机构合作进入社区养老市场。

第三部分即本书第八章，是关于我国商业养老保险产业链延伸的结论与建议。

我国商业养老保险业目前发展水平比较低，但寿险公司在投资养老产业上有天然优势，利用商业养老保险业与养老产业之间的天然紧密关联，延伸商业养老保险产业链可以帮助商业养老保险扩展发展空间、提高发展水平，同时对保险公司来说，有助于扩大寿险公司的盈利空间，改进碎片化的盈利模式，增加新的价值创造，改善失衡的寿险业务结构，改善资产负债错配问题。考虑到商业养老保险的功能、地位、行业优势、现阶段养老产业各行业的发展成熟水平以及养老保险业与养老产业间的关联度，我们认为寿险公司的商业养老保险产业链的延伸业务应优先集中于老年金融业、老年服务业（医养产业）和养老地产业，打造一种将商业养老保险产品、商业养老服务体系紧密结合的新型商业养老保险产业。商业养老保险产业向养老产业延伸在具有盈利性的同时，又带有养老产业自身的社会公益性、福利性。从总体上看，养老产业更多强调非盈利性，因此商业养老保险在养老产业中不会起到主导作用，而只是重要补充部分。但在某些养老服务方面，商业保险公司的延伸行为确实一定程度上解决了政府的养老难题，在不排斥商业性的同时，不能对商业保险公司参与养老事业服务的所有行为，都完全排斥在政府鼓励和政策支持的范围外，应当适度给予一定鼓励支持和优惠政策。

针对政府、监管机构和寿险公司等主体提出了对商业养老保险产业链延伸的一些前瞻性建议。主要包括做好商业养老保险产业链延伸的顶层设计；提高寿险公司产业链延伸意识，积极参与产业的布局、标准的制定以推动寿险业健康发展；明确商业养老保险产业链延伸是一个分阶段、多元化的选择调整过程；加强商业养老保险产业链延伸的相关人才队伍建设和培养；在养老地产与保险产品衔接方面，明晰服务给付和保险金给付间不同的法律关系，体现保险产品资金储备优势；在投资养老服务方面，注重对第三方服务机构的遴选与树立品牌；在投资养老地产方面，现阶段宜采用财务投资方式，避免流动性与收益性风险；在养老地产的运营方面，通过实践逐步调整完善、整合行业资源，建设养老信息与服务平台。

二

自 2013 年 6 月课题立项以来，课题组在江生忠教授的带领下分两个阶段开始了对课题的研究。第一阶段以"商业养老地产"为主要研究方向，完成阶段性报告《发达国家养老产业链的发展经验及借鉴》及《我国寿险公司投资养老地产现状分析》。第二阶段以"商业养老保险产业链延伸为主"，并完成最终报告的编写，最后在报告的基础进行适当的修改，完成本书。

为了解我国商业养老地产发展的实际情况，本课题组于 2013 年 9 月至 11 月间多次到投资运营商业养老地产的各保险公司实地调研，向中国人寿投资控股有限公司袁鹏总经理探讨交流中国人寿投资商业养老地产的情况，向泰康人寿保险股份有限公司总精算师刘渠、战略规划部周立生总经理了解泰康布局商业养老地产的战略；向合众不动产投资部王晓霞总经理了解合众优年社区建设运营的情况；向新华家园孙同越董事长交流公司经营新华家园的战略考虑。在实地调研积累大量保险公司拓展布局商业养老地产战略思考的相关资料的同时，为准确把握不同社会人群对养老问题及商业养老地产的态度，本课题组还制作了三份分别针对老年人、年轻人及保险从业人员的问卷调查。11 月 23 日，在前期大量调研及上述研究成果的基础上，从多视角多维度多层次研究养老产业链发展的角度出发，本课题组在江生忠教授的主持下召开了包括监管方、保险业、银行业、投资业以及学术圈精英参加的学术论坛，参会人数达 50 余人。该论坛从更加宏观的角度为我国养老产业链的发展确定了基本思路与策略，也为课题第二阶段"商业养老保险产业链延伸"的研究及本书的编写奠定了基础。

2014 年，本课题组继续以开拓进取锐意创新的精神进行研究。随着研究重点转移到课题第二阶段的商业养老保险产业链延伸上，本课题组再次到各大保险公司进行深入调研，了解行业动态。先后与中国人寿保险产品部曹青扬总经理、产品处薛刚处长、产品部资深精算师蒋晓虎，泰康保险股份有限公司总公司战略部李鹏经理，新华家园养老企业管理有限公司运营部苏国丽经理进行学习交流，了解保险业界对"以房养老"试点的参与，探讨保险公司在长期护理、健康管理、保险信托等商业养老保险产业链各个环节的实践。

本书由南开大学经济学院风险管理与保险学系江生忠教授和南开大学滨海学院金融系薄滂沱副教授总体负责，其他编者和执笔人共同策划设计，并共同努力完成的成果。本书分为八章，分工如下：江时鲲负责编写第一章；贾士彬负责编写第二章；薄滂沱、杨汇潮负责编写第三章；薄滂沱负责编写第四章；刘越、付正负责编写第五章；薄滂沱、杨汇潮负责编写第六章；薄滂沱负责编写第七章、第八章；武华伟、李晓慧、葛倩、夏溟、郎达群、王洋参与了本书部分章节的编写。在本书最后完稿及出版阶段，贾士彬博士、江时鲲博士、刘玉焕博士、荣幸博士、本科生单言等做了很多有益的工作。

本书作为中国保监会2013年度部级研究课题"商业养老保险及其产业链延伸国际比较研究"的研究成果，凝结了很多人的智慧，在本书出版之际，表示我们衷心的感谢！

感谢保监会对南开大学经济学院风险管理与保险学系江生忠教授的信任与支持，将此重点课题委托给本课题组，并在研究和本书出版过程中给予指导和协调帮助！

感谢信泰人寿保险股份有限公司刘越总裁助理在本课题研究过程的合作，承担部分撰写工作及提供研究资料！

感谢来参与本课题组举办论坛并提出宝贵意见的中国保监会保险中介监管部张领伟，中国人寿再保险股份有限公司总精算师田美攀，中国人寿股份有限公司产品部总经理曹青扬，中国人寿股份有限公司高级经理祝向军，原光大永明人寿保险股份有限公司总精算师何少波，瑞士再保险股份有限公司高级经理古小春，德华安顾人寿保险股份有限公司董办主任王洪涛，中再资产管理有限公司高级经理谭敏，武汉大学保险经济研究所所长魏华林教授、中央财经大学保险学院陶存文教授、天津财经大学金融系陈之楚教授、何佳讲师，中化集团财务公司总经理杨毅，炫联投资有限公司总经理蔡光野等！

感谢被调研的中国人寿保险（集团）公司、新华人寿保险股份有限公司、泰康人寿保险股份有限公司、合众人寿保险股份有限公司在课题组多次实地调研、收集一手研究资料的过程中给予的积极协调与周到的帮助！

衷心感谢中国人寿保险（集团）公司、太平洋保险（集团）公司、平安保险（集团）公司、人保寿险股份有限公司、太平人寿保险股份有限公司、建信人寿保险股份有限公司、友邦人寿保险股份有限公司、恒安标准人寿保险有限公司、中怡保险经纪有限责任公司、中化保险经纪有限责任公司的南开校友和工作人员在填写问卷调查过程中的密切配合，为本课题组提供重要的数据！

另外，在课题研究的过程中，参考和借鉴了国内外诸多专家学者的有关论著和研究成果，在此致以诚挚的谢意。衷心感谢南开大学风险管理与保险学系的老师（刘玮教授、邵全权副教授等）和同学（硕士生卢坤和本科生李璐璐、刘媛源、曹倩雯、高航）在课题完成过程中给予本课题组的支持与帮助，此外感谢在我们课题进行问卷调查过程中给予支持和帮助的同学及行业同仁。感谢南开大学滨海学院金融学系许丹婷、夏弋超老师和新疆财经大学费清硕士在本书编写过程中的帮助。感谢南开大学出版社王乃合老师的支持和帮助！

我们深知，尽管我们全力以赴，但是基于主观能力和客观条件的局限，本书存在诸多不尽人意之处，此外，由于本书研究内容属于保险行业前沿问题，接触了解的时间还不够，而且各章分别由不同人执笔，研究水平和把握程度不一，对此，也请读者给予批评指正和谅解。

江生忠
于天津南开园

目　录

第一章

我国商业养老保险产业链现状及其延伸必要性分析

第一节　商业养老保险产业链延伸文献评述

一、产业链延伸及商业养老保险研究现状

从总体上看，专门进行商业养老保险及其产业链的研究较少，国外相关经验介绍的文章较多；分别研究养老产业和寿险产业的较多，将商业养老保险及其产业链与养老产业结合起来研究的较少；概括性地研究寿险公司如何投资、介入养老产业的较多，从产业链的角度研究如何投资、介入养老地产、老年金融服务等则更是少见。

（一）产业链概念国外较少使用，产业链延伸的内涵界定不统一，但分歧不大

当前国外学术界较少使用产业链的概念，大多以生产系统、价值链、供应链来表述，Fredriksson，Lindmark（1979）提出了"生产系统"的概念，认为生产系统由生产某种产品时所发生的一系列联系所组成。

Michael E.Porter（1985）从微观角度提出了"价值链"概念，作为企业分析自身竞争优势的基本工具。Houlihan，John B.（1985）提出并详细分析了国际供应链管理。

但是产业链的思想最早来自于西方古典经济学家亚当·斯密有关分工的论断。马歇尔把分工扩展到企业与企业之间，强调企业间的分工协作的重要性，可谓是产业链理论的真正起源。Houlihan（1988）认为产业链是从供应商开始，经生产者或流通业者，到最终消费者的所有物质流动；Stevens（1989）将产业链看作是由供应商、制造商、分销商和消费者连接在一起组成的系统，其中贯穿着物流和信息流；Harrison（1993）基于价值网络概念，将产业链定义为采购原材料，将它们转换为中间产品和成品，并将成品销售到用户的功能网络。龚勤林（2004），徐丽芳（2008）都认为产业链延伸是将一条既已存在的产业链尽可能地向上下游拓展延伸。龚勤林（2004）从全球的视角来看产业链延伸，认为产业链延伸是指全球范围内的资源重新整合，地域空间和产业空间上重新构建与调整产业链环的联结状态，突破了原有产业、部门、地域约束。孙理军、方齐云、郑晓军（2006）将产业链延伸定义为运用新的竞争思维模式以及寻找全新的市场空间机会，企业跨越边界去发现那些真正体现价值创新的领域，依靠资产的商业潜力去参与价值创新网络和新的生产交易系统。

（二）商业养老保险发展研究现状

1. 商业养老保险作为养老保障体系的第三支柱，是完善社会保障的重要工具，其发展应当得到税收优惠等政策支持。

Larry Wilmore（1999）最早提出了养老保障体系的"三支柱"理论，并认为第三支柱应当由私营部门管理，是一种由个人缴费、自愿参与的养老保险，是第一支柱和第二支柱的必要补充。李绍光（1998）认为个人储蓄养老保险是平滑生命期的收入、家庭内部进行收入再分配或转移支付的重要手段。宋晓梧、张中旭（1997）认为商业养老保险是以保障被保险人退休以后生活为目的，虽然经办机构是人寿保险公司，但是政府对于商业养老保险的发展应当有一定的扶持、鼓励政策和措施，与一般意义上的商业性保险并不等同。宋映梧（2001）、耿志民（2000）、王洪春和张占平（2005）、董毅和冯铭文（2009）也都提出应当给予个人储蓄养老保险税收优惠，以激励个人储蓄性养老保险的发展。

2. 商业养老保险发展受收入水平、人口、社会、教育及社会养老保险等多重因素影响。

Dale B.Truett 和 Lila. J .Truett（1990），Browne Mark J. 和 Kihong Kim（1993）对美国和墨西哥的寿险需求研究发现，保险需求与人均国民生产总值呈正相关，年龄、教育水平、收入水平对寿险保费收入也有明显的影响。Carsten Henning Schlag（2003）认为，保险公司的产品设计、产品定价、产品广告以及销售渠道会对保险实际需求产生影响。陈正阳、纪冰、俞自由（1996）、郑祎华（2002）认为影响商业养老保险的因素有：经济、社会文化、人口、社会保险与福利、科技发展水平以及法律制度完善程度等。卓志（2001）、孙德伟（2008）、夏益国（2007）、李艳荣（2005）、曹乾、何建敏（2006）也证实了人均 GDP 或收入和教育水平与地区的寿险需求呈正相关性。石宇（2008）认为基本养老保险和补充养老保险对个人储蓄养老保险的挤出效应，可能抑制个人储蓄养老保险的发展。

3. 目前我国商业养老保险发展滞后，应从宏观政策支持与微观战略创新两个方面增进发展。

王宪章（2007）表示从总体来看，我国商业养老保险保费仍远低于国际水平，2008 年我国人均商业养老保险保费大约是 431 元，仅为国际平均水平的 1 / 10，为美国的 1 / 70，亟待通过税收优惠政策提高总体规模水平。任睿娥和张亚明（2007）、冯晓增（2008）对保险税收政策进行了分析，认为税收政策对商业人寿保险的发展有重要影响。徐文虎和张仕英（2003）、赵荣（2005）、李艳荣（2005）、蒋丽君（2007）认为养老保险公司应当利用市场细分方法来确定公司战略任务和目标，制定市场策略，开发适用性的保险产品，提高公司内部管理水平。苏华、肖坤梅（2008），张承惠（2009），冯晓增（2008）和林天义（2007）则从商业保险发展环境论证，提出政府应当从宏观环境、财政政策和税收政策等方面支持商业保险发展。

4. 未来商业养老保险发展要适应人口老龄化的新环境与社会多元化需求。

宋国宏（2008）认为人口老龄化给商业养老保险发展带来新的挑战，商业养老保险发展应创新发展模式，积极配合国家规划、社会需求及个人需要。季盼盼（2008）认为商业养老保险要支持多层级的养老保障体系的发展，提高建立企业年金的积极性、对企业年金进行规范化经营管理。余利民（2009）认为我国目前商业养老保险覆盖面不宽、社会化程度偏低、运行效率不高，商业保险的功能远未得到充分发挥，并提出法律制度上的地位明确、税收优惠政策和与基本养老保险协调共存是促进商业养老保险发展的重要举措。张健（2010）认为寿险公司应该在"三支柱"养老保障体系建设中发挥更大的作用，积极参与"第一支柱"建设，利用企业年金发展大力推动"第二支柱"发展，丰富养老保险产品与老年服务，巩固"第三支柱"的核心地位。陈永佳（2010）通过对个人购买商业养老保险情况的实际调研，提出商业养老保险未来必将在整个养老保障体系中扮演日益重要的角色。张敏杰（2010）认为商业养老保险的发展在未来要完成由单一产品向综合产品转变，由赡养产品向照护产品转变，由给付型养老服务向实体型转变，养老内容由救助型向福利型转变。朱佳（2010）则提出商业养老保险的发展要适应未来以居家养老为主、社会化养老为辅的格局，通过确保老年人收入来源、建立新型社会化养老体系、大力支持老龄产业三方面来应对人口老龄化问题。

（三）产业链延伸带来增值、整合、协同、集群等效应，推动产业的发展

从成本方面来看，Coase（1937）提出了交易成本理论，Klein（2004）指出，由科斯提出的交易成本理论已经成为研究组织安排的标准分析框架，这一分析范式不仅解释了企业为何存在，而且解释了一个企业是应该选择自己生产投入品，还是应该从其他相关环节中采购，或者与某些特定生产商保持长久的交易关系。Arrow（1975），Crocker（1983）、Williamson（1975）和其他学者也认为一体化是一种能够更有效地解决信息不对称带来的委托代理的方法，它能够提高企业生产效率，带来更大的价值。Rey，Seabright 和 Tirole（2001）指出，两个环节的两种产品的生产可能具有规模经济性，学习效应也有可能从一个环节向另一个环节溢出。因此，由技术因素推动的纵向一体化降低了纵向相邻的生产环节的生产成本。赵绪福（2004）也对农业产业链的增值效应与拓展优化以及基于产业链长短的粮棉比较分析等进行了深入的研究。刘贵富（2006）提出从企业视角考察，产业链具有整合效应、竞合效应、协同效应三大效应。从产业视角考察，产业链具有增值效应、学习效应、创新效应三大效应。从社会视角考察，产业链具有极化效应、涓滴效应、祸合效应、集群效应、品牌效应、示范效应六大效应。史晋川（2004）指出，一体化所有权有助于解决专用性、互补性物质资本的投资问题。

（四）我国寿险公司介入养老产业有着自身的优势

兰东娟、宋军刚（2011）通过分析当前我国老年人口的增长趋势、国家对于寿险公司介入养老产业推出的一系列政策以及寿险公司资金运用特点三个方面阐述了我国养老产业的巨大潜在市场需求；欧新煜、赵希男（2013）通过 SWOT 分析和与其他投资主体的竞争优势相比较的结论表明，保险公司投资养老社区在品牌声誉、资金实力、客户资源、配套及资源整合等方面具有独特的竞争优势。张绪风（2001）、许谨良（2004）、宋秀梅（2010）、岳彩虹（2010）认为世界发达国家的寿险公司，是养老金资产的主要管理者和重要机构投资者。在美国，寿险公司作为重要的退休金计划管理者，不仅销售团体延期年金和合格个人退休金账户（IRA）的个人退休年金，更重要的是对各种退休金账户资产进行管理和投资，退休金账户资产可投资于股票、共同基金、债券、不动产和短期货币市场，提供养老保险年金给付转化为提供标准化和定制化的养老服务，能够满足老年人对高端养老一站式服务的需要。

（五）产业链延伸的策略的选择应考虑外部环境的变化以及企业自身的能力，适度地进行企业边界调整

Teece，Pisano 和 Shuen（1997）指出当环境的不确定性和决策主体的有限理性对企业的影响显著时，曾经对企业非常有效的知识、经验和技能，现在可能成为企业竞争的负担或障碍。在此基础上，提出企业的动态能力理论和分析框架：首先是"动态"，即为适应不断变化的市场环境，企业必须具有不断更新自身胜任的能力，如整合重构内外部组织技能资源的能力。其次是"能力"，是指战略管理在更新自身胜任以满足环境变化的要求方面具有关键作用。

Penrose（1959）提出了著名的"Penrose 效应"，认为企业是"一个自动的管理计划单元"，企业的成长是一个建立在集体知识累积性增长基础之上的演进过程。但是，源于管理能力扩张的企业边界扩张并不是无止境的，经营管理层在能力和效率方面的局限（管理服务）阻碍了企业的成长。Barney（1991）认为企业是资源的有机组合体，包括企业所控制的、能用以制定和实施战略，以提高效率和效果的所有资产、能力、组织程序、企业品质、信息与知识等。Barney（2003）指出，就单个企业建立和维护持续竞争优势而言，并非所有资源都具有战略相关性，只有满足了异质性和不可流动性的资源才构成可持续竞争优势的源泉。Prahalad 和 Hamel（1990）提出，企业核心能力是"一个组织中的累积性知识，特别是关于如何协调不同生产技能和有机结合各种技术流的学识"，企业内嵌化的具有范围经济效应的知识和组织技能需要有一定有形的物质资源和技术、技能等无形资源为基础。杨瑞龙（2005）指出，企业的成长是内生性的，其内在的资源、能力和知识是获得持续竞争优势的真正基础。

（六）产业链延伸受政府政策、技术进步的影响，并应考虑与相关产业的关联程度，以及介入行业的成熟度

Stigler（1951）指出了政府的规制政策对于企业一体化战略和企业边界的影响。在产业的不同发展阶段，企业的边界，尤其是以纵向一体化和分解表现出来的企业纵向边界的变化可能会显得具有阶段性特征。Clemons 和 Row（1992）认为随着信息技术的不断发展和普遍应用，企业的交易费用将得到巨大节约，致使企业更加依赖市场达成交易，从而缩小边界。Hitt（1999）通过对 1987～1994 年间美国财富 1000强中的 549 家企业的调查研究发现，随着企业信息技术投资额的不断增长，企业进行纵向一体化的行为越来越少，边界不断缩小。与之相反，Gurbaxani 和 Whang（1991）认为，相对于市场交易成本而言，信息技术应用对企业内部协调成本的节约尤其明显，从而促使企业的纵向一体化程度进一步提高，边界进一步扩大，还有学者认为，信息技术应用的普及，将促进经济活动的组织方式向长期合约、战略联盟等中间组织形式转移。Afuah（2003）认为信息技术在企业应用过程中所发挥的信息效率效应和信息协同效应，能够有效地节约企业的内部生产成本和市场协调成本，至于两者节约幅度的高低，以及由此导致的企业边界变动方向，则受到多种因素的影响。

产业关联的方式是指产业部门间发生联系的基础，以及产业间相互联系的不同类型。分为前向关联、后向关联和旁侧关联三种情况。Hirschman（1958）指出，关联效应较高的产业能够对其他产业和部门产生很强的前向关联、后向关联和旁侧关联，并依次通过扩散影响和梯度转移形成波及效应而促进区域经济的发展。徐丽芳（2008）认为产业链延伸存在三种策略：向上延伸策略，上游企业的部分职能分离出来，向上拉伸产业链；横向拓展策略，产业链网状结构的发展，核心资源价值的深度开发；向下延伸策略，主要是以产品为基础提供增值服务，开发相关的衍生产品。

二、寿险公司商业养老保险产业链延伸领域研究现状

（一）"以房养老"方面

"以房养老"又称老年住房反向抵押贷款，国外对反向抵押贷款的研究主要集中在可行性、保障功能研究以及风险研究。

1."以房养老"具有一定的需求空间，但是发展受诸多因素的影响。

早在 20 世纪 70 年代，美国学界就开始探寻能否以住房反向抵押贷款的方式支持养老，支持的一方 Yung Ping Chen（1970）认为，在美国推行住房反向抵押贷款养老方式既有必要性又具可行性。Katsura，Struyk 和 Newman（1989）调查发现，住房反向抵押贷款养老方式在拥有私人住房的老人中间具有较高市场空间，大概将会有 10% 的老人有意愿参加。David W. Rasmussen，Isaac F. Megbolugbe 和 Barbara A.

Morgan（1995）认为，"以房养老"需求的动机源于生命周期动机，即老年人想要获得与年龄相当的财富和资产管理，并通过房屋财产化来增加流动财富；反对一方认为，"以房养老"市场前景未必光明，Weinrobe（1987）认为只有老年人收入与房产价值比例很低且无子女照顾时，才会被迫选择"房子换养老"。Feinstein，Jonathan & Daniel McFadden（1989）也提出，遗产动机、不确定性寿命、健康状况、医疗支出、保险、住房反向抵押市场不完善等因素影响了住房反向抵押贷款的市场需求。受金融和住宅市场体系的限制以及实践滞后的制约，国内住房反向抵押贷款的理论研究和实践起步较晚，曾祥瑞、胡江涛（1995）最早引入了住房反向抵押贷款概念，并介绍了美国住房反向抵押贷款的发展状况。孟晓苏（2002）认为随着住房体制改革，在养老金缺乏但拥有住房的老年人中开发此寿险险种是很好的选择。杜娟、陈茗（2003）将住房反向抵押贷款定义为"住宅期货"，认为我国已经具备开展住房反向抵押贷款的所需的基本条件。阎春宁、祝罗骁等（2011），刘大唯、左晴（2011），罗莉、王亚萍等（2012）分别通过在上海、广州、武汉调研发现，超过半数居民愿意接受以房养老。刘嘉伟、项银涛（2005），张仕廉、刘亚丽（2007）认为国内房地产二级市场发展滞后、房地产评估业不成熟、借款人信用增级问题影响了金融机构开办的积极性。李绍光（2006）则关注了制度运行成本和消费者个人财富损益缺乏效率带来的影响。范子文（2006）、周永锋（2010）认为我国的土地制度、居民消费习惯、金融业分业经营和风险分担机制的缺乏是我国推出住房反向抵押贷款所需要克服的特殊困难。

2."以房养老"带来老年收入水平的提高

得到了多位学者的数据证实，Jacobs（1982）基于实证分析得出住房反向抵押贷款可以帮助约 1/4 的老年房主脱离贫困线。Venti，Wise（1990）研究结果表明通过住房反向抵押贷款可以使消费比例增加10%。Mayer 和 Simons（1994），Nandi née K. Kutty（1995）认为老年房主可以通过住房反向抵押贷款提高至少 20% 的月收入或使老年家庭的贫困率降低 3 个百分点。Olivia S. Mitchell 和 John Piggott（2004）就日本的实际情况进行了研究，认为在政府财政资金紧张情况下，住房反向抵押贷款可以促进老年消费，但需要政府给予相关税收减免、改革房地产市场、建立再保险制度等支持。Benjamin A. Neil 和 Brian A. Neil（2009）支持了这一观点，提出随着婴儿潮时期出生人口达到退休年龄，住房反向抵押贷款将成为提高消费水平、得到稳定现金收入的理想选择。柴效武（2004）提出了"60 岁前人养房，60 岁后房养人"的理念。曾庆芬（2006），张秋虹（2007），朱劲松、陈欣（2008）等认为住房反向抵押贷款提高了住房的流动性，对提高老年人的生活质量存在积极作用。

3. "以房养老"存在一定风险

Christopher J. Mayer 和 Katarina V. Simons（1994）认为住房反向抵押贷款的发展主要受到逆向选择和道德风险的影响，交易费用很高，难以达到规模效应。Miceli 和 Siemens（1994），Boehm 和 Ehrhardt（1994）、Klein 和 Sirmans（1994）等学者认为，"以房养老"使参与人更少进行房屋维护，除了市场风险、利率风险、资产风险外，提前还款风险也需要金融机构重点防范。Thomas Davidoff 和 Gerd Welke（2007）认为住房反向抵押贷款主要面临的是老年人长寿风险，但长寿风险可以通过大数法则，即大量住房反向抵押贷款合同进行控制。柴效武（2003）认为信息不对称、逆向选择的风险会影响项目开办机构的积极性。鞠海峰（2010），陈欢（2010），张鹏、王慧丽（2011）对住房反向抵押贷款养老的风险进行系统研究后认为，寿命风险、房屋价值波动风险、利率风险、道德风险、费用风险、流动性风险、操作性风险、支付风险、价值观风险等都是推行住房反向抵押贷款养老方式的主要障碍。李时华（2007）通过分析老年人有效消费需求的影响因素及我国南京留园老年公寓"以房养老"的实践，提出我国应努力改善社会环境来促进住房反向抵押贷款的发展。赵嘉佳、张凤华（2008）也认为住房反向抵押贷款的产生必须优化市场机制、消除社会质疑。张怡（2007）、牛清霞（2012）探讨了我国开展反向抵押贷款的方式、流程及运行模式。傅鸿源、孔利娟（2008）认为我国以房养老模式将经历政府主导的萌芽期、政府与金融机构合作的发展期，最终向金融机构主导的成熟期过渡。

（二）长期护理保险方面

为了应对老龄化社会深入发展的冲击，许多国家和地区纷纷将长期护理保险作为应对老龄化问题的一项战略措施。长期护理保险以美国、德国和日本的制度最具代表性，同时国外学者以不同的视角对长期护理保险做出了定量与定性的研究。

1. 长期护理保险具有较大的市场需求空间

Meiners（1983）认为，长期护理保险的出现弥补了在家庭护理费用方面的支出。Rivlin，Wiener（1988）进一步拓展和深化了发展长期护理保险的重要性和意义。H. J. Smoluk（1989）利用 Brookings-ICF 融资模型揭示了长期护理保险将具有很大的市场需求空间。Sheila Rafferty Zedlewski 和 Timothy D. Mcbride（1992）认为由于老年收入将随着退休而减少，长期护理保险应设计较低的保费，并面向低收入人群。Frank A. Sloan 和 Edward C. Norton（1997），Schnepper（2001）详细论述了长期护理保险的保障及增收功能。Gordon（2001）认为长期护理保险可以扩展到雇主和雇员之间，成为企业吸引和留住主要员工的一种间接手段。Anonymous（2002）谈到了长期护理保险的主要定位应是老年群体，特别是 50 岁以上的中产阶级。NagiaS. Ali 和 PhD.RN（2005）认为独居、患慢性病的老人、预期寿命较长的女性对长期护理保险需求较高。荆涛（2006）认为，随着人口老龄化步伐加快、医疗费用攀升，以及社会医疗保险制度不健全等原因，长期护理保险在我国的潜在市场将非常可观。苏永莉（2007）、郝乐（2010）、范娟娟（2011）认为观念因素、人口因素、社会经济因素和社会保障机制的替代效应四个方面是影响我国长期护理保险需要的主要原因。

2. 长期护理保险的发展受道德风险、替代工具、风险意识、家庭收入等因素的影响，应构建适合的长期护理保险发展模式

Arrow（1963）最先定义了道德风险，发现如果医疗费用由保险来负担，那么被保对象就会消费更多的医护服务。Sloan，Norton（1997）和 Jennifer M. Mellor（2001）认为公共保险对长期护理保险的挤出效应也是影响长期护理保险发展的原因之一。Helen I. Doerpinghaus 和 Sandra G. Gustavson（2002）通过实证研究发现国家医疗补助开支越低，

长期护理保险的渗透率越高，但长期护理服务的质量与保险市场没有显著的关系。Jeffrey R. Brown 和 Amy Finkelstein（2007）、R. Brown 和 Amy Finkelstein（2009）通过调查统计分析发现，保费高于公允水平、国家医疗补助制度的替代影响了长期护理保险需求。Tian Zhou-Richter、Mark J. Browne 和 Helmut Griindl（2010）发现老年人的成年子女的风险意识越高，购买或鼓励父母购买长期护理保险的可能性越大。长期护理保险的需求与成年子女的风险意识有很大关系。汤文魏（2005）认为长期护理保险的消费以高收入家庭为主，大多非本人购买，家庭因素对长期护理保险的发展影响较大。孟诞（2007）利用 Logistic 模型证实，经济能力、社会保险及其他商业健康保险的持有对长期护理保险存在显著性影响。但荆涛、王靖稻、李莎（2011）利用对数线性模型发现居民人均收入、利率、通货膨胀对长期护理保险发展影响并不显著，社保支出对长期护理保险需求不构成挤出效应，相反该支出每增加 1%，长期护理保险的需求就增加 0.1222%。邹晓菲（2005）分析了长期护理保险在全球的发展趋势后，对政府、保险企业、护理机构以及家庭四个经济主体在开展长期护理保险中的角色进行了定位分析。余涛（2005）、荆涛（2010）指出建立适合我国国情的长期护理保险制度模式的三步走设想：第一步，采取商业性长期护理保险模式；第二步，社会基本长期护理保险和商业长期护理保险相结合；第三步，政府强制性全民长期护理保险模式。朱铭来、贾清显（2009），黎建飞、侯海军（2009）认为现阶段我国应当建立以老年长期护理社会保险为主、商业保险为补充的老年护理保险制度。

（三）人寿保险信托方面

1. 人寿保险信托是具有避税功能的理财工具

Orville F. Graham（1983）提出人寿保险信托是一项有价值的理财规划工具，与人寿保险单直接赠与比起来，它所具有的避免联邦遗产税的特征已成为遗产规划工具的首选。Kenneth Black. Jr.，Harold D. Skipper. Jr.（1999）认为人寿保险信托在具有人寿保险功能的基础上可以毫无损失地提供现金。张瑕瑄（2007）对比了美国的保险金分期给付选择权与禁止挥霍信托两种制度，凸显了保险信托存在的价值。邢成、张雅楠（2003）从信托公司的角度对保险信托产品的前景进行了阐述，提出我国信托公司应抓住契机，加快与保险公司与信托业战略合作进程。刘向东（2004）则主要从保险及信托业各自的职能特点出发，从经济学的视角分析了信托业和保险业的互动发展关系以及其结合的必要性与优势。

2. 发展人寿保险信托涉及法律、投资、税收等方面，应谨慎实施

Sebastian V. Grassi.Jr（2003）先是肯定了人寿保险信托的价值，同时提醒由于其不可撤销，应谨慎实施，并建议应增加产品本身的灵活性以应对税法的改变。我国台湾地区对人寿保险信托的研究也比较重视，潘秀菊（2001）在其著书中对人寿保险金信托制度在美国、日本以及台湾地区的发展历史和现状做了开拓性阐述，探讨了寿险业兼营信托业的可行性，认为寿险业兼营信托更能获得委托人信赖，也可以避免委托人另找信托受托人的麻烦。吴玉凤（2001）关注了保险信托相关的法律问题，特别是保险受益人的法律地位、权利和变更以及从监护人之无权代理、加强保护受益人等问题。林显达（2004）剖析了当前台湾地区人寿保险信托的种类以及优缺点，认为信托投资公司分支机构不足会影响资金来源，并且从业者应坚守忠实诚信与稳健经营的原则，才能加强投保人的投保意愿。蔡岳泰（2004）将人寿保险信托的经营与税务制度结合起来，讨论了人寿保险信托在运行过程中产生的税务问题，认为自益信托可免除税务上的问题，但受托人可随时终止信托契约，反而无法确实保护信托受益人，他益信托方式更具可行性。刘涛、林晨（2008）则比较支持我国建立"保险中介"型保险金信托制度，保险客户作为保险投保人和信托业务委托人，信托公司作为信托业务受托人，保险公司作为人寿保险信托中介人。刘永刚（2010）认为我国的人寿保险信托可以采用中介型的运作模式或者由保险公司兼营信托业务。

（四）企业年金方面

1. 企业年金是多支柱的社会保障体系的重要组成部分，可以有效地提高职工养老保障水平

Gudmundsson（2001）对冰岛的养老保障体系做了系统的介绍，研

究表明冰岛实行的强制性企业年金在显著增加养老金替代率的同时，对冰岛居民储蓄不具有明确影响。邓大松、刘昌平（2003）从基金管理方式等方面探讨了我国建立企业年金制度的理论性问题，指出企业年金是多层次养老社会保障体系的重要子制度。杨燕绥（2003）提出企业年金有利于吸引人才、提高生产效率，促进资本市场的发展和完善多支柱的养老保险体系，减轻政府负担。苟丽娜（2008）分析了我国企业年金亟待解决的四大焦点问题是明确企业年金在养老保险体制中的定位、出台统一的税收优惠政策，完善信托型企业年金运行模式和健全综合制度保障。

2. 企业年金的发展受税收制度、法律及监管环境和基金管理水平等多因素影响

Herbertsson（2006）详细介绍了冰岛养老体系，提出冰岛企业年金基金管理资产累积的特征能够保障即便在高抚养比的情况下，养老系统资金依然充足，不需要通过提高税收支持养老金系统的正常运行。Nedelut 和 Ungureanu（2010）研究了多个非欧盟国家的强制企业年金制度，提出大部分国家采用总收入作为企业年金缴费基数，选择增长的缴费比例，并要求企业和职工共同承担企业年金缴费。郑秉文、孙守纪（2008）通过对澳大利亚、冰岛和瑞士三国强制性企业年金制度的历史和现状分析，提出强制性企业年金制度不仅可以实现全面覆盖，而且在保障养老金制度可负担、可持续和稳健性的同时，较好地实现了充足性的目标。朱孟楠、喻海燕（2007）概括了日本不同时期企业年金发展的特点，通过比较借鉴，从实施优惠的税收政策、完善法律、制度环境等方面提出了我国发展企业年金的建议。郑国慧（2007）介绍了我国企业年金计划的法律基础、现有立法状况，并通过理论和国际经验分析，提出了降低基本养老保险替代率、推进资本市场法律制度建设等措施来完善我国企业年金法律制度的设想。冯倩（2012）提出我国企业年金发展缓慢的主要原因是缺乏相关的税收优惠政策，并运用两个精算模型估算我国企业年金税收优惠政策采用 EET 模式的经济成本，并结合税收优惠政策的效益论证了 EET 模式在我国的可行性。邵爽（2013）提出不同的国家投资监管模式的不同会影响养老金的风

险收益模式，通过对美国和德国企业年金的投资风险控制策略进行比较借鉴，建议我国改革单纯的数量限制型企业年金基金监管模式并为企业年金的受益人建立第三方担保。

3. 寿险公司应发挥产品研发和渠道广泛等优势，拓展企业年金市场

王建国（2003）分析了保险公司参与企业年金的竞争优势，如较强的精算和风险管理能力，满足多样化和灵活性需求的产品和丰富的销售经验和客户资源等。刘佳（2005）重点分析了寿险公司偿付能力管理及资产负债管理等方面的优势，提出企业年金必须与资本市场协同发展并进一步指出发展专业化养老金公司能更好地进行企业年金的管理和运作。李亚青（2007）对寿险公司发展企业年金业务进行了SWOT 分析，并探讨了在信托型企业年金制度下寿险公司的市场定位及竞争与合作策略。杨寅（2013）从政治、经济、社会三个维度探讨保险公司在企业年金市场的角色定位和作用，并针对寿险公司的经营特点提出了差异化战略，发展中小企业集合企业年金计划及试点捆绑型的"一站式"管理模式等发展策略。

（五）"管理式医疗"方面

1. "管理式医疗"可以有效地控制信息不对称，降低医疗成本

Gield（1999）将管理式医疗定义为医保机构、医疗机构和患者之间形成的一系列用于控制医疗费用、提高医疗服务质量的契约安排和管理手段。Arrow（1963）认为医疗服务的特殊性（复杂性、私密性、稀缺性、不可替代性、不确定性）使其成为医疗服务行业市场失灵的根源。Fuchs（1978），McGuire（2000）研究了医疗机构与患者之间的信息不对称性，"供方诱导需求"使医生基于自身利益追求而过度医疗。Ehrlichand Becker（1972）认为道德风险不仅存在于医方，而且存在于患方，参保人员患病后，会因为不承担或只承担部分医疗费用，可能消费更多不必要的医疗服务。Akerlof（1970），Arrow（1985）认为两类风险合力助长了医疗费用上涨，影响了医疗服务质量。Zweifel 和 Manning（2000）认为这一问题的结果是营利性的商业医保机构只能实行产品差异化战略，推出给付节俭但保费低廉的保险产品吸引健康人

群，同时推出给付水平高但保费高昂的保险产品吸引高风险人群，其结果是市场被过度细分，风险共济能力下降，反过来进一步推高保费。子荫、周洁（2000）提出美国购买式管理式医疗体系更符合消费者控制医疗费用的需求，也迫使保险公司建立起更为可靠的医疗服务的系统。梁晶（2002），黄炜、申曙光（2002），王琬（2007）都对美国早期管理式医疗体系的发展进行了详细介绍，提出我国应当利用这一监控机制发展商业医疗保险。张亚东（2003）从代理成本与交易成本的研究角度提出，发展商业医疗保险可以考虑医疗与保险公司的纵向一体化。

2. 我国"管理式医疗"可以采取多种形式

李琼等（2003），骆逸民（2003），曾卓、李良军（2003），沈喆颐（2004），方刚、杨波（2005），田建湘（2005），廖淑蓉（2007）等从商业健康保险发展中的道德风险控制角度研究，认为保险公司可以以收购或参与股权形式，或成立独立的健康保障组织，为被保险人提供或安排健康医疗服务。之后国内学者更多地关注以管理式医疗方式建设我国医疗保险与商业医疗保险体系。席友（2009）认为商业医疗保险产业链中的保险公司要有产业链思维，利用协同关系达到长期合作、信任与高效的关系，不断完善对医疗机构、保险中介和被保险人的道德风险约束，加强同社会医疗保险机构的信息沟通。杨星（2009），朱铭来、奎潮（2009），阎建军（2010），张大龙（2010），张涛、袁伦渠（2013），陈心颖（2014）等对如何借鉴发达国家管理式医疗发展，提出了在政策支持、法律完善、医疗服务提升等方面相关政策建议。

（六）养老护理服务方面

1. 养老护理服务需求和养老方式受到收入、健康、性别、城乡等多因素影响

Branch L.G，Greenberg，Evashwick，Krauce，McCoy，Shapiro 等人（1982～1989）分析了经济状况、身体情况及家庭情况等个人因素对老年人养老服务需求的影响因素，Harrington. C，Wolf R.S.等人（1987）则接着分析了政策和社会因素对老年人养老服务需求的因素，发现女性、年长、身体机能差的老年人更愿意选择机构养老方式。但

James D.等（1998）对 3837 名老人的调查研究发现，有政府医疗救助计划的费用支持、子女人数少、无配偶、生活不能自理及男性老人更倾向入住付费养老机构。Kinney（1996）认为身体健康状况及收入是影响老人对居家养老服务需求的重要因素。Bettina Meinow 等（2006）也证实了收入影响的重要性。国内对建设养老机构的研究与国外的研究结果类似。韦璞（2003）利用调查数据分析发现社会养老保障存在着较大的城乡差别，导致老年人不同的城乡养老模式，城市老人倾向于依靠退休金养老，农村老人依靠子女养老，但城市老人和农村老人都偏好居家养老。宋宝安（2006）发现 95%的老年人更愿意选择共同或独自的居家养老模式。性别、年龄、教育程度、婚姻、居住地、健康状况、职业类别、家庭关系，都对老人选择何种养老方式有影响，但家庭收入情况与养老意愿无关。相反赵迎旭等（2006）对 1767 位 65 岁以上老人开展调查发现，发现经济状况的好坏是影响老年人是否选择机构养老的决定性因素，倾向于入住养老机构多为经济条件好的老人。初炜等（2007）调查也证实了年龄较大的、家庭收入越高的老人较青睐机构养老。董沛和苏丽惠等（2010）、韦云波等（2010）在保定和石家庄、贵州等地做了类似的调查，发现大部分老人更愿意选择社区或就近养老，丧偶、高龄老人倾向于选择机构养老。

2. 社区养老服务更受老年人青睐

Lehto，Moss，Rostgaard（1999）认为西方文化中父母与子女分开居住十分常见，因此社区有必要在照顾老人方面承担更多的责任。Sherry Anne Chapman（2002）也认为与机构照料相比，社区提供的照料服务对于居家老人来说是最便利、最适宜的方式，社区照料的相对集中性可以极大地降低养老成本。Jenkins（2001）认为社区养老服务还能增强老人的社交联系，使老人的归属感得到加强。Turrell 等人（2001）发现英国当时的养老护理服务存在着服务标准不明确、专业护理人才缺乏、服务水平低等问题。Walmsley，Rolph（2001）认为政府应当建立以社区为中心的完整统一的养老服务体系，使家庭照料和社区照料紧密结合、相互补充，以提升服务的完善性与水平。王莲青（2006）、李川渝（2007）认为社区养老服务应该涵盖日常生活照料服务、医疗健康保障服务、社会生活等内容。杜本峰、沈航（2008）利用统计资料分析失能老人的急剧增多将使社区就近的专业化护理服务需求增加。

3. 政府在建设养老服务体系方面应起主导作用

Hillel Schmid（2004）认为要建立这一养老服务体系，政府应当加大投入，尤其是在人力资源方面，以提高养老服务质量。路依婷（2007）认为为了保证社区养老服务质量，需要建立和完善养老服务质量的评估体系，约束社区养老服务机构的行为，以达到完善社区养老服务体系的目的。孙慧峰（2010）提出政府在居家养老服务方面应当是管理者、监督者和推动者，而不是具体执行者，其职责是倡导示范、发布规划、政策扶持、监督评估、整合资源。彭嘉琳（2007）、敬乂嘉（2009）认为养老服务市场的发展需要明晰的管理体系、政府完善的宏观调控政策。

（七）养老地产投资方面

1. 保险公司投资不动产，丰富了投资渠道，提高了投资收益

国外对保险公司投资不动产的研究，是建立在 Markowitz（1952）的现代投资组合理论基础上的，多元化投资渠道有助于保险公司优化资产配置，规避风险，提高收益。Baker 和 Collins（2003）对 1900～1965 年间英国寿险公司资产组合构成做了研究，发现早期寿险公司主要投资于公司债券，随着时间推移，固定收益债券比重不断下降，股权投资、不动产投资不断增加，投资趋于多元化。OECD（2000）数据表明，英国、美国、日本等国家寿险公司 1998 年内的资产组合中，不动产投资已经占了相当大的比重。Davis 和 Steil（2001）对澳大利亚、加拿大、美国、德国、日本等十几个国家的机构投资者的研究表明，不动产投资带来的回报约是 6.5%，仅次于股票和国外权益投资，远高于公司债券、政府债券和抵押贷款等。Liu 等（1990）、Mei 和 Lee（1994）的研究表明，不动产投资确实会拉长整个资产组合的回报期，但也会带来较高的溢价收益。Goodfriend 等（1995）在研究保险公司的房地产投资时提出：寿险公司在优化组合时，应当注意考虑承保风险、责任准备金的久期和质量、资产负债匹配、商业策略和财务弹性等。

2. REITs 投资是投资不动产的主流方式，获益较高

国外对不动产投资的主要方式是 REITs 投资，Ronald C. Clute，Don P. Holdren，George E. Moody（1988）对比共同基金、指数基金、封闭式基金和 REITs，发现 REITs 长期投资收益高且稳定。Edward F. Pierzakde（2001）提出 REITs 可以给地产投资机构带来税收优惠。我国也对 REITs 投资进行了关注，刘宇（2011）、韩莹（2007）分析比较了美国和亚洲的 REITs，对我国发展 REITs 进行了可行性分析和运作模式规划。何金卫、姜婉婧（2008），敬夏玺、汪洋（2010），吕焕（2012）分析了房地产通过 REITs 投资的优势及方法。张领伟、李海超（2009）认为 REITs 是保险资金投资的一个重要方式，其非关联性、高流动性、高回报率的特点正好切合了保险资金对投资的要求。丁铄（2009）对 REITs 模式的风险进行了分析，蒋君（2012）则从法律方面提出了对 REITs 的规范。

3. 养老社区需要多元化服务体系

Krout，John 等（2000）和 Erickson（2002）指出养老社区配套服务离不开保险理赔、银行等金融服务和医疗、护理服务；Parry R.（2004）认为养老社区建设可以和老年教育机构进行合作；Cutchin，Malcolm（2010）和 Resnick，Barbaraet al.（2011）提出除了看顾、医疗、护理方面的养老服务非常重要之外，养老社区还应当开办老年社会文化活动，提高老年人生活质量。Ayalon, et al.（2013）认为养老社区可以在一定程度上缓解老年人的孤独情绪，但并不是十分成功，居家养老可能是更人性化的养老方式。孙秀娟（2011）、王秀芸（2012）、郭旭（2013）认为养老地产具有产品设计特殊、服务多元、投资规模大、参与主体多等特征。

4. 目前我国养老社区投资的模式存在多种问题

国内对寿险公司投资养老地产的研究更为微观，较多关注如何投资、运营、商业模式、盈利模式方面。李静（2006）认为我国地产开发模式接近于香港的全能式，但向美国的市场主导式发展是必然选择。雷荣（2010）研究了保险公司投资养老地产能采用的投资模式，有全资模式、股权合作模式、股权投资模式、房地产投资信托基金模式及

发行类不动产投资基金产品的投资计划模式五种模式。王忠（2011）关注了养老地产开发过程，认为开发公司应当注意土地获取方式、房屋销售模式、营销模式、服务模式及区域选择等。徐文杰（2011）以寿险公司为投资主体，分析了养老地产的主要盈利点在于土地及房地产开发、物业增值、物业租金、配套服务、管理收入。郑志华（2012）认为结合养老保险和长期护理保险为老人融资是适当的运营模式。徐瑜阳（2011）、张冬冬（2012）认为目前我国养老地产投资存在一些问题，主要是开发定位不准，政府支持不足，如何开发、如何运营、如何盈利不清晰等问题。杨志浩（2012）认为当下融资路径狭窄，银行贷款难以获得，股市融资大门难开，民间融资成本高，基金投资尚不成熟，开发养老地产的配套市场环境不佳。潘素侠（2013）、张雷（2013）认为保险公司与房地产商的优势结合是未来的开发方向。

（八）社区养老方面

家庭养老与机构养老因受到人口老龄化、市场激烈竞争的影响，其功能逐渐降低，致使我国养老矛盾日益突出。因此，社区养老服务应运而生。目前，各地区的社区养老实践呈现多元化趋势，社区养老成为了研究热点，国内外学术界针对社区养老服务问题已展开激烈争论。"社区养老"在国外通常被称为"社区照顾"，这一理念最先由英国提出，其产生是源于崇尚人道主义的英国社会对机构照顾的质疑，并在 20 世纪 60 年代提出"在合适环境中养老"这一理论。从此之后，西方各国纷纷效仿。到 20 世纪 90 年代初期，这一模式逐步走向成熟。

1. 社区照顾内涵的讨论

巴利（1994）将社区照顾划分为"在社区内照顾"与"由社区照顾"两种方式。"在社区内照顾"指的是政府与非政府机构在社区建立一个小的、专业的服务机构，并发展以社区为基础的治疗和服务设施、技术和程序，以提供更人性化的社区照顾服务。"由社区照顾"指的是由家人、邻居和社区志愿者提供的非专业服务。此外，有英国学者按照实施策略方式将社区照顾划分为"在社区内施行照顾（Care in the Community）""由社区来负责照顾（Care by the Community）""对社区进行照顾（Care for the Community）"三种模式。史柏年（1997）把社区照顾描述为以正式与非正式的形式向老年人提供的帮助及支援，其中包括志愿者服务及社区支持网络，使老年人能在舒适熟悉的环境下安度晚年，这种社区照顾是一种充分利用社区资源的一种照顾模式。乔志龙（2008）将社区养老看作社区工作人员利用社区现有资源，采用正式及非正式的方式，向老年人提供专业及非专业老年服务相结合的模式。

2. 社区照顾的分类

亚当·帕菲（1999）按照供给服务的专业化水平将社区照顾分为非正式护理和正式的护理。正式护理是指由组织提供专业化服务，非正式护理是指家人、邻居向老年人提供的情感服务。莫罗尼（1998）依据服务的载体性质，把社区服务划分为工具性服务和情感或认知服务。Sidney Katz 等在 1963 年通过建立基本性日常生活活动能力量表来测量老年人生活的自理能力，由此来判定他们的健康状况。随后 M.P. Lawton 与 Brody.E.M 又建立名为工具性日常生活活动的量表，其作用在于可以判断更为复杂的健康状况等方面。1978 年，美国杜克大学的"Duke OARS 功能评估方法"是整合上述两个量表的一种新方法，将基本生活活动以及工具性日常活动合并为一（Morrow Howell 和 Proctor，1998）。陈永生（2008）认为，社区养老服务以多样化的方式向老年人提供服务，主要包括日常生活照料服务、医疗保健服务、精神慰藉服务、就业服务及法律援助服务等。其弥补了传统家庭养老及社会机构养老的缺点，充分利用社区资源，有效降低养老成本，合理满足老年人的基本生活需求。晋凤（2010）认为社区养老服务的一大特点是其可满足老年人的多方位需求，主要包含物质经济上的供给需求、生活照顾及护理需求、精神需求以及医疗保健需求，这往往是传统家庭养老及社会机构养老所不能提供的。毛满长、李胜平（2010）提到，社区养老服务的质量相对较高，其服务人员具备家政服务、康复医疗护理等专业知识，能够最大限度地满足老年人的生活基本需求。另外，由于其服务形式的多样化，可以针对不同老年人提供个性化的社区养老服务。

3. 社区照顾参与主体的讨论

哈耶克（1997）用新自由主义论强调发挥市场机制在提供养老服务的作用，反对政府过度干预的同时，也强调慈善组织对社会福利的重要作用。其实现路径有两种：一是政府提供税收优惠以此来鼓励私营部门，二是采用现金或购买优惠券补贴私营部门，提高社会福利服务的效率，并希望控制总社会福利支出。约翰逊（1994）认为社区养老服务是一种政府责任，政府有义务向老年人提供公共服务，这种服务是保障老年人基本生活需求的一种非营利行为。因方特、阿里斯蒂亚、温杜拉加（2000）在探讨智利的经济制度和社会保障体制时认为，政府应鼓励社会组织、第三部门及更多的私人部门来承担养老金供给责任，由政府制定监督标准及出资，来提高老年人对公共社区服务的满意度。

我国较国外而言，对于社区养老服务的研究发展较晚，大约从 20世纪 80 年代中期开始的。我国学者从多种角度对多元主体参与社区养老服务的责任与作用进行了深入的探讨。蒋正华（2005）基于政府角度，提出了政府理应是供给公共服务的主体，向老年人提供公平的养老服务，充分利用现有的一切养老资源，减缓目前我国人口老龄化对老年人养老问题的影响。张丽（2005）提出建立政府采购养老服务供给创新机制的必要性，认为政府可以按照特定的法律程序，选择性地购买养老服务，形成一个良性的竞争市场，运用市场充分资源，促进福利机构或第三部门更好地为老年人服务。

然而，我国大部分学者普遍认同包括寿险机构在内的企业等社会组织以及家庭在社区养老服务中的重要性。邓国胜（2001）基于多元主体供给养老服务的角度进行阐述，适应计划经济时期的传统养老服务体系是完全依靠政府及家庭这两大主体的，然而目前趋势逐步演变为政府、企业、非营利组织及家庭四大主体的格局。贾晓九（2006）表示，开展养老服务社会化，必须强调供给主体的多元性，改变以往的单一主体模式，拓宽投资渠道，将政府、企业（寿险机构）、社会组织及个人的力量聚集起来，充分调动社会各方的参与积极性，鼓励并引导社会公民、社会组织的参与，以建立多层次主体相结合的发展机制为目标，实现投资的多层次及多渠道。赵小艳（2008）指出政府应减少对养老服务供给的过多干预，并且运用哈耶克及弗里德曼的新自由主义论进行分析。实践中有两种途径：第一种是政府向提供养老服务的包括寿险机构在内的私营部门提供税收优惠制度，或者可以采取政府购买的方式，以此控制我国养老服务总支出，同时大大提高养老服务的供给效率；第二种是向老年人发放由政府提供的现金券或服务购买券，老年人可根据自身需求自由选择各类社会服务。

三、当前研究的不足

总体而言，现有的研究成果在研究角度、研究范围及理论基础等方面还有不同程度的不足，未能将商业养老保险和养老产业两者结合起来进行系统、综合性研究。具体表现为：（1）当前研究成果大多是对于传统实体行业进行产业链构建和延伸分析，对于商业养老保险产业链延伸研究较少，特别是以产业链延伸的视角研究寿险公司介入养老产业的研究基本属于空白；（2）产业链延伸的顶层设计分析不多，站在公司战略角度的考虑较少，站在整个行业甚至整个国民经济的角度分析产业链延伸基本属于空白；（3）已有研究没有充分考虑外部环境的变化、不同主体的特征、相关行业的关联度和成熟度，做出有针对性、合理的相关策略建议；（4）基于产业链延伸的角度，目前国内的研究成果相对集中于养老地产领域，"医保"合作、老年护理服务、长期护理保险、保险信托、"以房养老"的研究较少，而且不够深入。

第二节　我国商业养老保险产业链现状

一、产业链的内涵

所谓"产业"，简单地说，就是由提供相近商品或服务、在相同或相关价值链上活动的企业共同构成的企业集合。如何将不同企业归为不同产业，主要是取决于企业间是否具有某类共同的特征。然而，由于商品或服务在生产联系上的复杂性和在消费上的多样性，使得同一企业可能处于不同价值链的节点上，存在许多不同的特性。因此，可以从不同的视角审视企业的各类共同特征，将同一企业划归不同的产业。此外，随着社会生产和社会生活的发展，从消费者角度看，会出现新的需求，自然就形成新的产业。

例如：商业保险公司，按传统划分属于非银行金融机构，可划归为金融业，而商业保险业务属于金融服务业。随着社会老年化，出现了养老产业，由于商业保险公司中提供商业养老保险服务，按服务对象和服务功能这一"共同特征"，自然也可以划归为养老产业。

所谓"产业链"的含义与"产业"不同。它更多强调的是产业间的技术经济关系。"产业链"这一思想最初产生是在 1958 年，美国的经济学家赫希曼从产业的前向、后向关系角度阐述了该概念的含义。但是这一含义并未形成统一的概念及理论体系，随着产业经济理论及价值链等相关理论的出现，这一概念便未被广为推广。荷利汉（Houlihan，1988）认为产业链是从供应商开始，经生产者或流通业者到最终消费者的所有物质流动。这也就与我们理解上的"供应链"的概念类似。史蒂文斯（Stevens，1989）将产业链看作是由供应商、制造商、分销商和消费者连接在一起组成的系统，其中贯穿着反馈的物流和信息流。如此，产业链不仅仅单纯为一个产品链，而是变为更加综合的概念。一般地说，产业链的含义就是指从一种或几种资源通过若干产业层次不断向下游产业转移直至到达消费者的路径，它包含四层含义：一是产业链是产业层次的表达。二是产业链是产业关联程度的表达。产业关联性越强，链条越紧密，资源的配置效率也越高。三是产业链是资源加工深度的表达。产业链越长，表明加工可以达到的深度越深。四是产业链是满足需求程度的表达。产业链始于自然资源、止于消费市场，但起点和终点并非固定不变。

例如，在传统的汽车产业中，产业的主要功能是汽车生产或维修。随着社会生活和生产的发展，汽车产业不断为汽车消费者提供多样深层服务，出现了汽车产业链，其功能包括材料采购、生产、销售、金融、保险、救助等，而其主体则包括进出口公司、生产制造商、销售公司、银行、保险公司、救援服务公司等多个主体。也就是说，保险公司与汽车生产商属于不同产业，但同归属于与汽车消费、服务相关的汽车产业链。

此外，我们也看到，产业链的起点、终点以及服务的内容，不是固定不变的。随着各产业内和产业间的竞争，消费者需求的变化，以及科学技术的发展，如互联网的出现，各种产业链都会发生变化，或缩短，或拉长延伸。

二、商业养老保险产业链的含义与特点

（一）养老保险与商业养老保险

所谓养老保险通常属于社会保障的范畴，即养老保险就是指社会基本养老保险，是国家和社会根据一定的法律和法规，为解决劳动者在达到国家规定的解除劳动义务的劳动年龄界限，或因年老丧失劳动能力退出劳动岗位后的基本生活而建立的一种社会保险制度。由于社会保障体制分为国家、企业、个人三个层次，所以养老保险也可以划分为三个层次：

第一层次就是社会基本养老保险，是政府提供的基础型的社会保障，资金主要来源于国家财政和强制性缴费，重点是体现社会公平；社会保险养老保险的目的是保障老年人的基本生活需求，为其提供稳定可靠的生活来源。

第二层次是个人与保障对象所在企业共同出资的养老金计划，主要采用企业年金的形式，按照自愿和市场化运作模式，为企业年金参加人员提供养老金保障。

第三层次是商业养老保险及储蓄，资金来源于个人出资购买商业保险公司相应的保障产品和储蓄，是个人能够决定的养老保障机制。所以，商业养老保险是与社会基本养老保险及企业年金相对应的概念，其性质与前者不同，具有商业性，它是由商业保险公司提供的养老保险产品及服务。

另一方面,从商业保险公司角度看,养老保险的含义通常指生死两全保险。在我国实践中,既包括养老保险,也包括个人年金保险和部分团体年金保险。当前我国的政策文件对商业养老保险缺乏明确定义,没有官方统一口径。即在统计资料中,只有每年的年金加养老保险的总额,没有去除非养老团体年金后的商业养老保险单列项[①]。

(二)商业养老保险的特点

1. 商业养老保险作为国家社会保障体系中的重要补充,是政府应积极支持发展的商业险种。在我国,党中央国务院高度重视保险业在养老保障中的作用,2008 年十六届三中全会《关于完善社会主义市场经济体制若干问题的决定》提出,"鼓励有条件的企业建立补充养老保险,积极发展商业养老、医疗保险"。从各国经验看,许多国家对商业养老保险采取税收优惠的政策,如采取税收递延政策,或采取免征营业税的方式鼓励商业养老保险的发展。

2. 商业养老保险作为提供老年风险保障的产品,在商业人身保险业务中占有重要的地位。随着人口老龄化,人的预期生命变长,社会基本养老无法满足人们维持一定生活标准保障的需求。人们为了在退休后仍能维持相当的生活水平,必须在工作期间将收入投入到长期储蓄或者养老保险中。这在发达国家和一些新兴国家和地区表现得尤为明显。商业养老保险的主要产品形态是个人年金。在美国,20 世纪七十年代个人年金保险保费数量占人身保险保费的10%,但到20 世纪末,个人年金保费所占比例已接近 50%[②]。

3. 商业养老保险由于具有储蓄性的特点,能积聚大量的保险资金,因而在资本市场和个人财务规划中具有重要的作用。

4. 商业养老保险由于保险期限较长,因而为保险公司提供了向被保险人扩大增值服务的空间。在我国,2014 年《中共中央关于全面深化改革若干重大问题的决定》提出,"积极应对人口老龄化,加快建立社会养老服务体系和发展老年服务产业"。我们认为,打造一种将商业

---

① 本书商业养老保险的数据是根据有关统计资料及经验比例计算的。

② 方明川. 商业年金保险理论与实务[M]. 北京:首都经贸大学出版社,2000.

养老保险产品、商业养老服务业紧密结合的新型商业养老保险产业，对保险业发展和国家的社会管理具有重大的意义。

三、我国商业养老保险产业的现状

（一）发展现状

在我国老龄化呈现加速趋势的背景下，社会养老保险体系面临日益沉重的负担，对商业养老保险的需求就更加迫切。目前，我国已经成了五家专业养老保险公司，为基本社会保障体系发挥补充作用。与此同时，寿险公司也都经营有商业养老保险产品。商业养老保险在强劲的需求拉动下呈现良好态势，截止到 2013 年，商业保险总资产 7 万亿元，其中有 1 万亿元与养老保险有关[①]；保费收入连年增加，受托管理的企业年金规模和数量呈增加态势。

依据中国保监会报告，2013 年，原保险保费收入 17222.24 亿元，同比增长 11.2%；其中，寿险公司原保险保费收入 10740.93 亿元，同比增长 7.86%；寿险业务原保险保费收入 9425.14 亿元，同比增长 5.8%。（另外，寿险公司未计入保险合同核算的保户投资款和独立账户本年新增交费 3295.49 亿元。）截止到 2013 年底，专业养老险中的企业年金保费收入达 588.76 亿元，企业年金受托管理资产 2495.34 亿元，投资管理资产 2167.52 亿元。截止到 2013 年底，寿险市场上全行业年金和养老险总规模达到 1916 亿元，商业养老保险保费约 575 亿元。[②]

---

① 戴相龙. 延长退休年龄，弥补养老金缺口. 国际金融报，2013.
② 2013 年保险统计数据报告，http://www.circ.gov.cn/web/site0/tab5257/info3901864.htm.

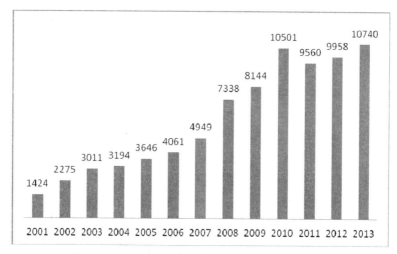

图 1-1 2001～2013 年人身保险保费收入（亿元）

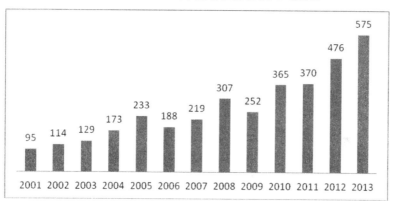

图 1-2 2001～2013 年商业养老保险保费收入①

通过以上两图的对比，我们发现，商业养老保险保费收入有较大波动和反复，总体趋势是上升和增加的，这和养老保险体系的逐渐完善和商业养老保险补充作用的提升有关。但是，相比于 10 余年间人身保险总体保费收入的跳跃式增长，商业养老保险仍然增长缓慢，有较大的发展空间，当前的覆盖面和保障水平偏低，不足以保证基本养老保险之外的保险需求。然而，最近 3、4 年间人身保险总保费增速放缓，

① 数据来源：公司内部统计口径。

商业养老保费开始大幅增加，这体现了商业养老保险的前景和拉动人身保险发展的作用。

图 1-3　2002～2013 年人身保险和商业养老保险保费增长对比

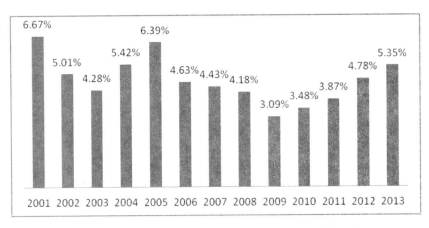

图 1-4　2001～2013 年商业养老保险在人身保险保费中的占比

　　由人身保险和商业养老保险的保费增速对比和商业养老保险在人身保险保费中所占比例的情况可知，商业养老保险的增长速度落后于人身保险的增长速度，在不同年度差异较大。这和养老需求在数量和质量上的旺盛是不匹配的，甚至在 2006 和 2009 年还出现了负增长，说明商业养老保险发展并没有走上快速平稳发展的道路。2006～2009

年商业养老险保费在人身保险保费中占比连年下降，更是表现了其发展没有跟上中国保险市场急速扩张的脚步。2010～2013 年，商业养老保费开始进入快速增长期，同期增速快于人身保险总保费，这说明商业养老保险蓄势待发，潜力巨大。从绝对数额上分析，商业养老保险只占到人身保险保费的一小部分，有很大的发展空间。

此外，从当前商业养老保险市场存在的矛盾与问题看：

第一，商业养老保险没有完成对居民储蓄的替代。在现代养老保障体系中，储蓄型的商业养老保险是重要一环，在我国受制于养老保险市场的薄弱和居民投保意识的薄弱的环境下，商业养老保险难以真正起到作用。

第二，商业养老保险在企业年金市场处于竞争劣势。保险业年金缴费在企业年金基金中占比不到 30%，受托管理年金和投资管理资产占比不到 40%。年金业务的受托和托管费率很低，而投资管理费率较高，市场竞争激烈，养老保险公司在投资管理等方面与基金公司、证券公司和银行比处于劣势。现有专业养老公司的盈利模式不适应当前我国商业养老保险市场需要，也无法支持和更好地服务于我国养老保障体系的完善。

第三，商业养老保险成为养老保险三支柱中的短板，我国个人商业养老保险参保率仅占参加基本养老保险的 5%，这是严重不足的，居民只得通过高储蓄获得养老保障，抑制了消费需求，不利于经济结构的调整和转型。

（二）产业链特征

从产业特征看，传统的商业养老保险产业，一切经营相关活动都围绕养老产品的设计、销售进行的，即更多关心自身保险业务，与社会养老产业多样化的需求衔接不完整。受制于传统服务领域和现金给付服务方式，在产品方面对养老实体服务、健康管理领域开拓少，产业链基本处于相对封闭状态。除在销售环节上与保险中介和部分社会中介行业有连接外，从总体上看，其产业链中的经营内容或节点相比比较简单。在盈利方式上，寿险公司的盈利主要来自于承保收入与投资增值，因行业的服务领域不宽，其盈利点不多。从总体上看，现阶段商业养老保险没能更好地利用已不断放大的养老需求所带来的市场机遇，以适应我国养老产业的发展需要和自身发展的需要。

第三节 我国商业养老保险产业链延伸的理论必要性分析

一、产业关联与产业链延伸的含义

（一）产业关联的含义

产业关联性是产业链延伸的前提。研究产业关系理论的发端可以追溯到法国经济学家魁耐用来表明产业间贸易关系的《经济表》（Qtlesnay，1785）。一个世纪后也是在法国，瓦尔拉创立了一般均衡理论，他把1个单位生产活动所必需生产要素的量作为生产系数，以需要投入多少劳动力和多少带利息的资本等生产要素为中心，在其量的系统中追求价格、生产量、生产要素的一般均衡化。

1936 年里昂惕夫发表以 1919 年美国经济为标本具有多部门内容的美国产业关联表，同时包含理论方程式的瓦尔拉一般均衡论，可进行现实的计量分析的模型诞生了。美国经济学家艾伯特·赫希曼在其《经济发展战略》一书中提出产业关联的概念。不同产业之间是相互关联的，任何产业都有投入品和产出品。这些投入品和产出品大都需要其他产业提供和使用，因此，产业部门间相互关联。

概括而言，产业间关联可以通过影响力系数与感应度系数衡量，也可以通过现有产品与劳务、客户群体间以及产业间投资联系分析产业相关程度。产业关联的方式是指产业部门间发生联系的基础，以及产业间相互联系的不同类型。分为前向关联、后向关联和旁侧关联三种情况。赫希曼（1958）指出，关联效应较高的产业能够对其他产业和部门产生很强的前向关联、后向关联和旁侧关联，并依次通过扩散影响和梯度转移形成波及效应而促进区域经济的发展。

（二）产业链延伸与产业集群的含义

当前，理论上大多数是根据传统行业的特点和流程界定产业链延伸的内涵，在产业链延伸的概念上并没有较大的分歧。龚勤林（2004a）、徐丽芳（2008）等认为产业链的延伸，就是将一条既已存在的产业链尽可能地向上下游拓展延伸。而且徐丽芳（2008）认为产业链延伸存在三种策略：一是向上延伸策略，上游企业的部分职能分离出来，向上拉伸产业链；二是横向拓展策略，产业链网状结构的发展，核心资源价值的深度开发；三是向下延伸策略，主要是以产品为基础提供增值服务，开发相关的衍生产品。龚勤林（2004b）从全球的视角来看产业链延伸，认为产业链延伸是指全球范围内的资源重新整合，地域空间和产业空间上重新构建与调整产业链环的联结状态，突破了原有产业、部门、地域约束。孙理军、方齐云、郑晓军（2006）将产业链延伸定义为运用新的竞争思维模式以及寻找全新的市场空间机会，企业跨越边界去发现那些真正体现价值创新的领域，依靠资产的商业潜力去参与价值创新网络和新的生产交易系统。而且将其延伸划分为产品系列化阶段、集群化企业分工和产业集成化阶段、产业模块化发展和产业网络化阶段。

基于以上分析，本书将养老保险产业链延伸内涵界定为：基于老龄化趋势、养老产业的未来市场空间以及寿险公司自身业务机构、资金运用机构的需要，寿险公司为了抓住现在以及未来老年群体客户，提高自身未来竞争能力，并提高寿险业在金融业以及国际保险业的地位，整合资源，优化产业链环的联结状态，突破当前产业边界，进入新的价值创造领域。

相对"产业链延伸"，另一个相关概念为"产业集群"。追溯起来，产业集群并不仅仅是一个由学者概括精炼所成的经济学概念，更是一个在社会经济发展过程中自然演化而来的经济现象，或者说其在人类发展史中早留下自己的痕迹。在西方，据著名经济学家马歇尔记载，英国 Sheffield 地区的利器制造早在 1825 年就出现了生产集中。在中国，1400 多年前景德镇的瓷器烧制就是众多窑口于一定区域范围内的集聚。随着社会分工深化、全球价值链体系构建，产业集群在区域经济发展中占据愈加重要的地位，也逐渐成为产业组织结构升级演化的重要导向。产业集群是产业链迂回生产环节不断扩展，上下游生产部门竞争与合作关系升级，产出富于外部规模经济和范围经济，技术、知识等共享信息交互流通等的共同组成，最终在集聚效应、网络效应、学习效应的作用下实现循环累积上升的过程。因此，从形成机理上来说，它是一个产业在分工专业化趋势下价值链升级的渐进过程，也是一个产业组织升级演化的自然结果。从产业集群与产业链的关系看，产业集群是产业链的纵向延伸和横向延伸的结果。目前各国实施的养老产业集群的打造，我们就可理解为养老产业链的"纵向延伸"和"横向整合"。也就是说，产业链的延伸是形成产业集群的基础或前提。就养老产业集群而言，它将是地产业、金融业、保险业、医疗业、旅游业等各产业链不断延伸的结果。

二、商业养老保险产业链的延伸

商业养老保险产业链的合理延伸，自然取决于商业养老保险的功能和地位、现阶段养老产业链各环节中的服务领域及功能，以及两者之间的产业关联性。

目前，养老产业是由核心产业、附属产业和衍生产业等三大部分组成。其中，"核心产业"由老年住宅业、老年医疗保健业、老年护理服务业和老年商品组成，以保障老年人基本的生存需要和安全需要。"附属产业"主要由核心产业的上游产业构成，为核心产业供应必备的原材料、中间品和产成品。例如，为养老住宅产业供应的住宅设计、老年家具和养护设施设备等；为医疗保健业与长期护理服务业供应的专业护理人员、配套专业设备和康复器械等。"衍生产业"则是由老年人的深层次养老需要而衍生的相关产业构成，包括专为老年人提供的金融保险服务业，如投资理财建议、生命周期财富规划、生命健康与长寿风险管理以及长期护理保险等；专为老年人自我价值实现而提供服务的再教育和培训产业，如老年大学、再就业教育培训中心、老年人才服务中介等；专为老年人乐享生活，提升生命质量的文化娱乐产业和旅游产业等。

我们可以通过产业间的关联程度来确定寿险公司的延伸进入养老产业的先后顺序，产业间关联主要通过现有产品与劳务、客户群体间以及产业间的投资联系分析（如图1-5）。

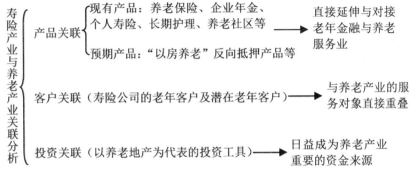

图 1-5　寿险产业与养老产业间关联分析

可以发现，一是从产品上看，保险公司的现有产品（养老保险产品、企业年金、个人寿险产品、长期护理保险、养老社区产品）以及预期产品（以房养老反向抵押产品）涉及主要老年金融业与养老服务业，为养老产业提供养老资金储备及相应养老服务等系列化养老解决方案；二是从客户群体上看，保险公司的养老保险产品客户与养老行业有着天然的重合性，而事实上所有投保客户未来也都面临着养老需求，因而为客户提供更为完整的"从摇篮到坟墓"保险服务的理念也将推动保险公司扩展业务体系，更多地涉及养老服务业；三从产业间投资联系看，目前保险资金运用范围不断扩大，特别是各寿险公司对养老地产投资热情高涨，养老地产已经成为保险公司资金配置中非常重要的与负债相匹配的长期资本工具，我国快速老龄化带来的养老需求激增也为保险业找到了新的投资增长点，养老业已日渐成为保险公司投资关注的行业，同时快速积累的保险资金也将日益成为养老产业重要的机构投资者。因此从产品、客户及投资关联的角度看，寿险业目前已与老年金融业、老年地产业及老年服务业产生了千丝万缕的联系。由此寿险公司介入养老产业的顺序，先是对已经具有业务关联的行业进一步加强与深入这一关联，开发更具吸引力的产品，在服务社会养老的同时抓住新的市场机遇，发挥保险在整体养老体系中的重要补充作用，其次才是对养老产业的上下游生产性及支持性产业的介入，这些领域与保险核心业务关联较远，也可暂不考虑。具体而言，寿险公司大致可以首先介入老年金融业与养老地产业，其次是老年服务业，最后是老年文化业及老年生产性产业。

也就是说，商业养老保险产业向养老产业的延伸，主要涵盖养老产业的"核心产业"和"衍生产业"。

三、产业链延伸的效应

（一）产业链延伸的整合效应

产业链整合包含以下几层含义：一是大型核心（龙头）企业为了减少经营风险，必须努力控制产业链的上下游关系，或控制上游供应商乃至原料基地，或控制下游经销商乃至终端消费者；二是通过不同的产业合作方式接通本地区产业链的断环、孤环，使之形成一条或多条完整的产业链。产业链整合在本质上是基于产业链的竞争，即通过产业链合并，接通或延伸产业链，从产业链整体运行效率中谋求更多的利益来源。

产业链之所以通过整合能获得更大的利益，是因为：

第一，产业链整合有利于资源的有效配置，有竞争优势的龙头企业通过兼并重组那些竞争力较弱的小型龙头企业，可以提高资源的使用效率，消除竞争力较弱的小型龙头企业的无序竞争所带来的资源浪费；

第二，产业链整合可以降低交易费用，龙头企业通过产业链整合，与上下游企业形成了一种紧密的联盟关系，这种关系可以使龙头企业获得稳定的原材料来源以及广阔的服务市场。同时，紧密的联系也降低了签约成本和监督履约的监督成本，交易费用的降低有利于增加龙头企业的效益，提高其竞争力；

第三，产业链整合可获得更大的利润，随着市场化进程的推进和竞争的加剧，产业链中单个环节的利润在下降，只有对产业链进行整合，才能从产业的整体运作中获取更高的利润回报。

从目前我国商业养老保险链延伸的现状看，有些公司在选择如何发展下游产业，如医院等方面存在两种不同方式，一是自己建设相关的医院，如社区医院等；二是选择购买服务的方式，即与已有医院合作。

这种"服务外包"实则也是产业资源整合纵向分工的一种具体表现形式。由于分工的细化，企业基于生产专业精确的需要，会选择专注于自己擅长的核心生产环节，而将剩下的非专属性环节转交给外包商。目的在于节约学习成本和时间，从而专注于核心技术的创新和精进，创造生产价值。

（二）产业链的协同效应

协同效应是指两个事物有机地结合在一起，发挥出超过两个事物简单总和的联合效果。经济发展中的协同效应主要体现在以下四个方面：

生产协同效应，即企业在生产设备、原材料、生产技术、零部件等的利用上实现资源共享；

技术协同效应，即企业可以共同利用同类产品生产的核心技术，或联合开发新产品，以减少新产品研发费用、分散风险，提高新产品成功的概率；

管理协同效应，即在一个经营单位里运用另一个单位的管理经验与专门技能，降低管理费用；

销售协同效应，即企业之间可以使用共同的营销人员、分销渠道、仓储运输服务等，节约营销成本。产业链是大量专业化分工的独立企业结成的紧密协作的战略联盟，因而具有很强的协同效应。

商业养老保险业向养老产业延伸，所形成的产业链就具有一定的业务协同作用。其纵向来看，向上能够与医疗保险、护理保险和养老保险等产品相互衔接，向下可以带动下游的老年医学、护理服务、老年科技产品等产业联动发展，从而打造成多服务领域、多价值点的商业养老保险产业链。

因为养老服务的提供，可能并不只是技术、房子，而是一个集居住、饮食、医疗、康复、健身、学习、娱乐、交友为一体的"小社会"，是一种有活力的养老生活方式。而作为保险公司，自身具备大量的客户资源，尤其寿险公司积聚着大部分的中高端客户，有了这一优势从而提供相关服务，便是顺理成章。对于保险业而言，养老服务业也将创造新的利润增长点，它可以丰富保险产品和盈利渠道等等。

事实上，在商业养老保险产业链中企业是否加盟或退出同样取决于盈利性。

以保险公司 k 为例，假设其符合商业养老保险产业链的加盟条件，且可以选择加入与不加入该产业链。盈利性企业是追求利润最大化的，故保险公司 k 是否加盟商业养老保险产业链取决于加盟产业链时其利润 L_k 与不加盟产业链时其利润 L_{k0} 的差值。

设加盟产业链时保险公司 k 的收益和成本分别为 R_k、C_k，加盟产业链前其收益与成本分别为 R_{k0}、C_{k0}，保险公司 k 加盟产业链所获得的剩余利润为 S_{L_k}，则：

$$L_k = R_k - C_k$$
$$L_{k0} = R_{k0} - C_{k0}$$

$$S_{L_k} = L_k - L_{k0} = (R_k - R_{k0}) - (C_k - C_{k0}) \tag{1}$$

由式（3）可知，保险公司 k 有三种选择：

（1）$S_{L_k} > 0$，即 $R_k - R_{k0} > C_k - C_{k0}$

此时，加盟产业链的收益大于加盟产业链的费用，可以加入。

（2）$S_{L_k} = 0$，即 $R_k - R_{k0} = C_k - C_{k0}$

此时，加盟产业链的收益等于费用，可以加入，也可以不加入。

（3）$S_{L_k} < 0$，$R_k - R_{k0} < C_k - C_{k0}$

此时，加盟产业链的收益小于加盟产业链的费用，不加入。

上面讨论的是以保险公司为例，第 k 个企业加盟产业链的剩余利润S_{L_k}，假定商业养老保险产业链中共有 n 个企业，则整个产业链的剩余利润S_L为：

$$S_L = \sum_{k-1}^{n} S_{L_k} = \sum_{k-1}^{n} (R_k - R_{k0}) - \sum_{k-1}^{n} (C_k - C_{k0}) \qquad （2）$$

令剩余收益$S_R = \sum_{k-1}^{n} (R_k - R_{k0})$，剩余成本$S_C = \sum_{k-1}^{n} (C_{k0} - C_k)$。

$$则\ S_L = S_R + S_C \qquad （3）$$

由此可见，整条产业链的剩余利润的实现是从剩余收益和剩余成本两个方面来实现的。各企业加盟养老产业链的目的就是获取剩余利润，如果加盟后企业的收益大于或等于成本，则可以加入该产业链。

此外，企业是否加盟养老产业链还要考虑利润分配问题。产业链上各企业的利润分配不是平均分摊，而是要综合各种因素来确定。

假设养老产业链的总利润是 L，第 i 个企业分得的利润是L_i'，第 i 个企业成本为C_i，α_i为综合考虑企业资源投入、承担风险大小、品牌、知识产权等各种影响因素的利润调节系数，则：

$$L_i' = \frac{L}{\sum_{i=1}^{n} C_i} (1 + \alpha_i) C_i \qquad （4）$$

养老产业链中企业 i 分得的利润L_i'必须大于或等于该企业加盟产业链前的利润L_{i0}，否则该企业将退出养老产业链。

（三）信息传递效应

在产业链信息传递的过程中，对于任一企业主体（产业链链条中的某企业）来说都存在着主动传递与被动传递两种形式，并且这两种形式是并存的。

当然该信息传递也存在着一定问题，譬如，对链条中的成员企业来说，当信息从成员企业向其他相关企业传递时，可能由于成员企业追求自身利益最大化的本性使然，他们只会主动传递对其有利的那部分相关信息，而回避提供那些对自身不利的信息。所以在产业链不断拓展的过程中，核心企业应该对于信息等的传递，建立一定合理的机制。当然，该机制在当下大数据时代的背景下，也显得尤为重要。

在商业养老保险产业链的拓展中，信息传递效应的体现便首要体现在客户资源的共享、需求信息、市场供给信息等。

（四）产业链的示范效应

产业链由于具有整合效应、增值效应等多种功能效应，其龙头企业或骨干企业必然在区域经济发展中发挥重要作用，从而成为本区域的先进企业。产业链示范效应有如下特点：产业链示范效应的作用范围大，从纵向看，它作用于产业链中所有节点企业，对每个节点企业都有示范作用，从横向看，它作用于产业链跨经的各个区域，对各个区域均有示范作用。

在我国养老保险产业链延伸的实践中，具有养老产业链的示范作用的案例有：最初拓展养老产业链的企业为泰康人寿，从 2007 年初泰康人寿通过考察和研究发达国家的养老服务产业，提出了在中国由保险公司来实践养老社区的构想，2009 年 11 月保监会批准泰康为中国保险行业第一个养老社区投资试点资格开始，之后合众人寿、新华人寿、太平人寿、平安集团均纷纷涉足这一领域。

从产业链拓展时的投资方式具有示范作用的案例：以泰康人寿为例，在被批准成立时，其定位为养老社区股权投资计划。也就是成立了泰康之家投资有限公司，将养老社区投资与其他投资项目单列出来。之后，合众人寿在养老社区建立的当地注册成立全资项目公司，项目公司作为其"健康谷"项目的运营主体，由合众人寿自持。项目建成后将引入国内外知名的养老及配套运营商，以委托经营、合作经营的模式获取物业长期收益。除此，新华人寿也已注册两家项目公司——新华家园尚谷（北京）置业公司和北京新华家园檀州置业公司——来支持其养老产业的发展。

从产业链拓展的相关产品具有示范作用的案例：2012 年 4 月泰康人寿与泰康之家于联合推出"幸福有约终身养老计划"（以下简称"幸福有约"），这是国内第一款将保险产品与养老社区相结合的综合养老计划。"幸福有约"开创性地将金融产品、服务产品、建筑产品有机结合在一起，缴费起点为 200 万元人民币，分为一年期趸缴和十年期期缴。目标客户定位于金融圈、企业家等高知、高管客户。之后寿险公司在发展养老社区时大多会推出一个相关的养老保险计划，将保险产品与养老社区结合一起，从理财生活以及养老生活两方面为老年人提供了合理的规划。2013 年 7 月 25 日合众人寿与养老社区挂钩的保险产品开始在全国范围内销售，与泰康唯有的不同便是其将目标客户定位于中端市场。由上可看出，现实社会中，对先进企业管理思想和管理模式的赞誉，往往会引起其他企业的钦慕和效仿。商业养老保险产业链在其发展过程中，我们便可以看出追随企业对率先发展企业模式的效仿。该示范效应还可以在一定程度上免去后梯度企业的探索成本。

（五）产业链的竞合效应

当今企业之间既不是单纯的竞争，也不是单纯的合作，而是竞争与合作共存，亦即竞争中有合作，合作中有竞争，互为交叉，互为渗透。这样不仅可以实现产业链整合配套，提升企业的竞争力，而且以竞争促合作、以合作促竞争，也可以大大地提高产业链的整体竞争力。

由于产业链内部同行业间竞争者是广泛存在的，同业竞争就不可避免，但这种竞争形式又表现出不一样的特征。集群内部的竞争是信息对称条件下的竞争，这又是源于因集群组织形成而造成的隐性知识"显性化"。在非集群形式的产业组织里，生产主体之间关于技术、消费者偏好等信息是形成企业竞争力的私有信息，不可能轻易泄露给竞争对手，因此也就成了区别性的隐形知识。在产业集群中，隐形知识是不存在的，因为集群内部信息是公开透明、互通有无的。于是竞争者之间原本的私有信息变成了公共信息，虽然会使得其他同业可以较低的成本模仿并迅速产出同样的成本，但一方面促进商品价格朝均衡价格靠近，另一方面使得同业者之间的私有信息竞争变成了技术创新的竞争，这种创新正是推动产业升级的不竭动力。并且，在这种模块化网络组织中，竞争和创新是离不开协同与合作的。通过合作可以节约企业对于新信息、新知识和新技术的学习成本和搜寻成本，使得竞争者之间能够协同起来共同研发，从而促进技术创新在一个较短的周期内出现。从这个意义来说，产业集群就是在这种竞合关系中才能保持源源不断的创新动力和产业活力。

总之，老龄群体养老需要的多样性和丰富性使得商业养老保险产业延伸呈现出产业链长、涉及领域广的特点。因此，商业养老保险产业的延伸及运行需要依托一个完整的产业链架构，才能形成整个产业中各要素与各行业相互联动、彼此促进的良性局面，从而延伸养老服务的产业边界，扩大养老产业的市场容量，在有效的产业组织形式、发展模式以及产业政策带动下顺利开展。

第四节　我国商业养老保险产业链延伸的现实必要性分析

一、养老产业的市场需求分析

一个市场和行业的发展来自投入、产出、产品和服务、供需均衡等因素的综合作用。需求是推动市场发展的源动力。产业的产生和发展壮大，核心要素就是市场需求。分析商业养老产业链延伸及保险资本为何进入养老产业，首先要从需求出发，分析养老市场的规模，以及需求主体和需求内容的特点。

（一）养老需求的增加推动养老产业的形成和发展

老龄化推动养老需求的增加，养老需求的增加推动着养老产业快速形成和发展。其中养老需求的增加不仅表现为对养老服务的需求数量扩大，而且表现为不同年龄和收入的群体对养老服务种类的多样化诉求。养老产业在应运而生的过程中，不仅要考量数量，更要考量质量。

我国已经进入老龄化社会，而且老龄化程度未来会进一步加剧。《中国老龄事业发展报告（2013）》披露，截止到 2012 年底，中国老年人口数量达到 1.94 亿，老龄人口占总人口的比例达到 14.3%。根据权威机构预测，2020 年老年人口总量将达到 2.43 亿，占总人口比例将达到 18%。2027 年，中国 65 岁及其以上老龄人口占总人口的比例将上升至14%，进入"老年型社会"，2030年的老年人口总量将达到4.3亿。2050年前后，老年人口数量为4.37亿，老年人口比重将达到总人口的31.2%。

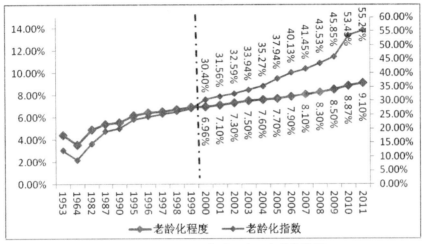

图1-6　1953～2011年我国人口老龄化进程

资料来源：国家统计局. 中国统计年鉴 2011[M]. 北京：中国统计出版社，2011；国家统计局人口和就业统计司. 中国人口和就业统计年鉴 2010[M]. 北京：中国统计出版社，2010；国家统计局. 2011 年我国人口总量及结构变化情况[EB/OL]. 中国政府网，www.gov.cn，2012-01-18.

　　我国的老龄化呈现出大规模、激进式、差异化（城乡、东西部）、未富先老等中国特色，应对人口老龄化已经上升到战略层面，十七大提出"老有所养"的战略目标，国务院颁布《社会养老服务体系建设规划（2011～2015）》，中央已将"发展多层次的社会化养老服务"，作为影响国家发展全局的重要任务，将"发展养老服务产业"视为积极培育消费热点、促进消费结构优化的顶层设计，要求加快建立、健全养老社会服务体系，让老年人安享晚年生活。

　　老年人口增多带来了巨大的养老需求，老龄化是挑战，更是机遇。随之快速发展的养老产业，将在未来一段时间内成为"朝阳产业"。需求决定供给，我国养老产业从产业阶段上还在襁褓期，现阶段的旺盛养老需求和单一养老供给不匹配，养老床位少，服务人群不匹配，相关照顾和护理不到位，有非常大的上升空间。对于寿险公司来说，是全新的机遇和市场。本书以机构养老市场为例,测算了养老产业的需求情况。

按照 9073 的养老格局,将有 3%的老年人享受机构养老服务。若假设 2013 年底我国养老机构床位为 420 万张,新增机构人均建筑面积为 40 平方米(考虑到公共面积可能比较大),仅考虑 3%的机构养老,老年地产年平均增长面积与 2012 年商品房销售面积占比均在 1%及以上。

表 1-1 机构养老市场预测

年份	总体老年人口预测(万人)	入住人数预测(万人)	养老地产新增建筑面积(万平)	平均新增建筑面积(万平)	占 2012 年住宅销售面积比例
2015	20901	627	8261	4130	4.2%
2020	24243	727	12271	1753	1.7%
2025	28935	868	17902	1492	1.5%
2030	34561	1037	24653	1450	1.5%
2035	38999	1170	29979	1363	1.4%
2040	40278	1208	31513	1167	1.2%
2045	40831	1225	32177	1005	1.0%
2050	45436	1363	37703	1019	1.0%

数据来源:根据联合国人口司提供数据整理。

如果将活动老人等纳入考虑范围,年增加养老地产数量将会更高。鉴于此,本书借鉴欧美国家相关数据,从更加广泛的意义上计算了养老地产的需求量。

在英格兰,2009 年老年专门住宅入住者占 65 岁以上家庭的 9%左右;而在美国,2007 年老年住宅的存量占美国 65 岁以上老年人的比例为 9.5%。同时,英国和美国基本均在养老地产开始快速发展之后 20 年左右,达到养老地产供给相对充足的状态。考虑到我国具体的国情,本书在 2025 年、2035 年和 2045 年达到较均衡状态三种假设下进行了测算。

假设我国养老地产发展速度快于英美两国,到 2025 年底养老地产即达到供给相对充足状态。在这种假设情况下,若选择居住到养老地

产的老年人达到 8%，则平均每年带来的新增养老地产建筑面积约为
2012 年住宅销售面积的 6.4%。若选择居住到养老地产的老年人达到
15%，则平均每年养老地产新增建筑面积约为 2012 年住宅销售面积的
13.3%。

表 1-2　年新增建筑面积敏感性分析（2025 年）

选择养老地产老年人占比（假设）	3%	5%	8%	10%	15%
对应 2025 年老年人人数（万人）	868	1447	2314	2893	4340
对应 2014～2025 年养老地产新增建筑面积（万平方米）	17902	41050	75772	98920	156790
平均每年新增建筑面积（万平方米）	1492	3421	6314	8243	13065
占 2012 年住宅销售面积比例	1.5%	3.5%	6.4%	8.4%	13.3%

数据来源：根据联合国人口司及国家统计局提供数据整理。

假设养老地产用 22 年时间达到较均衡水平，在不同的比例假设下，
平均每年带来的新增养老地产建筑面积约为 2012 年住宅销售面积的
1.4%～10.0%。

表 1-3　年新增建筑面积敏感性分析（2035 年）

选择养老地产老年人占比（假设）	3%	5%	8%	10%	15%
对应 2035 年老年人人数（万人）	1170	1950	3120	3900	5850
对应 2014～2035 年养老地产新增建筑面积（万平方米）	29979	61178	107977	139176	217174
平均每年新增建筑面积（万平方米）	1363	2781	4908	6326	9871
占 2012 年住宅销售面积比例	1.4%	2.8%	5.0%	6.4%	10.0%

数据来源：根据联合国人口司及国家统计局提供数据整理。

假设我国养老地产发展速度慢于英美两国，经过 32 年的时间，才
在 2045 年达到较均衡水平，则平均每年的新增建筑面积将进一步下降。
不过，即使是在 3%的假设下，平均每年带来的新增养老地产建筑面积
占 2012 年住宅销售面积的比例仍然在 1.0%以上。

表 1-4　年新增建筑面积敏感性分析（2045 年）

选择养老地产老年人占比（假设）	3%	5%	8%	10%	15%
对应 2045 年老年人人数（万人）	1225	2041	3266	4083	6125
对应 2014～2045 年养老地产新增建筑面积（万平方米）	32177	64842	113839	146504	228166
平均每年新增建筑面积（万平方米）	1005	2026	3557	4578	7130
占 2012 年住宅销售面积比例	1.0%	2.1%	3.6%	4.7%	7.3%

数据来源：根据联合国人口司及国家统计局提供数据整理。

由此可见，在不同假设下，养老地产年平均新增建筑面积可占 2012 年住宅销售面积的 1.0%～13.3%，中性假设下占比在 5%左右。这意味着我国机构养老市场需求持续存在。由此可见，在人口老龄化背景下，养老产业发展潜力很大。

（二）"品质养老"的诉求呼唤高品质和多层次的养老服务

什么是品质养老？用六个字可以概括：安养、乐活、善终。具体地说，就是物质上可以得到安养，精神上可以做到乐活，生命结束时可以得到安宁。对比地说，过去老年人追求的是"外安其身"，现在老年人追求的是"内安其心"。

为什么养老需求由"生命养老"（寿命的延长）转向"品质养老"（生活质量的提高）？原因有以下三点：一是养老主体的改变。不同时期有不同的内容和特质，上一代老人对养老的需求与这一代老人不同；这一代老人与将来的老人的养老需求也会随着时间和社会变化而产生变革。二是养老社会环境的改变。随着生产力发展和科技进步，养老的物质条件和技术条件发生了并将继续发生着变化。所有这些变化，不仅为养老需求的改变创造了前提，而且为满足这些需求提供了可能。三是养老个人诉求的改变。随着医疗卫生条件改善以及经济社会发展，现代老年人的生活质量和生命质量都同时得到提高，比过去老年人他们在生理上更为健康、在心理上更为积极、在价值观上更为乐观向上，于是有了对乐活晚年和有尊严晚年的追求。

针对"品质养老"的大转变和大诉求，保险公司应该做什么呢？首先，品质养老对保险公司来说是机遇，传统的养老机构以小作坊为主，资金体量不大，其定位和目标决定了难以在大养老产业的发展中充当中流砥柱。其次，寿险公司和"品质养老"的主题是匹配的，经营以稳健为主，资本充足，寿险类和年金类产品和养老形成合理对接，高质量的客户群体是品质养老的未来服务对象。再次，应对"品质养老"这一转变，提出"精品保障"的概念，打造品牌效应，形成集保险、理财、养老、地产于一家的高品质保障品牌。最后，保险公司只有提升产品和服务的品质，针对多元化需求推出多元化服务，面向不同层次客户提供不同程度的保障，追求速度的同时关注质量，才能在未来竞争激烈的养老产业做出自己的特色，实现产业延伸。

（三）用平滑支付来解决"有效需求不足"的现实矛盾

从经济学理论分析，需求是由购买欲望和购买力共同决定的。就养老需求而言，前者代表老年人是否存在养老需要，后者代表老年人是否持有足够的养老资产。潜在需求旺盛、有效需求不足，是当下中国养老市场出现的一种特殊现象。原因在于生命周期内养老资产储备的不足，导致了养老金支付能力的有限。子女供养和养老金是目前多数老年人收入的来源。随着家庭功能的弱化和老龄化速度的加快，传统式养老经济来源的根基正在发生动摇。对于老年群体来说，应当提早做好养老财务规划，储备足够的养老资产。支付能力不足导致有效需求不足，这一矛盾要依靠市场的力量来化解。

从实践层面来看，金融和保险等养老资产储备工具都可以起到获得长期稳定现金流、平滑生命周期消费的作用。但是，其他金融工具多强调储蓄性、投机性或收益性，较少考虑收入的代际分配以及在不同生命周期间的转移；而商业保险存在有特殊功效，被认为是扩充养老资产储备的最佳手段。保险行业在风险分散方面具有独一无二的优势。在生命周期内，无论是早期的资产储备阶段，还是晚期的资产缩减阶段，保险都能够帮助个人规划养老资产储备，确保退休后具有足够的经济能力，应对消费支出的刚性上升。一是个人长寿风险能够通过风险共保的保险机制得以化解。二是保险具有单纯的投资理财产品无法比拟的优势，能够有效化解个人健康方面的风险。三是与通胀挂钩的年金产品和长期护理保险，有助于帮助个人消除来自通货膨胀方面的风险。

具体到操作层面，保险公司一方面要利用自身特点多元化支付来源，另一方面要引致合理需求。多元化支付来源的基础是寿险行业的风险处理能力和天然储蓄属性，将养老支付平滑到生命周期的各个阶段，做好财务规划，使用现代化的技术和手段扩大支付方式和支付能力。引致合理需求的重点，在于精品化、差异化和细分化其养老产品，针对不同需求、不同收入的消费者因地制宜；同时"酒香也怕巷子深"，通过宣传和推介，让好的产品和服务的观念深入人心，让现代化养老观念深入人心。

二、我国养老产业的供给分析

（一）养老产业供给主体比较分析

作为集生产、经营、服务于一体的综合性产业，养老产业涉及领域广、产业链长，包括了老年人用品、养老金融产品、医疗保健、养老机构等多个环节。近年来，在人口老龄化趋势下，中央及各地政府纷纷出台相关政策，鼓励养老产业的发展，促进投资主体多元化。就目前我国养老产业发展现状而言，投资主体主要有民政部门、央企、保险公司、个人及非营利性组织、房地产开发企业、国际投资机构等。而作为养老产业的投资主体，各个类型的机构都有独特的优势，也都面临着不可避免的劣势。

民政部门依托政府信誉，依靠财政拨款，通过设立养老院、护老院等措施，重点解决低收入人群的养老问题。这种投资养老产业的方式具有显著的福利性质。这也决定了与其他机构相比，民政部门在资金、服务等方面并无优势。同时，政府部门发展养老产业也存在以下几个方面的不足：一是供给效率低下，监管不力，服务不到位；二是产生道德风险，使公众产生依赖；三是产生挤出效应，一部分本不应该获得政府所提供养老服务的个体"挤出"了应该获得相关服务的个体。

"中字头"企业也是养老市场的重要投资主体之一。央企大量辅业资产及相关人力资源为其发展养老产业提供了条件。央企分离的辅业资产（含酒店、宾馆、疗养院、度假村等）转为养老产业资源具有较强的可塑性，同时央企还可以通过将辅业分离人员转化为养老护理人员的方式优化资源配置。但同时央企投资养老产业也存在一些隐患，包括辅业经营所带来的效率问题等。

个人及非营利性组织是指由个人或民间组织发起、投资、运营管理的投资主体。其一般通过建立敬老院等，向贫困老人提供社会化养老服务的方式参与养老产业。一般而言，个人及非营利性组织投资养老产业的服务对象都局限在低收入人群。与其他机构投资者相比，这种类型的投资主体在资金、信誉等方面都有较大劣势。

随着我国人口老龄化的加剧，房企、医疗机构等企业也纷纷以各自领域为切入点涉足养老产业。以房企为例，考虑到养老地产成长受到刚性需求的支撑，稳定性强的养老地产逐渐受到越来越多企业的关注。房企一般采取两种策略进入养老地产，一是直接开发老年住宅和养生、养老地产，二是与旅游、护理养生企业等上下游产业进行整合，延长房地产企业的价值链，推出综合性养老产品。值得注意的是，目前已经有企业提出由单纯的养老地产开发模式向塑造居家、社区、机构"三位一体"的养老服务模式转变，全力打造横向和纵向的全产业链模式。然而，房地产开发企业在资金方面比较依赖外部融资和房屋预售款，在资金方面并没有太大优势。

表 1-5　保险公司与其他机构投资者在投资养老社区方面的优势比较

机构类型	保险公司	民政部门	个人及非营利组织	房地产开发企业	医疗机构及医疗投资机构	国际资本和外资机构
品牌	明显	明显	一般	一般	一般	明显
资金实力	明显	一般	一般	一般	尚可	尚可
主要客户群及资源优势	中高端客户、明显	五保户、"三无"人员、弱	中低收入者、弱	老年有购房需求客户、尚可	有护理、康复、治疗需求的客户、明显	中高端客户、明显
医疗/房产开发	弱/弱	弱/弱	弱/弱	弱/弱	明显/弱	弱/弱
资源配套及整合能力	明显	尚可	弱	弱	尚可	尚可

资料来源：欧新煜、赵希男，《保险公司投资养老社区的策略选择》。

（二）保险公司作为供给主体的独特优势

与其他投资机构相比，保险公司，特别是寿险公司，投资养老产业有其独特的优势。这种优势主要体现在以下几个方面：

第一，与其他投资主体相比，寿险公司在品牌商誉方面有一定的优势。区别于其他金融产品，寿险产品的特点在于其保障功能。商业寿险，特别是商业养老保险，可以通过平滑生命周期消费、储备养老资产有效地转移和规避长寿风险。就其宏观功能而言，商业寿险可以有效转移聚合性长寿风险，缓解财政压力。而其微观功能则可以分为风险保障和投资收益。商业寿险的保障属性赋予了寿险公司良好的商誉、稳健的风格及风险管理的理念。同时，由于商誉对保险行业的发展尤为重要，寿险公司大都切实履行社会责任，注重维护自己的声誉。加之其自身所带有的保障色彩，寿险公司投资养老产业能够给政府及消费者带来心理安全感。

第二，与其他投资主体相比，寿险公司在投资资金方面有一定的优势。作为资金需求量大、回收周期较长的产业，养老产业的稳健发展需要长期稳定的资金保障。一方面，养老产业具有资金密集型产业的特征，基于养老资金的大量需求和资金在代际间流动的特点，养老产业需要大量的资金投入。另一方面，养老服务产业中提供的医疗保障、护理保障等对服务人员的专业化、技术化程度要求较高，这伴随着一定的资金需求。而从保险资金的组成来看，寿险资金中可以作为20年以上的长期投资资金的约占48%，可以作为5～20年的中长期投资资金的约占25%。这意味着保险资金可以为养老产业的发展提供长期稳定的资金支持。这种资金方面的天然优势成为寿险公司投资养老产业的核心竞争力之一。

第三，与其他投资主体相比，寿险公司在产品对接方面有一定的优势。寿险产品与养老产业联系紧密。作为商业寿险的承保人，在投资养老产业的同时，寿险公司可以寻求寿险产品与养老服务的对接。以投资养老社区为例，寿险公司可以在养老社区的平台上实现社区养老服务与保险产品对接。国外已经有通过寿险或者长期护理保险来支付长期护理费用的产品。寿险产品给付与养老社区费用支付契合度很高，保险公司可以通过产品创新的方式，在现有年金和投资型产品的基础上，融入实物给付、服务给付的内容，完成与养老社区的产品对接。保险产品与养老社区的挂钩可以为消费者搭建养老资金内部循环机制，弥补老年人支付能力的不足。

此外，寿险公司基于生命风险和健康风险精算基础的风险管理培育了其终生呵护的经营理念。而在经营过程中寿险公司也积累了数量可观的客户资源及信息，这为寿险公司投资养老产业提供了良好的客户基础和营销渠道。

三、商业养老保险产业链延伸的收益

（一）扩大保险公司盈利空间

寿险业盈利能力的提高是亟待解决的现实问题。如果用净利润来代表盈利能力的水平，那么影响和决定盈利能力的因素包括：承保利润，投资收益，退保金，保费规模，投资资产。从现有数据分析，承保利润均为负，投资收益均为正，退保金蚕食盈利较为明显，大部分公司保费构成以分红险为主，大型公司因其投资收益高而盈利能力高于中小型公司。

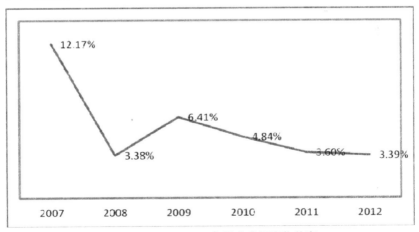

图 1-7 2007～2012 年保险业投资收益率

资料来源：中国保监会统计数据。

从投资收益情况来分析，自金融危机以来，受资本市场的低迷影响，保险业整体投资收益情况持续下降，传统的投资渠道和投资途径存在短板，行业需要寻找新的途径扩大投资收益率。而养老产业相对独立于资本市场的波动，是受政策支持的存在较大空间的朝阳行业。因此，从寿险业扩大盈利空间和盈利水平来分析，投资养老产业可以改善投资收益和投资资产情况，从而正向地增加盈利水平。

（二）改善寿险业务结构

保险行业如果要向更高层次发展，必须提高其内含价值。而提升的核心和重点就是改善寿险公司的业务结构。通过投资养老产业，可以有效改善业务结构，以更好地实现行业持续发展的目标。

不同的业务结构不但能体现寿险功能及社会地位，还涉及商业模式选择和行业可持续发展问题。寿险业务结构包括产品结构、渠道结构和期限结构。产业链过短，使寿险产品社会吸引力不足，增加了销售难度，寿险公司急于增加保费规模，使保费高的新型寿险占比逐步上升，银保渠道和趸缴业务流行，最终使产品结构、渠道结构和期限结构失衡。

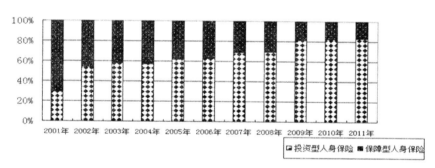

图1-8　2001～2011年我国人身险产品结构变迁趋势图

从图 1-8 分析可得，我国人身保险产品的变动趋势是保障型人身保险越来越少，投资型人身保险在增多。特别是在抢占市场份额和争夺保费规模的前提下，公司大量开发新型寿险，投资性多，保障性少，与资本市场关系密切。在这种产品结构下，风险控制成为难题，消费者权益不能得到保障，公司持久发展乏力。和发达国家相比，我国在非常短的时间内由保障性传统性产品过渡到了当前以分红性产品为主，产品结构存在失衡。

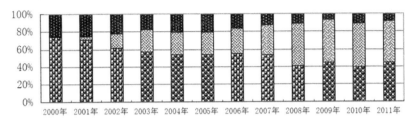

图 1-9　2000～2011 年我国寿险公司渠道结构变迁趋势

　　渠道结构方面，由上图可得，银保渠道出现爆炸性增长，传统的直销渠道在寿险销售中式微，以营销员为代表的个人代理呈现较为稳定的业务比例。对保险行业而言，将接近一半的业务集中在银保渠道是不合理的，也是很危险的。寿险行业需要寻找新的销售渠道，随着金融一体化的加深和互联网金融概念的落地，寿险业需要抓住机遇，拓宽和创新渠道。

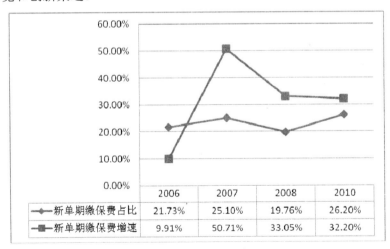

图 1-10　2006～2010 年新单期缴保费占比变化趋势图

　　期限结构方面，寿险保费里期缴产品占比相当大，期缴保费代表长期储蓄性业务，说明寿险资本的持续性；寿险资本负债周期和养老产品相匹配，同时资本体量大；保险投资对安全性和长期性要求较高，寿险产品期限结构本身也具有长期性的特点。从图 1-10 中可以看到，新单期缴保费占到新单业务的比例在四分之一左右，这部分业务是长期业务，长期业务需要有长期稳定的投资渠道。经由 2007 年前后寿险业务结构调整之后，长期性产品占比有所提升，但是仍然有很大的提升空间，短期趸缴占比偏高，长期期缴业务发展相对滞后，消费者、代理人、银保渠道出自自身考虑都更偏好短期产品，这和行业发展的长期目标是相悖的。长期期缴产品受市场波动较小，费用更加合理，缓解现金流压力。理想中的业务期限结构，续期保费应占 60%，期缴（当年）保费占 40%，长期寿险承保率在 80% 以上。我国现有的业务结构距离这一理性水平相距甚远。

延伸寿险产业链的意义在于养老产业可以改善寿险的业务结构。从产品结构的角度，延伸产业链可以改善投资性寿险和保障性寿险的占比结构；从渠道结构的角度，银保渠道一家独大的形势可以得到缓解。从期限结构的角度，期缴业务在营销员手续费、责任准备金提取等方面都比趸缴少，可降低运营成本。而当前寿险业务期限结构是趸缴业务占比高，通过投资养老产业，可以扩展寿险公司的业务范围，使得长期业务有长期投资相匹配。

（三）改善资产负债匹配

从图 1-11 中分析可得，新单中期缴保费的增速要快于寿险业的保费增速，说明长期业务处于增加的趋势；10 年以上产品占到所有新单期缴保费的 44.8%，这证明了寿险业务期限结构的长期性的特点。而作为负债经营企业，寿险公司在资产负债管理中应努力实现匹配，特别是期限匹配。按照资产负债管理理论分析，保险资金的运用期限与收益应当与负债的来源期限与成本相匹配，保持长短负债分别能够对应长短期资产。就目前我国寿险业状况而言，寿险公司普遍都面临着资产负债长短错配的压力。作为一种长期负债性资金，寿险资金在投资管理中应选取长期性投资项目，否则将会使我国寿险业面临较高的资产负债匹配风险。但一般而言，寿险负债的持续期在 15 年左右，相比于一般的投资工具持续期而言时间较长。而养老产业的特殊属性可以在一定程度上缓解这种压力，养老产业相对稳定的长期投资收益与寿险资金投资所要求的长期性与稳定性有着天然的匹配优势。

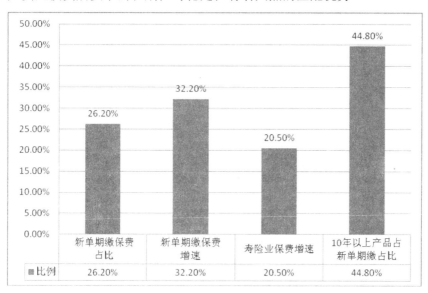

图 1-11　表征寿险长期性的数据

资料来源：中国保险年鉴。

（四）改进盈利模式

寿险业延伸有助于寿险公司盈利模式的改进，产业链的形成将使之前碎片化盈利模式逐步转化为深层次立体化盈利模式。从公司角度分析，产业链的形成可以整合公司资源，优化配置。同时，产业链的形成也为信息的沟通和共享提供了条件。由于保险业在自身经营过程中能够收集到丰富的客户信息，寿险业延伸形成产业链可以疏通信息渠道，降低上、下游企业关于客户信息的搜寻成本和交易成本，提高养老产业的经济效率。以寿险公司投资养老社区为例，这种投资行为不仅整合了寿险公司养老资源，为社区服务和养老金的结合提供了可能，帮助保险公司锁定部分成本，增强经营稳定性；同时还为保险公司提供了信息平台。基于平台的数据搜集和挖掘拓宽了保险公司的盈利渠道。此外，在构建平台过程中，保险公司也可以充分发挥其在产品定价方面的精算优势。

四、商业养老保险产业链延伸的社会效应

（一）承担国家寻找社会力量支持养老产业快速健康发展的重任

从保险业社会责任的角度分析，养老产业是国家产业，带有一定的福利性质和公益性质。而保险产业的延伸不仅应考虑自身需求，更应当向国家需要方向去延伸，这是符合行业形象提升的，更是符合保险业树百年产业的未来愿景的。寿险产业链向养老产业延伸是行业需求，更是国家需求。

（二）提供多层次的社会保障和社会管理服务

第一，国家政策支持保险业参与养老产业的发展，《中国保险业发展"十二五"规划纲要》提出"整合保险产业链，支持保险资金投资养老实体"，并明确指出"推动研究保险资金投资养老产业"。第二，投资养老行业契合了现代保险资金融通和社会管理的基本功能，有利于社会资金的有效配置，有利于提供多层次的社会安全保障，真正做到"保险让生活更美好"。总体而言，发展养老产业，能够为中国保险业走向新辉煌带来新的契机。第三，保险业在社会保障体系中的作用可以通过参与养老产业得以更好的实现。

（三）保险行业和养老产业可以实现联动发展的效应

整合产业链走向产业集群是产业发展的趋势。我们将整合养老产业链各细分市场并走向产业集群发展的路径称为联动发展，这也是产业链延伸的必然结果。

要实现联动效应，一是发展智能化养老建立起丰富信息流、服务流，为联动发展做好技术保障，而保险业在推动产业集群的形成和发展方面有明显的资本优势、产品优势和信息优势。二是确定产业集群的轮轴中心行业，吸引相关产业和服务机构向集群中心聚拢，轮轴中心就是保险行业，聚拢机制在于，通过发挥保险业的极化效应和示范效应，吸引外围相关产业和服务机构向集群中心聚拢，最终形成整体上的养老产业集群。

第二章

我国商业养老保险产业链延伸的可行性分析

第一节 国外商业养老保险产业链延伸的经验分析

人口老龄化作为世界性的问题不可避免地将会引起社会和经济结构的改变，据联合国数据显示：预计到 2050 年，世界人口将增加到 92 亿，其中 60 岁以上老年人口的比例将达到 22%；65 岁以上老年人口的比例为 16%，而 80 岁以上老年人口在 2050 年将超过 4 亿。发达国家如美国、日本、英国等在进入老龄化时人均可支配收入达到 1 万～3 万美元，养老需求的旺盛催生了养老产业的兴旺，国家养老制度、政策的调整完善则进一步规范促进了养老产业链的延伸。部分发达国家在面临深度老龄化的情况时，其商业养老产业链延伸也产生了相应的变化，主要表现为深度老龄化释放养老需求中对医疗护理的刚性需求，而老年旅游、老年教育等则相对属于弹性需求，深度老龄化带来医疗护理行业的发展，加快了养老产业链的丰富和延伸。

本书主要选取养老产业发达的美国和日本进行介绍。美国养老产业的发展有比较明显的市场主导特征，所谓市场主导是指养老产业的产生和发展是对经济增长和社会结构变化的自动反应，养老产业的产生、变化和发展取决于实体经济的发展。通过历史对比和数据分析，可以发现美国养老需求最先释放的是医疗照护的需求，包括长期护理和专业化的精细护理需求，在医疗照护需求释放的同时也释放出养老居住的需求，随后养老产业链拓展到其他老年服务的需求。日本养老产业的延伸则表现出政府主导的特征，政府主导是指政府能够主动地改革与完善市场法制、文化等制度结构以稳定的宏观经济环境促进市场体系的孕育和市场制度的培植。对应日本商业养老产业链的延伸，政府主导主要表现为完善养老制度法规，鼓励及引导市场力量进入养老产业。

一、美国市场主导型的商业养老保险产业链延伸模式

（一）美国市场主导型商业养老保险产业链延伸的背景

1. 深度老龄化释放刚性养老需求

20 世纪 60 年代，伴随第二次世界大战士兵这一群体步入退休阶段释放出的养老需求而发展起来的太阳城社区的兴起，美国养老社区迅速发展起来。20 世纪 90 年代中期至 21 世纪初是美国养老社区供应的高峰时期，1997 年至 2000 年平均每年的新增供应超过 4 万户。根据美国 2000 年人口普查数据，相比 1990 年，2000 年时 65 岁以上老年人口增加了 42%，85 岁以上高龄老人增加了 38%。尽管从社会学意义上，美国还没有进入深度老龄化（65 岁以上人口占总人口的 20% 以上，赡养比 0.2 以上），但是人口结构的迅速改变引发了养老产业链的相关变化。美国的养老社区以入住老年的生活自理程度划分逐步演变出活力居住社区、独立居住社区、协助居住社区、护理居住社区和持续看护居住社区，各个形态的社区分别对应的是预防性需求、支持性需求、长期看护需求和精细护理需求。

表 2-1　美国不同形态养老社区数量及入住率

社区形态	数量（户）	容量（人）	平均入住率（%）
独立居住社区	525	76763	89.5
协助居住社区	1467	109582	88
护理居住社区	1011	126130	85.5
持续看护社区	178	60788	90

资料来源：根据 Wind 咨询整理。

　　根据美国不同形态养老社区数量及入住率的统计数据（如表 2-1），持续看护社区入住率最高。这一数据背后实则是刚性养老需求的释放，养老需求最为核心的部分是对医疗照护的需求，而医疗照护需求在70～75 岁左右形成，成为刚性的养老需求。根据美国人口统计局的数据，75 岁以上的老年人对护理的需求是 65～74 岁老人的 1.76 倍左右，是平均水平护理需求的 3 倍。对比护理需求背后的刚性养老需求，其他的养老需求如老年教育和老年旅游则是弹性需求。刚性养老需求的释放之下，美国养老产业链的发展呈现出先护理后养老的对接模式，即在发展养老社区满足老年人预防性需求与支持性需求的基础上更加注重满足老年人对医疗照护的需求。

　　2. 高度发达的医护市场奠定养老产业链延伸的基础

　　美国商业养老产业链先护理后养老的对接模式建立在高度发达的护理市场基础之上。1990 年到 2006 年，美国 GDP 年均增长率达到 3%，此后几年受到次贷危机的影响，经济增长放缓。根据 Wind 咨询对美国公共福利支出和护理行业的研究报告，对比 1990～2010 年美国公共福利支出及各州政府支出比重（图 2-1），此 20 年间美国公共福利支出占财政支出的比例始终维持在 11%～15%，并且呈现出持续提升的趋势。此外，2011 年美国人均医疗护理的花费达到 7980 美元，占当年人均名义可支配收入 37035 美元的 21.55%，医疗护理总花费占当年名义国民收入的 17.4%。尽管美国医疗护理开支大的问题备受诟病，但这一数据也从侧面印证了美国高度发达的护理市场和养老市场的巨大潜力。

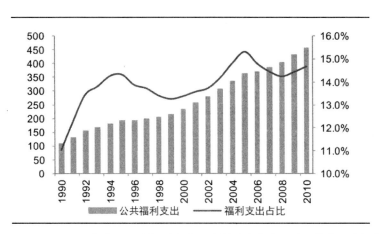

图 2-1 1990～2010 年美国公共福利支出及占州政府支出比重（单位：十亿美元）

资料来源：根据 Wind 咨询整理。

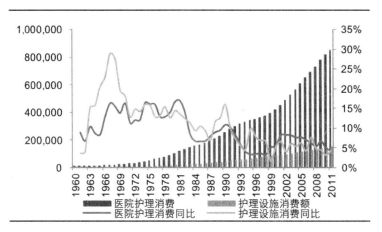

图 2-2 1960～2011 年护理消费和护理设施规模及同比（单位：百万美元）

资料来源：根据 Wind 咨询整理。

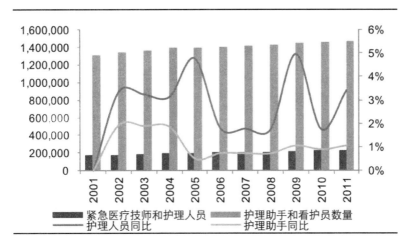

图 2-3 2001～2011 年医疗技师和护理人员规模及同比

资料来源：根据 Wind 咨询整理。

受到人口结构变化产生的刚性需求及实体经济发展、市场影响和政策支持之下，美国逐渐培育出发达的护理市场。护理行业的兴起最初针对的是失能、残疾及其他人群，考虑到这部分人群的消费能力相对欠缺，因而护理市场在发展初期主要依靠政府财政支出的扶植。政府财政支出扶植下的护理市场初步发展表现为：护理消费和护理设施的增加，医疗技师和护理人员的增长。自 1990～2010 年美国护理市场消费和护理设施保持了较高的增速（图 2-2），同时，医疗技师和护理人员数量也保持稳定增长（图 2-3）。护理行业的发展一方面孕育出具有配套医护设施的护理公司，另一方面培育出相当数量的护理人员。由于人口结构的变化和深度老龄化释放的刚性养老需求，护理行业从最初的满足失能、残疾人群的需求变为满足老年人群的养老护理需求。财政支持下的培育出的护理行业通过专业护理公司的发展塑造了老年人对于护理照护服务行业的信任和认可，解决了美国商业养老产业中最核心的一环，并为商业养老产业链的延伸奠定了坚实的基础。

3. 充足的老年消费能力确保养老需求的转化

美国商业养老产业链的发展建立在稳定的养老需求之上，而养老需求的转化离不开充足的老龄人口消费能力。美国有保障的老龄人口消费能力更得益于美国养老金制度安排，美国养老金制度有 200 多年的发展历史，现行养老保障体系是典型的"三支柱"模式。截至 2010 年，美国有 13 万亿美元的养老基金，是世界上最大的养老金市场。美国养老金为"三支柱"模式，即第一支柱下的政府强制执行的社会保障计划，面向全社会提供基本的退休生活保障；第二支柱包括公共部门养老金计划和雇主养老金计划，公共部门养老金计划是由联邦、州和地方政府为其雇员提供的各种养老金计划；雇主养老金计划又称企业养老金计划是由企业及一些非营利组织和机构为其雇员提供的养老金计划；第三支柱是个人自行管理的个人退休账户，是由联邦政府通过提供税收优惠而发起、个人自愿参与的补充养老金计划。个人退休账户制度是享有税收优惠，面向任何具有纳税收入者的退休储蓄制度。截至 2008 年 1 季度，个人退休账户资产额为 4.5 亿万美元；而同期其他各类雇主资助的 401（K）、403（B）和 457 等计划资产总额仅为 4.3 亿美元。

根据美国商务部对老年人口的退休收入的调查报告，该报告将退休收入定义为根据退休计划从保险公司、退休基金或其他组织获得的个人转移支付。该定义依据美国国民账户体系（SNA）、国民收入和产品账户（NIPA）的划分规则强调，退休收入作为领取人个人转移支付，自领取时起不必支付任何对价。该统计项下的退休收入作为不必支付任何对价的转移支付，这一统计数据实际上可以认为是部分有保障的老年人口收入。

表2-2　美国个人可支配收入与退休收入（1997~2002 年）　　单位：十亿美元

	1997 年	1998 年	1999 年	2000 年	2001 年	2002 年
个人收入	6907.3	7415.7	7796.1	8422.1	8717.0	8872.9
退休收入	387.5	440.1	458.2	512.3	508.1	485.9

资料来源：根据美国人口统计局 State Retirement Income Estimates and an Alternative Measure of State Personal Income 报告整理。

多层次的养老保障制度、市场化运作的养老基金以及各级政府对老年人群的转移支付共同构成了美国充足的老年消费能力，并转化为现实的养老需求，即养老产业链各环节对医疗护理、老年居住、金融服务等的需求。

4. 宽松监管制度和完善的投资法规

在市场驱动下，美国保险监管制度、法规对商业养老产业链的延伸也存在深远影响。美国市场主导型商业养老产业链的延伸表现为先护理后养老的对接模式，美国寿险公司在这一对接模式下多表现为以财务投资的方式购买REITs参与养老地产的经营和参与投资养老机构，因而美国当局对保险业监管的法规多集中于寿险公司投资不动产。美国保险监管的风险资本模式（Risk-Based Capital，RBC）其基本原则是将调整后的风险资本总额与保险公司调整后的总资本额对比以反映保险公司的风险资本状况，基本不同的风险水平的监管应采取不同措施。由于寿险公司以购买 REITs 的方式投资养老产业的比例占其金融总资产的比例不足 1%，在 RBC 模式下，寿险公司的偿付能力没有任何问题，属于无需采取措施的情况。然而，REITs 产品作为金融衍生品的一种，在已有的监管体系中缺乏清晰明确的定位，很可能出现与保险相关的衍生品却不属于保险监管的情况。尤其是次贷危机中 AIG 投资信用掉期违约（CDS），本身并不违反保险监管制度却出现重大损失，引起了对保险监管的新思考。在参考了国际保险监督官协会 2005 年维也纳年会上提出的以市场行为、偿付能力和公司治理结构为主的三支柱保险监管制度监管新思路，美国正在《多德—弗兰德法案》基础上搭建保险监管的新框架，其中着重考虑了对金融衍生品的监管和风险隔离。这一进行中的改革会对寿险公司以购买 REITs 的方式投资养老社区最后会产生何种程度的影响还没有具体的测算。在不动产市场价格趋于稳定，消费信心逐步恢复的情况下，REITs 产品以其透明性、安全性博得了追求稳定收益率的寿险公司的青睐，成为美国寿险公司投资养老产业的首选。

除了宏观的保险监管制度，美国还有较为完善的专门针对保险公司投资房地产的监管规则，较为有代表性的是美国保险监督官协会（NAIC）的保险公司投资示范法（Investments of Insurers Model Act）。保险公司投资示范法对寿险公司采取了分列式的规定，其第二部分 B、C 两条规定了保险公司投资不动产可以采用投资金融衍生品的形式，将投资房地产的范围限于获取租金收益的不动产（Income Generation）或是对房屋的修葺或进一步开发，没有法律解释说明投资房地产的范围包含"地产开发模式"下的拍地、建设、出售等行为。另外，还有对投资比例的限制，在该法案的不同版本中（Standard Version、Limited Version）对合计投资的限额和单项投资的限额也有不同规定。

正是基于美国宽松监管制度和完善的投资法规，美国保险公司以利润为导向、购买 REITs 做财务投资布局养老产业的模式才能安全高效完善地运转。

（二）先护理后养老的商业养老保险产业对接模式

美国商业养老保险产业链对接时表现出先护理后养老的特征，即先从满足老年人精细护理和长期护理的刚性需求后拓展其他弹性需求，或者说美国商业养老保险产业链条的拓展顺序是先护理后做养老。美国大型社区运营商的商业模式即很好地表现出这一特征。

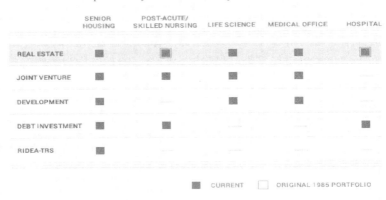

图 2-4　HCP 商业模式

资料来源：根据 HCP 公司年报整理。

HCP 公司是美国著名的养老社区运营商，该公司自 1985 年以来就涉足医院经营及专业的术后护理，即满足老年人的刚性护理需求，现在的业务涉及养老社区、术后护理、生命科学、医疗管理和医院经营，此外 HCP 也采用 REITs 的方式进行融资。HCP 公司商业模式的拓展过程可以说是美国养老产业最近 30 年延伸的缩影。美国寿险公司在商业养老保险产业链延伸中也表现出相关的特征。

（三）美国寿险公司涉及商业养老保险产业链延伸的基本情况

美国商业养老保险产业链的延伸从商业养老地产开始，在此基础上扩展至医疗护理行业，同时美国寿险公司提供企业年金账户和个人退休账户的管理。

1. 以财务投资的方式购买 REITs 参与养老地产

美国寿险公司涉及养老产业链多是以财务投资的方式购买 REITs。得益于发达的资本市场、多元化的投资渠道和宽松完善的监管政策，美国保险资金运用呈现以下特点：广泛的保险资金运用渠道，高稳定性的保险投资追求，多重的保险资金管理模式。

表 2-3 2007～2012 年美国寿险公司金融资产分布　单位：十亿美元

资料类别＼年份	2007	2008	2009	2010	2011	2012
政府债券	462148	516914	292860	365700	403793	391777
公司债券	1812919	1833370	1507604	1611217	1702987	1759282
抵押贷款支持证券			561136	526877	512417	485377
债券	2275067	2350285	2361600	2503794	2619196	2636436
股票	147955	117571	77723	82510	82820	82391
抵押	324714	338008	325942	317273	333243	345602
不动产	34943	32479	27714	27851	28909	30559
保单贷款	116047	121887	122707	126273	128826	130348
短期投资			89608	63688	62651	71544
现金及其等价物	36066	15874	36285	33892	37230	39558
衍生工具					44358	41577
其他投资资产	122410	143789	130597	149940	140334	153431
非投资资产	137917	162569	160028	160549	173939	185027
总金融资产	3180148	3270330	3324262	3457944	3643531	3707639

数据来源：根据 life insurance fact book（2008～2013）整理。

在表 2-3 的数据中，根据联邦层面的保险公司投资示范法和州层面的保险法规定，统计来源在不动产一项下专门划分了自有物业（occupied by company），投资性长期持有物业（investment，hold for income）和投资性出售物业（investment，hold for sale）。其中，投资性长期持有物业 2011 和 2012 年的数据分别是 22632 和 24244（十亿美元），其主要组成部分便是 REITs（不动产投资信托基金）。美国寿险公司涉足养老社区多是以投资商的角色出现，通常采用财务投资的模式。

REITs 是当前养老社区的主流投资商，保险公司多以财务投资的方式购买 REITs，从而延伸自身业务链，拓展养老服务，实现产业整合和投资回报。在鲜明的利润导向下，美国保险公司投资于 REITs 具有一定的必然性：一是收益流可预期。REITs 的可靠收入来自于不动产（包括养老社区在内）长期出租的租金收入以及资产融资的利息收入；二是收入透明。大多数 REITs 采用直接和简洁的商业模式，即通过入住率和租金的增加来获得更高水平的收入。呈报财务报表时，REITs 也应当提交按照会计准则核算的每股收益。另一种核算方式是比较 FFO，即营业现金流量；三是总体回报高。红利和资本利得的收入可以使 REIT 的总体回报非常可观。分析表明，同时有分红和股价上升使得 REITs 的回报远远高于其他投资工具，包括大盘股票、固定收益证券等。

2. 在合理的贷款担保机制下参与发行反向抵押贷款

回顾美国的反向抵押贷款业务开办的历程，美国政府对反向抵押贷款给予了极大的政策优惠和支持，贷款发放机构也对其提供的产品结构不断进行完善，以占据美国方向抵押贷款市场近 90% 市场份额的 HECMs（Home Equity Conversion Mortgages for Seniors）为例：美国住房管理局下属的联邦住房管理局以市场主体的身份发行 HECMs，由包括保险公司在内的金融机构具体开办并向贷款人提供贷款。在 2008 年金融危机之后，HECMs 产品的结构进一步改善，主要表现为提高贷款限额；降低贷款费用，包括最终由消费者承担的贷款机构的发行费和保险费；允许消费者一次性付清贷款；保证消费者及时足额拿到贷款。并从 2009 年 1 月起，HECMs 贷款可用于购买新房屋，这一举措对希望出售原有房屋后搬进养老机构的老年住房拥有者具有很大的吸引力。

美国反向抵押贷款有完善合理的贷款担保机制，贷款发放机构把所有发放的贷款全部出售给联邦全国贷款联合会，再由联邦住房管理局保证贷款的回收额不低于预估的房屋价值，并负责贷款发放机构贷款意外受损时的赔偿。反向抵押贷款机构所面临的风险主要是利率风险、长寿风险和房价波动风险，联邦住房管理局和联邦全国贷款联合会的担保使得 HECMs 的贷款发行机构避免损失。保险公司发行反向抵押贷款产品，向贷款人发放贷款可赚取客观的贷款利息。据美国 Reverse Market Insight. Inc 的调查数据，2008 年发行反向抵押贷款的机构共有 2949 家，其中保险公司 732 家，占 24.8%。

3. 纵向一体化的模式参与管理式医疗

一体化医疗服务网络是指保险公司与数量有限的医疗机构结成形式各异的纵向一体化联盟，各级医疗机构之间资源共享，保险机构和医疗服务提供商成为管理式医疗的运营主体。在管理式医疗之下，被保险人向保险机构购买医疗保险，保险公司作为医疗费用出资者和医疗服务提供方的有机结合，直接介入医疗过程，通过经济杠杆调整和配置医疗资源。

美国保险公司纵向一体化模式参与管理式医疗的原因在于医疗费用的激增，使得医疗保险的赔付额不断上升。而政府的支持和法律的认可是保险公司以医疗保险组织的形式开办管理式医疗的前提条件。

4. 提供企业年金账户和个人退休账户的管理

企业年金账户和个人退休账户的经营是美国寿险公司在商业养老产业链延伸中的重要环节。美国寿险公司养老产品的消费群体不仅包括老年人群，也包括即将退休的中年人，以年龄阶段划分主要包括：60 岁以上年龄阶段的老年人群，50～60 岁年龄阶段即将退休的中年人，40～50 岁年龄阶段为退休做积极准备的中年人。宽泛的产品组合能够满足消费者全生命周期的消费需求，以产品性质划分可分为健康保险产品和退休计划产品：健康保险包括定期寿险、终身寿险，还包括医疗保险、长期护理保险和失能收入保险；退休计划产品均具有税收递延性质，包括企业年金产品 401（K）、非营利性组织年金产品 403（B）、个人退休账户产品以及税收递延额度更高的递延年金产品。

美国保险公司以利润为导向、购买 REITs 做财务投资布局养老产业的模式高效的运转离不开美国宽松的监管制度和完善的投资法规；保险公司乐于提供反向抵押贷款也是建立在安全可靠的贷款担保机制的基础上；保险公司纵向一体化的模式参与管理式医疗的前提条件也是法律对健康维护组织的认可。美国商业寿险产业链的延伸主要是市场的驱动，其发展完善的过程也得益于政府的许可和监督。可以说美国商业寿险产业链延伸的动力是市场，而其进一步延伸的保障则是制度政策法规的完善。

二、日本政府主导型的商业养老保险产业链延伸模式

（一）日本政府主导型商业养老保险产业链延伸的背景

1. 迅速老龄化带来严峻的社会经济问题

日本早在 20 世纪 70 年代就已经进入了老龄化社会，是最早进入老龄化社会的国家之一。日本的老龄化具有两个特征：一是老龄化发展速度快；二是由于国民期望寿命高而使国家高龄人口占比高。2001年，日本 65 岁以上的老人人数已占总人口的 17.5%。老龄人口中的高龄人口，75 岁以上的高龄老年人口到 2020 年将达到 1600 万人以上，占总人口的 12.5%。据预测，到 2050 年，日本的老龄化率达到 32.3%，就是说三个人中有一个人是 65 岁的老人，而需要看护照顾的老人将超过 520 万人。随着日本老龄化程度加深，加之家庭规模日渐缩小、家庭养老观念变迁、以及城镇化加速发展，使得依靠年轻人支撑的传统养老方式难以为继。日本政府遇到的最大挑战来自公共养老金和医疗看护等社会保障领域。养老金的领取者人数由 1986 年的 1061 万人增加到 2000 年 2080 万人，预计到 2025 年将增加到 3350 万人。另一方面，受人口出生率下降的影响，劳动人口减少，支付养老金保险费的人口将从现在的 6970 万人下降到 6000 万。在这种状况下，为了维持当前的养老金发放水平，工薪者就必须交纳月工资 34.5%的保险费，日本的养老金制度将难以为继，国民负担急剧上升。

2. 日本作为中央集权国家，具有明显的政府主导色彩

日本商业养老产业链的发展建立在国家福利养老制度的基础上。日本人口结构改变带来社会文化的冲击和经济发展的困境，日本政府自1958年通过《国民健康保险法》和次年通过的《国民年金法》实现全民年金、保险的覆盖，使得老年人在生病或年老时都可以得到医疗补贴和年金收入。20世纪60年代日本经济高速发展，日本颁布了《老年人福利法》并开始实施介护保险制度，标志着日本国家福利性质的养老事业的全面建立。在这一时期，国家承担了养老的主要责任，商业养老产业发展的空间较少，但是各项养老制度政策法规的逐步完善为七八十年代商业养老产业的兴起和后来商业养老产业链延伸奠定了基础。

3. 国家福利养老事业发展乏力不得不引入社会力量发展养老产业

尽管日本介护保险制度的实施在很大程度上缓解了社会养老压力并释放出巨大的养老需求，然而介护保险面临的资金空洞化、支付困境、投资收益降低等严重问题使得介护保险制度在宏观经济社会发展不足的困境之下问题日益严重。1973～1978年石油危机，原油及资源价格的上涨，全球经济遭遇寒流。1974年之后的日本经济增长出现下滑趋势，国家财政收入的减少以及伴随物价上涨的国民年金支付标准的不断提高，日本高福利的"介护保险制度"开始遭遇瓶颈，国家财政难以应付不断提高的国民年金支付标准，日本政府不得不提高年金提取年龄、修改退休政策。同一时期，日本日均寿命大幅提升。20世纪六七十年代，伴随日本经济腾飞，日本人均寿命增加到76岁，社会老龄化程度也日益严重，2008年日本65岁及以上老年人口占社会总人口的比重达到22.2%，2009年国民年金参保者和养老金领取者的比例下降为1.8:1，使得日本在2012年年度预算中由国家承担的养老金缺口高达2.6万亿日元，约合人民币2157亿元。国家福利养老事业的发展遭遇瓶颈使得日本政府不得不引入社会力量发展商业养老产业，随着日本政府允许社会力量进入护理服务行业，日本商业养老产业逐渐得到发展。

（二）日本商业养老保险产业链延伸中的政府主导作用

日本政府在商业养老保险产业链延伸中的政府主导作用主要体现在如下几个方面：

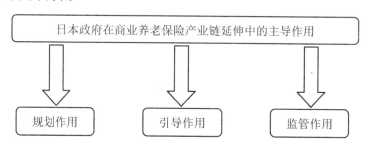

图 2-5　日本政府在商业养老产业链延伸中的主导作用

1. 根据社会经济发展的需要及时对养老政策法律进行设计、调整和充实

日本政府在商业养老产业链延伸中的规划设计主要体现在完善养老相关的法规政策上。主要的政策法规包括养老机构鼓励政策、老年住宅政策、老年用品政策、金融保险政策、老年就业政策。日本养老产业兴起于 20 世纪 70 年代，由于人口结构老龄化，老年人需求相应增加，政府承担的社会福利性事业远不能满足老年人的需求，于是政府对老年人福利政策进行调整，鼓励民间发展福利事业以应对老龄社会的多种福利需求。人口老龄化客观上为日本老年商品及市场的发展提供了机遇。作为一个新兴的细分市场，尚处于发展初期，存在很多商业机会。企业依照市场机制，通过竞争促进发展是老年商品市场的主线。政府从保证安全和卫生出发，制定标准、准入条件等规则来促进市场的健康发展，而良好的福利政策和有所倾斜的经济政策则可以间接推动老年商品和市场的发展。日本养老产业的发展很大程度上得益于其完善的法律制度规划。

（1）养老机构鼓励政策

1974 年日本厚生省公布了《收费养老院设置运营指导方针》，建立了市场规范和行业标准。该方针对养老机构的属性、设施标准、人员配置和优惠贷款制度等做出明确规定，并规定养老机构每年向政府提交报告，接受政府监督。为鼓励养老机构的发展，日本政府还制定了金融贷款支持政策。日本养老机构无论是福利性还是营利性，只要入住人数达到一定规模（通常为50人）并符合《收费养老院设置运营指导方针》的基本要求，均可享受政府金融的长期低息贷款。福利性养老机构的贷款额度为最低注册资本的70%~80%，年息2.5%~3.5%，而营利性养老机构的贷款额度一般为最低注册资金的30%~70%左右，考虑到营利性法人必须纳税，其贷款年息享有更大优惠，为2.5%。

（2）老年住宅政策

从1972年起，日本政府推行了一系列措施以保障老年人的居住需求，对老年住房的改建予以扶持。1986年公布的《长寿社会对策大纲》，从住宅、建筑和城市三个方面开展工作保障老年人居住需求。为推进老年人住宅的发展和居住环境无障碍化，1994年实行了《中心建筑法》，1995年制定了《高龄化社会对策大纲》，鼓励官办、民办在社区建立养老服务机构。2000年起公布实行了《无障碍交通法》以及《老年人居住法》等，对老年住宅进一步强化重视。2011年4月颁布了《确保高龄安全居住相关法律调整案》，由国土交通省和厚生劳动省共同管理借护老人住宅的建设。与护理、医疗部门一同创设"服务型高龄者住宅"的登记制度，对此类住宅提供特别税制、低息贷款及补助等优惠政策。倡导改建节能环保住宅的同时，对无障碍设施住宅的改建同样提供补贴，以满足高龄者对特殊住宅的需求。设施功能齐全、常态化的居住环境以及多样化的服务为老年人构筑了安定的、可持续的良好居住环境。

（3）金融保险政策

反向抵押贷款被认为是日本这个高龄化社会不可欠缺的金融产品。日本2006年通过了《骨太方针2006》，把反向抵押贷款同"生活保障制度"相结合，鼓励高龄者先采用倒按揭方式融资，在仍然无法维持生计时才切换到"生活保护"制度中。现在日本融资机构根据现实需求以"老后安心信托""充实人生"等名称推出了该类产品。到目前为止，日本尚无寿险公司参与反向抵押贷款。寿险公司不参与的主要原因在于，"以房养老"模式相对保险公司运作方式差别明显，尤其是寿险公司一般经营长期寿险产品，对寿险资金运用有着极为严格的规定。"以房养老"模式虽然与年金给付方式相似，但由于该方式采用的是长期借贷方式，经办机构要长期垫付资金，只有当合同满期（一般为借贷人亡故之时）才能最后清账获取属于其的利益，这与银行借贷业务更为相近。如果把借贷业务称为"本利逐渐回收方式"，那么"以房养老"模式只是变相为逆向贷款，可以称其为"本利最后回收方式"。由于"以房养老"与保险行业经营方针略有距离感，并且寿险公司经营无法承担在没有保费来源、贷款期限中没有任何利息收入情况下，将款项长期借贷出去，而真正收益只能在合同期满时才能最终实现的经营风险。因此，日本寿险行业目前基本不涉足"以房养老"金融服务。

2. 引入社会力量缓解养老产业发展困境

宏观经济的下滑和人口机构的变化促使日本政府引入社会力量缓解养老产业发展困境。20 世纪 90 年代后期，在老人护理服务领域中开始允许社会组织介入并及时修改相关法律。从 2009 年 5 月 1 日开始，社会养老护理服务机构必须遵守法令对业务进行整顿，并向主管行政机关申请。日本政府引导社会力量进入养老产业缓解了国营养老机构不足的问题，不少社会力量开始进入养老护理服务产业，根据 1990 年厚生劳动省的调查数据表明，已有社会力量投资的收费型护理养老院达到 280 家。借助这一政策环境的改善，寿险公司以股东的形式出资成立合资公司的模式参与到养老地产项目。1980 年成立的专门经营高端养老地产的 SunCity 株式会社其股东就包括第一生命保险、富国生命保险等保险公司。此后，日本寿险公司开始通过股权收购的形式经营养老机构。根据日本主要上市保险公司年报显示，截止到 2012 年，明治安田生命保险公司自营三家养老机构，索尼人寿保险公司也以收购私营养老机构的方式投资养老地产达 11 家。

3. 调整监管政策，创造适宜养老产业链拓展的环境

日本自 1996 年 4 月修订《保险业法》开始打破金融业分业经营的界限，允许保险公司和财险公司以设立子公司的形式进入相互领域；1998 年 12 月实施的《金融系统改革法》及进一步修订的《保险业法》允许保险公司与证券公司相互经营对方业务，保险公司及银行可以参与破产重组；2000 年 5 月，再次修订的《保险业法》允许保险公司和

银行以设立子公司的形式开展对方业务。从而日本金融业开始完全混业经营。金融业的混业经营为保险公司等布局养老产业拓展了空间，使得保险公司能够开展信托业务、经营不动产。

（三）日本寿险公司涉及商业养老保险产业链延伸的基本情况

日本在十多年前就已步入老龄化社会。1995 年，65 岁以上人口中老龄人口已占总人口的 14.5%，2007 年突破 20%，达到 2600 多万人。预计到 2050 年日本老龄人口将超过 30%，进入超老龄化社会。随着老龄人口的增加，出现了专门为老年人设计和生产的老年商品。

老年人的增加，推动了老年商品设计、生产、销售等的完善和发展，并形成了老年商品市场。目前，日本老年商品市场通常分为老年住宅市场、养老医疗市场、运动休闲市场、金融市场、食品市场、服装市场等。以往老年商品主要局限于衣、食、住、行方面，但近年来，为老年人提供的服务产品不断涌现。按照日本老年服务振兴会的分类，老年服务产品可以分为家庭护理、家庭洗浴、送餐服务、老人搬运、老人用品的租借和销售、老人临时寄养、养老培训、投诉和信息提供、紧急呼叫服务、收费老人院、老人公寓、老年住宅建设与装修、金融保险商品、老年读物、老年教育、旅游等十七个门类。2001 年，日本养老产业规模已达 39 兆日元，预计到 2025 年市场规模将达到 155 兆日元[①]，占 2012 年日本国民生产总值的 32.57%。目前，日本寿险公司参与养老产业主要集中于住宅、护理、金融等产业。

表 2-4　日本老年产品服务于相关产业之间的关联性

产业项目	住宅	护理	服装	食品	金融	卫生保健	娱乐休闲	购物	医疗	汽车
市场参与频度	14	9	6	6	6	5	5	4	3	3

资料来源：[日]公岛洋等. 社会福祉动向——2000[M]. 东京中央法规出版社，2000 年版.

1. 日本寿险公司布局投资养老机构

2009 年日本养老护理市场的整体规模达到 4 兆 2000 亿日元（约 2872 亿人民币），2010 年的整体规模超过 7 兆 9000 亿日元（约 5403

---

① 查建华. 中日两国老龄产业发展比较研究[J]. 上海金融学院学报，2011（4）.

亿人民币)，同比增长 88.10%，预计到 2025 年将达到 15.2 兆日元。巨大且持续的市场需求刺激了资金的流向，寿险公司也积极参与投资养老机构。日本施行的介护保险制度带来了老年产业旺盛的需求。此外，自 2006 年以来，日本根据《特定设施入住者生活护理规定》严格限制每年新增的收费养老机构数量，使得新建养老机构的成本大为增加；大量资金雄厚的企业涌入养老产业，拉动了市场发展，而原先进入市场的中小企业受制于自身条件，出现了诸多破产的情况。养老机构破产为寿险公司提供收购契机，寿险公司以股东出资成立合资公司的模式参与到养老地产项目。成立于 1980 年的专门经营高端养老地产的 SunCity 株式会社其股东所涉及的行业包括银行、保险、证券、地产开发商、酒店等，依靠股东自身资源，解决了融资、运营服务提供等产业环节的需求。第一生命保险、富国生命保险都是该公司的股东。

此外，日本寿险公司也通过股权收购的形式经营养老机构。2012 年,明治安田生命保险公司全资收购了私营养老机构 Sunvenus Tachikawa，目前自营三家养老机构。据索尼人寿保险 2012 年度公司年报显示，公司以收购私营养老机构的方式投资养老地产达 11 家。

2. 日本金融机构普遍不参与反向抵押贷款

日本高福利的介护保险制度和国民年金制度在日本经济发展陷入瓶颈时开始显得力不从心，尽管日本政府对现收现付的年金制度进行多次改革仍旧无法改变年金系统长期亏空的局面。在此背景之下，日本政府开始推行两种形式的"不动产担保型生活资金"，其一是由政府直接贷款给借款人，其二则是由金融机构贷款，设计金融产品并销售。然而不仅仅是保险公司，甚至其他金融机构在开展反向抵押贷款金融产品上都不太热衷。日本最早于 1981 年引进反向抵押贷款，最早由部分学者积极倡导，但在推广时被当局以"不符合当地风俗民情"而多次拒绝。直到 2002 年，日本政府迫于国民年金亏空的压力，才由政府开始推广反向抵押贷款，然而从民众到包括保险公司在内的各金融机构均反应冷淡。据日本学者的统计，自 1981 年反向抵押贷款引入日本的 20 年间仅有 100 件反向抵押贷款的案例。

日本"以房养老"倍受冷落的原因除了文化因素中所涉及的"遗

产观念”"土地观念"之外，建筑物的折旧甚至损毁是日本寿险公司及其他金融机构不愿参与反向抵押贷款的重要因素。根据日本1998年修订后的《建筑基准法》，日本住宅混凝土结构建筑的折旧年限缩短为47年，木质结构的建筑物折旧年限仅为22年。折旧年限的缩短使得被抵押房屋的价值出现一定缩水，另外考虑到日本经济的不稳定环境和地震频发的自然环境，日本金融机构普遍不乐于长期持有住宅类的抵押品。另外，日本人均寿命不断提升，长寿风险难以控制也使得反向抵押贷款不被金融机构所接受。

3. 日本寿险公司与信托银行共同开发人寿保险信托产品

日本中央三井信托银行与美国保德信保险公司的日本子公司合作，共同开发了名为"支援安心生活的信托"的人寿保险信托产品。由信托银行与人寿保险公司共同合作开发寿险信托产品则是市场需求和日本金融监管政策放松的共同产物。

人寿保险信托（Life Insurance Trust）也称为保险金信托，其特点是在人寿保险的保障功能基础上，附加了信托的灵活交付财产功能，该产品具有人寿保险和信托的双重功能。寿险信托与普通养老保险或年金保险最大的不同在于，在日本的普通养老保险或年金保险中，如果被保险人死亡，其保险金是由投保人在投保时指定的保险金受益人来领取。在一般情况下，受益人仅限于家属或法定继承人。而领取方式也一般限制在一次性领取或以年金方式领取（分月领取）。而寿险信托是以"人寿保险合同中的死亡保险金"为信托财产，可以按照客户的特殊需求量身定做，以满足投保人的各种信托需求。例如，投保人在投保时，指定其无行为能力或限制行为能力的子女为保险金受益人，信托财产仅用于特定用途如教育经费。

以安心信托为例，日本的人寿保险信托基本呈现如下结构：

（1）投保人首先在保德信保险公司投入寿保险，主要为终身寿险和养老保险。

（2）投保人以委托人的身份，将人寿保险中的死亡给付金作为信托财产与中央三井信托银行签订信托合同。

（3）信托财产不受法定继承的影响。在信托合同中，信托投保人以当事人意思自治原则约定或指定信托财产的方法和具体指定受益的对象。较多的约定情况多为将保险金指定用于子女的教育花费或将保险金指定用于支付患有老年痴呆症的配偶。

（4）当保险事故发生后，一般多为被保险人死亡，信托合同始生效。中央三井信托银行按照信托合同的约定，由银行代领保险金，并开始按照投保人与保险公司订立的约定，对保险金进行管理，并可以将资产投放到金融市场上进行资金运作。

（5）所有的费用均发生在保险人与被保险人之间。投保人投保"安心信托"签订信托合同时，需要缴付 5 万日元的手续费。而当信托公司从保险公司领取到死亡保险金时，需要投保人的受益人向保险公司支付 100 万日元的手续费。其他费用由信托公司和保险公司另外结算，避免了产品过于复杂。

该产品作为日本寿险公司延伸寿险产业链的尝试可能存在一些问题：

（1）手续费过于高昂。尽管寿险信托兼具保险、信托和避税甚至避开法定继承的功能，但是在现有的产品设计中，投保人及其收益人需要向寿险公司支付 105 万日元，使得该产品实际上成为为少数富裕阶层设计的专业理财的新产品。

（2）市场接受度或有待时间验证。人寿保险信托产品确实能满足一部分具有特殊需求的消费者群体。但是，并非所有的消费者都具有这种特殊的需求。至少在短时间内，消费者市场尚需时日加以培育，待保险金信托更具灵活性、便利性时，才可能被市场所接受。

日本商业养老保险产业链的延伸建立在国家福利养老事业的基础之上，以政策变更为突破口，以日本当局允许社会力量进入护理服务行业为标志。日本商业养老产业链随后的发展也表现出政府主导的色彩，如制定各项行业标准规范产业发展，修订老年退休政策保障老年人的收入。日本养老产业链延伸的过程中，市场力量驱动也渐为明显，如日本寿险公司与信托银行共同开发人寿保险信托产品，这一趋势也是建立在调整保险监管政策引导保险业与养老产业融合的基础之上，现阶段日本商业养老产业链的延伸仍旧以日本政府为主导。

三、美国、日本商业养老保险产业链延伸对我国的启示

（一）完善以政府为主导，积极引入社会力量的发展模式

商业养老保险产业链延伸的模式、范围是由特定的社会经济环境所决定的。我国商业养老保险产业链的延伸既不能完全照搬日本政府主导型的发展模式，也不能仅仅参照美国市场主导型的发展经验，必须结合当前经济转型升级、构建社会保障安全网、政府职能转变、建设和完善"五大体系"的环境，完善以政府为主导，积极引入社会力量的发展模式，既要充分考虑商业养老保险的盈利性又要兼顾养老事业的公益性。

（二）着重发展医疗护理延伸商业养老保险产业链

对比美国、日本商业养老保险产业链延伸的历史和不同主导模式下的实践，可以发现两国都是在医疗护理行业的基础上进一步延伸出商业养老保险产业链的其他环节。美国商业养老保险产业链条的拓展的顺序是先护理后做养老，即先满足老年人精细护理和长期护理的刚性需求后再拓展其他弹性需求。日本商业养老保险产业链的延伸建立在国家福利养老事业的基础之上，以政策变更为突破口，以日本当局允许社会力量进入医疗护理服务行业为标志。以医疗护理行业的发展为基础，美国寿险公司以纵向一体化的形式参与医疗管理，日本寿险公司直接收购护理机构进行经营，完成寿险业和养老业的对接。我国商业养老保险产业链的延伸也可以考虑在借鉴美国、日本的经验基础上探索符合我国国情的发展模式，以医疗护理行业作为一个突破口，或者在布局养老地产的同时更多地注意和医疗护理的对接。

（三）完善养老金制度，保障老年消费能力

充足的老年消费能力才能保障老年需求的转化，从而形成有效需求。美国养老金制度安排保障了老年人口的消费能力，企业年金账户和个人退休账户的经营是美国寿险公司在商业养老保险产业链延伸中的重要环节；日本政府也通过建立覆盖全民的国民年金制度和修改退休制度，大力改革养老金制度保障老年人口的消费能力。美国、日本

老年人口充足的消费能力使得旺盛的养老需求及时转化为有效需求，带动各个养老相关产业的发展，促进了商业养老保险产业链的延伸。我国养老金制度在社会经济发展过程中不断地改革和完善，但目前我国养老金制度还是呈现出覆盖广、保障低的特点，而养老金作为老年人口的主要收入来源，养老金制度的改革和发展在很大程度上和商业养老产业链的延伸息息相关。我国的养老金制度尚未达到保障老年消费能力的要求，在诸多环节仍需改革，以促进商业养老保险产业链的延伸。

（四）完善法律法规作为商业养老保险产业链延伸的保障

美国商业养老保险产业链延伸的动力是市场，而其进一步延伸的保障则是完善的法律法规。美国保险公司以购买 REITs 做财务投资布局养老地产的模式离不开美国宽松的保险监管制度和完善的投资法规；参与反向抵押贷款也离不开安全可靠的贷款担保机制；以纵向一体化的模式参与管理式医疗的前提条件也离不开相关法律对健康维护组织的认可。日本法律法规对商业养老保险产业链延伸的保障和促进作用则更加明显，从修改国家养老政策允许社会力量进入医疗护理行业，到改革保险监管制度法律，允许寿险公司开展信托业务、经营不动产，日本政府主导型的延伸模式都是以完善的法律法规作为商业养老保险产业链延伸的保障。目前，我国商业养老产业各个行业各个层面的法规政策还呈现出碎片化的特征，在部分环节上还存在空白，必须加快各个主管部门间的合作，完善法律体系，填补法规空白，以法律法规保障商业养老保险产业链的延伸。

第二节　国内商业养老保险产业链延伸的可行性分析

一、我国养老产业市场规模分析

发达国家的养老产业发展经验表明：如果一国同时出现 65 岁以上人口达 7%，以及人均 GDP 达到 5000 美元，该国的养老产业将快速发展。如图 2-6 所示：我国 2012 年 65 岁以上人口达到 12714 万人，占总人口的比重为 9.39%，2011 年占比为 9.12%；如图 2-7 所示：2011 年人均 GDP 达到 5450 美元，2012 年为 6093 美元。2011 年我国已经满足国际经验标准，意味着我国养老产业已经进入了快速扩张时期。

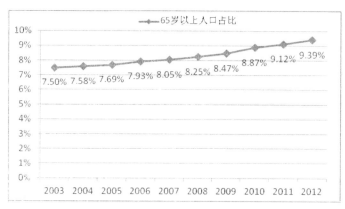

图 2-6　2003～2012 年我国老龄化水平表

数据来源：国家统计局官方网站。

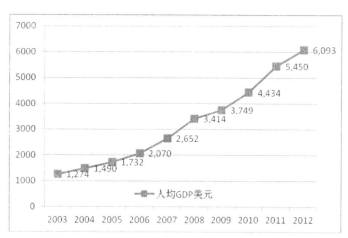

图 2-7　2003～2012 年我国人均 GDP 水平（美元）

数据来源：国家统计局官方网站。注：按照每年的年均汇率价格处理得到人均 GDP 的美元数。

　　商业养老保险作为养老产业链中的重要一环，必然也会迎来巨大的发展空间，寿险公司需要根据自己的特点和优势重新构建和整合养老保险产业链，适应养老产业发展的需要。

（一）养老产业总体规模测算

1. 以不变增长率测算人口变化

2004 年，为落实中央人口资源环境工作座谈会关于加强人口发展战略研究的重要指示精神，组成了由蒋正华、徐匡迪和宋健同志任组长的国家人口发展战略研究课题组，于 2007 年出版了《国家人口发展战略研究报告》，由于其权威性，该报告可以作为人口预测的一个标准，而且当前的数据也部分地验证了该报告对于人口预测的准确性：报告中预测我国 2010 年总人口为 13.6 亿，实际数据为 13.4 亿人；通过下文图 2-8 和图 2-9 的趋势对比，二者 65 岁以上人口发展趋势基本一致。所以可以运用该报告确定的老龄人口趋势图所呈现的规律以及相关预测数据来分析我国未来养老产业的规模。《国家人口发展战略研究报告（2007）》指出：我国老年人口数量多、老龄化速度快、高龄趋势明显。我国是人口大国，也是世界上老年人口最多的国家。目前，我国 60 岁以上老年人口已达 1.43 亿，到 2020 年，60 岁以上老年人口将达到 2.34 亿人；65 岁以上老年人口将达到 1.64 亿人。

由图 2-8 可以得出，在 2011 年到 2020 年，60 和 65 岁以上人口的变化趋势基本稳定，属于在一个斜率水平上的增长。所以可以选取固定的增长率来分析退休人口数以及 60 岁以上人口数的变化趋势。

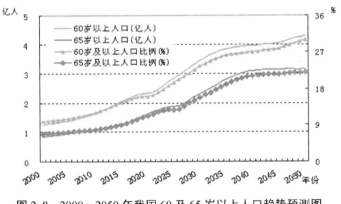

图 2-8 2000～2050 年我国 60 及 65 岁以上人口趋势预测图

资料来源：《国家人口发展战略研究报告（2007）》。

78

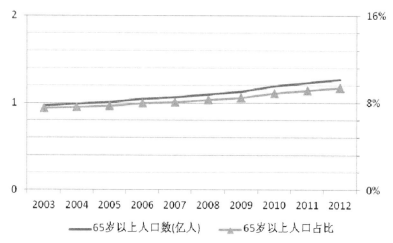

图 2-9 2003～2012 年我国 65 岁以上人口实际趋势图

数据来源：国家统计局官方网站。

2. 测算区间选择和测算方法

按照上文的标准，我国已经进入了老龄化快速发展时期，由于当前国家统计局最新的数据为 2012 年，再考虑预测的准确性，所以选取2012 年和 2020 年为两个测算节点，2012 年反映当前的养老产业规模，2020 年反映了进入老龄化快速发展时期十年后的养老产业规模，而且还可以通过这两个点的测算，大致反映累计的养老产业市场空间。

测算方法为：

养老产业总体规模＝[离退人员参加养老保险人数×平均退休金收入水平＋（60 岁以上老年人口数－离退人员参加养老保险人数－公务员人口数）×最低生活保障]×老年人口平均消费倾向

基本养老保险基金支出=离退人员参加养老保险人数×平均退休金收入水平（由于没有完整的平均退休金收入数据，所以可以考虑用基本养老保险基金支出水平来代替离退人员参加养老保险人数）×平均退休金收入水平

3. 各变量分析及测算结果

（1）离退人员参加养老保险人数

基于数据的可获得性原因，这里的退休人口数仅仅提取了离退人

员参加养老保险的人数，不包括公务员以及没有参加基本养老保险并
轨改革的事业单位离退休员工，如图 2-10 所示。

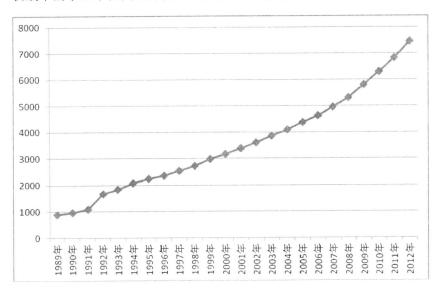

图 2-10　1989～2012 年离退人员参加养老保险人数

数据来源：国家统计局官方网站。

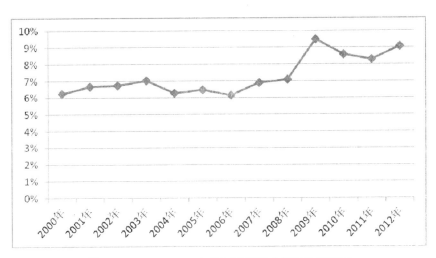

图 2-11　2000～2012 年我国离退休人数环比增长率

数据来源：国家统计局官方网站。

我国自 2000 年进入了老龄化社会,而且我国在 1997 年颁布了《关于建立统一的企业职工基本养老保险制度的通知》,以后逐步建立起社会统筹与个人账户相结合、实行资金部分积累制的城镇职工基本养老保险制度。2000 年国务院发布《关于完善城镇社会保险体系的试点方案》(42 号文),规定个人账户基金不再用于支付当期养老金,而是采取积累制,转变为完全由个人缴纳 8%,实行社会统筹基金与个人账户基金分账管理。自 2000 年起,我国城镇职工基本养老保险制度基本统一和确定下来。所以选取了 2000 年以后的离退休人员参加养老保险的人数作为数据支撑,计算环比增长率,如图 2-11 所示:2000～2008 年基本维持在 6%～7% 之间,2009 年 2 月,国务院常务会议通过了《事业单位工作人员养老保险制度改革试点方案》,确定在山西、上海、浙江、广东、重庆 5 省市开展试点,与事业单位分类改革配套推进。这标志着养老金并轨的开始,所以参加养老保险的人数有了大幅提升,而且环比增长率维持在 9% 左右,随着并轨的进一步深化实施,增长率应该会保持这一水平。保守估计按照 8% 增速的水平测算退休人口数:2012 年为 7445.7 万人,2020 年为 13781 万人。

(2)退休金收入

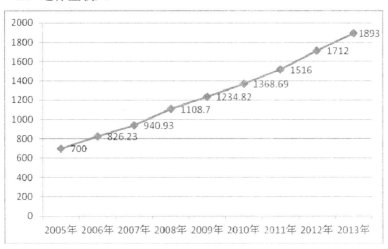

图 2-12　2005～2013 年我国企业职工月退休金收入(元)

数据来源:人力资源与社会保障部。

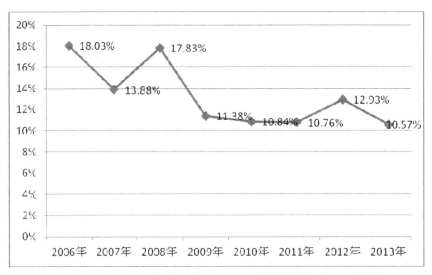

图 2-13　2006～2013 年我国企业职工月退休金收入年度环比增长率

数据来源：人力资源与社会保障部。

　　如图 2-12、图 2-13 所示，自 2005 年以来，我国已连续 9 年提高企业退休人员基本养老金水平，平均增幅都在 10% 左右，企业退休高工、高龄人员等群体得到适当倾斜支持，调整后全国月人均养老金接近 1900元。所以选取了 2005 年至今的企业退休人员基本养老金作为未来预测的数据支撑，而且 2014 年 1 月 8 日，国务院总理李克强主持召开国务院常务会议，会议确定，从 2014 年 1 月 1 日起，将企业退休人员基本养老金水平再提高 10%，并向其中有特殊困难的群体适当倾斜。全国7400 多万企业退休人员将因此受益。这标志着这项政策会继续保持下去，所以可以在预测中将退休工资增长率定义为 10% 的增长率（在当前的 CPI 和消费水平下，应该会保持下去）。

　　（3）基本养老保险基金支出

　　经过上文的数据分析和处理，基本得出以下结论：离退休人数基本维持在 9% 的年度环比增长率，企业职工离退休工资收入基本维持在10% 的年度环比增长率，按照最初设定的计算公式，基本养老金支出=退休人口数×退休工资，所以增长率大概也在 20% 左右，如图 2-14、2-15 所示：自 1998 年以来，我国基本养老保险金支出一直表现为上升的趋势，2006 年以来年度环比增长率基本维持在 20%上下，数据也充分地证明了推断的合理性。由于未来预测面临着外部环境、政策等诸多的不确定性，所以本书采用一定程度的保守估计，将基本养老保险基金年度环比增长率设定为一个区间：10%～15%的增长水平。

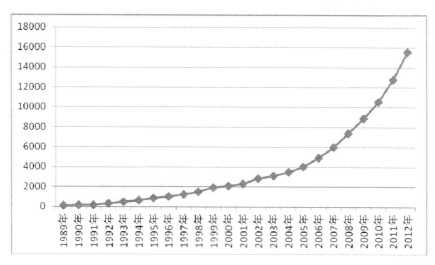

图 2-14 1989～2012 年我国基本养老保险金支出情况

数据来源：国家统计局官方网站。

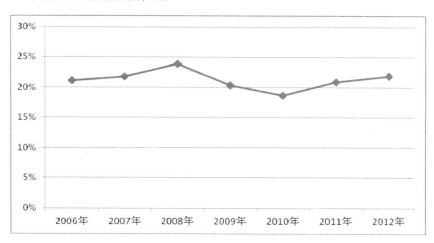

图 2-15 2006～2012 年我国基本养老保险基金支出年度环比增长率

数据来源：国家统计局官方网站。

①10%增长水平的 2011～2020 年基本养老保险基金支出

其中 2011 年和 2012 年的数据为实际数据，分别为 12765 亿元和 15562 亿元，其他年份为预测数据，按照预测结果，2020 年我国基本养老保险基金支出将达到 33358 亿元，如图 2-16。

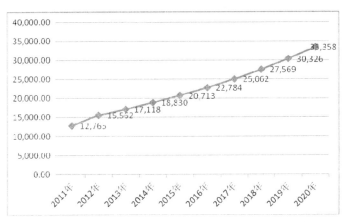

图 2-16　2011～2020 年 10%水平增长率的基本养老保险金预测

②15%增长水平的 2011～2020 年基本养老保险基金支出

其中 2011 年和 2012 年的数据为实际数据（如图 2-17），分别为 12765 亿元和 15562 亿元，其他年份为预测数据，按照预测结果，2020 年我国基本养老保险基金支出将达到 47604 亿元。

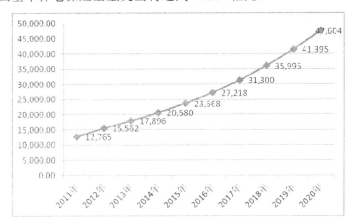

图 2-17　2011～2020 年 15%水平增长率的基本养老保险金预测

（4）60 岁以上人口数和公务员人数预测

①60 岁以上人口数

选取 60 岁以上人口数的原因：一是我国当前的退休年龄男性为 60 周岁，女干部退休年龄为 55 周岁，女工人退休年龄为 50 周岁；二是当前的人口统计数据只统计 60 岁和 65 岁以上人口数，所以选择了 60 岁以上人口数。

所以该数据为：2012 年 1.94 亿人，2020 年为 2.34 亿人

②公务员人数

国家公务员局统计：2011 年底和 2012 年底全国公务员总数分别是 702.1 万人和 708.9 万人，在当前政府职能转变、机构改革的大背景下，未来应该不会有明显的增长，所以公务员数量到 2020 年大概在 750 万人左右。

（5）最低生活保障水平

民政部 2012 年社会服务发展统计公报显示：2012 年底，全国共有城市低保对象 1114.9 万户，2143.5 万人。全年各级财政共支出城市低保资金 674.3 亿元，比上年增长 2.2%，其中中央财政补助资金 439.1 亿元，占总支出的 65.1%。2012 年全国城市低保月平均标准 330.1 元/人，比上年增长 14.8%；全国城市低保月人均补助水平 239.1 元；2012 年底，全国有农村低保对象 2814.9 万户、5344.5 万人，比上年同期增加 38.8 万人，增长了 0.7%。全年各级财政共支出农村低保资金 718.0 亿元，比上年增长 7.5%，其中中央补助资金 431.4 亿元，占总支出的 60.1%。2012 年全国农村低保月平均标准 172.32 元/人，比上年提高 29.1 元，增长 20.3%；全国农村低保月人均补助水平 104.0 元。

对 2012 年城市和农村低保标准做一个简单的加权平均，权重为城镇和农村低保人口占比，城镇权重为 2143.5/(2143.5+5344.5)=28.6%，则农村权重为 71.4%，所以 2012 年全国平均最低生活标准为 330.1×28.6%+172.32×71.4%=217.45 元。

考虑到我国经济增速以及 CPI 水平，保持 10%的增长水平是合理的，所以到 2020 年全国最低生活保障标准为 $217.45 \times 1.1^8 = 466.12$ 元。

（6）老人平均消费倾向

毛中根、孙武福、洪涛（2013）运用 1996～2010 年中国 31 省（市、自治区）的面板数据对人口年龄结构与居民消费关系进行实证分析得出：老年抚养比的提高导致了居民消费降低，也就是说老年人的消费系数相对低于年轻人或者低于平均消费系数水平。

理论支撑是：①购买力下降。养老金、子女提供的抚养金等成为老年人的主要收入来源。这些与在职工资收入相比有着较大差距，因此，他们的购买力相对下降，可用于消费的支出也呈下降态势。② 消费习惯和消费欲望制约。受传统消费思想和习惯制约，老年人更为勤俭节约，可能会抑制其自身消费需求，阻碍消费水平提升。③利他性消费抑制了自身消费水平提升。农村老年人"利他性"消费心理比较严重。加之，由于能省钱就省钱的想法比较突出，老人"零消费"现象严重。农村自给自足生活方式、"利他性"消费心理、无养老保障等因素是造成农村老人"零消费"的重要原因。

所以本书也判定老年人的平均消费倾向相对会降低，本书定义平均消费倾向的计算方法为：平均消费倾向=人均消费支出/人均可支配收入。

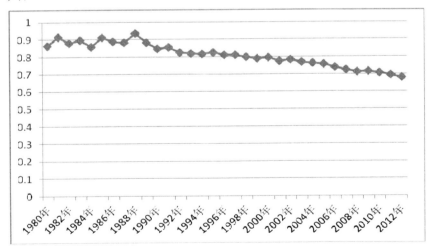

图 2-18　1980～2012 年我国城镇居民平均消费倾向

数据来源：国家统计局官方网站。

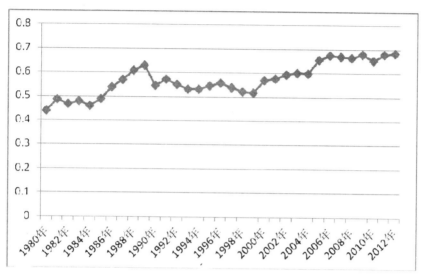

图 2-19 我国农村居民平均消费倾向

数据来源：国家统计局官方网站。

由图 2-18 所示，我国城镇居民平均消费倾向大体呈现一个下降的趋势，这和城市住房、子女教育压力以及投资意识提高有关，2011 年下降到 70%以下，2012 年为 67.88%，未来随着我国房地产市场调控以及相关保障制度的健全，平均消费倾向应该会维持在 65%～70%之间。由图 2-19 所示，我国农村居民平均消费倾向基本呈现一个上升趋势，这和免除农业税、加大三农支持以及完善农村社会保障制度有很大关系，2012 年达到 68.4%，而且 2005 年以来相对平稳，未来也应该在 65%～70%之间，由于上文已得出老年人的平均消费倾向低于平均水平，所以本书设定老年人平均消费倾向的区间为 55%～60%。

（7）总体预测结果

计算公式：养老产业总体规模=[基本养老保险基金支出＋（60 岁以上老年人口数－离退人员参加养老保险人数－公务员人口数）×最低生活保障]×老年人口平均消费倾向

各项指标数值：

基本养老保险基金支出：10%增速水平，2012 年 15562 亿元，2020 年 33358 亿元；15%增速水平，2012 年 15562 亿元，2020 年 47604 亿

元。

60 岁以上老年人口数：2012 年 19390 万人，2020 年为 23412 万人。

公务员人口数：2012 年 708.9 万人，2020 年 750 万人。

离退休参加养老保险人数：2012 年 7445.7 万人，2020 年 13781 万人。

最低生活保障：2012 年为 217.45×12=2609.4 元，2020 年为 466.12×12=5593.44 元。

老年人口平均消费倾向的区间为 55%～60%。

测算结果：

表 2-5　我国养老产业总体规模测算　　　　单位：亿元

2012 年	55%平均消费倾向		10171.57
	60%平均消费倾向		11096.26
2020 年	10%增速的基本养老保险基金支出	55%平均消费倾向	21079.04
		60%平均消费倾向	22995.32
	15%增速的基本养老保险基金支出	55%平均消费倾向	28914.34
		60%平均消费倾向	31542.92

测算数值上升的空间：

首先，公务员没有包括到计算群体里面，以 2012 年为例，公务员人数为 708.9 万人，按照平均月退休收入 3000 元以及 55%的平均消费倾向来计算，应该有 1403.6 亿元的增长空间；其次，60 岁以上的老人中部分人会重新工作，特别是那部分没有纳入到城镇职工养老保险的人群，我国城市 60～65 岁的老年人口中约有 45%的人还在就业，他们除了退休金之外还有一部分收入。再加上未来我国延迟退休年龄势在必行，所以老年人会有更高的收入用于消费；最后，子女的补贴和个人的储蓄。一部分老年人或多或少从子女那里得到了一部分赡养费，另一部分老年人拥有储蓄，还有一部分老年人自己拥有房产，能够以房养老。

（二）按照养老产业链结构测算部分产业的具体规模

根据本书对于我国养老产业链的界定以及当前我国居民消费结构数据的特征，对以下几种产业做规模测算：老年生活必需品产业规模、老年医疗保健产业规模、老年文化娱乐产业规模、老年养老地产产业规模。

基本测算方法为运用国家统计局网站的我国居民消费结构（区分城乡）以及《中国老年消费者权益保护调查报告（2013）》所反映的老年人消费结构，确定老年人在以下各个产业的消费比重，各自乘以第一点测算出的总消费规模。

1. 我国城乡居民消费结构的判断

我国自 1993 年开始才有完整的居民消费结构数据，所以选取了 1993～2012 年城乡居民消费结构数据进行分析。由图 2-20 和图 2-21 的城乡居民消费机构变化趋势图可以得出一个共同结论：自 2009 年以后，城乡居民消费结构均保持一个相对稳定的态势，这样的变化趋势有利于未来消费结构的预测，基于这样的变化规律，可以用 2012 年的消费结构进行预测判断。

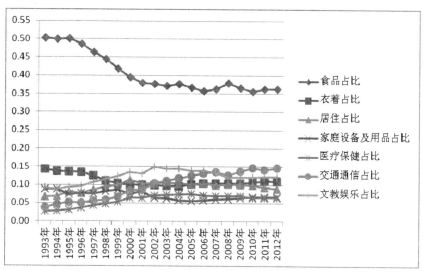

图 2-20　1993～2012 年我国城镇居民消费结构趋势图

数据来源：国家统计局官方网站。

商业养老保险及其产业链延伸国际比较研究

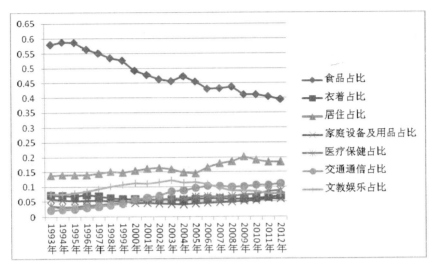

图 2-21　1993～2012 年我国农村居民消费结构趋势图

数据来源：国家统计局官方网站。

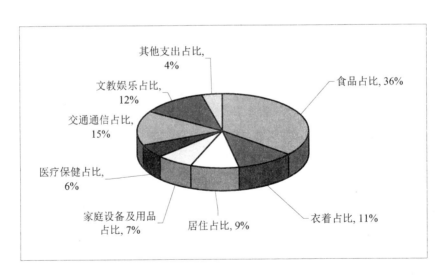

图 2-22　2012 年我国城镇居民消费结构图

数据来源：国家统计局官方网站。

90

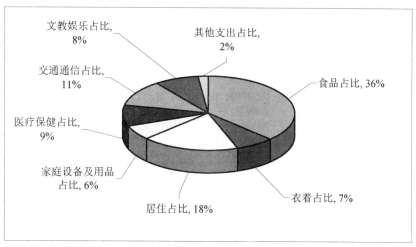

图 2-23 2012 年我国农村居民消费结构图
数据来源：国家统计局官方网站。

由图 2-22 和图 2-23 消费结构图可以得出：

生活必需品（在这里定义为食品、衣着以及家庭设备及用品占比之和）消费占比城镇居民为 54%，农村居民为 52%，运用 2012 年城镇人口和农村人口占比为权重进行加权：

54%×（71182/135404）+52%×（64222/135404）=53.1%

医疗保健消费占比城镇居民为 6%，农村居民为 9%，加权为：

6%×（71182/135404）+9%×（64222/135404）=7.4%

文教娱乐消费占比城镇居民为 12%，农村居民为 8%，加权为：

12%×（71182/135404)+8%×（64222/135404）=10.1%

居住消费占比城镇居民为 9%，农村居民为 18%，加权为：

9%×（71182/135404）+18%×（64222/135404）=13.3%

2. 老年消费者消费结构判断

借助中国消费者协会发布的《中国老年消费者权益保护调查报告（2013）》，下文简称"报告"，分析老年人在以上四大类产业的消费结构变化趋势，对上一点确定的产业消费占比进行调整。

（1）老年生活必需品消费

报告显示，食品、日用品和医疗是老年人日常消费支出最多的三个方面，近七成的老年人日常消费支出集中在食品上。

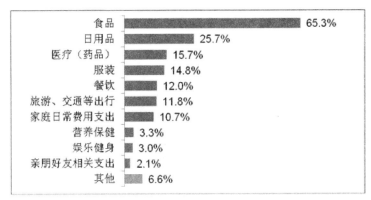

图 2-24　老年消费者用于自身的日常消费支出情况

资料来源：《中国老年消费者权益保护调查报告（2013）》。

所以可以判断，老年人用于生活必需品方面的消费较全国平均水平应该有上升的趋势，本书将其调整为 60%。

（2）老年医疗保健消费

由图 2-24 可以看出，老年人在医疗保健方面的支出相对平均水平有所提高，这也符合生理特征，而且报告还显示，21.9%的老年人平常会服用保健品，其中经常服用的占到了 10.5%，这一比例随着年龄增长和收入的提高呈现明显的上升趋势。近七成服用者的保健品是自己购买的。说明出于对身体健康的追求和对疾病的预防，老年人对保健品有较高的需求，自主消费的意识在不断增强。基于以上原因，可以判断老年人医疗保健消费有上升趋势，本书将其调整为 10%。

（3）老年文化娱乐消费

一般认为，老年人有更多资金和空余时间去旅游、参加一些娱乐活动，但是报告显示，超过一半的老年人表示对娱乐健身活动没有什么兴趣，最主要的原因是"做家务带孩子没时间参加""不喜欢团体活动"和"目前身体不好，不适合参加"。有 21.1%的受访者表示会经常参加，另有 13.8%是偶尔参与。在参加娱乐健身活动的老年人中，有经济支出的比例占到 27.2%。这符合当前我国的家庭结构和育儿模式，大多数家庭都由老人帮忙照顾下一代，再加上老年人参与的娱乐健身活动大多数是无消费或者是低消费的。所以可以判断老年文化娱乐消费有下降的趋势，本书将其调整为7%。

（4）老年养老地产消费

老年人大多已经购买了房产，而且基本没有房贷的压力，再有就是老年人基本以居家养老为主，不愿意到养老社区。所以居住方面的消费肯定是下降的趋势，而且应该是比较明显，本书将其调整为5%。

3. 四类老年产业规模测算（见表2-6）

表2-6　我国养老产业分类规模测算　　　　单位：亿元

2012年	55%平均消费倾向	老年生活必需品产业	6102.94	
		老年医疗保健产业	1017.16	
		老年文化娱乐产业	712	
		老年养老地产产业	508.58	
	60%平均消费倾向	老年生活必需品产业	6657.76	
		老年医疗保健产业	1109.63	
		老年文化娱乐产业	776.74	
		老年养老地产产业	554.82	
2020年	10%增速的基本养老保险基金支出	55%平均消费倾向	老年生活必需品产业	12647.42
			老年医疗保健产业	2107.9
			老年文化娱乐产业	1475.53
			老年养老地产产业	1053.95
		60%平均消费倾向	老年生活必需品产业	13797.19
			老年医疗保健产业	2299.53
			老年文化娱乐产业	1609.67
			老年养老地产产业	1149.77
	15%增速的基本养老保险基金支出	55%平均消费倾向	老年生活必需品产业	17348.6
			老年医疗保健产业	2891.43
			老年文化娱乐产业	2024
			老年养老地产产业	1445.72
		60%平均消费倾向	老年生活必需品产业	18925.75
			老年医疗保健产业	3154.29
			老年文化娱乐产业	2208
			老年养老地产产业	1577.15

（三）按照养老方式测算各个养老方式的市场规模

1. 测算背景和依据

中国的养老产业刚刚起步，而美国早在 1975 年就已开始，目前已经发展了将近 40 年。美国养老体制的成熟在于其在需求端和供给端都已形成相对成熟以及规范的模式。在需求端，美国形成了"三支柱"的退休养老金体系，包括政府主导的社会保障金、雇主主导的企业退休金以及个人主导的退休储蓄账户，保证了退休老人可以获得足够的养老收入来安度晚年；在供给端，美国养老护理行业形成了以居家养老、养老社区和专业护理机构在内的三大细分领域，在每个细分领域里面都有经营有道、业绩亮眼的上市公司。

《中国老年消费者权益保护调查报告（2013）》指出，目前我国老年人养老形式仍较为传统，本次调查受访者中 99.6% 的老年人选择居家养老（含自己独居以及与儿女住在一起），只有 0.4% 的受访者选择专业养老机构养老（图 2-26）。但是受访者中有 38.5% 的老年人有选择专业养老机构的意愿（图 2-27），说明随着社会的发展和养老机构的普及，加之很多城市进入老龄化，我国老年人的传统养老观念也在随之改变。

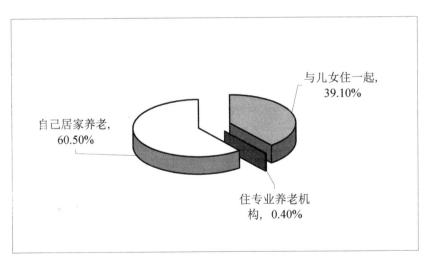

图 2-26　老年人养老方式

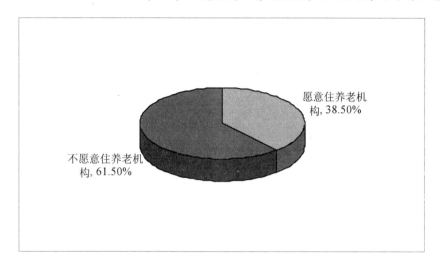

图 2-27　老年人养老意愿

　　我国当前也基本形成了对当前养老模式的基本认识，而且许多省份和地区已确定了自己未来 5～10 年的养老格局，即"9073 养老模式"（90%的老人依靠居家养老、7%的老人依靠社区养老、3%的老人依靠机构养老）。但是需要说明的是，我们的养老模式和美国的养老模式在概念上不太一致：居家养老的涵盖范围是一致的；美国的养老社区应该类似于我国的养老地产，在我国养老地产和护理机构都应该属于机构养老；我们的社区养老定性为居家养老和机构养老的结合，指的是让老人住在自己家里，在继续得到家人照顾的同时，由社区的有关服务机构和人士为老人提供上门服务或托老服务，在未来一段时间，社区养老应该更容易被普通人群接受，而且费用相对机构养老会低一些。所以基本可以按照"9073 养老模式"来测算 2012 年和 2020 年各养老模式的市场规模。

　　2. 测算方法和结果

　　假设各种养老方式可以充分满足老年人各方面的需求，包括衣食住行、医疗保健、文化娱乐等，基于这个假设就可以用上文测算的老年人总体消费额来测算每个养老方式的大概市场规模。由于各种方式养老费用不同，居家养老费用＜社区养老费用＜机构养老费用，由于各个级别需要考虑老人身体状况、服务等级等诸多细分因素，在这里本书做一个大致的调整比例反映费用方面的差别，假设费用比例为1:1.5:2，调整后的比例为：

居家养老=90%/(90%+7%×1.5+3%×2)=84%

社区养老=10.5%/(90%+7%×1.5+3%×2)=10%

机构养老=6%/(90%+7%×1.5+3%×2)=6%

养老方式市场规模=老年人总体消费额×该养老方式费用调整后比例

表 2-7　我国养老方式市场规模测算　　　　　　　单位：亿元

2012 年	55%平均消费倾向	居家养老		8544.12
		社区养老		1017.16
		机构养老		610.3
	60%平均消费倾向	居家养老		9320.86
		社区养老		1109.63
		机构养老		665.78
2020 年	10%增速的基本养老保险基金支出	55%平均消费倾向	居家养老	17706.39
			社区养老	2107.9
			机构养老	1264.74
		60%平均消费倾向	居家养老	19316.07
			社区养老	2299.53
			机构养老	1379.72
	15%增速的基本养老保险基金支出	55%平均消费倾向	居家养老	24288.05
			社区养老	2891.43
			机构养老	1734.86
		60%平均消费倾向	居家养老	26496.05
			社区养老	3154.29
			机构养老	1892.57

二、我国寿险业进行商业养老保险产业链延伸的能力分析

我国寿险业进行养老保险产业链的延伸，希望可以从快速发展的养老产业划分自己的版图，确立自己的市场地位。寿险业首先需要有足够的资本金和风险承受能力，可以经得起产业链延伸过程中带来的

相关风险；其次需要足够的可以投资到相关领域的资金、管理水平较高的投资机构或投资部门以及较好的投资业绩；最后就是需要积累养老保险产业链延伸相关产业的投资、管理经验。以下分别对于寿险业这几方面的能力进行分析。

（一）寿险业风险承受能力分析

由于保险业是高负债型金融企业，大量的资金来源于保费收入，通过精算处理转化为各种准备金负债，这些负债通过资金运用配置为相应的资产，当经济运行基本在资产负债配置中的指标估计范围内时，这些配置的资产是可以应对负债的。一旦这些指标超出了估计范围，最终要承担风险的就是净资产，即资本金。所以进行养老产业链的延伸，承担各种创新和未知因素带来的风险最终靠的是净资产。如图2-28所示，寿险业自2008年金融危机后一直在强化自己的风险承受能力，寿险业净资产逐年提高，2008年为1610.82亿元，到2012年增长为4304.48亿元，增长了2.67倍，极大地提高了整个寿险业抗风险能力，为寿险业进行产业链延伸提供了坚实的资本基础。

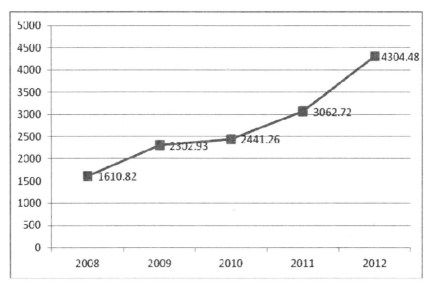

图2-28　2008～2012年寿险业净资产变化情况（单位：亿元）

数据来源：保险年鉴整理。

另外寿险业只有在保证自身偿付能力的同时，才能开发一些新的产品、进行新的投资，也就是说只有在保证自身主业风险可控的情况下，才可以进行产业链的延伸。如图 2-29 所示，2008 年以来，行业总体偿付能力充足，偿付能力溢额均保持在 1000 亿元以上，而且 2012 年上升到 2000 亿元以上，这标志着整个寿险业经历了投资低迷、产品结构调整以及渠道结构调整的变化后，重新具备了更高发展的行业基础。

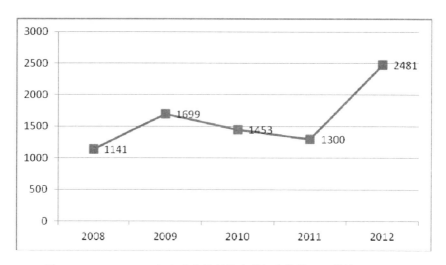

图 2-29　2008～2012 年寿险业偿付能力溢额变化情况（单位：亿元）
数据来源：保险年鉴整理。

而且，目前我国正在全面推进第二代偿付能力制度体系建设（C-ROSS），已经完成整体框架设计，并于 2014 年开展了具体技术标准的制定和测试工作，与欧盟偿付能力等效评估工作取得重要进展，积极参与共同框架等国际规则制定，国际影响力显著提高。建立偿付能力监管和分类监管信息对外通报机制，并在 2013 年第二季度进行了首次信息发布，新闻媒体和社会各界反应良好。创新资本补充渠道，允许保险集团发行次级债，多渠道壮大保险公司资本实力和抗风险能力。全年共增资 592.6 亿元，发行次级债等 259.5 亿元。

（二）寿险业资金运用能力分析

2013 年末资金运用余额为 76873.41 亿元，较年初增长 12.15%：银行存款 22640.98 亿元，占比 29.45%；债券 33375.42 亿元，占比 43.42%；股票和证券投资基金 7864.82 亿元，占比 10.23%；其他投资 12992.19 亿元，占比 16.9%。2014 年保险资金运用实现收益 5358.8 亿元，同比增长 46.5%，创历史新高，保险资金投资收益率 6.3%，综合收益率 9.2%，比上年分别提高 1.3 和 5.1 个百分点，均创 5 年以来最好水平，这为寿险公司商业养老保险产业链延伸提供了较好的发展环境和契机。2013 年末寿险公司总资产 68250.07 亿元，较年初增长 11.9%，按照《中国保监会关于加强和改进保险资金运用比例监管的通知》的规定，投资不动产上限为上年末总资产的 30%，这就意味着 2014 年寿险业最高可以有 20475 亿元投资到不动产领域，而当前养老地产成为了我国寿险公司进行商业养老保险产业链延伸的重点。投资政策的放开，为养老地产开发和运营提供了大量可使用资金，在很大程度上推进了我国商业养老保险产业链的延伸和拓展。

当前市场上有 18 家资产管理公司，可以管理自身资产以及第三方资产，为养老保险产业链延伸提供了较好的机构投资主体，消除了部分投资障碍。2013 年末资产管理公司总资产 190.77 亿元，较年初增长 29.92%。养老保险公司企业年金受托管理资产 2495.34 亿元，投资管理资产 2167.52 亿元。

表 2-8 2013 年我国养老保险公司资产规模 单位：万元

公司名称	企业年金缴费	受托管理资产	投资管理资产
太平养老	606356.11	2860327.55	3098576.28
平安养老	1859935.08	7229034.59	8048551.81
国寿养老	2643396.17	10204882.09	6947931.76
长江养老	459509.51	3678693.22	3580154.37
泰康养老	318424.58	980454.54	——
合计	5887621.45	24953391.99	21675214.21

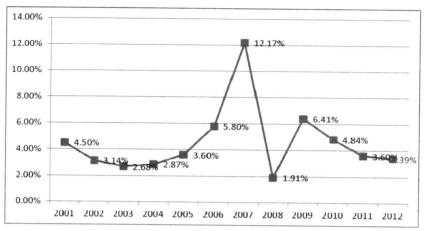

图 2-30   2001～2012 年我国保险业投资收益率
数据来源：中国保险市场年报。

　　由于财险业短期以及保费规模的特征，手中没有大量长期可以使用的资金，所以可以用保险业整体投资收益率在一定程度上来分析寿险业的投资收益情况，由图 2-30 可以得出，我国保险业整体的投资收益率的变化和我国资本市场有着密切的关系，并没有表现出稳健的投资收益情况，近些年收益率又持续偏低，当然这也和当前投资结构有着很大的关系，没有更多的优质长期可投资资产选择，所以迫切需要进行产业的延伸，投资更多的长期优质资产，提高自身的投资收益。如图 2-31、2-32 所示，2012 年我国保险资金运用结构中，收益率在 6% 以上的资产包括债券投资计划、长期股权投资和不动产投资，三者之和的占比为 8.07%，由于 2014 年年鉴未出，通过保监会网站 2013 年保险统计数据报告显示，其他资产（应该包括以上三项）占比为 16.9%，这一变化趋势充分说明了我国保险业投资的期限结构正在逐渐调整，结构更加合理，期限更长，更符合保险业特别是寿险业的资产负债匹配要求，从侧面反映了寿险业投资不动产等长期资产的能力和经验。

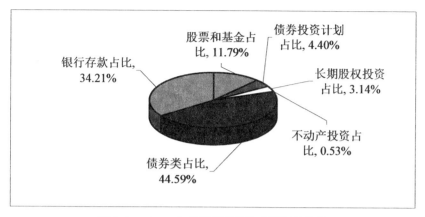

图 2-31 2012 年我国保险业资金运用结构图

数据来源：2013 年保险年鉴。

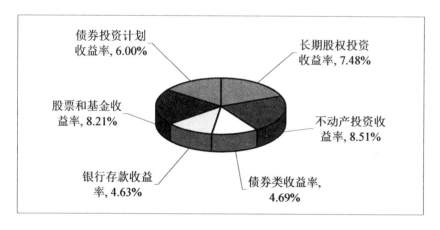

图 2-32 2012 年我国保险业资金运用收益率图

数据来源：2013 年保险年鉴。

（三）寿险业管理能力分析

寿险业长期致力于服务多层次社会保障体系建设，2012 年 3 月份保监会与卫生部、财政部、国务院医改办联合下发《关于商业保险机构参与新型农村合作医疗经办服务的指导意见》。2012 年寿险业参与新农合、城镇职工和城镇居民基本医疗保险、医疗救助等医疗保障项目，受托管理基金 129.8 亿元，保费收入 113 亿元，赔付与补偿 3470.3 万人次，赔偿支付 180 亿元，对于降低基本医保运行成本，提升基本医保服务水平发挥了积极的作用。

2012 年 8 月国家发展改革委、卫生部、财政部、人力资源社会保障部、民政部、保监会联合下发《关于开展城乡居民大病保险工作的指导意见》，为商业保险参与医疗保障体系建设创造了良好的政策环境。保险业在地方政府的大力支持下，在广东湛江、江苏太仓等地区，对开展大病保险进行了积极探索，取得了明显效果，我国大病保险制度由商业保险机构以保险合同形式承办，既符合国际医疗保障体系改革的趋势，也符合我国国情和保险业实际，有利于充分发挥保险业的专业优势。截至 2013 年末，保险业已在全国 25 个省的 144 个统筹地区开展了大病保险，覆盖人群 3.6 亿，涉及保费收入 75 亿元。

在养老险领域，商业保险主要通过经办基本养老项目、承办企业年金业务和提供个人养老保险产品等途径参与养老保障体系建设。截至 2012 年末，保险业已获得企业年金市场的 18 个受托资格，受托管理资产占企业年金法人受托业务的 70%，投资管理资产占市场份额的 47%。全年年金保险业务保费收入累计 1319 亿元。

以上参与社会保障各层次建设的实践充分地验证了当前我国寿险业对于社会保障建设的重要补充作用，而且展现了寿险业在网点、流程建设与管理方面的高效率和高能力，通过这些实践也充分地表明了未来寿险业介入养老产业与相关行业合作的能力。

（四）现阶段寿险公司商业养老保险产业链延伸的实践

1. 介入养老地产的实践

随着保险公司资金运用逐渐放开，寿险公司对投资养老地产热情日渐高涨。从拍地规划到适老性地产建设，再到开发相应保险产品锁定客户，市场上十多家保险公司动作频频。国寿、平安、泰康、新华、太平洋、合众、中宏人寿、太平养老等已经成为寿险公司投资养老地产的先行者。选址基本在经济发达地区和沿海旅游城市，以度假式养老为核心，其中国寿、平安、泰康等大型寿险公司以一线城市为主，合众人寿等中小公司以二三线城市为主；运营模式各不相同，分为全资模式、股权合作模式、REITs 模式，其中泰康人寿采用的就是全资模式，而且是国内首家获得养老社区投资试点资格的保险企业，同时也是首家推出了与养老社区对接的保险产品。平安采取了 REITs 模式，而且可租可售模式。中小公司采取了股权合作模式；基本投资的目的是长期的资产匹配和客户深度开发，短期更多的是看重土地未来的升值。保监会资金运用部副处长贾彪透露，截止到 2013 年 10 月末，保险公司投资养老地产的总计划投资额 150 亿元，实际投资额 50 亿元。

2. 介入老年金融业的实践

本书定义的老年金融业主要包括一般性老年寿险产品、长期护理保险、住房反向抵押贷款以及保险信托。其中一般性老年寿险产品较为普遍，大多数寿险公司皆有涉及长期护理保险，近些年取得了一定的发展，到 2012 年底，我国已经有十几家公司开办了长期护理保险，其中以人保健康、国寿、生命人寿、瑞福德健康保险公司推出的长期护理保险产品为主；我国国务院于 2013 年 9 月下发意见，明确要"开展老年人住房反向抵押养老保险试点"。2014 年 3 月 20 日，保监会向各家人身保险公司下发了《关于开展老年人住房反向抵押养老保险试点指导意见（征求意见稿）》，拟在北京、上海、广州、武汉四地率先开展试点，并就抵押房产增值归属问题确定了参与型产品与非参与型产品两个基本方向。目前多家保险公司有意尝试，但是由于遗赠动机、房屋产权期限以及房屋价值波动等问题，以房养老开展的并不顺利，而且当前主要以地产公司、银行以及住房公积金部门为主要的经营主体，寿险公司参与度并不高，特别是一些大公司，在规章细则没有明晰的情况下，持更加谨慎的态度，不愿过多参与。一些中小公司由于其灵活性，更愿意加入试点，其中幸福人寿计划于 2014 年 1 月份推出首款以房养老产品，但到目前仍然没有推出。建信人寿也正在积极筹划，计划与上海银行合作开发以房养老产品；到目前为止，我国还没有针对老年人养老的保险信托产品。寿险公司介入企业年金主要是企业向寿险公司购买相应的年金产品，以团体年金（集合年金）为主，但是由于社会保障法律不完善、监管执行力度较低、员工的福利诉求低等问题，只有部分大型国有控股企业、知名外企和较少的民营企业提供企业年金，所以寿险公司在介入企业年金产品方面的经验略有不足。但有利的方面是，几家养老保险公司大规模受托管理投资企业年金资产，取得了一定的管理和投资经验，这为今后寿险公司深入开发企业年金市场提供了实践基础。

3. 介入老年服务业的实践

当前寿险公司还没有独自投资建立或者控股一家医院，主要以股权投资和购买服务的方式加强与医院的合作，在保证自己客户得到优良医疗服务的同时，降低医疗成本。平安通过投资宜康医疗、慈铭体检、收购1号店，并与南非最大的健康险公司 Discover 战略合作，已逐步形成了体检、门诊、线上和线下药房的医疗产业链。平安保险集团与深圳市龙岗区政府签署合作备忘录，以战略投资者身份投资龙岗中医院，这称得上是国内保险业第一次进入公立医院。中国人民健康保险股份有限公司辽宁分公司与中国医大附属盛京医院签署战略合作协议，双方将围绕风险管控、数据分析、健康管理、医疗保险学术研究等诸多方面展开深层次长期合作，依托各自的资源以及在医疗服务、保险服务及健康管理服务等方面的优势，通过优势互补、信息共享、协作配合，共同提供医疗及保险服务。2010 年 2 月，人保健康与北京大学人民医院共同签署了"北京大学人民医院人保健康医疗卫生服务共同体"项目，成为新医改正式实施后国内首个横跨医、保两大领域的"医疗卫生服务共同体"，在医疗数据分析"先诊疗、后付费"预付标准测算、诊疗绿色通道和慢病干预服务等方面展开了深入合作。

目前我国寿险公司已经开始了对介入长期护理服务的探索。但是目前基本的运作模式是与专业的护理机构或健康管理机构进行购买服务或者股权合作，并没有独立地构建自己的护理机构，这比较符合当前的市场、风险以及专业优势发挥。2014 年 2 月 26 日，招商信诺人寿保险公司与北京慈爱嘉养老服务公司在北京签署协议，共同设计推出涵盖居家护理服务的健康保障型产品，首次将重大疾病患者所需的家庭护理纳入保险偿付范围。

同时我国寿险公司也开展了健康、护理咨询业务方面的探索：招商信诺人寿保险公司开发的悠享康健返还型重大疾病保险计划中附赠《第二医疗意见服务》。该第二医疗意见服务指的是在客户罹患重大疾病或遭受意外伤害并已经获得诊断（也就是第一医疗意见）的基础上，提供咨询世界顶尖级医疗机构所组成的咨询网络，向客户提供专业书面医疗建议。此外，2014年3月18日，"太平人寿'9号健康'"健康管理合作协议签订。此次协议主要是强化"预防保健"和"康复养老"两大环节的专业服务。服务涵盖了24小时家庭电话医生、紧急救援、上门服务等，实现了预防保健、就医、救援、康复养老的一条龙服务。

三、我国商业养老保险产业链延伸的政策支持

（一）国家政策支持

2013年9月，国务院出台了《国务院关于加快发展养老服务业的若干意见》，其发展目标是：到2020年，全面建成以居家为基础、社区为依托、机构为支撑的，功能完善、规模适度、覆盖城乡的养老服务体系。养老服务产品更加丰富，市场机制不断完善，养老服务业持续健康发展。这既为养老产业链发展指明了方向，也为寿险业介入养老产业链以及构建自己的商业养老保险产业链提供了政策依据。

同时对养老机构提供的养护服务免征营业税，对非营利性养老机构自用房产、土地免征房产税、城镇土地使用税，对符合条件的非营利性养老机构按规定免征企业所得税。各地对非营利性养老机构建设要免征有关行政事业性收费，对营利性养老机构建设要减半征收有关行政事业性收费，对养老机构提供养老服务也要适当减免行政事业性收费，养老机构用电、用水、用气、用热按居民生活类价格执行。虽然这些优惠政策没有直接针对商业养老保险，但相信随着商业养老保险对于养老产业发展的重要性和贡献日益增大，相关的优惠政策也必然会出台的。

2009年国务院文件明确支持上海国际金融中心建设，提出在上海试点个人税延型养老保险。2011年出台了试点方案，但是由于涉及各方利益，一直处于讨论和修订过程中，目前尚未出台。若该政策能够顺利出台，将会大力地推动商业养老保险的购买。长江证券经过测算：如果税延型养老保险试点在上海实施，每年将带来保费收入108亿元，

即保费收入提升 1.2%,如果在全国试点,每年带来保费收入 2160 亿元,即保费收入提升 24.2%。该测算数据充分说明了税收优惠对于人们购买行为的刺激作用,这将为商业养老保险产业链发展提供大量的资金来源,同时也为未来实物养老争取税惠提供了范本。

(二)行业政策支持

1. 提高了不动产投资比例

2014 年 2 月,保监会出台了《中国保监会关于加强和改进保险资金运用比例监管的通知》,其中提高了投资不动产的比例:投资不动产类资产的账面余额,合计不高于本公司上季末总资产的30%(原来是10%)。账面余额不包括保险公司购置的自用性不动产。保险公司购置自用性不动产的账面余额,不高于本公司上季末净资产的50%。这为寿险公司投资养老地产以及建设养老社区提供了更多的可运用资金。

2. 提高了股权投资比例

2010 年 9 月出台的《保险资金投资股权暂行办法》规定:投资未上市企业股权的账面余额,不高于本公司上季末总资产的 5%;投资股权投资基金等未上市企业股权相关金融产品的账面余额,不高于本公司上季末总资产的 4%,两项合计不高于本公司上季末总资产的 5%;直接投资股权的账面余额,不超过本公司净资产,除重大股权投资外,投资同一企业股权的账面余额,不超过本公司净资产的 30%。《中国保监会关于加强和改进保险资金运用比例监管的通知》规定投资权益类资产的账面余额,合计不高于本公司上季末总资产的 30%,且重大股权投资的账面余额,不高于本公司上季末净资产。账面余额不包括保险公司以自有资金投资的保险类企业股权。《中国保监会关于加强和改进保险资金运用比例监管的通知》换了一个说法,统一界定为权益类资产,包括上市和未上市权益类资产,范围放大了,没有明确区分股权投资,也就意味着股权投资的上限可以为 30%。股权投资的放开,意味着放开了保险公司投资相关产业的额度限制,有利于寿险公司与相关产业主体的合作,保证合作的稳定度。只有把商业养老保险、健康保险、医疗护理产业、养老地产等养老相关产业整合起来,才能形成整体合力,促进商业养老保险产业链的延伸,扩展寿险公司的经营范围，提高盈利能力，最终实现整个寿险业的可持续发展。

3. 进一步放宽资金运用监管比例

保监会于 2014 年 4 月 18 日发布了《中国保险监督管理委员会关于修改〈保险资金运用管理暂行办法〉的决定》，自 2014 年 5 月 1 日起施行。做如下修改：

将第十六条修改为："保险集团（控股）公司、保险公司从事保险资金运用应当符合中国保监会相关比例要求，具体规定由中国保监会另行制定。中国保监会可以根据情况调整保险资金运用的投资比例。"

此次修改直接删掉了原《保险资金运用管理暂行办法》中的关于资金运用具体比例的限制，改为另行制定，而且当前还没有出台相应的法规，这充分地表明了保监会对于当前资金运用比例进一步放宽的意图。在政策明确之前，这对于商业养老保险产业链延伸以及寿险公司介入养老产业提供了更大的政策操作空间。

4. 费率市场化进程加快

为全面深化人身保险费率政策改革，经国务院批准，中国保监会于 2015 年 2 月 16 日放开万能型人身保险的最低保证利率。2013 年以来，中国保监会按照"放开前端、管住后端"的基本思路，稳步推进人身保险费率政策改革，建立起了符合社会主义市场经济规律的费率形成机制。将前端产品定价权交还保险公司，产品预定利率（或最低保证利率）由保险公司根据市场供求关系自主确定；后端的准备金评估利率由监管部门根据"一篮子资产"的收益率和长期国债到期收益率等因素综合确定，通过后端影响和调控前端合理定价，管住风险。根据这一思路，中国保监会确定了"普通型、万能型、分红型人身险"分三步走的改革路线图，并于 2013 年成功迈出第一步，放开了普通型人身险预定利率。经国务院批准，人身保险费率政策改革即将迈出第二步，放开万能型人身保险的最低保证利率。放开万能型人身保险的最低保证利率是在人身保险费率政策的基本思路和框架下推进的。此次改革的主要内容包括三个方面：一是放开前端。取消万能保险不超过 2.5%的最低保证利率限制。最低保证利率由保险公司根据产品特性、风险程度自主确定。二是管住后端。集中强化准备金、偿付能力等监

商业养老保险及其产业链延伸国际比较研究

管。产品最低保证利率越高，需要计提的准备金越高，偿付能力要求就越高。三是提高风险保障责任要求。最低风险保额与保单账户价值的比例提高 3 倍，体现回归保障的监管导向，保护消费者权益。

　　放开万能型人身保险最低保证利率是全面深化人身保险费率政策改革的具体体现，是贯彻落实国务院加快发展现代保险服务业意见的重要举措，是保护消费者利益的重要手段，是推动行业提质增效、转变发展方式的有效途径，是简政放权、转变寿险监管方式的重要体现。根据改革路线图，在完成普通型、万能型人身保险费率改革的基础上，中国保监会将继续稳步推进第三步——放开分红型人身保险预定利率，力争早日实现人身保险费率的全面市场化[①]。费率市场化进程的加快表明我国寿险市场竞争机制的完善，也从一个侧面表明了行业对于风险认知和掌控能力的增强以及监管部门对于风险的控制能力的增强。费率市场化的实现，为产品创新扫清了政策障碍，有利于寿险公司各自运用自身的竞争优势，开发价格更低、服务更完善的保险产品，特别是对于商业养老保险这样的长期寿险产品而言，产品设计的灵活性和创新性更为明显，对于寿险公司商业养老保险产业链的延伸是更为有利的外部政策环境。

---

① 保监会官方网站。

第三章

我国商业养老保险产业链延伸的定位及战略选择

寿险公司需要为商业养老保险产业链延伸或者介入养老产业确定一个基本的方向和目标，这首先就需要对养老产业有一个明确的认识和界定，在这个基础上才可以根据当前的政策、行业关联度、自身的能力和经验确定自己的介入方向和策略。

第一节　养老产业的定位

一、养老产业内涵

关于养老产业主要内容，在本书的"商业养老产业延伸必要性的理论分析"一章中也已阐述。

关于养老产业的内涵目前在理论上还没有一个明确的定义，但是其包含的大致范围是基本一致的，如前所述，是以老年人的需求为核心，满足老年人从基本的衣食住行到医疗、理财、文化、精神慰藉等不同层次的需求,从广义上来讲,凡是能够提供这些功能的产品和服务都可以包含到养老产业里面。也就是说,并不从传统产业理论去严格确定养老产业在三大产业体系中的隶属关系。

全球养老产业研究中心(OLDAGE)提出养老产业是以不同年龄、地域、气候、环境、亲情习惯、心理状态、社会发展文明和经济基础、执政水平和力度作为基础,针对个体提供的生命保障产业;养老产业不仅是步入退休年龄和一定年龄阶段人的服务链和供应链的问题,还应作为全社会和全生命历程的需求设计和准备,需要从生命的开始就实现维护,养老只是我们对身体机能退化又要尽可能保持和延续生命活力的一个名词,所以养老产业就一定是通过各种生命研发、科学研究、生产应用提供保持和延续生命活力的全方位针对性联通服务。

国内田香兰(2010)指出,日本分为养老事业和养老产业,其中养老事业是由政府主办的、以老年人为对象的公共服务事业,属于非营利性;养老产业是以老年人为对象,以满足高层次生活、文化需求为目标,向老年人提供商品和服务的民间营利事业活动的总称,主要包括老年住宅产业、老年金融产业、家务服务、福利器械用品以及文化生活服务。赵东霞、李赖志(2013)也区分了养老事业和养老产业的不同,其分类标准也是营利性和非营利性。张佩、毛茜(2013)认为,养老产业是指为老年人提供商品和服务的产业。它包括所有有关老年人物质和精神需求以及其他特殊需求的商品生产和服务。总体来看,就内容而言,养老产业可以分为养老产品及养老服务两个主要领域。

基于以上的这些判断,本书将养老产业定义为专门为满足老年人特殊需要而提供设施、服务和商品的综合性产业。它从第一产业、第二产业和第三产业派生出来,既包括生产性产业,也包括服务性的产业。也就是说,不同于传统上的一二三产业的划分标准,养老产业是从满足老年人需求的角度形成的一种产业划分。

关于养老产业的性质,有不少学者认为,在性质上区分养老事业和养老产业,前者为非盈利性的,后者是盈利性的。我们认为这种划分过于简单。我们不能简单认为养老产业中带有"产业"两字,就应基于"产业"具有经济属性而将养老产业定位盈利性行业。因为,在实践中,对于为老年人提供的所有产品或服务,我们既不能简单划分出养老事业和养老产业,也不能将所有老年人划分两部分,而确定谁可以享受养老事业还是养老产业。就投资者而言,具有商业利益的投资者的所有行为也并非都是商业行为，有些行为就可能是投资者履行其社会责任。即便是有些行为具有一定商业性，但可能是微利性的，或在客观上具有社会效益的，也应在有个特殊时期纳入到政府的鼓励行列中。因此，我国养老产业的性质既不是完全的福利性或公益性，也不是完全的盈利性，而是两者的结合。

《国务院关于加快发展养老服务业若干意见》在"指导思想"中明确提出"创新体制机制，激发社会活力，充分发挥社会力量的主体作用，健全养老服务体系，满足多样化养老服务需求"，在基本原则的"深化体制改革"原则，提出"加快转变政府职能，减少行政干预，加大政策支持和引导力度，激发各类服务主体活力，创新服务供给方式"。在"完善市场机制"里提出"充分发挥市场在资源配置中的基础性作用，逐步使社会力量成为发展养老服务业的主体，营造平等参与、公平竞争的市场环境，大力发展养老服务业，提供方便可及、价格合理的各类养老服务和产品，满足养老服务多样化、多层次需求"。

此外，在"政策措施"上，明确提出"要通过完善扶持政策，吸引更多民间资本，培育和扶持养老服务机构和企业发展"。"逐步放宽限制，鼓励和支持保险资金投资养老服务领域。开展老年人住房反向抵押养老保险试点。鼓励养老机构投保责任保险，保险公司承保责任保险"。还明确提出"各地对非营利性养老机构建设要免征有关行政事业性收费，对营利性养老机构建设要减半征收有关行政事业性收费，优惠政策"。"要制定政府向社会力量购买养老服务的政策措施"。对养老机构提供养老服务也要适当减免行政事业性收费，养老机构用电、用水、用气、用热按居民生活类价格执行。境内外资本举办养老机构享有同等的税收等优惠政策。制定和完善支持民间资本投资养老服务业的税收优惠政策……要制定政府向社会力量购买养老服务的政策措施"。

从上述国务院文件提出的思想和原则看，我们既要由政府主导采取福利政策来满足相对低层次的养老服务需求，也要利用各种社会力量满足相对高层次的养老服务需求，最终实现投资主体多元化、服务对象普遍化、运行机制市场化、服务方式多样化和服务队伍的专业化。投资主体多元化就是要改变过去投资主体单一的状况，开辟国家、集体、社会组织和个人的投资渠道，以多种所有制形式发展社会福利事业。服务对象普遍化就是要改变社会福利机构只面向社会最低层老年人的做法，以有偿、低偿、无偿相结合的方式，向老年人提供福利服务。运行机制市场化就是要按照产业化思路发展社会福利事业，实现福利产业的经济效益。服务方式多样化就是要充分利用社会福利网络，实现居家养老。服务队伍的专业化就是要通过专业教育和职业培训，建立精通业务的福利服务专业化队伍。

从上述养老产业发展模式看，寿险公司凭借自身的优势，作为一个重要的投资主体，在养老产业发展中发挥其作用。

二、养老产业链示意图

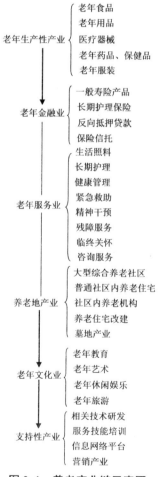

图 3-1 养老产业链示意图

第二节　寿险公司商业养老保险产业链延伸的定位

寿险公司进行商业养老保险产业链延伸，首先必须对养老保险产业链延伸界定一个标准，即公司的经营行为哪些属于产业链的延伸，哪些不属于产业链的延伸，然后结合当前的政策、行业的现实确定商业养老保险产业链延伸的主要领域。其次还应确定在延伸领域中，商业养老产业的大致地位。这样才便于商业保险公司进行战略选择和策略抉择。

一、商业养老保险产业链延伸的界定和方式

本书界定的商业养老保险产业链延伸就是商业保险公司业务范畴已跨出传统业务范围，或法律、政策规定的业务范围。如果寿险公司经营的仅仅是从金融角度的养老保险产品，提供的仅仅是资金的给付，则判定为寿险业自身业务，不算做产业链延伸。无论从理论上还是实践上看，衡量商业养老保险业务是否属于延伸的界定标准是一个重要的问题。这涉及如何保护被保险人的利益和防范保险公司经营风险的问题。

产业链延伸划分为三种方式：一是集群化机构，提供多元化服务。不同于传统行业的地域集中，寿险公司通过与其他机构合作，提供"全方位""一站式"的养老服务，主要体现为当前养老保险产品与实体服务的对接，例如，长期护理保险中通过外部购买的方式提供护理服务；二是集群化机构的进一步分工，寿险公司和其他行业的机构根据自身的优势和能力确定自己主要发展的领域，在这一领域取得主导性的地位以及相应的回报，如寿险公司直接投资和经营与保险业对等的其他实体行业：自建养老社区、医院和护理机构，向自己的养老保险产品客户以及其他老人提供相关服务；三是产业模块化发展，在寿险公司和其他行业的机构确定自身领域后，可以根据自己的判断和能力，拓展和创新这一模块，开发相关的衍生产品，提供更多的增值服务。如

寿险公司开发高端养老社区，可以锁定高端客户，充分挖掘客户资源，销售其他产品和服务，获得更多的利润。

二、商业养老保险在养老产业链中的地位及延伸的基本思路

基于上文整个养老产业链的界定以及当前我国的相关政策、寿险公司自身能力和经验的综合考虑，本书认为，寿险公司在养老产业链中，在当前阶段还基本上处于补充性的地位，无论是从养老地产业、老年服务业、老年生产性产业、老年文化业、老年支持性行业来看，当前以及未来的一段时期内都无法成为产业链中各领域的市场主导，而且国际经验也已经充分地说明了这一点。因为，作为以发展养老事业为根本己任的养老产业，虽然有部分服务业务可视为商业性，但还有部分服务业务，尤其是为收入困难的老人所提供的服务，无疑是非商业性的，或称为福利性的。在我国，从传统上看，这种福利性的老年服务，多年就是由政府作为主体提供的。当然，随着社会的发展，尤其是人口的老龄化，需要更多的社会组织来提供更多养老服务，养老产业也会出现多层次的服务体系，由不同性质的主体来经营，但是从总体上看该行业更多强调的是非盈利性。从这个意义上说，商业养老保险在养老产业中难以起到主导的作用。

但是，需要指出，由于养老产业的性质是公益性和盈利性的结合，所以，在商业养老产业延伸经营过程中，在不排斥商业保险公司具有商业性的同时，也不能把商业保险公司所有为养老事业服务的行为，完全排斥在政府鼓励和支持的范围之外。也就是说，不能将商业保险延伸的行为都界定为商业行为，而不给予适当的优惠政策。因为在某些环节上，或某些服务内容上，商业保险公司的延伸行为，确实在部分程度上解决了政府养老的难题，所以正如《国务院关于加快发展养老服务业若干意见》所言，应给予鼓励、支持、优惠措施等。

就寿险公司而言，在争取政策支持的同时，要充分考虑公司自身的经营能力、盈利能力和风险承受水平，从自身最熟悉的产品和服务入手来进行商业养老保险产业链的延伸。

在当前，养老保险产业链延伸主要领域的基本思路是：寿险公司当前应该根据老年人（考虑城乡差距、区域差距等）的生活需要、消费习惯、投资特点以及风险要求，充分发挥其在理财和风险控制方面的专业能力，帮助老年人规划自己未来的老年生活，利用自己的资金、机构优势以及在产业链延伸方面的经验和能力，通过自建、股权投资、外部购买等方式向老年人提供更加专业化、价格公平的相关养老服务，确定商业养老保险产业链延伸的主线和连接方式，这也是当前现阶段产业链延伸的首要任务。

三、商业养老保险产业链延伸的核心图

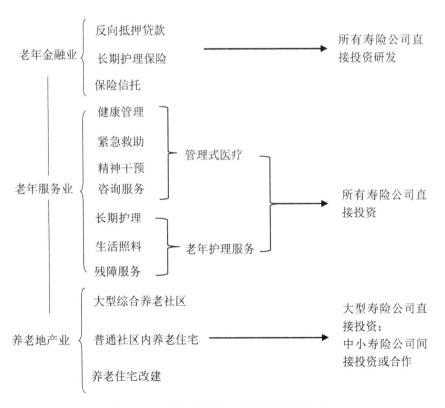

图3-2　商业养老保险产业链延伸的核心图

第三节　寿险公司延伸商业养老保险产业链的战略选择

一、影响战略选择的主要因素

如前所述，老年金融业、老年服务业及养老地产业与养老保险业关联程度最高，但在投资门槛、收益周期、市场需求、风险水平等方面它们又各不相同。如老年金融业与目前养老保险产品关系最为紧密，保险公司也具备相应专业开发优势；养老地产业与寿险公司资金运用关系紧密，长期综合回报可观，但它们的投资门槛高、风险水平高、操作专业性强；老年服务业则相对需要资金量小，机动灵活，与保险产品对接也相对便利。寿险公司延伸养老产业链要考虑到上述养老行业的特点，并与自身公司条件结合起来，如大型寿险公司相对较少地受到投资门槛、收益周期及风险因素的影响，而中小寿险公司则必须考虑其资金规模与风险承受能力是否匹配相应的延伸。因此在上述延伸顺序的原则性指导下，大型寿险公司和中小寿险公司对寿险业的延伸所采取的策略应当是不同的。

另外，目前在老年金融业、老年服务业及养老地产业方面，有的领域寿险公司已有涉及和初步发展，如长期护理保险，各保险公司基本都有相应产品，有的领域寿险公司则未有相应介入或介入保险公司不多，如"以房养老"产品、居家养老服务、保险信托业等。因此根据寿险业对某一养老行业是否具有初步涉入经验，我们将寿险业介入养老产业的策略分为延伸与介入，以示区分。其中，延伸战略指在目前寿险业介入经验的基础上的发展，而介入策略则针对寿险业尚未开发产品或涉及较少的业务方面。

二、大型寿险公司延伸商业养老保险产业链的战略分析

大型寿险公司在资金规模、偿付能力、资产管理经验、风险控制、人才储备、产品体系、客户服务等方面有着先发优势，综合这些优势来看，大型寿险公司对养老产业进行延伸时可以优先考虑开发老年金融产品和投资养老地产业。

寿险业可以为养老行业提供丰富的金融保险产品，作为养老资金来源及储备，这些金融产品包括一般性寿险产品、养老产品、长期护理保险产品、以房养老产品及保险信托产品。大型寿险公司往往具有较高的产品研发及风险控制能力，因此可以对以房养老产品以及目前在中国尚未被关注的保险信托产品加大开发与支持力度。同时，大型寿险公司在投资养老地产时多以养老社区的形式投资，养老社区内必然需要对入住老年提供相应护理服务，完善及创新长期护理保险产品也是不可或缺的。

大型寿险公司介入养老金融业的策略，在开发以房养老产品方面，可以采取独立开发的模式，充分调动集团内资源，成立专门的业务部门负责，"一条龙"式地解决产品开发相关问题；在长期护理保险产品方面，建议大型保险公司可以直接组建或配备相应服务人员，建立管理式医疗运营方式，甚至投资或全资收购一些护理机构或医疗机构；在保险信托产品方面，如果未来对寿险公司开放信用业务的话，可以先对大型寿险公司发放牌照，允许其以自有资产开展保险信托业务，将老年客户的金融资产交付公司自有的资产信托管理部门并加以长期规划利用，同时发挥保险资产的长期性和信托投资的灵活性优势。而介入养老地产方面，养老地产业所需要资金量大、回收期长、专业性强，大型寿险公司可以利用资金优势考虑直接投资，并选择相应综合化老年社区产品，内部直接运营模式，以期获得养老地产投资的地产升值收益、运营服务收益等更多收益，对整体养老地产的投资运作也更具掌控力。

大型寿险公司对养老产业链的介入主要集中于开发老年金融产品

和投资"以房养老",同时也可以依靠其综合化养老社区产品,开拓老年服务领域,丰富其养老系统业务。

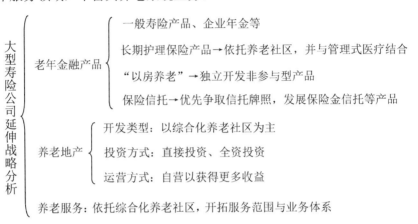

图 3-3　大型寿险公司延伸养老产业链战略图

三、中小型寿险公司延伸商业养老保险产业链的战略分析

　　中小型寿险公司在资金规模不大、资金运用比例的限定下,对养老产业的投资与介入可能会受到一定程度的影响,并且其资产管理经验相对不足,在延伸养老地产链时要根据中小寿险公司的特点制定相应的介入策略,而不是一味追随大型寿险公司的投资策略,集中对养老地产的投资。

　　中小寿险公司介入养老产业链可优先考虑老年金融业与老年服务业,并适当投资养老地产业。

　　养老的核心问题是资金,寿险公司现有寿险产品、养老产品可以成为养老资金储备,长期护理保险可以作为养老医疗护理资金储备,因此无论对于大型寿险公司还是中小寿险公司,老年金融产品都是最先考虑介入的产业环节。保险产品与老年理财产品也是中小型寿险公司的业务核心之一,通过现有业务形成更广泛的老年金融产品体系也是可行的。对于"以房养老"产品,一些银行系中小险企可以利用股东雄厚资本和业务渠道与银行合作开发,或者中小险企联合开发也是一条可选途径。

除了养老资金，老年市场对护理照看服务的需求也十分旺盛，中小寿险公司可以延伸其长期护理保险业务，将老年服务产品体系丰富化，提供包含健康管理、紧急救助、残障服务等综合化一站式养老服务。中小寿险公司建立这些养老服务机构，可以单独运营，也可以依托中小寿险公司投资的养老地产，虽然限于资金规模，中小寿险公司投资养老地产应以间接投资为主，但也可以选择直接投资养老地产，如与相关地产、医疗或护理机构合作投资，或者自行选择所需资金规模量较低、重服务型的养老地产投资项目，如多社区共享养老服务机构等。这些养老机构立足于周围生活小区，与基本养老院类似，但与此同时，中小寿险公司就可以在其养老服务机构内提供多种多样的养老服务，这些养老服务无须进行地产投入，同时可以增加养老机构的营业收入。

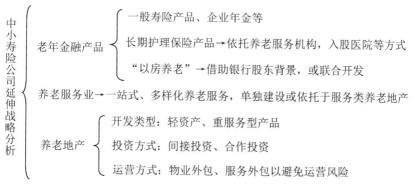

图3-4　中小寿险公司延伸养老产业链战略图

以上大型与中小寿险公司延伸养老地产的策略仅从介入养老产业类别及相应顺序上进行了分析，目的是根据两类寿险公司的特点理出一条向养老产业延伸的包含相应行业选择、业务体系、投资方式的策略指南。至于寿险公司具体如何创新长期护理保险产品，开发"以房养老"产品，拓展养老服务，投资养老地产，大型寿险公司与中小寿险公司应依据自身条件进行选择，在下文会有详细的探索与策略分析。

第四章

寿险公司介入老年金融业的策略分析

第一节 寿险公司介入"以房养老"的策略分析

近年来，归因于社会平均工资水平的快速上涨和养老金领取人数的上升，我国基本养老金替代率已有 20 世纪 80 年代的 80%～90%大幅下滑至 2011 年的 42.9%左右，与国际劳工组织提出的 55%目标替代率相差甚远。与此同时，由于养老金体制转轨、长期以来的运营管理混乱等原因，我国的基本养老金个人账户"空账"问题持续恶化，2011年空账额达到创纪录的 22156 亿，个人账户缺口以 25%速度增加。更加紧迫的是，在剔除财政补贴、尚未做实个人账户的前提的下，2011年我国城镇职工养老金收不抵支的省份高达 14 个，基本养老金收支缺口问题给财政带来了巨大压力。众所周知，作为"第一支柱"的基本养老保险在我国社会养老保障体制中发挥着举足轻重的作用，我国城市地区 60 岁以上老龄人口中 66%依靠离退休养老金作为主要收入来源，"未富先老"带来的社会积累不足问题正严重威胁着我国的养老保障体系。

改革开放 30 年以来，我国家庭的财富积累显著增加，家庭资产构成呈现出新的特点。由联合国人居署、国家住建部和上海市共同发布的《中国城市状况报告 2010—2011》指出，2008 年我国城镇居民自有住房拥有率达到 87.8%；国家统计局住户调查办公室发布的公告也显示，2010 年底我国城镇居民家庭自有住房率为 89.3%。另据中国家庭金融调查中心 2013 年的调查数据显示，我国家庭资产绝大部分囤积于房产，房产占中国家庭总资产的 66%，在北京等发达一线城市这一比例更高达 84%。因此，如果能够将庞大的房地产存量资产转化为现金流、作为基本养老保险的有益补充运用于老年人退休后生活，实现"以房养老"，势必能够缓解我国养老体系的压力、提升老年生活品质，特别对于部分养老储备不足、房产价值在总资产中占有绝对比例的中低收入者而言，此举拥有很强的现实意义。

　　作为一种养老财务安排，住房反向抵押是实现"以房养老"的有效途径，它是指符合条件的老人以其自有产权住房作抵押，向政府部门或相关金融机构获取养老、护理资金，待去世时由继承人返还贷款本息取得房屋产权、或将房屋直接划归政府或金融机构所有的财务安排。其突出特点是，在保持原屋主居住权的基础上实现房地产存量资产向养老现金流的转化，避免了以往售房养老、租房养老所带来的屋主住所迁移问题、高昂的税费负担，达到合理化配置资产、保持原有居住品质的目的。2014 年 3 月 20 日，为贯彻国务院《关于加快发展养老服务业的若干意见》有关要求，保监会向各家人身保险公司下发了《关于开展老年人住房反向抵押养老保险试点指导意见（征求意见稿）》（以下简称《指导意见》），拟在北京、上海、广州、武汉四地率先开展试点，并就抵押房产增值归属问题确定了参与型与非参与型两个基本方向。本书试图在《指导意见》的背景下，结合国际经验和我国现实问题，对于当前我国保险公司、地方政府开展"以房养老"的具体措施模式提出政策建议。

一、"以房养老"的国际经验分析

（一）美国的"以房养老"模式

美国是世界各国中较早发展"以房养老"金融产品的国家，美国模式也是当前制度最为完备、参与情况最为良好、影响最为广泛的模式。美国的"以房养老"模式发展过程并非一帆风顺，其大致历程可以分为三个阶段。萌芽阶段始于 20 世纪 70 年代，为应对二战后大量出生的人口养老问题，美国的一些研究机构开展了针对反向抵押贷款的调查和研究。到 1983 年，美国新泽西州的一家银行正式发售相关的反向抵押产品，标志着美国的"以房养老"金融产品从理论研究转向实践阶段。该阶段的"以房养老"产品没有得到政府的相关政策支持且本身结构复杂、不易理解，再加上舆论宣传不到位、部分不法机构欺诈老年住户状况时有发生，"以房养老"金融产品的发展受到很大束缚，总体规模很小，发展并不理想。

1987 年，美国联邦政府颁布了《1987 年国家住房法案》，该法案的颁布标志着美国"以房养老"金融产品发展进入初步发展时期。法案明确了反向抵押贷款的基本目的是基于部分老年人口的特殊需求、增加贫困老人收入，同时积极鼓励私营公司参与到"以房养老"金融产品的开发中去。之后，美国国会授权联邦住宅和城市开发部（HUD）设计了住房权益转换抵押贷款（HECMs）。联邦住房管理局（FHA）在 1989 年正式推出了 HECMs，给予较大的政策优惠，并为其认可的贷款机构提供风险担保。在 HECMs 业务推出的初期，联邦政府实施总量控制的办法，贷款名额上限为 5 万个用户，可申请到该贷款的人员非常有限，但由政府承诺的风险担保和"兜底"政策消除了公众和机构的疑虑，美国以反向抵押贷款为代表的"以房养老"金融产品开始发展起来。但由于此时二级市场并不完善，资产证券化没有真正开展起来，贷款机构的流动性风险较大，反向抵押贷款尚未真正成熟。

20 世纪 90 年代，美国"以房养老"产品模式得到进一步的完善和确立。1989 年，美国住房按揭贷款联合会（即房利美 Fannie Mae）开始将资产证券化引入反向抵押贷款的运作中，一方面大量从资本市场融资，同时出资购买所有合格的 HECMs 贷款，到 1992 年 8 月，房利美大约购买了 94%的 HECMs 贷款，此举为反向抵押贷款市场建立了盘活资本的二级市场，极大改善了贷款机构的流动性风险。之后，HUD 进一步允许所有有资质并经 FHA 授权的贷款机构都可以开办反向抵押贷款业务，由政府信用担保的 HECMs 交易量由 1991 年的 389 份一举增加到 1995 年的 4166 份。1995 年，房利美推出了自己的反向抵押贷款产品 Home Keeper，随后私营金融机构雷曼建立了财务自由老年基金公司，开发了财务自由计划（Financial Freedom Plan）。其中，具有政府担保的 HECMs 占据了全部抵押贷款市场份额的 90%～95%，受到最广泛欢迎。具体规定如表 4-1 所示：

表 4-1　美国主要"以房养老"金融产品比较

	HECMs	Home Keeper 计划	财务自由计划
贷款机构	FHA 授权的商业银行或其他金融机构	房利美	老年财务自由基金公司
性质	政府主导	半官方	私营
适合人群	房屋价值较低的借款人	房屋价值中等的借款人	房屋价值高的借款人
贷款限额	从 $160176 至 $290319 不等，依所在地贷款最高贷款额度限制而定	最高贷款额度为 $333700，依所在地贷款最高额度限制而定	$700000
支付方式	趸领、终身年金、定期年金、信用额度或其组合	终身年金、信用额度或其他组合	趸领，购买年金或开放式最高信用额度，未用额度每年增长 5%
初始费用	贷款额 2% 或者 $2000	住房评估价值的 2%，或最高贷款额度的 2% 加 1% 贴息	不超过住房评估价值的 2%
贷款利率	浮动利率，一般不超过一年期国债利率变动，并且一年内不允许变动超过 2%，在贷款整个有效期内，利率变动不能超过 5%	浮动利率，根据二级市场一月期 CD 指数调整，上限 12%	贷款成本根据房屋价值一定比例在到期日计算
担保情况	FHA 担保	无	无
二级市场	Fannie Mae 购买合格的贷款	Fannie Mae 购买合格的贷款	Fannie Mae 购买合格的贷款

目前美国"以房养老"产品呈现出以下特点：一是政府在模式中扮演了重要角色，在产品设计、产品推广、建立资产证券化市场、提供风险担保等方面做出了积极努力；二是贷款机构多样化，但政府机构在其中优势明显，占绝对优势；三是对借款人资质有要求，一般要求借款人年龄在 62 周岁以上，且房屋为独立产权的永久住房，不存在已抵押情形；四是贷款额度既有上限要求，又要具体受地区、年龄、利率、房产价值的影响；五是支付方式可选择，既可以一次性领取，也可以以年金形式领取；六是偿还方式灵活，在贷款人去世时，既可以由贷款机构将抵押的住房收回变现偿还本息，也可由借款人继承人偿还贷款本息，赎回房屋。

（二）英国的"以房养老"模式

英国的"以房养老"模式通常被称作资产释放计划，早期的资产释放计划开始于 20 世纪 80 年代，当时的计划并不包含"不追偿保证"条款，并且客户申请计划后获得的并不是现金而是股票和债券，后来因为英国经济衰退，这些债券不能带来任何收益，甚至不足以偿还利息，因此这一早期计划在 1990 年被立法取缔。2011 年 4 月，为应对日益严峻的老龄化压力，英国政府推出了新的资产释放计划，并安排了 8500 万英镑预算予以支持。资产释放计划分为两类，即住房生命周期贷款（lifetime mortgage）和住房价值转换计划（reversion schemes）。其中，生命周期计划建立在住房价值基础上，又可以分为滚动利息贷款（reversion schemes）、单纯利息贷款（interest-only loans）、房屋收入计划（home income plans）和房屋改进计划（home improvement plans）。住房价值转换计划则建立在出售全部或部分住房产权的基础上，老年人借此获得一次性支付或者每月的年金，产品具体情况如表 4-2 所示。

（三）加拿大的"以房养老"模式

加拿大参考英美等国的经验，在 1986 年推出了"以房养老"金融产品——Canadian Home Income Plan（加拿大家庭收入计划），申请人资格为年龄在 62 周岁以上的老人，至少拥有单幢房屋、城镇房产、复式房屋或公寓的一种，租赁的住房、共有产权房屋、大面积土地没有资格申请。申请人可以获得房产评估价值的 10%～40% 的贷款额度，具体数量由申请人的年龄、性别、婚姻状况、房产类型及评估时的现行利率等因素决定，最低为14500加元，最高为50万加元。申请人可以租赁或出售房产来偿还贷款，如果贷款的偿还期短于3年，应支付额外的款项给贷款机构，夫妻一方死亡的，另一方可以继续入住该房产，直至死亡。申请人可以通过加拿大的6家主要银行以及金融计划师、抵押贷款经纪人组成的销售网络，或直接向CHIP提出申请。具体而言，这一计划包含三种贷款方式，表4-3为这三种方式的主要内容。

表4-2　英国"以房养老"产品概述

产品名称		产品概述
生命周期贷款计划	滚动利息贷款	借款人获得贷款后，贷款时期内无须每月支付利息，而是通过复利计息的方式不断累积到贷款总额中，贷款本金和在房主去世或房屋最终被出售时偿还，滚动利息贷款实行固定利率或者有上限的浮动利率计息
	单纯利息贷款	借款人需要每月偿还贷款利息，不需偿还本金，本金在房主去世或贷款期结束时偿还
	房屋收入计划	借款人生前通过释放住房价值，每月获得一定的贷款，改善退休后生活，此项业务适合80岁以上的高龄老人
	房屋改进计划	借款人通过释放部分住房价值来支付住房维修或是其他改善住房条件的费用
住房转换计划		老年人全部出售或者部分出售房屋产权给一个投资公司，取得收入或年金。老人去世后，该公司拥有全部或者部分房屋处置权以及相应比例的房屋增值收益

表4-3　加拿大"以房养老"产品概述

反向年金抵押贷款	借款人通过反向抵押贷款获得一笔资金，然后用该笔资金购买终身年金
信用额度反向抵押贷款	在签订合同后，申请者可以获得一个最高贷款上限，在此限额内随时提取，支付次数及金额由借款人决定，未提取部分不计息
固定期限反向抵押贷款	在固定期限（一般5～10年）内提供贷款，在贷款到期时必须还清贷款本金，如果借款人无法按时还款，抵押住房将被强制收回并出售，售房款用来归还本息

值得一提的是政府为房产价值较低的贫困人群提供了 3%~4%的低息补贴，而居住在 10 万加元或 20 万加元以上房屋中的人则享受不到低息补贴，这一优势也促进了加拿大"以房养老"产品的普及推广。

（四）日本的"以房养老"模式

日本作为世界上老龄化最严重的国家之一，较早开展了"以房养老"模式的探索。目前，政府通过试点制批准了 13 家市政和福利机构、8 家银行提供此类住房反向抵押产品，大体可以分为政府参与型和民营机构参与型两类。

政府参与型反向抵押产品根据政府参与程度不同，又可以进一步划分为政府直接融资方式和政府间接融资方式，其最大区别在于政府是充当贷款人还是中介人的角色。民营机构参与型也可以分为两大类，一类是传统的由银行、信托公司等金融机构经营的反向抵押贷款产品。另一类是房地产公司经营的"城市规划再开发"和"住宅重建"项目，主要做法是老人房产作为抵押，可以从房地产公司得到资金用于重建住宅，改善居住条件，在老人去世后用售房款偿还本息。表 4-4 是政府直接参与型和三井信托银行模式为代表的两种贷款方式的对比：

表 4-4　日本"以房养老"不同类型产品比较

产品特征	政府主导型	私营机构主导型
贷款对象	65 岁以上的本市居民	已在三井信托银行办理了遗嘱信托产品的 60 岁到 80 岁之间的单身或夫妇
房产要求	各种房产、地产均可	自有产权住宅
贷款上限	土地时价的 80%或高层住宅价格的 50%	自有住宅或占用土地的评估价的 50%
贷款利率	5%的固定利率	浮动利率，在基准利率基础上加 1.5%
贷款期限	到借款人去世或贷款额度到达上限	到借款人去世为止
支付方式	一次性或分期支付	与年龄挂钩，一次性支付、年金付、随时支付
还款方式	变卖房产还贷或继承人还贷赎房	变卖抵押房产还贷
贷款用途	无限制	不能用作周转资金或投机目的

（五）新加坡的"以房养老"模式

新加坡"以房养老"模式的突出特点在于保险公司作为主办机构经营"以房养老"产品。1997 年，新加坡私营保险公司——职总英康保险合作社率先推出了住房反向抵押贷款计划，但由于需求不足于 2009 年退出了这一市场。同年，新加坡建屋发展局（HDB）推出了屋契回购计划（LBS），允许老年组屋屋主把组屋变现，获取一定的养老补贴。这两种计划的相关内容见表 4-5：

表 4-5 新加坡"以房养老"产品主要内容对比

产品名称	职总英康保险反向抵押贷款产品	屋契回购计划（LBS）
主办机构	私营金融机构	政府部门
年龄要求	55 岁以上	62 岁以上
房产要求	至少拥有 70 年以上产权的私人房产，后期推广到政府组屋	仅购买过一套两房或三房的组屋
借款人其他要求	没有破产记录、不牵扯任何官司、属于职总英康的寿险客户，且缴纳 1 年以上保费	无自有产权地产，在组屋居住超五年，家庭月收入低于 3000 新元，负债少于 5000 新元
贷款总额	房屋估价的 70%作为贷款上限	根据组屋剩余房契价值而定
贷款利率	采用浮动利率	不需还款，不计利息
贷款期限	不超过 25 年	30 年
房屋保险	必须购买	无
贷款的偿还	达到 90 岁、屋主去世、房屋出售、贷款本息和达到房价的 80%，满足以上任何一项则需要偿还本息	不需偿还，贷款到期后由政府收回屋契
追索权	前期有追索权，后期取消	无

职总英康保险作为保险公司经营"以房养老"产品的代表，其失败原因值得深思。总体来说，职总英康在计划推出初期对客户条件要求过于严苛，例如，将客户限定为其保险客户、必须是私有住房，而新加坡大多居民居住在政府组屋，这导致该计划的客户群体狭窄。同时，由于前期的追索权条款以及在贷款偿还方面的不够灵活，借款者面临在世时即被迫出售住房的风险，这和"以房养老"的初衷相悖，进一步打击了参与者的热情。后期虽然将房产要求扩大到政府组屋，

也取消了追溯条款，但终究未能改变长期以来的需求匮乏局面，最终导致计划的终结。与之相对应的是，由政府推出的 LBS 计划取得了良好效果，借助政府机构推动，这一产品正得到越来越多的认可。这说明，私营机构推广"以房养老"方案缺少政府信用的背书，更需要制定合理化的方案规则，不能仅从风险防控和盈利目的出发将标准条件定的过高过死，能否激发客户的参与热情、加深客户的理解认识才是这一新型金融产品成败的关键。

二、"以房养老"的国内实践

（一）南京模式——汤山留园养老公寓

2005 年 4 月，南京一家私营养老机构——汤山留园老年公寓在全国第一次以实践形式推出了"以房养老"计划。其规定为：60 岁以上并拥有该市 60 平米以上自有产权住房的孤残老人，可以通过将房产抵押给"汤山留园老年公寓"，换取免费入住老年公寓且吃、住、医疗全部的待遇，在老人去世后房产归老年公寓所有。由于房屋只能在老人去世后才能属于养老院所有，当老人在世时只能取得很少的租金收入，远不能弥补老年人的日常花销。这一模式最终仅有 3 名老人签约，且于 2006 年 8 月对外停业。

其失败的根源在于民营养老机构没有雄厚的资本实力，在缺乏精算等技术条件情况下很容易造成流动性风险，难以维持长期运营。且民营养老机构缺乏公信力，出于传统观念考虑，老年人很少愿意与之达成如此长期、大额的合作协议。

（二）上海模式——以房自助养老

2007 年 5 月，上海市公积金管理中心推出了"以房助老"模式，其具体规定是：65 岁以上并拥有 50 平米以上房产的老年人按照市价将自己的房产与市公积金管理中心进行交易，将房产产权转让给公积金管理中心，然后由该中心以优惠价格将住房返租给老人，同时将扣除租金外的部分一次性支付给老人。如果老人先于租约到期时去世，则余下租金部分将返还给继承人，如果租满到期老人仍健在，则以保证金继续缴纳租金，公积金管理中心对于房产的处理方式是将其用于城市廉租房建设。

上海这一模式的实质是售房后返租的"租房养老"模式，虽然这一模式由政府机构出面解决了机构公信力问题，但其要求出售房屋产权的行为对于老年人固有的遗产观念是很大的冲击，老年人在出售房产后也不能享受到房屋价值升高带来的益处，这一模式至2008年底仅有5位老人签订了协议，2009年上海市公积金管理中心暂停了这一业务。

（三）北京模式——养老房屋银行

2007年10月，中大恒基房地产经纪公司和北京寿山福海国际养老服务中心联合推出"养老房屋银行"业务。该业务基本模式为：60岁以上的老人提出申请加入计划后，老人可入住养老中心，同时委托公司将原有房屋出租，租金用于抵扣老人在养老中心的开支，房屋产权仍归老人所有，这一模式实际上是一种"租房养老"模式，由于不涉及产权的转移容易被老人接受。模式的主要问题在于，由于私营养老机构收费较高，房屋租金收入有限，对于可能面临的资金缺口计划并没有涉及。另外，该模式只是获取了房屋租金，并没有实现将房产价值转换为养老现金流，与真正意义的"以房养老"尚有距离。

（四）中信模式——"信福年华"养老按揭服务

2011年10月，中信银行在北京、上海推出面向中老年客户的专属借记卡"信福年华"，其核心是"以房养老"按揭服务，中信成为国内第一家开展"养老按揭"的银行。产品规定凡年满55周岁的中老年人或年满18岁的法定赡养人以房产作为抵押，就可向银行申请贷款用于养老。老人把房屋抵押后，中信银行将根据所抵押房产的价值和合理的养老资金确定贷款金额，累计贷款额最高不超过所抵押住房评估值的60%，且每月支付的养老金不超过2万元。借款人只需按月偿还利息或部分本金，贷款到期后再一次性偿还剩余本金。如果到期后不能偿还本金，将以所抵押房产处置后资金偿还银行贷款。

同时，中信银行出于风险考虑设置了较高的准入门槛，其要求申请人名下至少有两套住房，养老按揭的最长年限也仅为十年，且贷款用途必须为养老。这种限定房产数量、设定贷款年限的做法不同于国际惯例，老人在未去世时就要承担还款的压力，同时 10 年后老人的生活来源也并未解决，其未来发展情况并不乐观。

三、"以房养老"的风险分析

（一）价值观风险

在世界各国，老人对于房屋的遗产动机都是阻碍"以房养老"产品推进的重要因素，美国学者研究发现，即便在强调经济独立的美国，参与住房反向抵押贷款中 75% 的借款人是没有子女的。中国文化历来强调家庭财富的积累和成员之间的代际传承，儿女赡养老人，老人在辞世时留下一笔遗产给子女被视为一种普遍认同的社会责任和经济责任，从某种意义上说也被老人视作个人人生价值的体现。由于老年人缺乏现金等流动性资产，房屋作为大额固定资产成为实现财富代际转移的首选工具，因此房屋历来被视作中国家庭的最重要财产。从之前开展过的"以房养老"实践中不难看出，要求老年人转让房屋产权的模式都引起了相当大的排斥和阻力，参与者有限，多以失败告终。在缺乏文化认同及有效宣传铺垫的基础上，价值观风险将是未来"以房养老"产品的首要风险。

（二）土地权属变更风险

西方发达国家的"以房养老"政策是建立在土地私有制基础之上的，而我国实行的是土地公有制政策，房屋拥有者拥有的只是房屋用地的使用权。根据我国现行法律规定，居民商品房用地使用年限为 70 年，2007 年通过的《物权法》进一步规定，住宅使用土地期限届满时可以自动续期，但并未明确续期是否需要缴纳土地出让金。如果未来房地产续期需要缴纳一定数额的费用，势必增加贷款机构在定价、运营中的风险，也增加了客户参与这一过程中的不确定性。

（三）定价因素风险

1. 长寿风险

随着医疗进步以及人民生活水平提高，老年人的预期寿命相较于过往得以延长，再加上信息不对称原因，产品开发机构不能有效预测产品购买者的未来寿命状况。由于"以房养老"计划与参与人的寿命状况息息相关,借款人的实际寿命如果超出预期寿命,将会对"以房养老"中许多基于寿命做出的假设产生影响,继而影响整个产品的稳定运行,引发长寿风险。

长寿风险被认为是唯一的一项对所有其他风险均产生影响的重要风险,它同时威胁着"以房养老"计划的参与者双方。一方面,长寿风险是指由于借款人的实际寿命超出预期寿命,导致贷款机构必须继续支付贷款造成贷款累积额最终超过房产价值的风险;另一方面,对于借款人,长寿风险可能导致其用房产抵押而来的资金在未过世时过早耗尽,出现生存困难的状况。应对长寿风险对于"以房养老"机构的精算能力提出了更高要求。

2. 房产价值风险

房产价值风险包括房价波动风险、房产评估风险及变现风险。房价波动风险主要是指"以房养老"计划存续期间特别是到期结算时间发生的超过产品定价假设的房产价值大幅缩水,造成房产处置价格不足以足额偿付贷款本息,给金融机构带来损失。虽然从历史趋势上看,房产作为大型固定资产具有较好的增值保值特性,但不能忽视的是在一定时期内可能会因为房产泡沫、经济下行等因素出现较大幅度贬值的问题。我国商品房市场建立时间尚短,伴随近年来经济总量的高速增长,商品房价格一直保持较快增长势头,市场整体没有经历过大的波动起伏,居民普遍对房价涨幅有较高预期,这些特点导致市场缺乏对于房地产价格波动的理性认识,过分乐观地判断房价走势可能加剧未来"以房养老"产品的房价波动风险。

同时,由于房产本身的差异化较强,价格影响因素较多,房产价值评估存在很高的难度,产品开发机构如果缺乏相关经验,可能会导致估价失误,引发房产价值评估风险。另外,由于大部分"以房养老"产品最终需要通过出售房产偿付本息,在短期内以合理的价格将抵押房产变现面临房屋变现风险。

3. 利率风险

利率风险是指由于市场利率变动的不确定性而导致金融机构收益

不及预期、或出现亏损的风险，无论产品采用固定利率还是浮动利率都可能面临这一风险。

若"以房养老"产品采用固定利率政策，则可能在未来市场利率上升时面临机会成本的损失。而如果采用的是浮动利率，由于贷款机构支付的额度是固定的，利率水平提高将导致贷款本息总和的上升，从而可能出现超出房产变现价值的可能，造成产品提供机构的损失。

4. 流动性风险（对资产负债管理提出了更高要求，缺乏二级市场分担风险）

流动性风险是指由于"以房养老"产品开发机构资产负债匹配不合理，造成金融机构现金流困难，在养老资金提供方面出现资金短缺，影响机构正常运行的风险。例如，在住房反向抵押贷款业务中，贷款机构在长达 10～30 年的贷款年限内需要持续支付老人的养老年金，而在这一过程中机构并不能从房屋处获取现金流收入，同时，由于我国目前尚未建立反向抵押类养老产品的二级交易市场，企业在初期阶段不能通过资产证券化获取现金流支持，因此企业只能待老人去世后将房产变现一次性获取贷款本息。这无疑对开展"以房养老"计划的企业的资本实力、流动性管理能力提出了相当高的要求。

5. 心理风险

（1）逆选择风险

逆选择风险主要是指由于信息不对称，老年人的身体状况并不能被"以房养老"产品提供机构所知晓，因此会出现越是身体健康、预期寿命较长的老年人越倾向于选择参与"以房养老"计划。相反，身体状况不佳的老人可能并不会参与其中。这就可能导致产品定价假设中的预期寿命假设失效，计划参与者长寿风险升高的状况，贷款机构因此可能增加给付养老年金的成本。

（2）道德风险

道德风险主要是指由于部分"以房养老"产品涉及房屋产权由老人向产品提供机构的转移，因此老人可能因为失去房屋所有权而降低房屋维护的积极性，从而导致房产的过快折旧，造成合同到期时房产变现价值下降，甚至可能低于本息累积额的风险。

四、寿险公司介入"以房养老"的模式设计

（一）寿险公司介入"以房养老"的总体思路

1. 非参与型"以房养老"产品先试先行

2014 年 3 月 20 日，保监会向各家人身保险公司下发了《关于开展老年人住房反向抵押养老保险试点指导意见（征求意见稿）》，就抵押房产增值归属问题确定了参与型产品与非参与型产品两个基本方向。并于 6 月 23 号正式发布了《中国保监会关于开展老年人住房反向抵押养老保险试点的指导意见》，《指导意见》确定了北京、上海、广州、武汉为试点城市，试点时期为自 2014 年 7 月 1 日起至 2016 年 6 月 30 日止，明确了投保人群应为 60 周岁以上拥有房屋完全独立产权的老年人，并且严格准入条件和设定了业务经营规模上限。《指导意见》虽并未明确反向抵押养老保险中老人去世后的房屋权属问题，但根据国际经验，非参与型产品一般不涉及房屋权属的转移，保险公司只取得利息收益，房产增值部分由老人的受益人取得，因此贷款机构为规避风险往往会对房屋进行折价抵押，制定较低的贷款上限。而参与型产品一般涉及房屋权属的变更，保险公司通过给予贷款人一定的房屋增值比率换取房屋产权的部分或全部转移，保险公司在屋主去世后出售房产获得贷款本息以及房产增值收益，参与型相较于非参与型能够最大程度将房产的价值变现，但也使老年人失去了未来房产的增值收益。

在当前试点阶段，非参与型产品相较于参与型产品具有显著优势。首先，从价值观风险可以获知，老年人对于房屋的遗产动机在全球绝大多数地区普遍存在，受我国传统文化影响，中国老年人此举尤甚。在试点阶段如果过分强调方案的力度作用、寻求房屋产权的转移可能会严重伤害老年人的参与热情，进而影响这一新型金融产品的发展；其次，从定价风险可以看出，参与型产品相较于非参与型产品更容易受到长寿风险、房产价值变动风险的影响，一旦受到经济政策波及，对于保险公司的流动性和偿付能力都是极大的挑战；另外，受近年来房价高速上行的影响，居民普遍对于房价具有较高的上升预期，在这

种背景下，客户与保险公司很难就未来房产增值部分归属权益划分达成一致。非参与型产品结构相对简单，且能够通过房产折价抵押、提高客户门槛等简便手段合理控制风险，对于客户的价值观、消费习惯改变较小，应当成为试点阶段主要的发展模式。

2. 寿险公司应制定差异化介入战略

截止到 2013 年底，中国寿险市场主体已达 70 家，各主体资产规模差异性很大，其中既有资产万亿的集团公司，也有刚刚建立的中小型险企。根据国际经验，开发"以房养老"产品的金融企业一般拥有雄厚的资本实力，特别在当前我国资产证券化市场不发达、缺乏反向抵押产品二级市场的背景下，寿险公司参与"以房养老"对于流动性和偿付能力要求提出了更高的考验。因此，寿险公司更需要依据自身资产负债水平选择差异化的"以房养老"介入战略。

对于规模较大的寿险集团公司而言，他们拥有分布广泛的营业网点、成熟的营销员团队、不亚于其他金融机构的资本实力，同时在业务管理、资产负债匹配、产品精算等诸多方面具有自身优势。这类企业在开发"以房养老"金融产品时可以采取独立开发的模式，充分调动集团内资源，成立专门的业务部门负责，"一条龙"地解决产品开发相关问题。

对于规模中小的寿险公司而言，他们在资本实力、业务规模、销售网络、人力资源等方面不如大企业，但仍然具有自身的独特优势。例如，目前中国市场上有一些中小险企拥有相应的大型商业银行背景，如果能够借助其大股东的雄厚资本和业务渠道，就可以解决当前困扰中小型寿险企业开发"以房养老"产品的后顾之忧。另外，中小险企联合开发此类产品也是一条可选之径。

因此，如何因地制宜地发挥险企自身优势，最大程度激发市场活力、实现产品模式创新是未来试点阶段的一大看点。

3. 逐步完善并改进寿险公司"以房养老"产品市场

世界各国的"以房养老"产品都经历了漫长的发展过程，有一些更是经历了多次失败才逐渐得到完善和确立。"以房养老"产品在我国金融领域目前基本是一片空白，在试点阶段推出的"以房养老"计划其象征意义、宣传作用远远要大于其实际意义，这也意味着试点阶段的"以房养老"计划出于经验缺乏、市场目的等原因可能存在许多不足之处。

从国际经验可以看出，由于"以房养老"产品对于国家经济社会发展具有很强的正外部性，各国政府都对其予以大力支持，通过实施反向抵押类产品二级市场建设、政府风险担保、税费优惠、利息补贴等措施加强了该国反向抵押贷款市场的发展。我国政府目前尚未出台有关具体支持措施，政府未来在这些领域的政策是"以房养老"产品市场能否持久良性运行的核心。而对于保险公司而言，未来的"以房养老"产品市场除了需要完善产品、丰富种类，将"以房养老"产品与目前养老服务业连接，延伸寿险业产业链，实现综合化的价值创造，相信将成为主要方向。

因此，在试点过程中，政府与寿险公司需要加深合作，在改进产品设计、丰富产品种类、完善支持制度、规范客户服务等方面共同努力。

（二）非参与型"以房养老"产品的运作模式

1. 针对大型寿险业集团的"以房养老"产品设计

大型寿险业集团拥有分布广泛的营业网点、成熟的营销员队伍、雄厚的资本实力，同时在业务模式、流动性管理、产品精算等诸多方面具有自身优势。这类企业在开发"以房养老"金融产品时可以采取独立开发的模式，

（1）参与主体：

①投保人：年龄在 60 岁以上、拥有房屋独立产权、缺乏养老金收入来源的老人，且其房屋可使用年限应大于等于老人的预期余命。

②保险人：大型寿险业集团，全程负责产品开发、推广以及流程制定。

③中介机构：专业咨询机构、房产评估公司、财产保险公司。

（2）产品运作模式：

以寿险业集团为"以房养老"产品开发机构的运作模式，如图 4-1 所示：①老年人向专业机构咨询，根据自身情况确定是否申请参与"以

房养老"计划；②老人在确定参与计划后向保险机构提出申请，保险机构审核老人基本条件，做出是否承保的决定，老人向机构抵押房产产权；③保险机构聘请第三方房产评估中介进行房产价值评估；④老人为通过评估的房产足额购买房屋抵押贷款保险，规避可能而来的房产损失；⑤保险机构反向抵押贷款部门根据申请人年龄、住房价值、贷款利率等信息，计算发放的反向抵押贷款金额。由于采用的是"非参与型"模式，为防范未来可能的房价波动风险，反向抵押贷款的计算应该基于审慎原则，可以取房产现值的一定比例作为贷款上限，使老人在未来预期寿命时贷款本息和不高于这一上限；⑥反向抵押贷款机构向养老年金保险部门提供贷款资金，养老年金部门将其全额转换成某种趸缴型的养老年金产品；⑦保险机构向老人按期支付年金供老人养老使用。

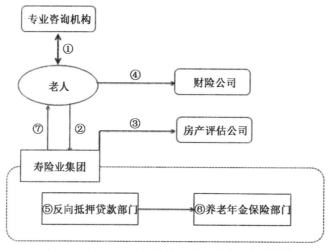

图 4-1　大型寿险业集团的"以房养老"产品设计

2. 针对中小型寿险公司的"以房养老"产品设计

中小型寿险公司虽然在资本实力、业务规模、销售网络、人力资源等方面不如大型企业，但值得注意的是我国有相当多的中小型寿险公司拥有商业银行背景，此处以此类中小型保险公司为例，设计"银保合作"模式。

（1）参与主体：

①借款人（投保人）：年龄在 60 岁以上、拥有房屋独立产权、缺乏养老金收入来源的老人，且其房屋可使用年限应大于等于老人的预期余命。

②贷款人：商业银行，负责资格审查和反向抵押贷款的发放。

③保险人：中小型寿险公司，负责提供养老年金保险产品，向老人支付养老年金。

④中介机构：专业咨询机构、房产评估公司、财产保险公司。

（2）产品运作模式：

以寿险业集团为"以房养老"产品开发机构的运作模式，如图 4-2 所示：①老年人向专业机构咨询，根据自身情况确定是否申请参与"以房养老"计划；②老人在确定参与计划后向商业银行提出申请，商业银行审核老人基本条件，做出是否提供贷款的决定，老人向银行抵押房产产权；③商业银行聘请第三方房产评估中介进行房产价值评估；④老人为通过评估的房产足额购买房屋抵押贷款保险，规避可能而来的房产损失；⑤商业银行贷款部门根据申请人年龄、住房价值、贷款利率等信息，计算发放的反向抵押贷款金额。由于采用的是"非参与型"模式，为防范未来可能的房价波动风险，反向抵押贷款的计算应该基于审慎原则，可以取房产现值的一定比例作为贷款上限，使老人在未来预期寿命时贷款本息和不高于这一上限。⑥商业银行向中小型寿险公司提供贷款资金，中小型寿险公司将其全额对接为某种趸缴型的养老年金产品；⑦中小型寿险公司向老人按期支付年金供老人养老使用。

3. 寿险"以房养老"产品市场的完善与改进

（1）政府层面

在世界各国的成熟模式中，政府都扮演了不可或缺的作用，一些国家政府更是为"以房养老"贷款的推广投入了大量人力物力。政府具有政策制定能力、雄厚的财政实力、无可替代的公信力，其在未来"以房养老"模式发展中的作用势必将得到持续加强。

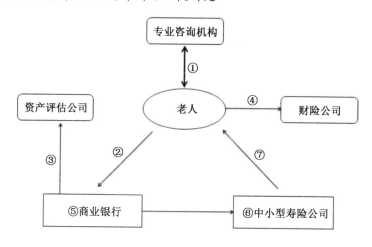

图 4-2   中小寿险公司以房养老产品设计

①构建"以房养老"产品资产证券化市场

国际经验显示，在资本市场发达的国家都设立有专门的反向抵押类产品资产证券化市场。资产证券化市场至少从两个方面促进了反向抵押类产品的发展：一是降低产品开发机构的流动性风险，机构通过资产证券化提早获取了房屋出售的价值，能够及时向老人支付养老年金，也能够有充足的流动性储备提供更多的"以房养老"产品。二是通过资产证券化，向资本市场分散了风险，避免了较大规模风险爆发时带来的毁灭性影响。因此，我国未来"以房养老"市场要想完善壮大，建立此类产品的资产证券化市场，用市场化的手段解决资金来源问题、风险分担问题是政府未来的首要工作。

②建立长效化的政策支持机制

"以房养老"模式的持续稳定运行离不开长效化的政策支持。首先，由于该产品对于我国传统价值观构成了一定挑战，前期势必需要政府加强宣传教育，实施政策引导，促进传统养老观念的转变；其次，"以房养老"政策缓解了社会养老压力，是一项利民政策，应当给予一定的优惠政策予以推动。这既包含对于贷款机构的企业税费减免，又包含对于符合条件的贫困老人的利息补贴。最后，"以房养老"产品模式的稳定运行离不开法律保障，目前的相关政策散见于多种法律法规之中，政府应当尽快整合相关法律规定，出台统一性指导文件，为这一模式的今后的发展铺平道路。

（2）保险业主体层面

保险业主体作为当前"以房养老"市场的核心推动方，在未来面临许多问题和挑战，如何从自身出发实现市场的完善与改进是试点之后保险业主体面临的重要课题。

①完善产品结构，丰富产品种类

基于上述分析认为，我国在初期试点阶段应当以结构简单、易于接受的非参与型产品为主，但非参与型产品较之参与型产品而言，其并不能最大程度地将房产价值在生前变现，参与型模式更加契合"以房养老"模式的出发点，并且随着我国失独家庭的增多，参与型产品有其特定的需求市场。

同时，"以房养老"这种将存量固定资产转化为现金流用于养老的做法同样适用于"以防治病""以房护理"，未来将住房反向抵押贷款与长期护理保险、长期健康保险相连接，可以极大拓展这一模式的使用范围，丰富反向抵押类产品市场。因此，在试点阶段开始后，视市场反响、特殊人群需要，及时推出参与型产品、创新性模式对于壮大"以房养老"市场具有积极意义。

②拓展养老服务，延伸寿险价值

一方面，选择"以房养老"产品的老人未来势必会选择居家养老的养老方式，而随着城市家庭空巢化，高龄老人、失能老人的护理问题成为居家养老的一大障碍。另一方面，目前，险企投资养老服务业、延伸寿险产业链价值的热情方兴未艾，一些险企更是瞄准居家养老市场提出"虚拟养老院"的概念，意图通过提供养老上门服务的方式解决居家养老方式中的问题。险企在将来可以使养老服务业与"以房养老"的年金支付相结合，在向产品顾客提供更好配套服务的同时，也增加了自身的养老服务收入，使自身业务模式得到有效传递，最终实现寿险价值链的延伸。

第二节 寿险公司延伸长期护理保险的策略分析

长期护理保险是指"以因保险合同约定的日常生活能力障碍引发护理需要为给付保险金条件，为被保险人的护理指出提供保障的保险"[①]。作为支付长期护理费用的一种融资形式，长期护理保险不仅能够为个人和家庭提供经济保障，还可以给商业寿险公司带来巨大的经济效益。因此，在人口老龄化趋势下，我国寿险公司可以借鉴国际经验，延伸长期护理保险服务。目前国际上，长期护理保险的运营模式主要分为两种：一种是以日本、德国为代表的强制保险运营模式，另一种是以美国、英国为代表的商业化运营模式。下面将以日本和美国作为代表对两种运营模式进行介绍和总结，以期为我国寿险公司发展长期护理保险、延伸寿险产业链提供借鉴。

一、日本长期护理保险制度

（一）日本长期护理保险制度构建历程

表 4-6 各国老龄化进程比较

国家	65 岁及以上老年人占比（到达年份）			经历时间长度（7%~14%）
	7%	14%	21%	
日本	1970	1994	2007	24
中国	2001	2026	2038	25
德国	1932	1972	2016	40
英国	1929	1975	2029	46
美国	1942	2015	2050	73
瑞典	1887	1972	2020	85
法国	1864	1979	2023	115

数据来源：Act for Partial Revision of the Long-term Care Insurance Act, Etc., in Order to Strengthen Long-term Care Service Infrastructure.

---

① 《健康保险管理办法》（2006）。

由表 4-6 可见，相比于英美等国而言，日本的老龄化进程较快。在此背景下，老年护理问题成为了日本政府一直以来关注的重点。1874年以来，日本政府不断采取措施保障老年福利并于 20 世纪 60 年代开始，逐步构建了老年护理制度（见表4-7）。1963 年，老年社会福利服务法案的通过很大程度上改善了老年人的生活状态。经历健康保险及年金保险改革后，福利政策保障对象得以扩大，国家健康保险覆盖了所有日本居民。接着，1973 年，日本宣布对 70 岁及以上老人进行免费医疗护理。由于护理费用由医疗保险负担，因此在其后 20 年中，入住医院进行护理的老年人数量激增，这导致了护理资源紧张等问题。之后，随着老年护理意识的增强，以及社会负担、家庭结构等问题的突显，日本政府于 1989 年实施了 10 年战略规划——黄金计划，并于 1995年和 1996 年颁布了高龄社会对策基本法和"解决老龄问题措施纲领"。20 世纪 90 年代中期，日本政府意识到以医院为中心的护理制度并不能持久发展，取而代之的应该是以社会护理系统为中心的护理制度。因此，日本于 2000 年 4 月 1 日开始实施《护理保险法》，对长期护理保险进行了强制性运营。

表 4-7　日本老年护理政策发展历程

时间段	老年人占比	主要政策措施
1960s 老年人福利政策开始阶段	5.7%（1960）	1963 年通过老年社会福利服务法案: 建立老年护理机构 针对老年家庭护理员进行立法
1970s 老年健康护理费用增长期	7.1%（1970）	1973 年老年健康护理免费
1980s 老年护理资源成为社会问题	9.1%（1980）	1982 年通过老年健康医疗服务法案: 针对老年健康护理采取了共同负担费用的方式 1989 年确立黄金计划（推进老年健康福利的 10 年规划）:推动机构服务和居家服务的积极准备

时间段	老年人占比	主要政策措施
1990s 推动黄金计划	12.0%（1990）	1994 年确立新的黄金计划（推进老年健康福利的新 10 年规划）：提升居家长期护理
1995s 准备实施长期护理保险制度	14.5%（1995）	1996 年联盟政党达成一致：建立长期护理保险制度 1997 年通过长期护理保险法案
2000s 长期护理保险制度实施阶段	17.3%（2000）	2000 年实施长期护理保险 2005 年修订长期护理保险法案

数据来源：Act for Partial Revision of the Long-term Care Insurance Act, Etc., in Order to Strengthen Long-term Care Service Infrastructure.

在日本，医疗服务注重短期康复护理，而长期护理保险则主要解决长期护理问题。2000～2008 年期间，日本长期护理保险制度逐步实施（见表 4-8）。

表 4-8　长期护理保险实施情况

第一阶段	1997	12 月	颁布长期护理保险法
	2000	4 月	长期护理保险法实施
第二阶段	2003	4 月	修订类型 1 的保费、长期护理费用
	2005	5 月	在社会安全委员会下设置长期保险下属委员会，并开始"实施 5 年后修订"
		6 月	修订长期护理保险法的部分内容
		10 月	机构补贴审查
第三阶段	2006	4 月	全面实施修订后的法律，修订类型 1 的保费、长期护理费用
	2008	5 月	颁布法律修订长期护理保险法及福利法中部分涉及老年人的内容

数据来源：Overview of the Long-term Care Insurance System. MHLW 2008.

在长期护理保险制度实施后，由政府进行全国统一调配，护理的福利性得以体现。同时，对于老年人而言，长期护理保险制度为其提供了更多护理选择（见图 4-3）。制度的实施也使得长期护理保险成为了国民的一种权利，老年福利得到了保障。

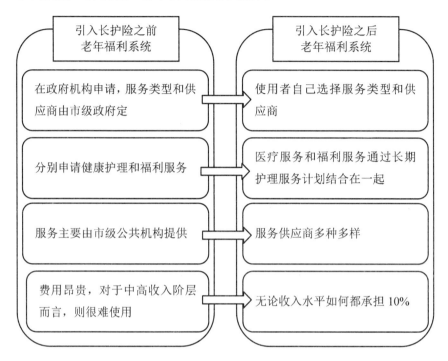

图 4-3 从消费者角度比较长期护理保险制度引入前后变化

数据来源：Act for Partial Revision of the Long-term Care Insurance Act, Etc., in Order to Strengthen Long-term Care Service Infrastructure.

随着日本老年人口数量的逐步增多，护理保险的申请人逐年增加，政府对护理保险的投入也相应增长，财政负担日益加重。同时，制度实施过程中的很多问题也凸显出来，主要包括：越来越多的老年人希望在家中接受长期护理、对需要接受高级别长期护理的空巢老人没有给予足够的支持等。在此背景之下，日本于 2005 年及 2011 年对长期护理保险制度进行了修订和改进。

2005 年，厚生劳动省对《护理保险法》的部分内容进行了修订，主要包括：第一，建立完善的预防体系；第二，机构护理服务的使用者需要自己支付居住和伙食费用，但是对其中低收入人群给予一定的补贴；第三，建立新的服务体系；第四，加强护理人员的培训和资格审定。这些改革措施对于护理服务的普及化及服务产业的形成都起到了推动作用。

相比于 2005 年《护理保险法》的修订，2011 年修正案主要致力于基础设施建设问题。主要措施包括：（1）加强医疗保险和护理保险的合作。具体包括促进对需要护理的人提供"综合社区护理"，包括合作医疗、长期护理、疾病预防、生活支持等服务；实施 24 小时上门居家护理和随叫随到的上门护理服务等。（2）保障长期护理保险的人力资源。具体包括严格加强对长期护理机构的劳动力管理，加入了劳动标准法的侵权责任条款，引入护理机构的资格取消和批准撤销机制等。（3）改善老年人的住宅建设。新的修正案增加了保护机构服务使用者的预付款偿还权利的条款。（4）改善针对老年痴呆患者的服务。（5）加强承保人的独立自主权。（6）减缓保险费用的增加。这些改革措施促进了全方位提供医疗、护理、疾病预防、住房供给、生计帮助服务的"综合社区护理制度"的建立。在重视社区护理服务的同时，日本政府还采取措施发展高端护理服务，建立区域长期护理机构和区域护理中心，提高护理员待遇。

（二）日本长期护理保险制度运营

日本的长期护理保险由基层行政组织作为运营主体，全面负责制度的具体实施。下面将从保障对象、保费交纳、保障范围和保险金给付四个方面对日本长期护理保险制度进行简要介绍：

1. 保障对象

在日本，所有 40 岁以上的人，不论收入水平、健康状况等条件如何，都必须投保长期护理保险，并交纳一定的保费。其中，需要长期看护或有支持需求的 65 岁及以上的老年人被认定为第一类被保险人。而参加医疗保险的 40～64 岁的人群则被认定为第二类被保险人。在第二类被保险人中，只有患有特定疾病的人才会得到长期护理保险提供的护理服务。

2. 保费交纳

对于第一类被保险人和第二类被保险人而言，保费交纳的依据并不相同。对于第一类被保险人而言，依据其收入水平将其所需交纳保费划分为 6 个级别（见表 4-9）。这样，低收入人群的保费负担会被减轻，一定程度上体现了保费交纳过程中的公平性。而第二类被保险人的交费水平则依据其投保的医疗保险系统来设定。

表 4-9　日本长期护理保险第一类保险人保费交纳分级

级别	描述	保费	预计占比
1	公共援助对象或被保险人在免缴市町村民税家庭中接受老年福利金	标准水平*0.5	2.7%
2	被保险人在免缴市町村民税家庭中总收入为 800000 日元及以下（包括退休金）	标准水平*0.5	17.0%
3	免缴市町村民税家庭中除去第二类的人群	标准水平*0.75	13.2%
4	被保险人免缴市町村民税	标准水平*1	30.2%
5	被保险人需要缴纳市政税且总收入少于 190 万日元	标准水平*1.25	21.1%
6	被保险人需要缴纳市政税且总收入为 190 万日元及以上	标准水平*1.5	15.8%

数据来源：MHLW's Pamphlet.

3. 保障范围

日本长期护理保险的保障范围主要包括预防性长期护理服务和社会长期护理保险服务两个方面。具体如下：

（1）预防性长期护理服务

社会长期护理保险的预防性长期护理服务：上门预防性长期护理、上门预防性洗浴服务、上门预防性护理服务、上门预防性康复服务、预防性门诊康复服务、预防性居家照料管理指导服务、预防性居家看护服务、预防性看护中心短期居住服务、短期居住的预防性医护服务、特定机构中老年人预防性日常护理服务、预防性护理福利设备购置及出租。

基于社区的预防性护理服务：痴呆症患者预防性长期护理服务、小型多功能居家护理服务、痴呆症患者预防性日常护理服务。

（2）社会长期护理保险服务

居家服务：上门家政服务、上门洗浴服务、上门照看护理、上门康复、门诊康复服务（日间照料）、居家照料管理指导服务、居家日间

商业养老保险及其产业链延伸国际比较研究

长期护理（日间服务）、短期住院日常长期护理（短期）、短期住院康复、特定机构中老年日常长期护理、公共救助包含的专用设备购置及出租。

机构服务：公共救助中提供老年人长期护理的机构、长期护理保健机构、疗养型医疗机构。

社区服务：常规护理、夜间上门长期护理、多功能小群体住房、痴呆症患者公共日常看护（群体住房）、社区基础上指定客户的日常生活长期护理、社区基础上的老年福利机构、综合型服务。

（3）保险金给付

在日本，依据长期护理需求水平的不同，选择居家护理的被保险人被分为支持1，支持2，看护1、2、3、4、5共7个等级（具体标准如图4-4）。

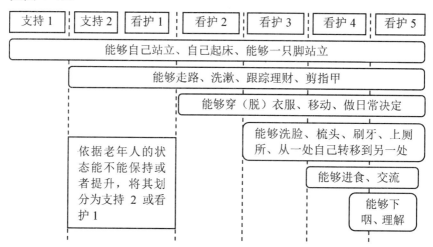

图 4-4　居家护理被保险人长期护理需求水平分级

数据来源：The current situation and the future direction of the Long-term Care Insurance System in Japan-With a Focus on the Housing for the Elderly.

根据不同的长期护理需求水平，长期护理保险制度对选择居家护理的被保险人进行给付，每月 50000 日元至 358000 日元不等（见表4-10）。而选择机构服务的被保险人，保险给付额根据机构类型和长期护理需求水平予以设定。

表 4-10　居家护理被保险人保险金给付情况

长期护理需求水平	保险给付限制标准额度	典型需求描述
需要支持 1	4970 单位/每月	基本独立，需要少量协助防止恶化
需要支持 2	10400 单位/每月	对于日常生活（ADLs），需要一些支持
需要长期护理 1	16580 单位/每月	日常生活需要支持，同时需要一些看护
需要长期护理 2	19480 单位/每月	需要更多日常生活支持和 1 级护理
需要长期护理 3	267500 单位/每月	日常生活需要大幅支持，基本需要全面看护
需要长期护理 4	30600 单位/每月	离不开全面看护，基本只能待在床上
需要长期护理 5	35830 单位/每月	只能待在床上、需要全面看护

注：1 单位为 10 日元～11.26 日元不等（根据地区及服务类别不同有所差异）。

数据来源：MHLW's Pamphlet.

同时，通过对比日本不同类型长期护理服务的使用人数（见表 4-11）和保险给付费用（见表 4-12），我们可以发现，居家服务使用人数虽多，但长期护理保险给付费用却较低；而机构服务的使用人数较少，但长期护理保险给付费用却较高。

表 4-11　日本长期护理服务使用人数

项目 \ 年份	2000	2001	2002	2003	2004	2005
居家服务	971461	1419344	1723523	2014841	2314883	2505636
社区服务	-	-	-	-	-	-
机构服务	518227	650590	688842	721394	757593	780818
总共	1489688	2069934	2412365	2736235	3072476	3286454
项目 \ 年份	2006	2007	2008	2009	2010	2011
居家服务	2546666	2573797	2685115	2782828	2941266	3062232
社区服务	141625	173878	205078	226574	253769	273247
机构服务	788637	814575	825155	825835	838279	843016
总共	3476928	3562250	3715348	3835237	4033314	4178495

注：统计时间截止到每年 4 月。

数据来源："Status Report on the Long-term Care Insurance Projects", Health and Welfare Bureau for the Elderly, MHLW.

表 4-12 日本长期护理保险给付费用   单位：100 万日元/月

项目＼年份	2000	2001	2002·	2003	2004	2005
居家服务	57001	118500	153214	182507	216783	236804
社区服务	-	-	-	-	-	-
机构服务	144874	200177	212586	214033	227927	234326
总共	201875	318677	365800	396540	444709	471130
项目＼年份	2006	2007	2008	2009	2010	2011
居家服务	214366	229147	246922	265488	287004	304065
社区服务	28287	34383	400065	44455	49568	55181
机构服务	198493	205154	207915	214115	218512	219492
总共	441146	468684	494903	524058	555084	578739

注：统计时间截止到每年 4 月。

数据来源："Status Report on the Long-term Care Insurance Projects", Health and Welfare Bureau for the Elderly, MHLW.

实际上，在日本长期护理保险制度中，保险公司提供的商业长期护理保险仅起补充作用。一般而言，商业长期护理保险用来支付：（1）护理服务中 10% 的自担费用；（2）附加服务费用。超出社会长期护理保险保障数额的服务，如舒适床位费用（amenity bed charges）；（3）社会长期护理保险没有覆盖的服务。如餐饮服务和接送服务等。

就目前我国的国情而言，考虑到日本长期护理保险的强制性，其商业保险公司介入长期护理保险的方式借鉴意义有限。但其长期护理保险制度中涉及的保障范围、保费交纳等内容，都对我国寿险公司介入长期护理保险提供了有益借鉴。特别是其实体服务的给付方式，在我国寿险公司纷纷试水养老地产的背景下，将对我国长期护理保险的发展产生深远影响。

二、美国长期护理保险运营情况

（一）美国长期护理保险发展历程

在美国，长期护理的资金来源主要是 Medicare，Medicaid，长期护理保险及个人存款等。具有资格参加 Medicaid 的人群包括低收入父母、儿童、老年人及残障人。绝大部分州 Medicaid 包含了护理机构和家庭健康护理两种长期护理费用的补偿。而 Medicare 的目标定位主要是老年人。该计划的保障项目包括 A 部分（住院保险，无需缴纳保费）和B 部分（补充医疗保险，按月缴纳保费），其中 B 部分能够提供长期护理保障。20 世纪 70 年代，借用 Medicare 的设计框架，美国长期护理保险诞生。但在其发展初期，长期护理保险并未得到消费者认可。20世纪 80 年代，长期护理保险发展情况有所改善，这与当时的社会环境紧密相关。一方面，长期护理服务选择增多，达不到接受机构护理服务门槛的人群可以选择接受社区服务，但相关费用医疗保险并不承担。另一方面，Medicare 补偿机制发生变化，对于特定的疾病仅支付预定总额。对于在护理机构的开销，Medicare 仅支付前 21 天费用，其余由消费者自己承担。如果消费者所进行的护理被认为不是必需的，则Medicare 并不进行补偿。同时，政府还相继实施了很多推广方案，促进长期护理保险的发展。然而在这个阶段，长期护理保险的市场占有率仍然很低。直到 20 世纪 90 年代，随着美国政府医疗保障体系改革的推进和相关法规政策（HIPAA）的出台，长期护理保险才得以迅速发展。

　　在长期护理保险发展过程中，政府给予了很大支持，本书以印第安纳州长期护理保险计划为例进行了梳理。

表 4-13　印第安纳州长期护理保险计划实施进程

年份（年）	65 岁以上老人占比	政策措施
1987	12.4%（1989）	确立长期护理保险计划
1991	11.3%（1991）	联邦批准印第安纳州 Medicaid 州计划的修订
1993	12.7%（1993）	确定了长期护理保险计划最后规定，宣告相关政策实施
1994	12.8%（1994）	修订了关于机构服务的相关政策
1997	12.5%（1997）	立法机构将长期护理保险计划交给了 Medicaid 部门
1998	12.5%（1998）	在计划中设置了资产保护规定
1999	12.8%（2000）	立法机构通过了税收优惠政策
2006	-	联邦赤字减少法案 2005 通过，允许更多州采取长期护理合作计划
2006	-	印第安纳州将长期护理保险机构移交保险部门
2009	13.0%（2010）	印第安纳州参加国家互惠合约

数据来源：根据公开资料整理。

面对老年人口的增长及高昂的护理费用，印第安纳州希望通过该计划的实施能够为老年人的护理需求提供安全的融资渠道，提高民众的保险意识，促进高质量长期护理保险制度的构建。

当然，在美国长期护理保险实施过程中，也不可避免地面临着诸如政府财政压力增大、广大中低收入阶级难以负担商业护理保险等问题。为了有效解决这些问题，美国政府进行了一系列改革。

1. 长期护理合作计划

美国长期护理合作计划（Long Term Care Partnership Program，简称 LTCPP）最早于 20 世纪 80 年代后期出现于美国 4 个州，后来得以迅速发展。至 2007 年，已经有 23 个州加入了 LTCPP。该项计划主要是希望通过放宽 Medicaid 申请条件的激励机制来促使居民购买长期护理保险。该项计划的实施，增加了政府的财政支出，但并未起到显著的扩大作用。

2. 社区生活辅助服务法案

美国于 2009 年启动了社区生活辅助服务计划（The Community Living Assistance Services and Supports，简称 CLASS）。该法案是一个全民自愿的保险计划，主要是为了建立完善的基础设施、减轻家庭照料者的负担。CLASS 扩大了 Medicaid 的保障范围，规定了统一的健康保险标准。但该计划的收入是一次性的，后期却面临对护理需求者的保险支付，加之其运营机制中所体现出来的自负盈亏等特征，使得政府面临了巨大的财政压力。因而该计划是否应继续实施也引发了广泛的争议。

3. 奥巴马新医改法案

美国总统奥巴马于 2010 年 3 月签署了《病人保护及可负担的保健护理法案》（The Patient Protection and Affordable Care Act，简称 PPACA）。该法案中的一些条款和措施，对消费者购买长期护理保险的行为起到了促进作用。例如，向小企业提供税收抵免优惠、禁止保险公司因个人的既往病史而对投保人拒保等条款提升了长期护理保险对消费者的吸引力。

此外，美国政府还通过税收激励、营销活动等改革方式促进长期护理保险的发展。以税收激励为例，目前联邦政府及很多州政府都对投保人购买长期护理保险提供了税收优惠政策，保险金通常不需要纳税。

（二）美国长期护理保险运营

与日本情况不同，美国长期护理保险的运营主体为商业保险公司。目前，长期护理保险已成为美国的主要险种之一，有些地区长期护理保险的市场份额占到人身保险市场份额的30%。

1. 保障对象

在美国，长期护理保险可单独承保个人，也可以团体保险的形式进行投保。就个人险而言，任何年龄段的人群都可以自愿购买长期护理保险。当然，相同条件下，不同年龄段的投保人投保长期护理保险所需支付的保费有所不同。以2010年购买保险的全国平均年保费为例[①]可以看出，投保人的年龄越小，其所需支付的保费就越少。

表4-14　年龄对保费的影响

年龄（岁）	保费（美元）
55以下	1831
55～64	2261
65～69	2781
70～74	3421
75及以上	4123

资料来源：基于美国健康保险计划（AHIP）长期护理保险指引计算。

表4-14数据显示，美国长期护理保险投保人以中老年人为主，55岁以上投保人占比在70%以上。具体而言，按年龄进行划分，购买长期护理保险的人群可以分为：

---

① 假设保单提供150美元日保险金给付，保障范围为4～5年居家或机构护理费用，90天等待期及复利5%的通胀保护。

表4-15　长期护理保险购买人群年龄划分

年龄（岁）	百分比（%）
35 以下	0.7
35～44	3.5
45～54	22.3
55～64	54.0
65～74	18.5
75 及以上	1.0

数据来源：Genworth Financial. Claimant Study.

根据美国保险监督官协会（National Association of Insurance Commissioners，简称 NAIC）长期护理保险指引，应该购买长期护理保险的投保人应具备以下特征：（1）有资产或有稳定高收入；（2）不想用大部分或全部资产及收入来支付长期护理费用；（3）有能力支付保费，包括可能的涨幅；（4）不想依靠他人的帮助；（5）希望能够选择接受护理的地方。而不应该购买长期护理保险的情况有：（1）负担不起保费；（2）没有资产；（3）收入来源仅为社会福利或补充保障收入；（4）在食物、医疗等方面存在资金困难；（5）有医疗补助。2010年，美国有700万～900万人拥有商业长期护理保险。其中，最为典型的购买者是59岁且拥有相对稳定收入和资产的人群。同时，超过半数（57%）的购买者每年收入超过75000美元，79%的购买者拥有多于10万美元的流动资产。由此可以看出，美国长期护理保险的投保人都具有一定的购买力。实际上，在美国，高昂的保费是人们不购买长期护理保险的主要原因。

此外，长期护理保险也可以通过团体形式进行投保，比较常见的是通过雇主投保长期护理保险。雇主团体保单与个人保单很相似，但相对于个人保单，其具有一定的优越性。一方面，对于雇员而言，通过团体险投保，可以适用更为宽松的身体要求及更为简化的检查过程。同时，许多雇主也让退休人员，雇员的配偶、父母、岳父母参与进来。当然，亲属需要通过公司的体检，达到相应要求并缴纳保费。另一方面，如果通过雇主投保团体或个人长期护理保险，可以得到价格优惠。

在健康保险责任法案（Health Insurance Portability and Accountability Act, HIPAA）赋予雇主相应的税收优惠后，越来越多的雇主开始向雇员提供这项福利。保险公司通常会告知雇员，当其离职、被解雇或雇主取消保险计划时，雇员可以保留保单，有权将保单转给另一份长期护理保单。当然，相应的保费及保险金就可能发生变化。

2. 保费交纳

在美国，投保人在购买长期护理保险时就需要对等待期、给付额等条款进行选择。而依据承保服务的类型，日、周、月给付额，等待期长度，承保时间长短的不同，保费也有所不同。值得注意的是通胀保护条款、不丧失保单价值条款等因素也影响着所交保费的数额。一般而言，通胀保护条款将增加 25%～40%的保费，而不丧失保单价值条款将增加 10%～100%的保费。以日给付额 200 美元的基本长期护理保险为例①，给付期的选择、有无通胀保护条款等因素的影响情况如表 4-16：

表 4-16　日给付额 200 美元的基本长期护理保险平均年保费

购买时间	每年复利 5%的通胀保护条款		
	4 年给付期	6 年给付期	终身给付期
50	4349	5083	7347
60	5331	6269	8927
70	9206	10549	15070
75	13500	15157	20930
	没有通胀保护条款——每天给付 200 美元		
	4 年给付期	6 年给付期	终身给付期
50	1294	1514	1997
60	2057	2426	3307
70	4914	5834	7777
75	8146	8291	12337

数据来源：NAIC 长期护理保险指引。

与普通寿险及健康险不同，长期护理保险的保费具有一定的稳定

---

① 20 天等待期。

性。早在 2000 年 8 月，NAIC 就公布了费率稳定性的相关规定。保费一经确定，并不随投保人个人情况的改变而改变（如年龄和健康条件），保证了消费者不会遭遇不公正的保费增长。图 4-5 列出了已经采纳此规定的州名：

Alabama	Kentucky	Oklahoma
Arizona	Louisiana	Oregon
Arkansas	Maine	Pennsylvania
California	Maryland	Rhode Island
Colorado	Minnesota	South Carolina
Connecticut	Missouri	South Dakota
Delaware	Montana	Tennessee
Dist. Columbia	Nevada	Texas
Florida	New Hampshire	Utah
Georgia	New Jersey	Vermont
Idaho	New Mexico	Virginia
Illinois	North Carolina	West Virginia
Iowa	North Dakota	Wisconsin
Kansas	Ohio	

图 4-5　采纳费率稳定性规定的各州名称

资料来源：NAIC（2009）及律商联讯（2012）。

但保险公司可以提高某一类投保人的保费。同时，对夫妇双方都投保的，保险公司可给予一定的折扣优惠。

3. 保障范围

在美国，长期护理保险对发生在家庭中或家庭外的一系列帮助被保险人生活的服务进行保障。具体包括：护理院护理、居家医疗保健、临时护理、临终关怀、居家私人护理、生活辅助机构提供的服务、成人日看护中心提供的服务、其他社区机构提供的服务。可以看出美国长期护理保险保障的涵盖范围很广泛，包括了从日常生活助理到 24 小时专业护理的各项服务，甚至包括住房改造。实际上，在美国，大部分的长期护理是在家中进行的，选择在护理机构中进行护理的人群占比较低。从长期护理保险给付情况来看，家庭照顾给付占比 42%，辅助生活机构服务给付占比 27.5%，而护理机构服务给付占比 30.5% [1]。值得注意的是，有些长期护理保险的保险金是给付给居家进行护理的家

---

① American Association for Long-Term Care Insurance, 2010 LTCI Sourcebook.

庭成员的。

同时，美国长期护理保险的保障范围不包括以下情况：除了阿尔茨海默病及其他痴呆症外的精神疾病；酒精或者药物成瘾；战争造成的伤害或疾病；政府已经进行补助的情况；自己故意造成的伤害。许多长期护理保险保单对发生在美国以外的护理也不给予补偿。

4. 保险金给付

（1）给付条件

美国长期护理保险设定了相应的保险金给付条件，只有当被保险人情况符合保单规定的相应标准时，保险公司才会进行给付。具体而言，长期护理保险的给付条件一般有以下几种类型：

①日常活动。一般而言，保险公司列出 6 项日常活动（洗漱、节制、穿衣、吃饭、如厕、移动），如果被保险人不能进行其中 2 项或者 3 项，则触发保险金给付。当然，保险公司对"不能进行"也进行了详细的规定。

②认知障碍。这种情况主要针对的是阿尔茨海默病及其他痴呆症。但如果保单规定日常活动条件是给付的唯一条件，则能自己进行大部分日常活动的老年痴呆症患者依旧不能得到给付。

保单可以规定给付条件为二者其一或者二者均可。同时，如果被保险人入住的机构不在保险公司认可范围内，保险公司将拒绝赔偿。此外，还有少数保险公司将医生开具的医护证明及住院证明也列入了给付条件。

（2）给付额确定方法

保险公司一般使用费用发生法、弥偿法、身体条件判定法之一来确定保险给付额。如果采用费用发生法，则保险公司仅在被保险人接受可供选择的服务时才予以补偿，而保险金将给付给被保险人或者护理服务的提供者。这是当前美国大部分长期护理保险采用的给付额确定方法。如果采用弥偿法，则保险金的给付额并不基于被保险人所接受的服务及其产生的费用，而是一个设定的数额，一旦保险公司认为被保险人符合给付条件，就直接付给被保险人。而如果采用身体条件判定法，只要被保险人达到条件，即使其没有接受长期护理服务，保险公司也会支付保险金。

（3）具体内容

投保人购买长期护理保险时，保险公司一般会让投保人对给付期、等待期等具体内容进行选择，其中与保险金给付相关的条款内容主要包括以下几个方面：

一是补偿额度。当投保人购买保险时，对于机构护理而言，保险公司会让投保人对保险给付额进行选择（通常是每天 50～350 美元、每周 350～2450 美元或者每月 1500～10500 美元）。如果是居家护理，保险公司一般是比例补偿，例如 50% 或 75%。但现在越来越多的保险公司对居家护理也像机构护理一样补偿。一般而言，保险公司都会对补偿额度进行限额管理，主要方式包括最高赔偿限额和日/周/月赔偿限额。最高赔偿限额是指保单对年最高赔偿限额或总赔偿限额进行规定。而日/周/月赔偿限额则具体到了每个给付时间。例如，在费用发生制下，保单可能每天支付最高 200 美元的补偿或每周最高 1400 美元的补偿。有些护理保单会对给付期的最高给付额和每日的最高支付额做出双重规定。即当每日支付额的累计数额达到给付期限额以上时，保险人对超出额度不负有履行支付保险金的责任。

二是给付期。一般地，保险金都是按日、周或月进行给付。而在大部分州，最短给付期限是一年。投保人在投保时可以自由选取给付期，通常为 1 年或数年，甚至是终身给付。保险公司的责任范围仅限于被保险人在给付期期间内发生的护理费用。

三是等待期。投保人购买保险时需要选择等待期长度。等待期可以是被保险人开始长期护理或身体状况不佳后的 20、30、60、90 或 100 天，也可以是 0 天，但选择无等待期的保费也会相对较高。在等待期期间，保险公司不负担长期护理的费用支出。只有当被保险人在等待期结束后仍需接受医护服务时，保险公司才会对等待期期间及之后发生的医护费用进行补偿。在美国，居家护理和机构护理的等待期可以相同，也可以不同。

相对于日本强制性长期护理保险制度而言，美国商业化的运营模式更具借鉴意义。值得注意的是，虽然目前美国长期护理保险的主要给付方式是现金给付，但随着保险公司介入护理服务市场，实物给付的方式正在被广泛应用。

三、美日长期护理保险制度评述

通过对美日两国长期护理保险制度中保费缴纳、保障范围、保险金给付等方面的比较，可以看出两国长期护理保险制度呈现出一些共同点：

（一）差异化

美国商业长期护理保险的盈利性促使保险公司在运营过程中注重差异化，不断识别、开发和细分人群，并通过各种不同的渠道、设计新产品来满足各类群体的护理需要。而日本的长期护理保险虽然是强制化运营，但其在实施过程中也充分体现了差异化的特点。例如，依据护理需求水平的不同，将被保险人划分为七个水平，向不同水平的被保险人提供差异化的护理服务；依据投保人的收入水平对所需缴纳保费进行了细分。

（二）保障范围全面，注重居家护理服务

从美日两国的保障范围可以看出，其涵盖范围包括了在各种护理环境下发生的服务费用，如居家护理费用、机构护理费用等。在各种护理类型中，居家护理和社区护理是保险公司较为重视的领域。它既为老年人接受护理服务提供了方便，也避免了住院或到护理机构接受护理所带来的昂贵费用。据统计，日本长期护理保险制度开始实施的10年间，费用主要就来自于低水平护理需求（包括支持性需求）及居家护理服务的大量使用。而在美国，接受护理服务的被保险人中，仅有1/5是在专业护理机构，另外4/5的被保险人则是在家中或社区接受各种护理服务。

（三）重视实物给付方式，带有管理式护理色彩

与实际费用报销方式和定额给付方式相比，实物给付更能够保障被保险人的利益，满足被保险人多样化的需求。同时，实物给付的方式还可以在一定程度上防止道德风险的发生，节约护理费用。在美日

两国长期护理保险制度下，实物给付的方式都得到了重视。以美国为例，虽然目前美国长期护理保险仍以现金给付为主，但随着保险公司介入护理服务市场，实物给付的方式正在被广泛应用。此外，美日两国长期护理保险运营也已经带有了管理式护理色彩。在日本，预防性长期护理服务于 2006 年开始实施。政府希望预防性护理服务能够减少长期护理服务的需求，进而降低长期护理成本。而美国健康组织报告提供的数据也证实，近 10 年来，因管理式医疗运用于商业长期护理保险，使保险公司和 Medicaid 节约了约 3660 亿美元的护理成本（Insurance Report Finds 2010）。

　　鉴于两国国情及相关制度的差异，两国长期护理保险制度在呈现一定相似性的同时也都体现着各自不同的优越性及不可避免的缺陷。就日本长期护理保险制度而言，强制保险的属性决定了其福利性高但灵活性差的特点。其优越性主要体现在以下几个方面：第一，保障范围广，注重公平性。日本政府没有设定投保门槛限制，保障每个公民都可以享有长期护理的权利，体现了高福利性。全民皆保的模式也产生了积极的社会效应，缓解了老年照料难题。第二，政府统筹，有利于整合资源。政府可以从国家层面进行统筹，整合相关信息及资源，通过划分护理层级等措施来提高运营效率。但这种制度也带来了很多问题。首先，随着老年人口数量的增长和预期寿命的延长，政府公共预算压力很大。高福利性长期护理保险的正常运营离不开财政的大力支持，由此也产生了较大的财政负担。这势必会对政府的行为和规划产生不利影响。例如，由于财政压力，政府原本计划于 2012 年关闭慢性疾病护理医院，现在相关建设还没有完成，因此不得不延期到 2018 年。同时，长期护理保险制度的管理成本过高，有可能造成资源的浪费。其次，灵活性差。由于从保障对象到保险金给付的所有环节都由政府规定，制度单调且保障水平较低，较难满足有高层次需求人群对高档次护理服务的意愿。面对这些问题，日本长期护理保险制度也在不断调整，以保障制度的可持续性。调整措施主要包括有：调整到以预防为主的体系、调整机构护理制度、建立新型服务供给系统（基于社区的服务和区域性综合支持中心）、提高服务质量、修订 65 岁及以上投保人保费，加强保险公司的职能等。

就美国长期护理保险制度而言，其优越性体现在：商业化运营模式下，市场运营效率得到提高。一方面，保险公司以营利为目的，依据消费者需求，不断开发新产品，以期满足消费者多样化的需求。保险公司还会寻求资源配置的最优化，为了降低费用，与护理机构展开合作，不断提高长期护理服务质量。另一方面，投保人可以依据自己的需求自由选择保险产品及服务。同样，商业化运营模式也面临一些不可避免的缺陷。首先，市场化的商业运作中，信息不对称所带来的道德风险和逆选择问题使得保险公司面临一定风险。其次，市场法则下，贫困人群的利益得不到保障，有失社会公平性。

四、我国长期护理保险现状与延伸策略分析

（一）我国长期护理保险发展现状

我国长期护理保险起步较晚，出现的主要长期护理保险产品包括中国人民健康保险股份有限公司推出的"全无忧长期护理个人健康保险"，生命人寿保险公司推出的"至康长期护理健康保险"以及瑞福德健康股份有限公司推出的"瑞福德长期护理保险（A 款）"等（见表4-17）。此外，还有一些附加险形式的长期护理保险产品，如合众附加长期护理保险条款、信诚附加老年护理津贴保险、中美附加乐享一生长期护理保险等。到 2012 年底，我国共有十几家保险公司开办了长期护理保险险种。

表 4-17　长期护理保险产品比较

产品名称	康顺长期护理健康保险	全无忧长期护理个人健康保险	至康长期护理健康保险	瑞福德长期护理保险（A 款）	健康 360 长期护理保险（A 款）	国寿康馨长期护理保险
所属公司	国泰人寿保险股份有限公司	人民健康保险股份有限公司	生命人寿保险股份有限公司	瑞福德健康股份有限公司	昆仑健康保险股份有限公司	中国人寿保险股份有限公司
投保范围	18～55 周岁	18～59 周岁	18～65 周岁	18～59 周岁	0～55 周岁	18～60 周岁
长期护理等待期	90 日	180 日	120 日	180 日	180 日	120 日

产品名称	康顺长期护理健康保险	全无忧长期护理个人健康保险	至康长期护理健康保险	瑞福德长期护理保险（A款）	健康360长期护理保险（A款）	国寿康馨长期护理保险
缴费期间	15年（年龄上限55周岁）、20年（年龄上限50周岁）期缴	趸缴，5年、10年、20年期缴	趸缴，5年、10年、15年、20年期缴	趸缴，5年、10年、20年期缴	趸缴，5年、10年、15年、20年期缴	趸缴，10年、20年期缴，缴费
保障范围	疾病身故或第一级残疾保险金、长期看护复健保险金、长期看护保险金、满期保险金	长期护理保险金、老年护理保险金、老年关爱保险金、身故保险金	长期护理保险金、长期护理疗养保险金、身故保险金	长期护理保险金、老年护理保险金（不能兼得）	长期护理保险金、疾病身故保险金、健康护理保险金	长期护理保险金、疾病身故保险金、老年关爱保险金、豁免保险费
给付方式	现金给付	现金给付	现金给付	现金给付	现金给付	现金给付
给付期限	至被保险人满88周岁	至被保险人满100周岁	终身	55周岁～85周岁或60周岁～90周岁	至被保险人70或80周岁，或定期20年	至被保险人80周岁
保险贷款条款	有	没有	有	-	没有	没有

数据来源：根据公开资料整理。

我国长期护理保险自出现以来发展缓慢，就其原因而言，主要包括以下几个方面：

第一，与国外长期护理保险相比，我国保险市场上，产品设计比较简单，其更多的仅是借助长期护理的概念（见表4-17）。实际的保障内容与重疾险相差不到。

第二，保险市场中人身保险产品，特别是医疗保险的挤出效应。这种影响因素也已经得到了一些国外学者研究的证实（Brown 和 Finkelstein，2008；Shore-Sheppard et al.，2000）。

第三，由于缺乏经营经验和数据，为避免经营风险，导致年缴保费较高。在国外，保险公司通常会通过自营养老机构和老年人治疗中心的方式来降低保费，但保单价格仍然严重偏离公平精算价格（Brown 和 Finkelstein，2007）。高额的保费依旧是阻碍商业长期护理保险发展

的因素之一（Brown，2007；Cramer 和 Jensen，2006；Kumar et al.，1995）

第四，传统思想的影响。相对于在家里由子女负责养老及护理而言，机构养老及护理的接受程度，尤其是老年人的接受程度，还不高。

第五，逆选择和道德风险。长期护理保险的商业运营模式会带来道德风险等问题。而依据 Sloan and Norton（1997），逆选择、道德风险和公共保险的挤出效应都是商业保险发展缓慢的原因。例如，在买了长期护理保险之后，子女可能会将一切问题都抛向保险，不再关心老人，为老人提供看护照料。也有一些老人出于这种担心而拒绝购买长期护理保险（Peter Zweifel and Wolfram Struwe，1998）。

表 4-18　国内外长期护理保险产品比较

比较内容	国内	国外
产品形式	产品单一	灵活多样
投保年龄限制	最高 60 或 65 周岁	最高 99 周岁
给付方式	固定金额的现金给付	现金或实物给付
通胀条款	无	有
长期看护状态认定	日常生活或认知障碍	日常生活或认知障碍

资料来源：周延，《我国开办长期护理保险瓶颈分析及险种设计》。

（二）我国长期护理保险运营及延伸策略

面对银发经济带来的长期护理保险潜在需求，我国寿险公司应该积极通过长期护理保险产品的形式参与老年护理行业，解决养老服务的融资问题。在发展长期护理保险产品过程中，保险公司既要把握长期护理保险发展的大趋势，又要根据自身条件，确定个性化发展策略，具体如下：

1. 增强民众意识

考虑到我国长期护理保险发展受阻的原因除了经济因素以外，还包括思想观念因素，保险公司应当在平时的经营活动中，加大长期护理保险的宣传力度，增强普通民众对长期护理保险的认知程度。一方面，保险公司应该加强对老年人的宣传力度。作为长期护理保险需求最大的群体，保险公司应该让老年人明白，子女给老人购买长期护理保险并不代表子女不关心老年人的晚年生活。实际上，老年人在护理机构可以得到更全面、更专业的护理，更有利于老年人的身心健康。另一方面，通过对保障范围等问题的普及，使子女明白长期护理保险仅是老年人养老融资渠道之一。在保险产品之外，子女还需要关心照顾老人。同时，保险公司还应注意增强年轻人的保险意识。需要明确的是，长期护理保险并不是专门针对老年人开发的产品。每个人都会变老，都有可能面临由于疾病等因素需要长期护理而导致财务损失的威胁，每个年轻人也都有在年轻时遭遇意外，需要长期护理的可能，因此，年轻人也应该对长期护理保险给予关注。如果年轻时购买长期护理保险，不仅保费较低，还会得到很多优惠。

2. 明确保障对象

Anonymous（2002）提出长期护理保险经营者应该将目标人群锁定在50岁已婚及中产阶级妇女的身上。而从美国统计数据也可以看出，55岁以上人群在购买长期护理保险人数中也占有很大比例。而从我国目前已有长期护理保险产品来看，投保年龄一般限定在55～65周岁。考虑到目前我国缺乏相应数据、产品费率厘定基础不牢、相关统计口径不合理、配套体系不完善等因素，这种投保年龄的限定具有一定的必然性。但考虑到我国目前保险发展状况及老年人的长期护理需求，这种保障对象的局限性在一定程度上将阻碍长期护理保险的发展。

目前我国已经有寿险公司涉水养老地产，经营养老社区。在此背景下，本书认为我国长期护理保险的保障对象应不断进行扩展，路径可以为保险系养老社区住户群体——保险公司寿险等客户群体——其他老年人群体——年轻人群体。目前保险公司投资的养老社区目标客户群体一般为高收入人群，其既有未来长期护理的潜在需求，又具备一定的购买能力。因此对已经投资养老社区的保险公司而言，可以从养老社区入手，以附加险的形式提供长期护理保险，对入住或即将入住养老社区的老年人群体进行开发。在积累了一定的数据及经验的基础上，将保障对象进行扩展，放开年龄限定，向其他已有客户推出附加在寿险或年金产品中的长期护理保险，进而面向整个老年人群体，推出长期护理保险产品。最后，通过长期护理需求较大的老年群体开发及相关理念的不断宣传深入，再将长期护理产品推广到年轻人中。

Murtaug，Spillman，Warshawsky（2001）提出保险公司的发展策略应为不断识别、开发和细分人群，并通过各种不同的渠道、设计新产品来满足各类群体的护理需要。这种个性化、多样化、差异化的发展策略也是我国长期护理保险的发展趋势。

3. 合理设计产品

（1）将长期护理保障融入寿险或年金（也称为混合保险）

在美国，混合合同将在投保人接受护理时补偿费用；在投保人不需要护理时提供给投保人免税的寿险给付；在投保人退保时将100%退款给付给投保人。例如，一位60岁的女性，计划拿出50万美金用来应对可能出现的长期护理费用。如果她拿出其中的10万美元购买一份混合合同。则当其需要护理时可以获得50万美元的长期护理给付（6年，每月7000美元）；当其不需要护理时可以获得16.5万美元的免税寿险给付；当其退保时，将得到10万美元。

目前很多美国的金融规划师和保险中介都建议投保人购买终身寿险附加长护理条款的混合保险。这种混合保险增强了保单的可返还性，使得保单更加健全（见表4-19）。

表4-19 传统长期护理保险与混合保险的对比

	长期护理保险	附带长期护理条款的寿险	附带长期护理条款的延期年金
全面护理	√	√	√
承保健康条件	√	√	√
州提供的资产保护	√	×	×
返还资金	×	√	√
资金来源	现金	现金、1035、401K、个人退休账户（IRA）	现金、1035、401K、个人退休账户（IRA）

注：（1）全面护理包括：居家护理，辅助居住/安老院，护理机构及老年痴呆症患者护理机构。

依据Long Term Care Partner（简称LTC Partner）的介绍，投保传统的长期护理保险时，投保人可以根据自己的情况选择给付期、等待期等内容。传统长期护理保险采用了即收即付的方法，只要投保人交纳了保费，保障内容就会生效，而费率也有上涨的可能。类似于车险、健康险等险种，长期护理保险保单并没有现金价值。与此不同，混合合同一般也允许投保人选择给付期、通胀条款等，但等待期由保险公司设定，一般为 90 天或更短。同时，混合合同的保费一般不会增长。混合合同的最大吸引力在于，如果投保人不需要长期护理保险，则其可以收回保费。但是这种混合产品需要的总缴费也很高，100000 美元很常见。

我国的组合方式主要是护理保险与疾病保险，例如，康健华瑞终身重大疾病保险（新华人寿）、康佑一生长期疾病保险（中英人寿）、友邦全佑一生"五合一"疾病保险（友邦保险）等。同时，我国也已经有相关产品注意到增强返还性对投保人产生的吸引力。因此，考虑到老年客户的消费心理特性及其消费能力的提高，我国寿险公司可以尝试将长期护理保险与终身寿险或年金产品进行组合，开发混合型保险产品。

（2）通货膨胀保护条款

在美国，长期护理费用一般按年均 5%的速度增长，因此如果不考虑通货膨胀的因素，被保险人的利益将会受到损害，美国保险合同中"通货膨胀保护"条款由此产生。它指的是为了规避通货膨胀所带来的不利影响，投保人定期按通胀指数购买额外保险或保险人每年提高一定百分比调整给付额，防止若干年后支付给被保险人的保费额度缩水。就目前而言，美国通胀保护条款主要有两种形式：①自动通胀保护条款。这种类型的条款指的是在保费不变的前提下，保险给付额每年都会增长。而增长的方式有单利方式和复利方式（假设 20 年给付期，见表 4-20）。在实际运营过程中，传统的通胀保护主要是单利 5%和复利 5%两种形式。后来通胀保护条款又扩展到复利 3%、复利 3.5%、复利 4%、4.5%复利、CPI、年金延期（1、3、5 期）等多种形式（如图 4-6）。其中，由于 1983～2012 年间平均 CPI 约为 2.4%，因此采用运用 CPI 来进行通胀保护的公司比较少。考虑到历史数据，复利 5%可以提供最高保障。在这个水平下，预计一份保单平均可以负担 70% 护理机构费用，90%居家护理或辅助生活的费用。②非自动通胀保护条款。这种情况下，投保人可以自己选择增长给付额的时期，但投保人必须证明自己身体条件变好或增加保费。一旦投保人放弃了增长保险给付额的权利，将不得再主张。

表 4-20 单利方式和复利方式的比较

增长率	2015	2020 单利	2020 复利	2025 单利	2025 复利	2030 单利	2030 复利	2035 单利	2035 复利
5%	200	250	255	300	326	350	416	400	531
6%	200	260	268	320	358	380	479	440	641
7%	200	270	281	340	393	415	552	480	774
8%	200	280	294	360	432	440	634	520	932

数据来源：NAIC 长期护理保险指引。

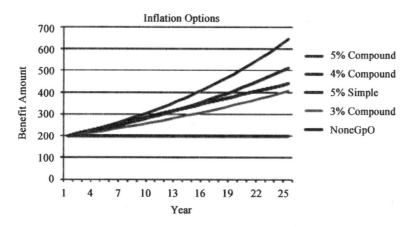

图 4-6 无通胀保护条款、复利 3%、4%、5%、单利 5%情况保险金比较

我国一些重大疾病保险已经出现了抵御通胀的条款。而我国老年人购买金融产品的投资原则一般都比较谨慎和保守，加入通胀保护条款后，长期护理保险可以增加投保老年人的心理安全感，同时也可以切实地解决长期护理费用的问题。因此，我国寿险公司无论以主险的形式还是以附加险的形式进行业务拓展，都应该考虑到通货膨胀的问题，加入相应的预防条款。

4. 大力发展企业团体长期护理保险

Gordon（2001）指出长期护理保险是一个能够实现雇员和雇主实现共赢的险种。对于雇主而言，长期护理保险有助于增加工作的吸引力，提高雇员的忠诚度，而对于雇员而言，长期护理保险提高了其安全感，为其提供了保障。面对我国日趋严峻的人口老龄化趋势，我国寿险公司可以在借鉴国际经验的基础上，大力发展企业团体长期护理保险。一方面，保险公司应致力于提高公司雇员的长期护理保险意识。雇员应该意识到自己退休之后可能会遇到长期护理的风险，因此在工作时就需要进行融资准备。另一方面，保险公司还应该积极向各雇主宣传团体长期护理保险。长期护理保险不仅可以帮助自己员工解决老年护理问题，还可以避免员工因护理家人而分散工作精力，起到提高企业生产率的效果。应该说，以团体方式购买长期护理保险应该是该险种快速发展的主要推动力，是我国今后发展长期护理保险的主要方向。

5. 积极发展老年护理咨询服务

就长期护理产品而言，寿险公司可以通过与实体服务对接的方式实现实物给付，并完成产业链的延伸。鉴于目前我国长期护理保险产品的主要需求群体是老年人，因此这里的实体服务之一就是老年护理咨询。

在长期护理保险产品的附加服务中设置老年护理咨询服务可以提升长期护理保险的吸引力，通过产业链延伸的方式构建更全面合理的服务体系。在日本，随着中介机构和互联网保险销售的不断发展，面对客户需求多样化的挑战，日本寿险业的竞争日趋激烈。在此背景下，日本寿险公司纷纷采取综合性营销策略，以客户为中心，提供无微不致的咨询服务以及定期保单信息更新服务，确保客户的利益得到保障。具体而言，依据消费者的需求，日本寿险公司一般都与多个养老社区及护理机构进行合作，不断完善养老咨询服务。例如，日本生命保险相互会社与日本老年护理服务最大供应商 Nichii Gakkan 公司进行合作，投保人及其父母均可以免费享受护理咨询的上门服务。而明治安田生命保险公司也通过"MY Kaigo-no-Hiroba"提供护理信息服务。这为我国保险公司发展长期护理保险产品提供了有益借鉴。

我国保险公司也开展了咨询业务方面的探索，以招商信诺人寿保险公司的悠享康健返还型重大疾病保险计划为例，该保险附赠《第二医疗意见服务》。该第二医疗意见服务指的是在客户罹患重大疾病或遭受意外伤害并已经获得诊断（也就是第一医疗意见）的基础上，提供咨询世界顶尖级医疗机构所组成的咨询网络，向客户提供专业书面医疗建议。此外，太平人寿也通过与 9 号健康产业有限公司的合作，通过"太平—康迅 360"健康管理平台，提供在线健康咨询及康复指导等服务。但相比于日本等国的咨询体系，我国保险公司在服务范围等方面还有待完善。

6. 大力发展老年护理服务

寿险公司实现实物给付，完成产业链的延伸的另一个重要举措就是大力发展老年护理服务。目前我国长期护理保险基本采用的是定额给付的方式，与实体服务并不挂钩。这种给付方式虽然有利于保险公司开发万能型、分红型等产品，但缺乏专业性。从国际经验上看，实体服务给付或费用报销等注重保障的给付方式将成为一种趋势，这也为长期护理保险产业链延伸提供了一种途径。

对于已投资养老社区的保险公司而言，可以考虑依托自身的养老社区，逐步由货币给付向实体给付转变。对于居家护理服务而言，养老社区中的相关护理服务可以作为长期护理保险的给付资源。对于机构护理服务而言，保险公司投资养老地产也为养老社区服务与长期护理保险给付的结合提供了可能。实物给付、服务给付对于消费者和保险公司而言都是有益的。一方面，实物给付、服务给付可以有效地帮助消费者对抗通胀。如果采用货币给付的方式，消费者面临物价水平变动的可能，其养老服务质量得不到保障。另一方面，实物给付也可以帮助保险公司锁定部分成本，增强其稳定性。为了实体服务给付的有效实现，保险公司需要借鉴日本等国家的相关经验，建立"长期护理状态"标准，进行量化分级并确定相应的服务标准，由此建立多层次、多样化的实体服务给付体系。

此外，已投资养老社区的保险公司还可以通过住房改造、长期护理设备提供的方式完善老年护理服务供给体系。相对于未涉足养老地产的保险公司而言，投资养老地产、运营养老社区的保险公司通过住房改造、长期护理设备提供来进行产业链延伸相对可行。在日本，长期护理保险的保障范围涵盖了住房改造的费用，也涵盖了设备租用及购买的费用，这为我国保险公司的业务拓展提供了借鉴。相比于其他国家而言，我国保险公司涉足养老地产的程度较深。从拍地到建设，再到运营，整个过程基本都由保险公司来负责。这种长期深度的介入方式给保险公司带来了更大风险，但也为保险公司提供更为广泛的服务创造了条件。在养老社区的建设及运营过程中，保险公司已经积累了一些建筑商、长期护理设备提供商的资源。而目前在我国养老方式选择中，选择居家养老的老年人仍然占据大多数，而受住房建筑条件、设备缺乏的限制，居家养老的专业性不高，效果并不理想。因此，住房改造和长期护理设备的需求很大。在此背景下，保险公司可以通过参与住房改造、长期护理设备提供来延伸产业链。通过与建造商、长期护理设备供应商的合作，保险公司可以整合相关资源，为投保人与第三方的沟通交流提供平台。保险公司也通过合作，拓展了其服务范围，增强了产品的核心竞争力。

而对于自身没有涉足养老社区的保险公司而言，费用报销的给付方式则更可行。保险公司可以与护理机构建立合作关系，从而通过介入长期护理业的方式提高自身的专业性。保险公司将居家护理或机构护理所产生的费用给付给被保险人或者服务的提供者，从而构建保险公司、护理服务机构、被保险人的三方关系。

第三节　寿险公司介入人寿保险信托策略分析

一、人寿保险信托的国际经验与现状

人寿保险信托是以保险受益人的权利为信托标的，把寿险的经济保障功能与信托的资产保全功能相结合的金融产品。投保人以对保险公司的保险金债权或保险金给付作为信托财产，在信托公司办理信托业务。一旦发生保险事故即被保险人身故，保险公司需将给付的保险金交付信托公司，由信托公司根据签订的信托合同进行运营管理，并按合同的约定在既定时间交付保险金给由投保人指定的受益人。众所周知，人寿保险最重要的功能是将生存或死亡的风险尽可能分散，能够长久保障配偶或者子女、父母的安定生活，但是传统的寿险产品给付还是会存在造成一系列问题的可能性，如保险金的恶意侵占、挥霍浪费等，从而无法达到长久保障亲人生活的目的，而人寿保险信托的出现对解决这些问题，促进社会和谐具有重要的意义。

目前，人寿保险信托业务在国际上得到了深入的研究和广泛运用，其中主要包括两种类型：一种是以美国、日本等发达国家为代表，以避税为主要目的的全面运用；另一种是以我国台湾地区为代表，主要以保障未成年人合法权益为目的的运用。

（一）美国设立人寿保险信托的目的及其发展现状

1. 美国人寿保险信托的起源与发展

信托制度最初起源于英国，但随着美国引进信托制度后，更加突出了信托的商业色彩，商业信托逐渐成为信托的发展方向，而保险信托就是在这种背景下产生的。商业保险信托最早产生于美国，人寿保险公司是最早承办这项业务的受托人。据记载，公元 1830 年的纽约人寿保险信托投资公司开始办理保险信托业务，而 1922 年菲列得菲亚幸福人寿与信托投资公司分立为幸福互助保险公司和幸福信托公司，前者负责办理保险业务，而后者承认保险信托业务。自此以后，各个信托机构相继承办此种业务，由此可知，从一开始保险信托的业务就是由保险公司承办的。

在美国，为个人购买人寿保险的情形非常普遍，而保险金的给付金额也十分可观。为了避免由于保单受益人缺乏理财能力而造成的财产损失，保险公司结合信托业的一些特点设计规划出一系列人寿保险信托产品，此类产品一经推出便受到了资本市场的热烈追逐，而美国也由此成为当今人寿保险信托制度发展最为成熟的国家。在美国，大部分的人寿保险信托业务是由银行设立的信托部门承做的，政府机构的相关监管部门对此也给予了极大的支持。在如今金融业混业经营的发展趋势下，涌现出越来越多的保险公司和信托公司开始开办此项业务。目前鉴于美国的信托公司大多不会公开有关信托财产的内容，所以我们至今尚不能得出人寿保险信托业务在整个信托业务中所占的比重，但据有关学者统计，在美国的人寿保险金额总量中，交付给人寿保险信托的保险金额所占的比例达到了 3%～4%，其规模不可小觑。

2. 美国保险信托产品设计思路

美国人寿保险信托产品的设计一般出于以下几种目的：第一，由于目前美国的死亡保险金给付一般都需要满足一定条件才可以免除遗产税，而选择一种适合的人寿保险信托产品可以使继承财产得到最大程度的保全，降低继承成本。第二，提供专业的资产理财服务给缺乏理财能力的受益人，充分发挥保险金的效用以实现受益人的利益最大化。第三，当未来出现突发变化或紧急情况时能够基于合同行使保险金裁量权，按照委托人事先的规划支配保险金，使受益人按照委托人的意愿享有保险金利益，从而使受益人的合法权益得到最大程度的保障。由此看来，人寿保险信托已成为美国民众不可或缺的遗产规划工具。

3. 美国人寿保险信托制度的运作模式

美国人寿保险信托是指委托人（即被保险人）让受托人成为保险金的领取人（即受托人成为保险受益人），那么当被保险人发生保险事故后，保险公司直接向受托人支付保险金，受托人在领取保险金后，进一步依照信托合同的约定管理和运用这笔保险金以使信托受益人的利益最大化。因此美国的人寿保险信托实际上是将保险金债权赋予信托，属于保险金债权信托。

在美国，按照委托人是否有权更改信托合同中的内容，人寿保险信托可分为可撤销人寿保险信托与不可撤销人寿保险信托。美国人寿保险的被保险人发生死亡保险事故时，如果被保险人持有或者控制保单，或者保单所有权在被保险人控制的其他实体手中时，保险金就属于遗产税的应税财产，保险金的继承人在这种情况下是无法全额获得保险金和遗产的。而如果购买了人寿保险信托产品，尤其是不可撤销人寿保险信托（Irrevocable Life Insurance Trust，简称 ILIT）则能够有效帮助被保险人应对这一问题。如图 4-7 所示，通过订立不可撤销的人寿保险信托计划，委托人将保单上的一切权益转移给信托公司，作为受托人的信托公司在接受了委托之后，为其制定保险计划，签订保险合同，在被保险人发生保险事故后按照之前双方在保险信托合同中的约定处理保险金。但是，按照美国税法规定，如果被保险人于保单转移日起三年内死亡的，那么保险金仍然属于遗产的一部分，需要缴纳遗产税。基于这一原因，投保人在签订不可撤销人寿保险信托合同时，一般要增加一项"万无一失条款"，规定即使被保险人于保单转移日起三年内死亡，保险金也不属于征税范围。

在这种模式下，人寿保险信托合同全面考虑了遗产税法的规定，保证了保险受益人的保险金能够成为一种确定的、不可撤销的权益，将保单与被保险人的应税遗产完全分离开来，满足美国税法的保险金遗产税规定，使之成为了美国运用范围最广的遗产税避税方法。

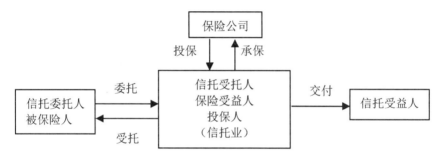

图 4-7　不可撤销人寿保险信托运作模式

4. 美国保险信托产品合同的办理手续

美国不可撤销人寿保险信托的办理手续一般包括：

（1）评估自身需求

投保人应根据自身实际需求情况，结合相关产品功能，决定投保金额、受托公司和指定保险信托受益人。

（2）提交申请

由委托人填写人寿保险信托申请表，签字盖章后由投保人的律师向保险人提供委托人选择的人寿保险信托产品和受托公司的详细资料。同时，投保人还要进行投保前的健康体检，保险人将依据投保人的健康状况，做出是否承保的决定。

（3）保险信托合同内容的设定

当人寿保险信托产品的形式决定以后，由相关律师准备人寿保险信托合同的设定，合同的主要内容包括以下条款：①可撤销或不可撤销的条款；②是否为委托人利益的信托；③受托人的选择；④受托人的权限；⑤保险信托成立的确认；⑥提供利息、分期付款、年金三种保险金的给付形式进行选择。完成合同制定后向保险人提交要保申请书。

（4）转移保险至信托

投保人作为委托人，将保险单转为信托财产，也就是将已存在的保险单转移至信托。其实际意义在于，一旦将保险单转移到信托，对保单享有的变更、终止等任何权利就不再属于投保人。而受托人作为保单所有人，有权行使基于保单的各项利益，这一转移最明显的效果是可以免税。如果投保人仍拥有保单的所有权、变更权，而受托人只是被指定为保单受益人这种情况下的人寿保险信托称为可撤销的人寿保险信托。这种模式下虽然使投保人拥有了更多权利，但是在美国税收法律体系下，不能够享受税收优惠。

（5）在第三方托管银行开设信托账户

投保人需保证在托管银行开立的信托账户金额足够缴纳每期保险费。通常情况下，专家会建议投保人选择受托人代为支付保险费，以免发生在投保人遭遇经济困难而无法缴纳后续保险费时，人寿保险信托效力中断的情况。

（二）日本人寿保险信托的设立目的和发展现状

日本的人寿保险信托又称为生命保险信托，其设立的主要目的是为了节约保险金、提高管理运用保险金的效率、满足受益人的利益需求、规避遗产税。基于对人寿保险自身的区分，日本生命保险信托可以分为个人生命保险信托（Personal Life Insurance Trust）、事业生命保险信托（Business Life Insurance Trust）、团体生命保险信托（Group Life Insurance Trust）、公益生命保险信托（Charitable Life Insurance Trust）；基于对是否附带保费信托来区分，还可分为附带基金保险信托（Funded Life Insurance Trust）与不附带基金生命保险信托（Unfunded Life Insurance Trust），也称为附财源生命保险信托与不附财源生命保险信托。

我们以无财源生命保险信托和附财源生命保险信托为例进行分析。无财源生命保险信托以投保人为委托人，受托公司为保险金领取人，只将保险债权让与受托公司但投保人仍可按照普通保险合同条款直接对保险公司解除保险合同，投保人有支付保险费的义务，该义务并未转移给受托公司。也就是说，委托人将所具有的保险金受让权交付给受托公司，是委托人与受托公司彼此之间的约定，不涉及保险公司，但对保险合同是否解约存在的可能性确实会给受托公司带来一定问题。附财源生命保险信托是指受托公司不只是保险金受领人，也是投保人。保险合同的解除或保险金受领人的变更权属于受托公司。这种模式下因为保险金支付的对象转移到了受托公司并且委托人对保险金的支付不能再预设任何限制条件，从而对受托公司是有利的。

无论是哪种类型，日本的生命保险信托经营模式一般分为两种：一种是以信托机构为受托人来经营；另一种是以保险公司为受托人来经营。

第一种情况下，以信托机构为受托人的生命保险信托一般属于金钱债权信托，具体而言，当保险合同订立后，委托人将保险金债权让与信托机构，信托受托人成为名义上的债权人，负责受领保险金并依照信托合同的约定管理、经营信托财产。当受托人成为名义上的债权人后，也就是获得了委托人的生命保险信托解约权、保险金领取权、金钱债权的催收、保全、管理、处分权。日本对金钱债权的种类并没有特别的法律规定，在以金钱的给付为目的的金钱债权中，票据、存款证明、金钱消费借贷合同以及人身保险证书等都属于此类，具体运作模式如图4-8所示。

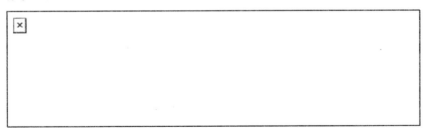

图4-8　以信托机构为受托人的运作模式

而第二种情况是以保险公司为信托受托人的生命保险信托（如图4-9）。这种模式下投保人与保险公司同时订立保险合同与信托合同，投保人同时也是委托人，保险人同时也是受托人，由保险公司依照信托合同管理、经营信托财产。在实际经营中，保险业务与信托业务仍是分离的。在日本的《保险业法》规定中，允许经营人寿保险业务的保险公司经营信托业务，这也是这种特殊的经营模式得以生根发芽的根本原因，也是日本发展寿险信托业与其他国家或地区的人寿保险信托业务最显著的不同之处。以保险公司为信托受托人订立生命保险信托的，订立合同的主体一般包括保险人和投保人，由投保人直接作为信托委托人，其中，并不存在保险金请求权的移转，因此也就无所谓投保人是否必须放弃保单处分权的问题。在整个人寿保险信托法律关系中只有信托受益人，而无需再经历保险受益人。在实际的运营过程中，也存在保险公司与信托银行合作经营保险信托业务的模式，此时可能出现投保人、保险人与信托受托人三方主体的存在。但由于保险公司与信托机构是合作经营的，在具体的操作上与上述订立方式差别并不大。具体来说，投保人首先与保险公司订立保险合同，然后再以委托人的身份将保险合同中约定的保险金请求权作为信托财产与保险公司或者是与保险公司有合作关系的信托机构订立信托合同，通过信托合同的约定来限制信托财产的经营方式，以保证信托受益人的收益，从而建立完整的生命保险信托法律关系。

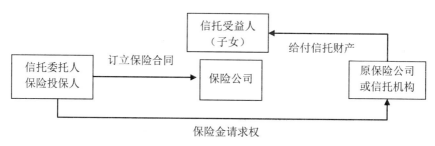

图 4-9　以保险公司为受托人的运作模式

（三）我国台湾人寿保险信托的设立目的和发展现状

1. 台湾人寿保险信托的发展历史与现状

台湾信托业兴起于 20 世纪 30 年代，并于 90 年代得到进一步发展完善。1996 年台湾地区信托的有关规定和 2000 年台湾地区信托业的有关规定的出台标志着台湾人寿保险信托业走向了规范发展的道路。2001 年，万通银行首先向台湾财政部门申请开办人寿保险信托业务。此后，台湾"中央信托局"与彰化银行等多家金融机构相继进入该领域，台湾人寿保险信托制度开始逐步走向成熟。根据台湾地区保险的相关规定，保险公司可以经营人寿保险信托业务，但其经营需要经过严格的审批准入制度：第一，保险公司的偿付能力充足率必须达到200% 以上；第二，在最近一年中，该保险公司没有受到行政主管机关的重大处罚，或受到 300 万元新台币以上的处罚；第三，最近一年中，该保险公司的被投诉率或理赔申诉率要低于 80%。台湾人寿保险信托业的这种严格监管下的竞争状态既促进了行业竞争，也有效地克服了行业竞争中的部分不规范行为。在 21 世纪后，随着台湾地区地震和空难等事故的发生呈不断增长趋势，未成年子女在父母同时身故的情形下无法正当享有保险金的现象也随之增多，由此引发了一系列社会问题，这在客观上刺激了民众对人寿保险信托的需求，同时对人寿保险信托制度的完善提出了更高的要求。以银行经营的人寿保险信托为例，其具体的操作过程是：委托人通过银行办理"受托经营管理保险金信托业务"，与受托银行签订信托合同之后须将保险金委托给受托人（即银行），而一旦发生被保险人身故的保险事故，保险公司会将保险金交付给受托银行，银行依照信托合同规定对保险金进行管理和运用，并将信托收益交付受益人，使未成年子女能够得到妥善照顾。

2. 台湾人寿保险信托的运作模式

一般来说，人寿保险信托有两种运作模式：一种是保险金债权信托，即委托人将保险金债权委托给信托机构；另一种是保险金信托，即委托人将保险金委托给信托机构。这两种运作模式的区别如表 4-21 所示：

在保险金债权信托模式中，信托机构是保险受益人，保险公司直接将保险金支付给信托机构，而信托机构作为受托人将委托人（父母）的信托财产进行运用管理并将相关收益给付给信托合同中的受益人（子女）；而在保险金信托模式中，子女是保险受益人，父母以子女为受益人投保人寿保险，保险事故发生后，保险公司向其子女支付保险金。子女以保险金为信托财产，委托信托机构进行管理，信托机构依据信托合同管理信托财产，为子女提供生活保障。

表4-21　两种人寿保险信托运作模式的区别

	保险金债权信托模式	保险金信托模式
保险合同中的投保人	父母	父母
保险合同中的保险人	保险公司	保险公司
保险合同中的受益人	信托机构	子女
信托合同中的委托人	父母	子女
信托合同中的受托人	信托机构	信托机构
信托合同中的受益人	子女	子女

　　根据台湾地区遗产及赠与税的相关规定，若信托合同中的委托人与受益人不一致，视为委托人将其享有信托利益的权利赠与受益人，该信托行为属于赠与行为，受益人应依法缴纳赠与税；若信托的委托人与受益人一致，则受益人无需缴纳赠与税。在保险金债权信托模式下，信托合同中的委托人是父母，受益人是子女；而在保险金信托模式下，信托合同中的委托人和受益人均是子女。因此，为规避赠与税，台湾人寿保险信托大多采取保险金信托模式，其具体的运作方式如图4-10所示：

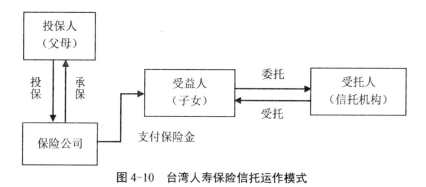

图4-10　台湾人寿保险信托运作模式

二、国内推行养老保险信托的社会背景、意义及存在的障碍

（一）国内推行人寿保险信托的背景

1. 人寿保险信托发展的外部环境

（1）经济环境与人口老龄化

经济快速发展与人口老龄化社会背景为开展保险信托业务提供市场机遇。据联合国人口基金会以及中国老龄委等预测，到 2027 年前后，中国 60 岁及以上老年人口占总人口的比重将超过 20%，65 岁及以上老年人口比例将达到 14%左右。换句话说，中国将仅用 27 年左右的时间完成西方发达国家上百年才完成的老龄化过程。而且，未来一个时期，中国将进入一个急速老龄化阶段。2030 年，60 岁及以上老年人比重将超过 24%，65 岁及以上老年人比重将达到 16%～17%。人口老龄化将成为未来一段时期中国基本的国情特征。而从国际上看，信托业发达的国家个人信托业务占据很大比例。个人信托的种类主要包括财产管理、执行遗嘱、管理遗产以及财务咨询，包括对个人财产的管理、运用、投资和纳税。保险公司通过保险信托介入老年金融业，为老年人各种各样的需求提供了极大的便利，同时由于信托业务的多样性和便利性，使保险公司在经营老年客户个人养老账户方面具有很大优势。目前，中国居民个人金融资产数额已经较改革开放之初增长了许多，但结构比较单一，其中银行储蓄存款和现金占据了很大一部分比重，随着未来中国经济的进一步发展，个人财富积累的不多增长，可供支配的收入将会大幅增加，会有大笔个人资金需要寻找保值增值的途径。而在这样的背景下，老年人的个人养老资产管理与保值增值需求所形成的矛盾推动了我国寿险公司开展保险信托业务涉足老年金融业的脚步。

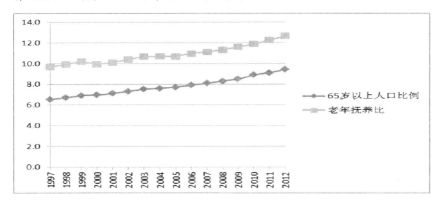

图 4-11　1997～2012 年我国人口老龄化概况图

（2）法律环境

我国日趋完善的外部环境为保险金信托市场奠定了基础。目前，经济环境已经成熟，随着民众对财产的保值、增值需求的大幅度提升，专业机构的理财服务会越来越受到人们欢迎。从法律政策环境看，自2001 年以来相继出台《信托法》《信托投资公司管理办法》《信托投资公司资金管理暂行办法》等一系列法律法规。以国家支持信托业发展的政策为依托，加上遗产税与赠与税将要征收的背景烘托，伴随新《保险法》对保险金投资渠道的限制也逐步放宽，这些相关法律法规的颁布为保险金信托业务的推出培育了良好的行业外部环境。

2. 银行业开展家族信托业务

我国保险公司目前没有开展保险信托业务，其他行业如银行业、信托业却已经有类似产品的诞生，如家族信托产品最近几年在我国有较快的发展。从 2012 年下半年开始，平安信托、招商银行、歌斐资产、中信信托等机构陆续启动了家族信托管理业务。2013 年 9 月中旬，国际家族基金协会（IFOA）在考察了中国家族基金市场仅半年之后，就正式在北京设立了中国地区办公室。

目前，国内私人银行都意识到开展家族信托业务的机会，都通过各种途径纷纷参与到该项业务的发展中来。现在，国内私人银行一般通过两种方式来发展家族信托业务，一种是通过与银行境外的子公司合作针对客户境外资产推荐家族信托业务，另一种是与国内的信托公司、律师事务所合作开展该项业务，但在国内设立家族信托有着诸多限制，目前接受的信托财产只能是现金，而房地产等其他资产都不能装进家族信托里面。

2013 年 5 月，国内银行业出现了"家族信托"这个名词，其中招商银行最先开始效仿国外筹建家族信托工作室，它瞄准的是当下"创一代"渐入耳顺之年后，财富继承这个市场断层。

2013 年，招商银行与贝恩咨询公司联合发起的《2013 中国私人财富报告》调查显示，"财富保障"已成为中国高净值人士财富管理的首要目标，而"财富传承"需求进一步显现，有约三分之一的高净值人士、约二分之一的超高净值人士开始考虑财富传承，部分高净值人士已开始进行财富传承的安排，希望借助的工具和服务包括家族信托、税务筹划、法律咨询、保险规划等。

目前，中国私人银行的客户主要是"富一代"。随着这代人的成长，私人银行需要提供的服务从以往的传统资产投资向金融规划和全方位的财富管理解决方案转变。

私人财富管理目前面临的首要风险是合规性问题。合规性问题包含了很多方面，如国际上家族信托很重要的一个功能——避税。招商银行的家族信托工作室也表示，无论是境内还是境外，税收影响投资收益率，也影响融资成本；税收影响财富安全，也影响财富的继承。在处理错综复杂的税务关系面前，合理避税是企业家们渴望却不擅长的事情。但如果将遗产设立家族信托基金，则不属于遗产税征收范围，而且指定的受托人依然可以从信托基金中获得指定财产，与此同行，财产还能由专业的金融机构管理。另外，委托人还可以制定相关条款让继承人在成年后参与资产管理。但我国的遗产税还没有开征，2013 年 9 月，征收遗产税虽然被写入十八届三中全会草稿，但具体何时落实，税务局相关人士称没有时间表，因此，家族信托能不能避税，目前来说只是空谈，只能说是协助委托人处理税务关系或者提供相关法律咨询。

另外，由于我国信托行业刚刚起步，至今发展良莠不齐，监管方面不够完善，在这种情况下诞生的家族信托，"中国特色"的胎记很难淡去。客户还停留在追求高收益的概念里，而家族信托的重点在于守护财富，而非创造财富。首先要让客户的概念从单纯追求高收益中跳出来，不是一件容易的事。

鉴于中国式的信托环境，很多内地的超级富豪们更倾向于把信托基金设立在香港或海外，从招行信托工作室目前的经营情况来看，已经签约的客户超过 10 家，其中多数为私营企业主。

从家族信托的业务架构看来，无论是银行还是其他机构主导，需要多方的合作，无论是税务筹划、法律咨询、养老计划、资产管理等，任何一个领域都需要专业人才，而这不可能完全由一个机构独立完成，这也需要保险公司抓住契机，合理发挥保险公司优势开展家族信托产品。

3. 信托业的高速发展

（1）行业资产管理规模加速扩张

近年来，随着市场化改革的不断深化和中国经济的持续高增长，我国多元化的投资主体积聚了巨额财富并催生了巨大的资产管理需求，也正是我国日益成长的资产管理市场成就了信托全行业市场规模的高速扩张及规模的迅速膨胀。信托行业当之无愧是最近十年来规模增长最快的金融部门。2004 年，信托行业资产管理规模仅 0.15 万亿，但从 2009 年开始，其全行业信托资产管理规模连续四年同比增长率超过 50%。2009 年 2.02 万亿元，相比 2008 年的 1.22 万亿元，同比增长 65.57%；2010 年为 3.04 万亿元，同比增长 50.50%，首次超过公募基金行业资产管理规模；2011 年为 4.81 万亿元，同比增长 58.25%；2012 年达 7.47 万亿元，同比增长 55.30%，超过保险行业同年资产管理规模，至此信托行业成为仅次于银行业的第二大金融部门。

（2）行业盈利模式成功转型

近十年来，信托公司的固有业务收入一直超过信托业务收入，直到 2010 年，全行业信托手续费和佣金收入以 166.86 亿元的规模，占当年全行业经营收入的 58.76%，首次成功超过固有业务收入，主营信托业务的盈利模式终得确立。而后，源于 2011 年起各家信托公司不断发行集合信托产品，信托手续费和佣金不断增加，其在总经营收入中占比不断提高，2011 年，行业内信托业务收入增加到 346.06 亿元，同比增长 107.40%，占同期经营收入的比例高达 78.78%；2012 年底，行业内信托业务收入增加到 471.93 亿元，同比增长 36.37%，占同期经营收入的比例达 73.92%。主营信托业务盈利模式的成功转型，为树立信托公司专业理财机构的市场形象、强化信托业市场地位和推动整个行业业务开展厥功至伟。"非银信理财合作单一资金信托"业务成为信托业最大的增长动力。与此同时，以中端合格个人投资者为驱动的"集合资金信托"业务这几年来一直保持平稳增长的势头：2010 年为 6267 亿元，同期占比仅为 20.61%；2011 年增加到 1.36 万亿元，同期占比提升到 28.25%；2012 年又增加到 1.88 万亿元，同期占比为 25.20%。

可以看到，从 2011 年开始，信托业的增长动力开始逐步发生转变，从一开始粗放的银信合作业务为主导，逐渐演变成以高端机构为核心的大客户主导的"非银信理财合作单一资金信托"、以低端银行理财客户为主导的"银信理财合作单一资金信托"、以中端个人合格投资者主导的"集合资金信托"三足鼎立的发展模式，正是这种质的转变，使整个信托行业开始走上稳定的发展轨道。

（3）业务模式的选择

在金融抑制的大背景下，融资需求是一个巨大的市场，加之非标准化的固定收益投资产品极其欠缺，因而选择具有固定收益特征的"融资信托"一直是信托全行业主要的业务模式，也正是这种业务模式使全行业在总体风险可控的前提下，获得了保质保量的发展。2010 年融资类信托业务规模 1.79 万亿，占全行业信托资产的比例 59.01%；2011 年融资类信托业务规模 2.48 万亿，占全行业信托资产的比例 51.44%；2012 年融资类信托业务规模 3.65 万亿，占全行业信托资产的比例 48.87%。虽然该比例一直呈现下降趋势，但由于一部分名义上是投资、实际上是融资的信托可能被纳入了投资类信托的统计口径之中，因此实际比例则可能更高，"融资信托"为主的业务模式是在现有的制度安排空间内，信托业起步阶段既能够满足实体经济融资需求，又能够满足多元化利益主体对非标固定收益类产品投资需求的务实选择。

目前，各类信托市场理财产品仍然以非标债权投资为驱动的固定收益产品为主，以各类权益投资为驱动的浮动收益产品较少；体现信托理财功能的融资类信托和投资类信托规模占比高达 80% 以上，而体现服务功能的事务管理类信托规模占比仍不足 20%。理财信托产品的这种结构，间接反映出我国信托行业内产品供给不足的现实，难以满足市场投资者对浮动收益产品的需求和对理财服务的需求，在一定程度上削弱了行业竞争力。长期以来，信托公司的核心竞争力主要体现为信用风险管理能力，而不是真正的投资管理能力，这对未来的行业发展是一个严峻的挑战。

（4）投资领域的分布

长期以来，实体经济一直都是信托业的主要支持领域，基础产业、工商企业和房地产领域一直也都是资金信托配置占比的前三名，2010年三个领域的投资规模占比达 67.9%，2011 年这一比值略有下降，降至 57.12%，而 2012 年这一比值回升至 60.12%。这种投资领域的配置结构符合国家加大金融支持实体经济的政策。2010 年至今，为顺应国家对政府融资风险和房地产市场的调控政策，资金信托对基础产业和房地产领域的配置比例则呈现出明显的下降趋势，与此同时，工商企业领域规模占比不断提升。工商企业类别涵盖了除金融、房地产和基础设施之外的几乎所有行业的企业，2012 年第 2 季度之后，工商企业规模占比超过基础产业，至此成为信托资产的第一大配置领域。

（5）信托业开展家族信托业务

平安信托发售了内地第一只家族信托——平安财富·鸿承世家系列单一万全资金信托。该产品总额度为 5000 万元，合同期为 50 年。根据约定，信托委托人将与平安信托共同管理这笔资产。委托人可通过指定继承人为受益人的方式来实现财产继承，收益分配方案根据委托人的要求来执行。

相较普通类型的集合信托，"鸿承世家"万全系列信托的管理更注重与委托人的全方位沟通，根据委托人意愿定制专属产品。在产品存续期间，资产配置方式和策略也根据委托人的实际情况和风险承受能力进行灵活调整。在受益人设置及信托财产的分配上，此类信托可设置其他受益人，可中途变更受益人，也可限制受益人权利。在信托利益分配上可选择一次性分配、定期定量（比例）分配、不定期不定量分配、临时分配、附带条件分配等不同形式。

家族信托不仅可以保障富二代、富三代的基本生活，还可以通过"附带条件分配"有效约束信托受益人，避免因财产分割而起纷争。与此同时，通过对遗产的整体运作把家族利益统一起来，继承人可以参与或监督信托管理，但不能从其他继承人手里谋取不正当利益。

委托人监督信托运作，信托公司会定期或不定期将信托财产运作情况以正式报告或邮件等方式与委托人及受益人沟通。信托公司在做重大决策前，也会充分征询委托人意见，让委托人对运作信息有充分了解。如果委托人离世，则根据相关协议条款或法律执行信托。

目前平安信托的家族信托规模 5000 万元起步，投资范围广泛，基本涵盖各类投资品种，投资风险由平安自身的风险控制机制和委托人的意愿共同控制。

"鸿承世家"万全系列是单一委托资金信托，没有预期收益率要求。平安信托曾针对法人高端客户销售过"万全系列"信托计划，主要客户是全国五百强企业、事业单位及各类基金会。而从此前的"万全系列"公布的信息显示，其预计年收益为 4% 至 4.5% 之间，信托规模是 500 万元起。固定管理费年费率为信托资金的 1%，年信托收益率高于 4.5%以上的部分，收取 50% 作为浮动管理费。而从投向上看，过往系列产品大多投向于物业、基建、证券等领域。

4. 保险业开展保险金信托业务

我国人寿保险信托业务是出现在 19 世纪末。1897 年，中国通商银行武汉分行设立，信托是其中的一项附属业务，而这其中就包括人寿保险信托业务。新中国成立后，包括人寿保险信托业务在内的保险事业曾经取得较快的发展。但是 1958 年人民公社的出现，使得几乎所有的保险产品都被迫取消，人寿保险信托业务也未能幸免，就此在我国大陆消失。

保险金信托（人寿保险信托）作为一种结合保险与信托的新型金融业务，具有保障未成年受益人合法权益、资产管理及避税的功能，是保险业与信托业合作的新途径与发展方向。随着对外开放步伐的加快，中国金融业进入了前所未有的快速发展阶段。作为金融的两大支柱，保险业和信托业的合作也由浅入深。例如，有的保险公司已经开始利用信托的方式，把保险资金投资到基础设施建设方面，而且已经获得了不错的经济效益以及社会效益。可以说，保险业和信托业之间进行合作并进行金融产品的创新，将为我国的金融市场注入新的活力。目前，信托机构能够利用的保险资金包括保险公司的已收保险费和理赔支付的保险金。人寿保险信托作为一种新的业务，可以把数额可观的保险金转化为信托财产，这种方法把保险和信托两种方式进行有机的结合，为两个行业间的合作开辟出一条新的路径。考虑我国的具体情况，一方面，金融混业的趋势不断加剧，并且颁布了相应的《信托法》，监管能力也大大增强；另一方面，未成年受益人的权益保障又存在问题。因此，我国目前有条件而且也非常有必要发展人寿信托产品。

在大资管时代，保险公司与信托之间的联姻迹象越发明显，混业经营俨然已成为金融业的发展趋势。最新信托业月度报告热点显示保险业与信托业融合加速。目前已有数家保险公司控股信托公司。国投信托以增资扩股的方式引入泰康人寿保险股份有限公司和江苏悦达集团有限公司作为战略投资者，两家公司合计持有国投信投45%的股权，募集资金超过22亿元，增资完成后国投信托更名为国投泰康信托有限公司。另外国寿24亿入股信托，重庆水务转让的23.86%重庆信托股份已被国寿投资控股有限公司接手。至此，继泰康人寿入股信托之后，中国人寿也将混业经营信托。除此之外，2013年底高调举牌招商银行的安邦保险集团，有迹象表明正在寻觅与信托公司的合作。保险公司与信托的融合趋势为保险信托产品的开发与实施创造了有利条件，也必将推动保险信托产品的发展，为保险公司介入养老产业提供了可行的渠道。

2014年5月4日，中信集团金融板块旗下的中信信托和信诚人寿正式宣布推出保险金信托业务。保险产品端对接的保险产品为"托富未来"终身寿险，这是一款传统险产品，这款产品对接保险金信托的门槛为保额不低于800万元，目标是高端收入人群。这是国内首个保险金信托业务。当客户购买该保险产品后，只要不发生理赔，钱都在保险公司，一旦发生理赔事故，其保险理赔金额进入信托公司。"托富未来"终身寿险第一次在消费终端产品层面，实现了保险服务和信托服务的创新融合，属国内首创，双方结合点，即为保险金信托业务。中信信托将按照投保人事先对保险理赔金的处分和分配意志，长期且高效地管理这笔资金，实现对投保人意志的延续和忠实履行。

（二）发展人寿保险信托的意义

1. 人寿保险信托是实现两业资源共享、互动发展的必然要求

以保险金信托为纽带可以充分发挥保险和信托之间优势互补、资源共享的关系。保险与信托同为现代金融体系的重要构成部分，一方面保险公司聚集并对外支付巨额可用于中长期投资的资金，2010 年末我国寿险的赔付额为 1108.989 亿元，如此庞大的数字说明可为信托业注入长期稳定的资金来源；另一方面信托业以"受人之托，代人理财"为职责进行中长期融投资，为受托人的最大利益谨慎管理信托财产，迫切需求丰富的信托资产。保险金信托产品可以整合和创新两者的营销渠道、经营方式。保险金信托既可由寿险营销渠道也可由信托机构销售，二者的合作在拓展客户群的同时又可以摊薄成本，保险业还可借道信托业提供更具有个性化、多元化的保险服务，使保险业务焕发新的生机和活力。

2. 保险金信托有利于中国金融机构应对混业经营的国际趋势

在西方发达国家保险金信托是一项具有百余年历史的日臻成熟的业务，在英国、德国、美国、日本以及我国台湾地区均取得长足的进展。近年来，保险金信托产品的品种日益丰富，规模也不断壮大。我国的信托业虽然还很年轻，但经过五次整顿后在相当程度上消除了不规范经营引发的金融风险，信托内部的法人治理结构和经营机制得到了改善。如今，我国对外开放无论从深度还是广度看都是空前的，国际先进的信托理念和成熟的信托业务未来将对国内信托业产生极大的冲击。面临混业经营的国际趋势，研发保险金信托业务，率先抢占国内市场，是保险公司做大做强、走上集团化、多元化发展道路的一项重要战略决策。

3. 保险金信托有利于满足居民个人理财综合化需求

伴随着人们生活水平的显著提升，个人财富规模不断壮大，对个人理财金融服务的综合需求在增加。保险金信托或基于保险事故发生时受益人年幼无法合理管理、支配保险金情形考虑而设立，或基于信托财产的独立性不能被强制执行、避免投保人因自己的债务影响到继承人的权益的情形而设立，或基于当保险金额较大、避免多个受益人之间因利益冲突而发生纠纷的情形而设立。被保险人通过保险金信托提供专业的资产管理服务，使普通的人寿保险产品成为结合保险保障、延期支付、个人理财和税收筹划的综合性金融服务产品，能同时满足保险客户关于保护未成年受益人利益的需要、推迟保险金给付时间的需要、保险金保值增值的需要和税收规划的需要等，最大限度地保障受益人的利益，为构建我国和谐社会做出其应有的贡献。

4. 保险金信托成为保险公司新的利润增长点

保险公司取道与信托公司联合推出保险金信托，不需要追加投入资本和人力资源，是一项有效增加保险公司中间业务收入从而增加利润来源和利润额的路径。在传统寿险产品越来越无法满足客户多元化金融需求的局面下，此项增值服务可以刺激更多保险客户的购买欲，实现其主营业务收入的增长。保险公司可以拓展信托中介服务，以获得稳定的中介费收益。保险金的信托服务也可由保险公司自身的资产管理公司或金融综合服务集团旗下的信托公司经营，以增加资产管理业务量和资金运用收益，这种情形比较理想。我国目前的八家保险集团公司业务覆盖面广，其中中国平安（集团）股份有限公司就实现了保险、证券、银行、信托多项业务领域的覆盖，积淀了雄厚的实力和经验。

（三）寿险公司发展保险信托面临的障碍

1. 信托登记制度缺失

根据我国信托法规定：设立财产信托，有关法律、行政法规规定应当办理登记手续的，应当依法办理信托登记。未办理信托登记的，应当补办登记手续。不补办的，该信托不产生效力。但并不是所有财产都需要登记，判断是否需要登记有两个标准。一个标准是，凡是法律规定必须登记过户才能发生法律效力的，就要进行信托登记，如房产。另一个标准是，凡是不能独立存在、只能依附于其他财产存在或表现的权利财产，都应该登记。比如停车场收费权。由此认定，家庭财富中的现金资产无需登记，而非现金资产则要办理信托登记才能确保信托生效。我国尚未建立信托登记制度，所以家族信托无法产生效力，这是阻碍家族信托业务发展的主要障碍。

2. 信托业发展不稳定

我国寿险公司通过保险信托的方式进入老年金融业首先需要确保我国信托业的发展是良性的。我国的信托业自改革开放以来获得恢复和发展，其间，由于信托公司多数存在业绩不佳、资产不良、信誉不高等问题，深陷"异化—整顿—再异化—再整顿"的恶性循环。但是，我国信托业的发展与经济发展的这种客观需求之间还存在着巨大的差距，即便信托业近年出现了繁荣发展的势头，也无法遮盖我国信托业理论基础薄弱、实践发展滞后、认知度与关注度不高，尚未获得与银行、证券和保险同等的发展机会，在金融体系中处于一种弱势地位。

2013 年，信托业发展的外部环境充满了前所未有的不确定性。经济下行增加了信托公司经营的宏观风险，利率市场化加大了信托公司经营的市场风险，年中和年末的两次"钱慌"引发了对流动性风险的担心，频繁发生的个案风险事件引起了对信托业系统性风险的担忧；继 2012 年"资产管理新政"以来，2013 年商业银行和保险资产管理公司资管计划的推出，全面开启了"泛资产管理时代"，进一步加剧了竞争；财政部等四部委 2012 年底发布的规范地方政府融资行为的"463号文"以及 2013 年 3 月份银监会发布的规范商业银行理财业务投资运作的"8 号文"，增加了信托公司政信合作业务和银信合作业务的不确定性。所有这一切使信托业一直处于社会的关注热点之中，不少人认为信托业又站在了发展的"十字路口"上。

3. 相关法律法规有待完善

我国《保险法》对于保险公司的业务领域还存在诸多模糊甚至缺失之处，特别是对保险公司的衍生业务和连结业务均没有较具操作性的规定，导致保险公司开展人寿保险信托业务缺乏政策上的引导。而在实行金融业混业经营、混业监管的国家和地区，一般将保险信托业务规范同时写入《银行业法》《信托业法》和《保险业法》。但我国目前仍处于金融业分业经营、分业监管的背景之下，较为现实的做法是设立专门的"人寿保险信托业务规定"，对经营人寿保险信托业务的各方面内容进行明确、严格的规定。

我国信托业才刚刚步入正轨，信托法律法规还有待完善。目前我国信托业存在市场参与者参差不齐、市场管理较为混乱等问题。现行的《中华人民共和国信托法》是信托的唯一法规，其他法律法规缺失明显，而保险资金运用注重安全性，如何从法律层面防范信托资产风险至关重要。此外，保险资金信托化也存在较大的委托代理风险，保险资金由于其特殊性要求资金运用较为安全可靠，而信托资产管理人可能会基于自身利益有损于委托人利益。

4. 遗产及赠与税收制度缺失

我国的财政税收制度还需不断审核完善，特别是遗产税缺失问题。人寿保险信托的重要功能之一是规避遗产税，尽管遗产税是否应该开始征收已引起了争议，社会各界认为遗产税的征收只是时间问题，但是遗产税的真正出台对于人寿保险信托的发展具有至关重要的意义。

三、我国寿险公司介入人寿保险信托的策略

目前，由于各保险公司经营规模不同，所以通过保险信托介入老年金融业的策略也应呈现出差异化发展趋势。各家保险公司应根据自身实际资产状况，结合自身经营战略及发展目标制定不同的保险信托模式。

（一）大型寿险公司

1. 适时努力开发适合我国国情和客户需要的人寿保险信托产品

目前我国的大型寿险公司在经营主营业务的同时完全有能力提供老年人保险信托服务，在金融行业混业经营的大趋势下，一旦我国进一步放宽保险公司经营范围，在完善的法律法规制度保障下，允许有条件的寿险公司办理信托业务，届时，作为我国保险行业领军企业的各大寿险公司应抓住机会，充分发挥自身资金与技术优势，尝试将客

户资产交付给公司自有的资产信托管理部门加以长期规划利用，这些资产范围广泛，可以包括寿险保单也可以包括实物资产，客户可以根据实际情况量身定制符合自身需求的合同内容，充分发挥保险资产的长期性和信托投资的灵活性优势，开发出技术含量高、个性化强的保险信托产品。这样一来，一方面保证了保险资金运用的安全性，另一方面降低了运营成本，拓宽了保险公司经营范围，对整个保险行业都将产生积极影响。当然，越是新生事物就越是离不开有效的监管制度作为保障，对于保险公司开办这样一项资产信托业务，保险监管部门要负起严格监管的职责，努力提高对保险信托产品的合法性和安全性审查。保险公司也要进一步加强自身的风险控制能力，保证保险信托资产与其他经营性资产的风险隔离。

2. 加大保险信托产品宣传，提高民众保险信托意识，强调遗产规划重要性

随着我国经济的高速发展，私人财富不断积累，越来越多的人们开始意识到遗产规划的重要性，但由于受传统观念的影响，大部分人都是在发生保险事故后才开始处理遗产事项，因而往往引起不必要的遗产纠纷。可见，提前做出适当的遗产规划对生活在当代社会的人们是十分有必要的。大型寿险公司在通过保险信托延伸养老产业链时，通过加大对保险信托类产品的宣传力度，激发起民众通过制定遗产规划分配财产，为后人提供生活、教育保障及处理债权债务的思想意识，在实际推广过程中，将人寿保险信托的遗产规划功能向委托人做出充分的解释和说明，逐步加深人们对人寿保险信托的认识和理解，培养足够的消费需求与良好的市场环境。

3. 进一步拓宽保险信托资金的运营范围，提高产品对客户的吸引力。

大型寿险公司在开展保险信托业务的同时，应利用自身资金优势着重加强与老年相关产业的联系，例如，借助保险公司开发养老社区、养老地产的相关项目，投资相关殡葬服务及墓地项目，作为人寿保险信托的资金来源，当有客户死亡产生保险金给付的条件下，将保险金投入保险公司自有信托产品，一方面节省了第三方介入的中介费用，

节约了成本，另一方面选择所投保寿险公司推介的殡葬服务及墓地使用服务，拓宽了寿险公司的利润渠道。还可以从多角度将保险信托产品渗透到老年护理产业及相关领域，增强对客户的吸引力。

（二）中小型寿险公司

通过准确定位目标客户群，发挥自身特色，创新保险信托的运营模式是中小型寿险公司涉足人寿保险信托的必然选择。尽管目前中国的法律制度还没有真正实行推广保险信托计划的条文，但是由于人寿保险信托计划的主要目的是解决当前老年人退休后的生活保障，所以安全性应当是保险公司开展保险信托业务的第一目标，尤其是对于一些中小保险公司而言，可以尝试开发非明示信托（即法律按推理或默示的意图确立设立的信托）的保险信托产品，为老年保险信托计划的推行另辟蹊径。在目前我国尚未开征遗产税的背景下，中小寿险公司应该把重点放在"代人理财"上，以经营个人信托业务为主，管理和运营老年客户的保险基金。目前我国在遗产税征收方面尚未出台相关法律法规，而且我国的信托产业起步较晚，客户对信托的认识还很不充分，大多数客户不会主动联系保险公司或者信托公司安排保险金信托，因此，对于那些资产规模受限的中小型寿险公司来说，采取"保险中介"型的运作模式是一个可行的方案。"保险中介"型的运作模式是指保险客户作为保险投保人和信托业务委托人，信托公司作为信托业务的受托人，保险公司作为人寿保险信托中介人。这种模式在实际运用中易于操作，由保险客户和保险公司先签订保险合同，一旦发生保险事故，保险公司赔付保险金，保险合同结束。保险客户可以根据保险合同条款的事先规定或保险公司的推介，与信托公司签订一个信托合同，将保险金交予信托公司管理，保险客户分别与保险公司和信托公司签订合同。

第四节　寿险公司介入企业年金策略分析

养老保障是社会保障体系的重要项目之一。在当今世界，各国老

齡化不断加剧，预期寿命不断增长，图 4-12 是经济合作与发展组织
（Organization for Economic Co-operation and Development，简称 OECD）
在 2013 年研究中公布的 OECD 各国和部分非 OECD 国家在 2010～2015
年和 2060～2065 年各国 65 岁的男性女性的预期寿命，白色条形图代
表 2010～2015 年 65 岁男/女性预期寿命，蓝色条代表 2060～2065 年
65 岁男/女性预期寿命，蓝色超出白色部分为预期寿命在这 50 年中的
增长。从图中数据可以看到，在今后的 50 年中，由于经济的发展和医
疗水平的提高，大部分被调查国家 65 岁的女性和男性预期寿命将增长
4 年以上，由于生理和社会等原因，女性寿命延长普遍多于男性。其中
OECD 国家 65 岁女性预期寿命平均水平将由 20.81 年增加到 25.8 年，
而 65 岁男性预期寿命平均水平将由 17.44 年增加到 21.9 年。而中国 65
岁女性预期寿命将由 16.53 增长到 20 年，65 岁男性预期寿命将由 14.65
增长到 18 年。这些数据意味着人们在退休之后的寿命又延长了 3 到 5
年，同时也是对各国的养老保障体系有了更强的要求，因此养老保障
体系的建设越来越受到各国政府和政策设计者们的重视。

　　在国际上养老保障体系相对成熟的国家多采用的是三支柱的养老
模式。第一支柱是国家和地方政府主导的基本养老保险制度，第二支
柱是企业主导的职业年金或企业年金，第三支柱是商业养老保险、个
人储蓄等养老制度的补充。

　　企业年金作为养老保障体系的第二支柱，在《中华金融辞库》中
被定义为"由企业提供资金为职工设立的年金。如企业为职工积累的，
职工退休后定期得到的养老金。为保证企业年金的独立性，避免被挪
用，企业年金通常交信托公司管理运用"。企业年金是一个国家基本养
老的补充，在某些国家中甚至是养老保障体系的最主要部分。本章主
要通过对比介绍国际上企业年金的经验、我国现阶段企业年金运营的
实践，以及寿险公司介入企业年金的策略分析。

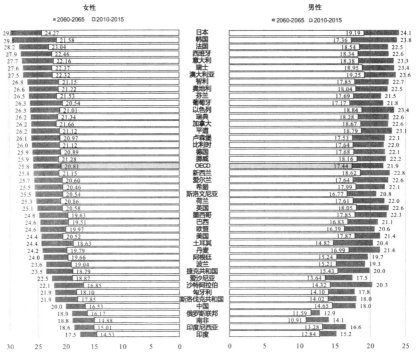

图 4-12　65 岁男性和女性在 2010～2015 年和 2060～2065 年的预期寿命

资料来源：OECD (2013), Pensions at a Glance 2013.

一、企业年金的国际经验分析

（一）企业年金规模的国际比较

表 4-22　2013 年部分 OECD 国家企业年金资产规模及其占 GDP 的比重

国家	企业年金资产规模（亿美元）	占 GDP 比重（%）
澳大利亚	5,958.40	42.20
加拿大	12,601.57	71.27
丹麦	1,467.00	42.76
芬兰	1,356.51	50.85
法国	118.60	0.42
希腊	1.36	0.05

国家	企业年金资产规模（亿美元）	占 GDP 比重（%）
冰岛	207.38	134.15
以色列	1,074.37	35.45
意大利	1,180.20	5.49
韩国	815.55	6.52
卢森堡	11.78	1.88
墨西哥	244.20	1.99
新西兰	157.10	8.87
挪威	409.08	8.26
波兰	6.81	0.13
葡萄牙	203.75	8.92
西班牙	469.59	3.33
瑞士	8,078.93	119.40
土耳其	236.66	3.24
美国	139,416.16	82.99

*其他 OECD 国家不存在企业年金计划或数据无法得到。

数据来源：OECD (2013), Pensions indicators.

从一个国家的企业年金的资产规模的大小可以一定程度上看出该国企业年金发展水平，而企业年金资产占 GDP 的比重则体现出一个国家的企业年金在该国养老保障体系中所起的地位和作用。表 4-22 列出了 20 个 OECD 国家在 2013 年企业年金资产规模和其占该国 GDP 的比重，从该表中可以看到，在这 20 个国家中，美国 2013 年企业年金资产规模最高，接近 14 万亿美元，占同年 GDP 的 82.99%。其次是加拿大，2013 年企业年金资产达 1.26 万亿美元，占同年 GDP 的 71.27%。在这 20 国中企业年金资产规模 2013 年排名第三的是瑞士，大约 0.81 亿美元，占 GDP 的 119.40%。

除了美国、加拿大和瑞士三个国家企业年金不论资产规模还是占 GDP 比重都很突出以外，从图 4-13 中可以看到，以色列、冰岛、芬兰、丹麦和澳大利亚五个国家，虽然企业年金资产规模较前三名国家有些差距，但占 GDP 比重比较高，其中冰岛在 20 国中企业年金占 GDP 比重最高，达到 134.15%，体现了该国企业年金制度在整个经济体系中的重要性。该比例在以色列、芬兰、丹麦和澳大利亚分别是 35.45%、50.85%、42.76%和 42.20%，都超过了国民生产总值的三分之一。

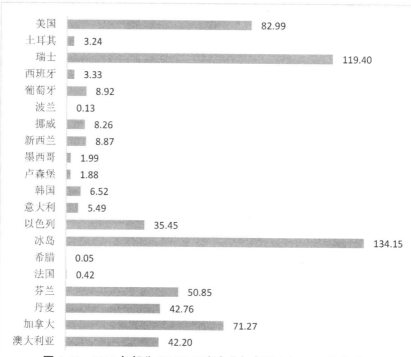

图 4-13　2013 年部分 OECD 国家企业年金资产占 GDP 的比重
数据来源：根据表4-22中数据整理绘制。

从规模上看，美国的企业年金资本规模绝对值上最大，而冰岛的企业年金规模在相对值上占本国 GDP 比重最大。美国企业年金分为缴费确定型和待遇确定型两个大类，其中 401（k）计划是较早出现、市场占有率较大，同时比较典型的缴费确定型计划。而冰岛实施强制性企业年金制度，这也是它能维持一个较大的年金规模的主要原因。本章接下来的篇幅将对美国的 401（k）计划和冰岛的强制性企业年金制度进行简单介绍。

（二）美国401（k）计划介绍

美国企业年金计划一般可以分为两大类：缴费确定型养老金计划

（Defined Contribution Pension Plan，以下简称 DC 计划）和待遇确定型养老金计划（Defined Benefit Pension Plan，以下简称 DB 计划）。DB 计划在雇员退休后为其提供固定的、事先确立的养老金福利，这一确定性的特点降低了雇员退休后养老金领取额的波动风险，因此通常受到雇员们的欢迎。而从雇主角度看，在 DB 计划下，养老金缴费的多少将受到投资收益的影响，投资风险主要由雇主承担。通常雇主支付部分较 DC 计划更高，这意味着可以有更高的税前扣除，这一点对雇主有一定的吸引力，但另一方面 DB 计划的设立和维护比其他计划更复杂，也带来了较高的日常费用支出。DC 计划，又称为"供款基准计划"，在 DC 计划下，雇主和雇员的缴费额或者缴费比例是事先确定的，而雇员在退休时领取养老金的多少，将受到养老金账户缴费年限、资金累积规模和投资收益的影响，投资风险主要由雇员承担。

　　401（k）计划是美国典型的 DC 计划，从 20 世纪 70 年代后期开始实施，名字来源于美国《国内税收法》（IRC，Internal Revenue Code）第 401（k）条款，该条款规定雇主和雇员的养老金缴费可以享受税收方面的优惠。从 20 世纪 80 年代初 401（k）计划开始在美国推广，在之后的十年间得到了迅速发展。最早出现的 401（k）计划是 1978 年开始实施的传统 401（k）计划（Traditional 401(k) Plan），之后，一方面，为计划中的雇主和雇员提供更多的缴费方式选择，美国又陆续出台了避风港 401（k）计划（Safe Harbor 401(k) Plan）和罗斯 401（k）计划（Roth Contributions）；另一方面，为促进企业年金在中小企业中的设立和发展，又推出了简易 401（k）计划（SIMPLE 401(k) Plan），该计划相比传统计划，在设立、年检、程序等方面少了很多限制。

　　发展至今，401（k）计划在美国养老保障体系地位已经十分突出，图 4-14 展示了 2007 年至 2013 年美国各种养老金计划年末资产价值。美国现阶段养老体系中包括国家、州及地方政府养老金计划的基本养老金计划、私人性质的保险年金、DB 型私人养老金计划、个人储蓄性质的个人退休账户（IRAs）和 401（k）计划及其他 DC 计划。由图 4-14 可以看到，各种养老金计划随着经济的发展、时间的积累和老龄化加剧，资产规模在次贷危机之后都在稳步上升，其中 401（k）计划资产规模由 2008 年的 2.2 万亿美元逐步上升到了 2013 年的 4.2 亿美元,其在美国各种养老金计划资产总和中的比重在这五年间由 15.49%增加到了 18.18%,增加了接近 3 个百分点。这一比重的上升,体现了该计划设计与执行的日益成熟,以及在美国企业和职工中推广程度的增加。

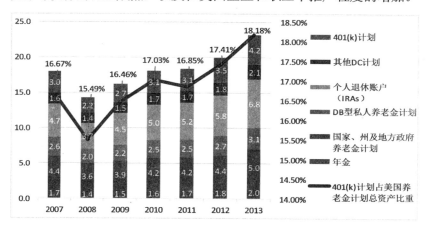

图 4-14　2007～2013 年美国各种养老金计划年末资产价值(单位:万亿)

数据来源:BrightScope and Investment Company Institute, 2014.

1. 401(k)计划的基本内容和养老金领取方式

401(k)计划是由雇主发起的缴费确定型养老金计划(DC Plan)。可以属于利润共享型(Profit-sharing)、股利分红型(Stock Bonus)、ERISA 前养老金购买型(Pre-ERISA Money Purchase Pension)或者农村合作社型(Rural Cooperative)几种类型。401(k)计划由雇主和雇员共同缴费,缴费额度通常是为雇员收入事先确定的一定百分比。当雇员年龄满 59.5 岁时,可以开始领取养老金。除此之外,401(k)计划对于提前领取养老金有相关的规定,凡不符合规定提前支取养老金账户余额的雇员,需要缴纳额外 10% 的税。只有在几种情况下也可以从养老金个人账户中取款:雇员死亡或永久丧失工作能力;发生较大的医疗费用;在 55 岁以后由于离职、下岗、被解雇或者提前退休等原因离开计划;某些重大灾难的发生等。但部分 401(k)计划允许雇员从个人账户中拥有所有权部分的资产贷款,要求贷款额度不能超过 50% 拥有所有权的账户余额,同时不超过 50,000 美元,时间不能超过 5 年

（除非是主要住房贷款）。另外，计划规定当雇员年满 70.5 岁时，即使还没有退休，也必须开始领取养老金，否则将被政府以 50%的取款额征税。

2. 401（k）计划的分类

加入 401（k）计划时，雇主可以根据不同情况，选择符合自身情况和雇员需求的 401（k）种类。目前 401（k）计划包括传统 401（k）计划（Traditional 401(k) Plans）、安全港 401（k）计划（Safe Harbor 401(k) Plans）和简易 401（k）计划（SIMPLE 401(k) Plans）三种类型。

传统 401（k）计划对雇主规模没有要求，并且该计划可以与其他养老金计划相结合。在缴费方式上，传统 401（k）计划为雇主提供最大的灵活性，首先雇主缴费不是强制性的，其次雇主可以选择代表所有雇员进行缴费，进行与雇员缴费相匹配的缴费，或者二者都有。通常情况下，雇员不是马上获得雇主缴费部分账户资金的所有权，而是遵循所有权时间表（Vesting Schedule），经过一定时间才能获得，即雇员需要为雇主服务一定年限，才能按照不同年限对应的比例获得雇主缴费的所有权。除此之外，规定要求传统 401（k）计划每年参加非歧视检测，包括真实延迟比例（Actual Deferral Percentage Test，以下简称 ADP 测试）和真实支出比例测试（Actual Contribution Percentage Test，以下简称 ACP 测试）等，从而确定该计划的雇主缴费符合不歧视的原则，即没有在缴费支出上偏向某些关键员工，如公司所有者和管理者们。

安全港 401（k）计划在雇主资格上与传统型相同，雇主规模可大可小，可与其他养老金计划结合并用。在缴费方式上，安全港 401（k）计划中雇主缴费是必须的，具体缴费规则将在下文中介绍。加入安全港 401（k）计划的雇主，每年不需要参加 ADP 测试和 ACP 测试，这为雇主节省了检测相关的费用。但在这类计划下，雇员对于养老金账户中的雇主缴费部分马上获得所有权，无需遵循所有权时间表。

简易 401（k）计划产生于 1996 年，它的设计的初衷是为了让小型企业也能以低成本而有效的方式为其雇员提供养老福利。这类计划在雇主资格上有细致的规定，要求参加的计划的企业员工人数不超过 100 人，上一个自然年在该企业获得的收入不少于 5,000 美元。该计划同样对雇主缴费方式有相应规定，具体在下文中介绍。与安全港 401（k）计划相同，简易 401（k）计划不需要参加每年的非歧视检测，雇员也对雇主缴费享有完全的所有权。与前两种计划不同的是，参与 401（k）计划的员工不能同时参与雇主提供的其他企业年金计划。

3. 缴费方式和缴费上限

401（k）计划由雇主和雇员共同缴费。雇员缴费额通常是收入的一定比例。在这个计划下，雇员可以让雇主在支付工资时，扣除雇员收入的一定比例（默认比例或由雇员选择），用于向该计划下的雇员个人账户缴费。该计划对于雇员缴费的上限有严格的规定。规定在 2014 年，雇员收入超过 260,000 美元的部分不作为缴费基数，雇员个人缴费部分全年总计不能超过 17,500 美元。2015 年，雇员缴费基数上限为 265,000 美元，雇员全年个人缴费部分上限为 18,000 美元，缴费基数和缴费额度上限会根据每年的基本生活费用的变化而进行调整。

在不同的 401（k）年金计划下，雇主可以选择匹配缴费（Matching contributions）和其他雇主缴费（Other Employer Contributions）等缴费形式。匹配缴费是指，雇主缴费额度是与雇员缴费额度相匹配的，即雇主缴费额度是雇员缴费额度的一定比例。比如，在某个 401（k）计划下，雇员向个人账户每缴费 1 美元，雇主需支付 50 美分与其相匹配。这一比例在不同的计划种类下有不同的限额规定。在传统 401（k）计划下这一比例比较灵活。而避风港 401（k）计划和简易 401（k）计划对于匹配缴费比例均有相关规定。在避风港 401（k）计划下，对不超过雇员收入 3%的雇员缴费，雇主进行 100%的匹配，对超过雇员收入 3%不超过 5%的雇员缴费部分，进行 50%的匹配（在表 4-23 中简称方式一），或者直接对所有合格雇员按照收入 3%的标准进行匹配缴费（在表 4-23 中简称方式二）。在简易 401（k）计划下，雇主需对不超过雇员收入的 3%的雇员缴费进行 100%的匹配（在表 4-23 中简称方式一），或者对所有合格雇员按照其收入的 2%进行匹配缴费（在表 4-23 中简称方式二）。具体缴费匹配计算方式举例请见表 4-23。

表 4-23　避风港 401（k）计划和简易 401（k）计划雇主缴费方式举例 单位：美元

	雇主缴费匹配方式	假如一个雇员年收入 50,000 美元，雇员按照 6%的比例缴费，那么雇员缴费为 3,000 美元	假如一个雇员年收入 50,000 美元，雇员按照 2%的比例缴费，那么雇员缴费为 1,000 美元
避风港 401（k）计划	方式一	50000×3%×100%+50000×（5%-3%）×50%=2000	50000×2%×100%=1000
	方式二	50000×3%=1500	50000×3%=1500
简易 401（k）计划	方式一	50000×3%×100%=1500	50000×2%×100%=1000
	方式二	50000×2%=1000	50000×2%=1000

数据来源：根据缴费方式整理。

　　除上述匹配缴费外，还有另外两种缴费形式，统称其他雇主缴费形式。一种是额外缴费，即在计划允许的情况下雇主除向雇员养老金账户根据匹配比例进行缴费以外，还可以增加额外缴费。另一种是最小缴费额度，这种情况发生在不稳定的（头重脚轻的 top-heavy）企业年金计划中。通常情况下，当某些关键雇员的个人账户余额占全体雇员账户余额 60% 以上的时候，这个计划将被称为不稳定的计划，这个时候雇主会被要求给这些雇员支付最小额度的缴费。

　　除缴费方式外，401（k）计划对于缴费上限也有相关的规定。计划规定计划参与者个人账户每年增加额（包括雇员缴费部分、雇主缴费部分和其他收入分配部分）不能超过雇员该年收入的 100%，与此同时，在 2014 年不能超过 52,000 美元，在 2015 年不能超过 53,000 美元，这一上限同样会根据每年的基本生活费用的变化而进行调整。

　　4. 投资管理

　　401（k）采用参与人直接投资（Participant-directed Investment）的方式，由雇员个人自行选择基金的投资组合，包括决定投资的金融产品、基金在各种金融产品间的分配。由于雇员退休后领取的资金大小由个人账户长期投资累计的金额决定，这种计划下投资风险也由雇员个人承担。通常情况下，由雇主指派的托管人（Trustee）会向计划参与人提供三种以上的投资方向，这些投资方向会根据风险特征的不同被编制成目录，供计划参与人从中选择适合自己的产品进行投资。可供选择的投资方向通常包括股票基金（Equity Funds）、债券基金（Bond Funds）、公司股票（Company Stock）、货币基金（Money Funds）、平衡基金（Balanced Fund）、GICS 及其他稳定基金（GICs and other Stable Value Funds）等金融产品，雇员可以根据自身风险偏好和收益需求自主选择个人账户中资金的投资方式。股票基金长期以来一直是 401（k）计划参与者最为青睐的投资方向，有超过三分之一的计划资产被投入股票基金市场，但次贷危机过后，该项投资占总资产比重有所下降，如图 4-15 所示，从 2007 年的 48%下降到 2008 年的 37%，之后几年一直在 40%上下浮动，在 2013 年小幅上升至 44%。而在这期间，平衡基金的投资占比呈现明显上升趋势，从 2007 年的 15%稳步上升至 2013 年的 23%。

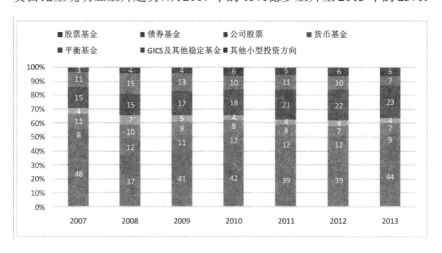

图 4-15　2007～2013 年美国 401（k）计划资产投资构成分布图

数据来源：ICI Research Perspective 20, no. 10 (December).

401（k）计划的产品提供者通常包括相互基金、保险公司、银行和证券公司，除了产品提供者之外的 401（k）计划还有账户管理人、投资管理人、律师、咨询顾问、会计师等服务提供商。这些服务提供商每年要收取一定的管理费用，费用的大小取决于计划参与人数、计划资产规模和服务提供商的选择。401（k）年金计划一般每年收取的管理费用为计划资产的 0.2%到 1.8%，该比例的大小与资产规模和成员人数呈反向变化。如图 4-16 所示，一方面，随着计划的平均账户余额增加，服务费用占计划资产比率呈下降趋势，而另一方面，计划成员数的增加有着相同的效果，随着成员人数的增加，计划服务费率曲线向下平移。这一现象是由于计划的资产规模越大，议价能力越强。

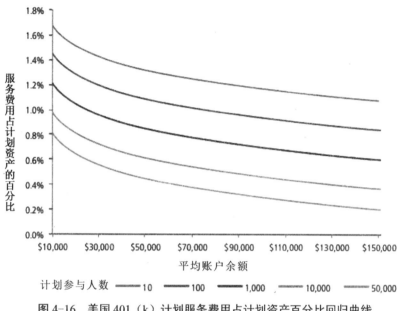

图 4-16　美国 401（k）计划服务费用占计划资产百分比回归曲线

数据来源：Deloitte Consulting LLP and Investment Company Institute.2014.

5. 税收优惠

根据美国税收制度规定，当雇主缴费额不超过一定标准时，可以在税前列支养老金缴费部分。而雇员缴费部分和企业年金个人账户投资收益享受延迟纳税的优惠政策，即在雇员缴纳个人所得税时将企业年金雇员缴费部分进行税前扣除，同时账户投资收益也可以减免所得税。所得税要在雇员领取养老金的时候才需要缴纳。由于一般情况下，人们在工作阶段收入较高，相应的税基和税率都较高，也就需要缴纳较高所得税。如果此时将收入的一部分进行税前扣除，而存入养老金账户，这样可以有效减少纳税金额。而当人们退休时，收入一般比较低，征税金额也会相应减少。401（k）计划的税收优惠政策调动了雇主和雇员的积极性，使得 401（k）计划非常有吸引力。

201

6. 监督和管理

对于 401（k）计划监管的法律基础是《国内税收法》（IRC, Internal Revenue Code）和《雇员退休收入保障法》（ERISA, Employee Retirement Income Security Act）。其中，ERISA 法案的设立主要目的是为了保护私营养老金计划参与者的利益。ERISA 法案对于包括 401（k）计划在内的美国企业年金计划的雇主和雇员的参与资格、个人账户资金的权益归属、基金管理和托管方式、会计报告制度和信息披露规则等问题都有相关规定。特别地，根据 ERISA 要求，美国还设立了独立性质的年金保证公司（PBGC, the Pension Benefit Guaranty Corporation），PBGC 设立的目的是鼓励自主私营养老金计划的实施与维护，确保计划提供及时和持续的养老金福利，并在完成以上工作的同时，保证计划参与成员需向其缴纳的保费维持在一个较低水平上。

ERISA 法案还规定，401（k）计划作为美国私营养老金计划主要受到美国劳工部和国内收入署直接监管，基本上不受州级政府管辖。其中劳工部具有最重要的职责，下属雇员待遇保障局专门负责企业年金的监管工作。雇员待遇保障局下设免税判定处、强制执行处、政策与研究处、医疗计划标准与纠正协助处、法律规定与释义处、总会计师处、技术与信息服务处、计划参与者协助处、项目计划评估与管理、地区办事处，共 10 个处，分别负责企业年金计划政策的制定、释义、贯彻和执行等工作。原则上雇员待遇保障局负责一切关系到年金计划参与者权益的年金事宜的监督和管理工作。

（三）冰岛强制性企业年金制度介绍

冰岛与世界上许多国家一样，采用三支柱的养老金体系，它包括相对较小规模的社会养老、占主导地位的强制企业年金和享受税收优惠的个人养老储蓄三个部分。尽管企业年金被称为第二支柱，它在冰岛的养老体系中扮演着十分重要的角色。

1. 基本情况

冰岛很多企业年金都产生于二十世纪六十年代，在 1974 年成为强制性制度被计入法律。这一变化是由工会、冰岛雇主联合会和国家三个集团，关于一般工资结算问题会谈的结果。会谈达成协议，规定每一个有收入的雇员有义务将收入的一定比例，存入一个企业年金计划中，雇员可以自行选择年金计划，但多数情况下由公会决定。法律规定，企业年金总体缴费不少于雇员收入的 10%，其中雇主缴费比例不少于6%，雇员不少于 4%。这一缴费比例在不同的年金计划下有具体的调整。

冰岛大部分的企业年金计划是由工会和雇主们管理的私营年金计划。每个年金计划的养老金支付多少，会根据年金计划的融资地位和相对其他年金计划的市场份额比重的不同而有所区别。据估计，一个典型的企业年金计划在员工退休时支付的养老金会占其全职时工资的60%～70%，算上社会养老金以后，替代率总共可以达到80%[1]。

关于养老金计划的资格，冰岛法律规定，一个企业年金计划最少需要包含 800 个正在缴费的参与者，除非有其他的方式来减少负债的风险（比如购买保险）。除了被中央、地方政府或者银行担保的养老金计划，所有的养老金计划必须全额融资。全额融资就是说，养老金资产现值和负债现值的差距在一年中不能超过10%，在五年中不能超过5%。据统计，在 2004 年末一共有 28 个没有雇主担保的企业年金计划、10个不再有缴费的企业年金计划和11 个由国家和地方政府或者银行提供雇主担保的企业年金计划。[2]

2. 规模与分类

冰岛的企业年金计划的规模分布十分不均匀，几个大的计划掌控大部分的资本（最大的两个计划资本占整体资本的三分之一），规模较小的年金计划同时存在。年金计划被工会和雇主联合会同时管理，在二十世纪九十年代和二十一世纪初期，数量上有很大的下降，一部分原因是工会成员在养老金计划选择上缺少自主权，他们必须参加所在工会参与管理的养老金计划。另一方面，通过养老金计划合并等降低运营成本也是计划数量减少的重要因素。政府对养老金计划制定了严格的规范，细化了参与人领取养老金的权利。

在冰岛，所有的强制性企业年金计划都会提供直到死亡的养老金、

① Herbertsson, TT 2006, 'Icelandic pension system', Pensions: An International Journal, 11, 4, pp. 239-246.
② GUDMUNDSSON M. The Icelandic Pension System. The Central Bank of Iceland, MONETARY BULLETIN 2001/1, pp.43-59.

伤残养老金（参与者永久失去劳动能力时领取）和生存者养老金（参与者未领取养老金死亡，受益人领取），大部分的人根据职业的不同参与不同的企业年金。这些企业计划根据是否有雇主担保可以分为截然不同的两种类型，它们在缴费方式、养老金领取和风险承担上都有很大的区别。一种是由中央、地方政府或者银行担保的养老金计划，另一种是没有雇主担保的其他私营养老金计划，法律规定私营养老金计划必须全额融资。

有担保的公共部门的企业年金属于 DB 计划，可以分为旧的 B 计划和新的 A 计划，它们的主要区别是否全额融资。A 计划属于全额融资计划，计划要求缴费额为雇员全部收入的 15.5%，其中雇员承担 4%，雇主理论上承担 11.5%。但是由于养老金待遇是确定的，雇主承担所有的投资风险，所以雇主的支付额会根据投资情况而调整。在旧的 B 计划下，缴费额为雇员基本工资的 10%，其中雇员承担 4%。同样，由于待遇是确定的，最后雇主需要承担支付现阶段养老金所差的资金。计划参与人可以选择是否从旧的计划转到新的计划下。对于全部收入显著高于基本工资的年轻人，在 A 计划下会受益更多。而对于参加工作比较久的人 B 计划会更加合适。由此可见，新参加工作的人会倾向于A 计划，因此全额融资也将成为公共部门（政府部门）和银行企业年金的发展方向。

私营企业年金计划不完全属于 DB 计划或者 DC 计划。因为，一方面，与一般 DC 计划一样，私营企业年金计划有法律规定的最低缴费比例，长期来看，缴费比例维持在 10%；而另一方面，计划下不存在独立的个人账户，投资风险被所有计划参与人共同承担，当投资收益不理想的时候，通过调整养老金待遇使其与投资收益相匹配。同时，法律还对最低养老金待遇标准有相关的规定。比如，一个参与计划 40 年的雇员，养老金替代率不能少于 56%。一旦替代率低于这个标准，就需要雇主增加缴费来补偿。因此冰岛的强制性企业年金制度是介于 DB与 DC 计划之间。

除了缴费方式的不同外，几种年金计划对养老金领取也有着不同的规定，表 4-24 列示了这些区别。私营计划在退休年龄上，一般要求参与者 67 岁退休，如果早于 65 岁将减少养老金支付，而晚于 70 岁将增加养老金的支付，支付额将根据投资收益情况调整。公共部门的 A 计划要求退休年龄为 65 岁，对于提前退休或者延迟退休的规定类似私营计划，但是养老金支付额是固定的，它是通过模型代入缴费额计算得到的。最后，公共部门 B 计划要求退休年龄同样是 65 岁，但对于提前退休或延迟退休没有惩罚或鼓励政策，同时养老金支付额也是固定的，但计算模型与 A 计划不同。

表 4-24 冰岛不同种类的强制企业年金养老金待遇领取方式对比

计划种类	私营计划	公共部门 A 计划	公共部门 B 计划
一般退休年龄	67	65	65
收益累计方式	根据投资收益调整	固定比例	固定比例
提前/延迟退休调整	有	有	无

资料来源：根据 GUDMUNDSSON M. The Icelandic Pension System 整理。

3. 投资情况

法律规定，养老金计划的投资政策应该本着在任何时刻得到一个最好的收益/风险组合的目标。同时基于风险分散的原则，法律对某些种类的投资方向占总资产比重的上限做了相应的规范。为了规避利率风险，外币投资占总资产比重不能够超过 50%。股票、地方政府债券、银行债券和其他债权的投资上限都是 50%。对于抵押债券，虽然没有投资上限的规定，但是要求投资的抵押债券的贷款与价值比率一般不能超过 65%，某些特定的商业资产的贷款与价值比率不超过 35%。另外，投资的股票和债券 90%以上必须是上市公司发行的，只有不超过 10%的资产可以投资于未上市机构，前提是它们隶属于经济合作与发展组织（OECD，Organization for Economic Co-operation and Development）的成员国国家。除此之外，法律还规定养老金计划向单一机构的投资不能超过总资产的 10%，投资单一公司股票不能超过 15%的股份，投资股票基金和互助基金不能超过 25%的股份。

4. 法律框架和税收政策

1998 年中期，冰岛针对企业年金计划的经营问题颁布并开始实施相关法律。法律针对以下关键问题做出了相关规定：

——关于那些机构是否可以列为养老金计划并享受强制缴费的养老金权利进行了界定；

——关于最小养老金支付额和养老金的形式进行了界定；

——关于包括规模、风险、内部审计和融资等一般养老金经营问题进行了界定；

——关于养老金计划资本投资问题本着风险分散的原则，提出了指导方针和限制政策。

这些法律规定由冰岛国家税务机关监督执行。除此之外，冰岛还对企业年金缴费的税收优惠政策有相关规定。一方面，企业年金雇员缴费不超过收入 4%的部分可以在税前扣除。另一方面，雇主缴费部分在会计报表中计入费用，即使超过雇员收入的 6%，也可以全额在税前扣除。与此同时，养老基金投资收益免税。养老金领取时按照正常收入缴纳所得税。

二、国内企业年金运营的实践

（一）我国企业年金发展现状

1991 年国务院颁发《关于完善企业职工基本养老保险制度的决定》，提出建立多层次的社会保险体系，鼓励企业实行补充养老保险。2000 年国务院颁发《关于完善城镇社会保障体系的试点方案》，正式提出企业年金的概念，有条件的企业可以为职工建立企业年金，企业缴费在工资总额的 4%内可从成本列支。2004 年的两个试行办法《企业年金基金管理试行办法》《企业年金试行办法》的颁发，规定了企业年金的缴费、管理、基金运用等内容，进一步为我企业年金制度的发展奠定基础。

经过 20 多年的发展，企业年金制度逐渐被社会认可，需求数量和资金规模不断上升。2013 年建立企业年金的企业数为 66100 个，较 2012 年增长 20.8%；参与企业年金的职工数 2056 万人，较 2012 年增长 11.3%；基金积累金额 6035 亿元，较 2012 年增长 25.4%；从数据上看，我国企业年金无论是在参与主体和资金规模方面都保持了增长的态势，但是目前阶段其发展远低于政府和研究者的预期，与我国快速发展的经济不能协调。

一般对企业年金制度发展的评价主要考虑覆盖率、替代率、与国内生产总值的比例三个方面。2013 年我国企业年金参加的职工数与参加基本养老保险的在职职工人数的比例为 8.5%，不仅远低于英美等发达国家，与我国建立养老补充制度时间相近的国家，如匈牙利和捷克，该水平也在 30% 以上，可以看出我国企业年金覆盖范围较小，没有起到养老保障体系第二支柱的作用。根据数据统计，我国企业年金与 GDP 比例一般不足 1%。而美国的私人养老金为 GDP 的 77%，世界这一比例的平均水平也高达 38%。我国企业年金规模远不能与我国的经济发展水平相匹配。我国企业年金的替代率的目标是 20%，而实际运作中该指标不足 1%，对退休人员的基本生活保障几乎未发挥作用，使得职工对基本养老保险额依赖性过强，造成国家的财政压力。

表 4-25 我国企业年金覆盖率

	2007	2008	2009	2010	2011	2012	2013
参与企业年金的职工数（万人）	929	1038	1179	1335	1577	1847	2056
参与基本养老保险的人数（万人）	15,183.2	16587.5	17743.0	19402.3	21565.0	22981.1	24177.3
企业年金与基本养老保险人数比例(%)	6.12	6.26	6.64	6.88	7.31	8.04	8.5

数据来源：中国国家统计局、中国人力资源和社会保障部。

表 4-26 我国企业年金积累基金在国内生产总值中占比

	2007	2008	2009	2010	2011	2012	2013
企业年金积累基金（亿元）	1519	1911	2533	2809	3570	4812	6035
GDP	265810.31	314.045.43	340902.81	401512.80	473104.05	519470.10	568845.21
企业年金资产占GDP比例(%)	0.57	0.61	0.74	0.70	0.75	0.93	1.06

数据来源：中国国家统计局、中国人力资源和社会保障部。

目前，企业年金在需求结构方面也呈现出严重的不平衡现象。首先，目前参与的主体主要是电力、铁路、石油、烟草等国有大型企业。而 2013 年我国国有企业城镇职工人数占就业人数的比例仅为 16.64%，拥有更大空间的中小型企业、民营企业由于意识观念和资金能力等问题，并没有建立企业年金计划。其次，由于发展水平及试点政策实施等原因，企业年金的在各省市的发展存在很大的地域差异。一般是经济较发达城市、沿海城市的发展远高于其他地区。排名第一位的上海在年金规模上是第十名辽宁省的 4 倍，是最后一名西藏的 294 倍。

表 4-27　2013 年各省企业年金总额（前十位）

上海市	北京市	江苏省	山西省	安徽省
3,838,483.21	2,583,869.85	2,109,864.45	1,575,750.93	1,545,381.48
广东省	浙江省	山东省	福建省	辽宁省
1,509,758.58	1,455,002.63	1,293,595.88	1,051,273.98	910,711.75

数据来源：2013 年度全国企业年金基金业务数据摘要。

（二）我国企业年金发展中面临的问题

1. 立法不足，监管体系尚待完善

企业年金正式更名以来，我国关于企业年金的主要法律法规如表 4-28 所示：

表 4-28　企业年金相关法规

颁发时间	法律法规名称	颁发单位
2004 年 1 月	《企业年金试行办法》	劳动和社会保障部
2004 年 2 月（已废止）	《企业年金基金管理试行办法》	劳动和社会保障部
2009 年 12 月（已废止）	《国家税务总局关于企业年金个人所得税征收管理有关问题的通知》	国家税务总局
2011 年 2 月	《企业年金基金管理办法》	人力资源和社会保障部
2012 年 12 月	《国有金融企业年金管理办法》	财政部
2013 年 12 月	《关于企业年金、职业年金个人所得税有关问题的通知》	财政部、人力资源和社会保障部、国家税务总局
2013 年 3 月	《关于扩大企业年金基金投资范围的通知》	人力资源和社会保障部

资料来源：中国人力资源和社会保障部。

在人口老龄化的趋势下，我国政府对于多支柱养老保障体系的构建给予高度重视，近年来连续出台多部关于企业年金制度的法律规范及监管规定，极大地提升了其运作的规范性。但是，由于我国企业年金制度起步较晚，法律体系建设和监督管理工作中难免存在不完善之处，针对当前情况的主要问题体现在以下方面：

第一，缺乏统一的法律规范，实施力度有限。上述各法规，分别从运作方式、基金管理、税收优惠等方面对企业年金制度加以规范，缺乏统一性，没有一部专门的法律对其加以全面的总结。另外，《企业年金试行办法》《企业年金基金管理办法》等法律的颁发部门是人社部和国税局等部门，而非我国最高立法机关中国人民代表大会及其常务委员会，在法律层次上应属于行政法规中的部门规章和条例，其强制力受到一定限制，其贯彻执行效果自然降低。

第二，监管体系复杂，协调性不足。目前对于企业年金的监管部门主要有人力资源和社会保障部、保险监督委员会、银行监督委员会、证券监督委员会、国家税务总局。其中人社部是核心，负责制定和颁发有关管理条例、认定企业年金基金的管理机构资格及监督基金投资等。保监会、银监会、证监会主要对基金受托人、账户管理人、托管人及投资管理人的行为加以监督和规范。国税局主要负责企业年金的税收征缴和税收优惠等。由于目前没有法规对各部门的任务加以明确的区分，也没有建立统一的部门间信息共享系统，各部门以各自的管理目标为导向，容易导致多头监管、协调困难、资源浪费的现象，影响企业年金的监管效果和效率。

2. 税收优惠不足

企业年金的税收优惠模式，按照免税环节不同一般可以分为八种，而在实际运用中主要有四种模式：第一，EET 模式，缴费和投资环节免税，但在领取时征税；第二，TEE 模式，投资和领取环节免税，但在缴费环节征税；第三，TTE 模式，缴费和投资环节征税，领取时免税；第四，ETT 模式投资和领取环节征税，缴费环节免税。国际上大部分国家采用了 EET 的税收优惠方式，递延个人所得税缴纳时间。我国对于企业年金税收优惠政策如下：

表 4-29　我国企业年金税收优惠政策

年份	政策规定	缴费环节		投资环节	领取环节
		企业	个人		
2000年12月	《国务院关于印发完善城镇社会保障体系试点方案的通知》	工资总额的4%免税优惠	无规定	无规定	无规定
2009年6月	《关于补充养老保险费补充医疗保险费有关企业所得税政策问题的通知》	工资总额的5%免税优惠	无规定	无规定	无规定
2013年12月	《关于企业年金、职业年金个人所得税有关问题的通知》	无规定,沿用原政策	单位缴费计入个人账户的部分免个人所得税,个人缴费,工资4%内免税。	投资收益计入个人账户,免征所得税	按领取的时间计算个人所得税

由于我国长期以来在个人缴费、年金投资收益、年金领取环节的税收优惠的缺失,使得职工参加企业年金计划的热情不高,限制了第二支柱作用的发挥。2014年1月1日开始实施的《关于企业年金、职业年金个人所得税有关问题的通知》,使我国企业年金的税收优惠制度确立为EET模式,一方面为企业年金的发展带来新的机遇,另一方面也体现了我国相关政策的规范化、国际化趋势。然而,尽管该政策在多方面解决了我国企业年金的税收问题,但是现阶段还存在如下问题尚待完善:

第一,优惠基数相对过低。4%的个人所得税减免优惠力度不足,美国对于私人养老金的免税比例为25%,远高于我国水平。此外,为鼓励地方企业建立企业年金,各地政府采取了不同的优惠政策,减免列支成本的比例范围在4%到12.5%之间,这也是导致我国企业年金发展呈现较大地区差异的原因之一。

第二,税收公平问题。企业年金的免税优惠,对于激发单位和个人参加计划的热情意义重大,但是这一优惠政策如果利用不当,也会引起新的社会不公平问题。目前企业年金的免税基础为职工的工资总额,而企业内部高管与普通职工之间、不同行业之间的工资差距很大,收入不均一直是不可回避的问题。2014年我国基尼系数为0.49,超过0.4的警戒线,位于联合国有关组织界定的收入差距较大的范围。而我国对企业年金所得税的新规定中,并没有对免税的工资总额规定上限,那么高收入者会更倾向于缴纳企业年金，以便以合理的手段逃避税收，最终使得高薪行业、高收入阶层成为企业年金的主要受益者，而对养老需求更大的普通阶层，没有得到实惠，使得收入差距等社会公平问题进一步扩大。

3. 公众意识薄弱

作为养老保障体系的第二支柱，企业年金对于企业和个人都有很多好处。对企业而言，它是一种有效的人力资源管理手段，可以帮助企业吸引高素质人才，提高员工的忠诚度，促进工作效率的提高。企业所得税的优惠政策，使得这种激励方法相对成本更低，员工个人能力的激发，也使得培训成本降低，为企业带来更多的利润空间。对员工而言，企业年金可以提高退休后的生活质量，是对未来生活的可靠保障。企业年金的信托模式，由专门的托管人、投资管理人负责资金的运作，相比个人的投资更加安全可靠。虽然近年来我国建立企业年金的企业数量有所增加，但是对大部分企业和个人，对企业年金的意识还很薄弱。

从企业方面分析，忽视企业年金的原因主要有三个。首先，我国企业目前的绩效考核制度注重短期利益，对于领导在任期间的考评主要以当期的利润为重点，而企业年金这项员工的福利计划，有着明显的长期性，很多管理者不愿意从当期的盈利中支付这项开支而更倾向于现金奖励等方式，激发员工目前的工作热情，创造业绩。其次，当前我国企业普遍利润率不高，而且基本的社会保险和公积金缴费中，企业承担了 40%～50%的份额，造成了很大经济压力，难以再负担企业年金的支出。最后，我国的就业市场是一个买方市场，供大于需的现象造成了企业无需用更多的福利去竞争人力资源，使企业年金的功能大打折扣，因此对其关注度自然降低。

职工方面同样存在三个原因。首先，企业年金宣传力度不足、覆盖率过低，大部分就业者不了解其意义。谈及养老保障问题，人们意识到的往往是基本的养老保险、医疗保险等，而非多层次的养老保障体系。其次，职工注重短期利益，对于个人待遇，往往注重当前工资水平。另外，我国的养老是储蓄型养老而不是投资型养老，人们更倾向于本期获得的收入通过传统的存款方式保值，以备老年开销。最后，由于企业年金的信息披露制度不完善，职工对于年金的方案、运作、投资收益等的知情权方面处于弱势地位，难免会对企业年金制度产生质疑、抵触。

4. 基金投资结构尚待完善

企业年金基金具有长期性，稳定性的特点，是资本市场可靠的资金来源。近年来我国投资管理的资金规模不断扩大，一方面为资本市场注入了丰富的资源，另一方面，由于企业年金基金对安全性的高要求，促进了资本市场的产品创新和规范化管理。2004年《企业年金基金管理办法试行》是最早的对企业年金基金的规范性文件。2011年适应资本市场的发展和对基金投资收益的要求，人社部颁发了新的《企业年金基金管理办法》，对企业年金的投资范围做了新的调整，具体如下：

表4-30　企业年金基金投资范围

投资范围	与投资组合企业年金基金财产净值的比例
银行活期存款、中央银行票据、债券回购等流动性产品及货币市场基金	不低于5%
银行定期存款、协议存款、国债、金融债、企业（公司）债、短期融资券、中期票据、万能保险等固定收益类产品及可转换债、债券基金、投资连结保险（股票投资比例不高于30%）	不高于95%
权益类产品及股票基金、混合基金、投连险产品（股票投资比例≥30%）	不得高于30%

从《企业年金基金管理办法》中可以看出，出于对企业年金的资金安全性考虑，我国对于企业年金基金的投资一直持保守的态度，更加注重资金的保值。随着资本市场的发展，金融产品不断丰富，2013年社会保险基金监督司颁发了《关于扩大企业年金基金投资范围的通知》，在原有企业年金投资范围中增加了对商业银行理财产品、信托产品、基础设施债权投资计划、特定资产管理计划、股指期货的投资。投资范围的扩大，表明了管理部门对年金收益逐渐重视，将进一步促进企业年金市场的发展。但是，当前在企业年金基金的投资方面还存

在尚待改进的问题。

　　企业年金基金的投资仅限于国内，而美国等发达国家在 20 世纪 90 年代就已经将养老金投资国外股票。打破投资地域限制，可以更好地利用不同国家经济周期的差异，合理组合，分散风险。在投资范围方面，尽管《关于扩大企业年金基金投资范围的通知》增加了基础设施债权投资计划，但是我国企业年金的运用主要集中于非权益类金融产品。虽然企业年金注重资产的流动性、安全性，但是基金的保值不仅可以依靠将大量的资产投资于单一的流动性较高的资产，而且可以利用金融资产的组合理论，通过合理的资产组合，分散风险。有国家担保的大型基础设施建设等实体项目，投资风险相对小，可以降低投资组合的风险。我国对权益类投资的比例设置了 30% 的上限，而澳大利亚等国家这一投资比例一般高于 30%，因为权益性投资的收益率明显高于银行存款、债券等产品，对其限制导致了我国企业年金基金投资的收益率偏低。2013 年我国实际运作资产总额 5783.6 亿元，当年投资收益 179.59 亿元，加权平均收益率 3.67%。而 2013 年我国的居民消费价格指数 2.6%，净的基金收益率只有 1.07%。不仅低于当前短期理财产品 5%～7% 的收益率，与开放式基金的收益率相比更是相差甚远，对企业职工而言，不具有吸引力的投资回报，大大降低了其参加企业年金的热情。

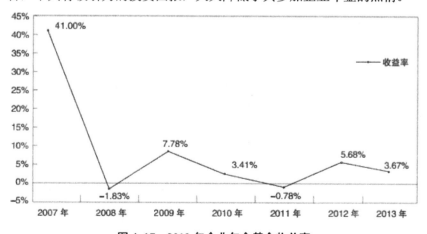

图 4-17　2013 年企业年金基金收益率

资料来源：2013 年度全国企业年金基金业务数据摘要。

（三）我国企业年金的运营实践

1. 我国企业年金的运作管理模式

根据《企业年金试行办法》的规定，我国企业年金采用信托型的管理模式。企业与有资格的受托人签订合同，受托人负责选择账户管理人、投资管理人及账户管理人，并与之签订书面合同，对委托人负最终责任。信托型管理模式主要分为全拆分模式、全捆绑模式和部分捆绑模式。全捆绑式模式分工明确，分散风险，但是管理链长，成本高，对各机构及监管的协调要求较高。全捆绑模式委托代理关系简单，但是风险集中，对受托人的实力要求较高。部分捆绑模式是当前我国经济和法律环境下最主要的企业年金运作形式。

《企业年金基金管理办法》规定："一个企业年金计划应当仅有一个受托人、一个账户管理人和一个托管人，可以根据资产规模大小选择适量的投资管理人。同一企业年金计划中，受托人与托管人、托管人与投资管理人不得为同一人。"[①]因此，我国企业年金的管理模式主要分为四种：第一种"1+1+1+N"模式，受托人、账户管理人和托管人不同，同时选择多个投资管理人；第二种"2+1+N"模式，受托人与账户管理人为同一机构，另一托管人和多个投资管理人；第三种"1+2+N"模式，账户管理人与托管人为同一机构，另一受托人和多个投资管理人；第四种"2+2"模式，受托人与投资管理人、账户管理人与托管人相同。根据2014年一季度企业年金业务报告，我国目前企业年金基金管理机构共有33家。

表4-31　企业年金管理机构

机构类型	受托人	账户管理人	托管人	投资管理人
商业银行	3	10	10	0
保险公司	5	5	0	4
基金公司	0	0	0	11
信托公司	2	2	0	0
资管公司	0	0	0	3
证券公司及其他	0	0	0	2
合计	10	17	10	20

数据来源：中国人力资源和社会保障部。

---

① 《企业年金基金管理办法》。

从以上统计中可以看出，在企业年金市场中主要的经营主体分为六大金融机构，而获得管理资格最多、竞争力最强的机构是保险公司和商业银行，下文将主要探讨我国这两大金融机构的企业年金实践。

2. 保险公司的企业年金实践

（1）保险公司开展企业年金业务的优势

第一，精算优势。保险公司的强大的精算技术支持，在企业年金的产品研发和缴费方式设计方面，能够兼顾灵活性与安全性。保险公司一直以偿付能力监管为重点，在评估计划的资产负债情况方面有着天然优势。企业年金的支付依赖于参与员工的生命周期，这一特征与寿险精算的生命表理论相联系。

第二，产品优势。保险公司保费收入的长期性、在投资方面关注保值增值的特点与企业年金基金有着很多相似之处。养老年金产品，投资连结保险、分红险等新型寿险产品在账户管理系统建设、投资方案设计方面积累了大量的经验，为企业年金的产品设计、基金管理打下坚实的基础。

第三，销售优势。在 2004 年《企业年金试行办法》颁发之前，保险公司就作为运营企业年金的三大机构之一，与很多大型客户有良好的合作基础。此外，销售能力的强弱是保险公司赢得市场的关键，多年来，各家保险公司都组建了很多优秀的销售团队，积累了大量的客户资源，在新客户开发、产品宣传、维系客户关系等方面有着丰富的经验；遍布全国的分支机构，使得保险公司能够便捷地为客户提供属地服务，创造良好的客户体验。

目前，获得企业年金账户管理人、投资管理人，受托人三项资格的保险公司有三家，中国人寿养老保险、长江养老保险和平安养老保险公司。2013 年国寿养老受托管理资产，率先突破亿元大关。

（2）中国人寿养老保险企业年金业务

中国人寿于 2007 年 11 月获得企业年金受托管理人资格，正式开展企业年金业务，目前已经获得受托人、账户管理人、投资管理人三项资格。2013 年，国寿受托管理资产 10,204,882.09 万元，占市场总额的 28.8%。管理企业账户 2783 家，个人账户 1197283 家，投资管理资产 5421222.74 万元，位列投资管理人第二位。

作为企业年金的受托人，国寿养老注重与其他机构的沟通、协调，为客户提供全面的服务，目前与所有获得企业年金管理资格的金融机构都建立了合作关系。国寿养老自主研发的以服务客户为导向，集业务查询、运营管理、基金监督、方案预测等重要功能为一体的受托管理系统，获得"2013 年度中国保险行业信息化杰出项目奖"。例如，养老金精算咨询 PASC 系统，开通客户体验入口，为企业提供企业年金的相关知识和政策法规咨询，企业年金方案、预算、分析报告等一系列服务；牵头制定《企业年金数据交换规范》，为年金计划的整体运作、实现受托人对其他管理人的监督提供有力保障；建立转移业务专人专岗，高效、平稳地实现非现金资产的移交。

作为投资管理人，国寿养老根据企业年金的特点，制定稳健性、流动性和收益性相统一的投资策略，应用 TRM、Stress Test 等国际最新风险管理技术及理念，有效地保障基金运作的安全性，实现受益人利益最大化。利用中国人寿的投资研究资源支持，建立投资决策委员会、管理中心、团队三级决策机制，实行全面绩效考核、岗位淘汰制，由投资总监对账户业绩负责，组合经理负责客户沟通、业绩跟踪，实现各个投资环节的有效衔接及制衡。公司研发 xRisk 绩效评估系统、CDW 智能报表分析系统和 Barra Aegis System 组合风险管理系统等，更加精准地分析风险收益情况及考核基金管理能力。

在账户管理方面，国寿养老对每个计划实行 A、B 角色配置的专人专岗，全面了解客户信息，为企业和职工提供详细的账户报告，根据企业需求提供节点级特别报告或不定期临时报告。借鉴国外先进管理模式，自主研发支持多层级管理、多样缴费及属地授权等功能的账户管理系统，保障账户管理的规范性、时效性、准确性。

在产品设计方面，国寿养老注重以中小企业为对象的企业年金计划集合产品，目前推出国寿永睿、永信等 10 个集合计划产品，截至 2013 年底，投资运作组合数达 457 个。

表 4-32　国寿养老企业年金集合计划

集合计划	国寿永睿	国寿永丰	国寿永信	国寿永诚	国寿永通	国寿永颐	国寿永福	国寿永富	国寿永祥	国寿永乐
受托人	中国人寿养老保险股份有限公司									
账户管理人	工商银行	国寿养老	国寿养老	中国银行	交通银行	建设银行	民生银行	浦发银行	光大银行	招商银行
托管人	工商银行	农业银行	中信银行	中国银行	交通银行	建设银行	民生银行	浦发银行	光大银行	招商银行
投资管理人	1.国寿养老 2.易方达基金 3.嘉实基金 4.平安养老	1.国寿养老 2.博时基金 3.南方基金	1.国寿养老 2.工银瑞信 3.平安养老	1.国寿养老 2.华夏基金 3.海富通基金	1.国寿养老 2.银华基金 3.广发基金 4.太平养老	1.国寿养老 2.富国基金 3.国泰基金	1.国寿养老 2.博时基金 3.银华基金	1.国寿养老 2.易方达基金 3.华夏基金	1.国寿养老 2.嘉实基金 3.中信证券	1.国寿养老 2.海富通基金 3.南方基金

2013年底计划情况		国寿永睿	国寿永丰	国寿永信	国寿永诚	国寿永通	国寿永颐	国寿永福	国寿永富	国寿永祥	国寿永乐
	规模	24.56亿元	16.76亿元	2.52亿元	10.48亿元	3.40亿元	4.39亿元	2.08亿元	0.92亿元	1.73亿元	2014年4月27日批复
	企业数	569家	1165家	96家	532家	366家	208家	40家	60家	176家	
	员工数	11.99万人	13.65万人	1.21万人	7.7万人	2.87万人	3.62万人	0.79万人	0.54万人	1.27万人	

投资组合		未采用货币增利组合					使用货币增利组合				
	货币增利	货币类：5%～100%，固定收益类：0%～135%，权益类：0%									
		业绩基准：同期七天通知存款（税后）									
	价值成长	货币类：5%～100%，固定收益类：0%～135%，权益类：0%～30%									
		业绩基准：沪深300指数*15%+中债总全价指数*60%+银行活期存款利率*25%									
	稳健配置	货币类：5%～100%，固定收益类：0%～135%，权益类：0%～20%									
		业绩基准：沪深300指数*10%+中债总全价指数*50%+银行活期存款利率*40%									
	避险增值	货币类：5%～100%，固定收益类：0%～135%，权益类：0%～10%									
		业绩基准：中债总全价指数*50%+银行活期存款利率*50%									

资料来源：中国人寿养老保险股份有限公司官网。

3. 商业银行的企业年金实践

（1）商业银行开展企业年金业务的优势

第一，良好的品牌声誉。企业年金是一项长期业务，受托人的信誉和偿付能力关系到企业年金资产的安全性，商业银行无论在资产规模还是风险管理手段方面都有竞争优势，工商银行 2014 年入围世界品牌实验室编制的《世界品牌 500 强》排行榜。建设银行在 2013 年世界 500 强排行榜中位列全球第 50 位，2013 年 6 月，荣获首届"民生中国·中国养老金融服务最具领导力品牌"奖项。从消费心理分析，银行的稳定性和美誉深入人心，人们更多地愿意将养老的储蓄存入银行，以期保值。

第二，广泛的客户资源和账户管理经验。首先，商业银行长期以来的信贷等业务积累了大量的企业客户资源，为开展企业年金业务创造了条件。在实践中，充分利用现有客户资源，减少年金营销的投入，降低客户开发成本，创造市场竞争优势。其次，商业银行服务网点丰富，覆盖全国主要地区，既有利于吸纳新的客户资源，又可以通过下级分行实行属地服务，提高企业年金业务的服务质量，维护客户忠诚度。

商业银行在办理个人银行业务的过程中积累了丰富的账户管理经验，对开立账户、缴费支付、清算结算及信息披露查询等方面有系统完善的处理机制，同时网上银行、电话银行等的发展拓宽了企业年金支付及信息查询的手段，满足了客户多样化需求。

第三，丰富的托管经验。当前我国取得企业年金托管资格的 10 家金融机构都是商业银行，可见商业银行在托管业务中的独特优势。商业银行获得托管资格的十几年来，其托管资产包括全国社会保障基金、证券公司受托投资、合格境外机构投资者证券投资等多种形式。在长期的业务开展中，一方面积累了熟知相关法律、操作程序的专业人力资源；另一方面建立了庞大的信息支持系统掌握先进的资金清算技术；在参与资本市场运作过程中，与其他银行、保险公司、信托公司、基金公司等金融机构合作交流，拥有全面的投资和风险管理技术。

目前我国具备企业年金受托人、账户管理人和托管人三项资格的银行有三家：中国工商银行、中国建设银行、招商银行。以下主要介绍分析建设银行模式。

（2）中国建设银行企业年金实践

服务对象方面，建设银行企业年金客户覆盖范围广泛，包括电力、烟草、航天、科技等各个领域，其中非国有企业占比逐年上升。2013年，建设银行受托管理企业 3333 家，受托管理金额 3,649,126.41 万元；管理企业账户 7739 个，个人账户 3,218,440 个。除了面对企业客户，建行还发展面向机关企事业单位的职业年金，提供职业年金的受托、账户管理与托管服务，为客户提供方案设计及内外部的报批报备，负责年金的组织管理、制度建设等。在 2015 年实行养老金"双轨制"后，职业年金也是对于事业单位人员退休后生活质量的重要保障。

业务管理和创新方面，首先，建设银行年金账户由总行养老金业务部下设综合业务管理处、市场拓展处、受托管理处、账户管理处、运营与系统管理处和投资与内控管理处，负责年金计划、产品开发、投资管理及定期向受托人提交账户管理数据、基金管理报告等。一级分行主要负责客户服务组织和日常业务的运营，二级分行维护客户关系，提供属地服务。其次，2013年3月，建行推出国内首张具有养老特色的联名借记卡，该卡安全性高，同时具有多种功能，既可以办理普通的存取款，还具有企业年金个人信息账户查询等功能，是养老服务方面的一次创新。

目前建行的服务模式，主要有两种：一种是建行作为托管人和账户管理人，与平安养老、长江养老、泰康养老、国寿养老等保险公司合作的"2+2"模式年金计划；另一种是建行在业内首创的受托人兼账户管理人的"2+1+N"模式。建行的企业年金产品按客户类型不同，分为单一计划服务和标准化集合计划产品，而其中最具特色的就是面对中小企业的"2+1+N"模式的"养颐乐"系列集合计划产品。该产品具有业务程序简便、分摊成本、规模投资、组合多样和专业管理等优点，为客户提供了优质的服务。

表4-33　建设银行企业年金集合计划

计划名称	建设银行 养颐乐·安享	建设银行 养颐乐·金岁	建设银行 养颐乐·如意
受托人	建设银行	建设银行	建设银行
账管人	建设银行	建设银行	建设银行
托管人	中国银行	农业银行	工商银行
投管人	博时基金 海富通基金 南方基金 国泰基金 泰康资产	华夏基金 中信证券 人保资产 工银瑞信 国寿养老	泰康资产 博时基金 长江养老 平安养老 嘉实基金
2014年3季度期末企业数	216	92	83
2014年3季度期末资产金额（万元）及加权收益率	53,621.37 6.12%	15,690.64 5.64%	21,321.57 5.59%

计划名称		建设银行 养颐乐·安享	建设银行 养颐乐·金岁	建设银行 养颐乐·如意
权益性投资组合	目标	在控制本金风险的前提下，结合资本市场走势，动态调整资产中的固定收益类投资比例和权益类投资比例，通过积极策略灵活投资，实现基金的保本与增值。		
	投资比例	货币性及流动性资产 [5%,100%] 固定收益类资产 [0%,95%] 权益类资产 [0%,30%]		
非权益性投资组合	目标	依托价值分析手段，科学地管理利率和信用风险，构造主动管理型债券组合，通过债券回购的手段积极申购新股、新债，稳定提高企业年金基金的收益水平。		
	投资比例	货币性及流动性资产 [5%,100%] 固定收益类资产 [0%,95%]		
查询渠道		企业：网上银行、客户经理上门服务 个人：网上银行、电话银行、ATM、短信		

资料来源：建设银行官网。

三、我国寿险公司介入企业年金的策略

（一）创建品牌价值，提高客户忠诚度

由于企业和员工建立企业年金的意识薄弱，因此，寿险公司应该开展相关理念宣传活动并提供政策法规咨询服务，使得人们了解企业年金的意义和操作方式，创造有效需求。此外，由于企业年金的非强制性，企业可以自由选择个人偏好的基金管理机构。面对商业银行、证券、信托、基金公司等其他金融机构和行业内部其他保险公司的竞争，为了吸引客户，提高市场占有率，寿险公司应该努力创造品牌价值，赢得广泛的社会认可。大型寿险公司资本实力雄厚，知名度和可靠性方面占据优势，应该创新产品、提高服务质量，着力维护现有市场地位，凭借实力赢得更多客户。中小寿险公司，应该努力参与社会公益活动，宣传品牌理念，提高公司的社会认可度；提高资金管理的

能力和透明度，给人以可靠的企业形象。

市场营销 20/80 法则，强调老客户的重复购买是企业稳定的收入来源、长期发展的基石。例如，对于一家银行而言，老客户的比例提高5%，其利润将增加 85%。老客户的宣传和推荐将影响新客户的选择，为企业带来间接经济利益。因此，在注重开发新客户的同时，寿险公司应该定期对客户进行回访，了解客户需求和体验，改进现有服务，提供网络信息查询等增值服务，针对客户需要开发新产品，维护既有的老客户。

（二）加强人才队伍建设

1. 专业销售人员

寿险公司的绩效考核指标中要加大对企业年金的重视。对于企业年金业务，由于涉及养老保障的专业理论，而中小企业等集合计划的客户集中地分散，需要调动基层机构的销售力量，因此要对相关销售人员进行系统化的课程培训，传授年金知识，交流业务经验。另外保险公司的团险业务积累了大量的客户资源和管理经验，因此可在此基础上建立一支专业的精英团队，专门负责企业年金业务。但是由于企业年金业务需要调研市场、挖掘新客户等准备过程，所以在年终业务评价中很难体现出销售成果，需要人力部门对此类情况予以考虑，调整业绩考核的标准，调动员工营销企业年金的积极性。例如，泰康人寿任命项目经理，对新客户专项负责，并基于项目制定相关的奖惩措施的方法，一方面激励了员工的积极性，另一方面也合理地调控了运营经费。

2. 精算人员

目前我国企业年金实行的是 DC 模式，投资收益率风险由个人承担，虽然在投资情况的预算不如 DB 模式对于精算的依赖，但是在设计产品和缴费模式方面，需要有专业优势的精算人员。因此寿险公司应利用精算人员在团险和其他年金产品设计方面的经验，给予企业年金业务学习和交流的机会，培养专业的企业年金精算团队。

3. 投资人员

企业年金对投资的稳健性和回报性的要求，使得在制定投资策略和选择投资管理机构方面对金融机构的投资能力要求较高。目前大多的投资管理人由基金公司担任，虽然国寿养老、平安养老等几家保险公司已经取得相应资格，但是基金运作经验和人才储备方面相对而言略显逊色。因此寿险公司应招收投资领域的专业人才，并加大内部培养机制，赢得竞争优势。

（三）提高产品创新能力

产品设计能力是保险公司在企业年金市场中的一大优势，但是目前市场上的养老金产品同质化问题突出，而企业年金方案的受益人是不同的企业和个人，由于行业的不同，职工年龄、性别、学历等的不同对于未来养老的看法、需求也不尽相同；青年职工的风险偏好高于老年员工，对高收益的权益类投资需求较高；员工流动性较强的企业，对企业账户和个人账户转换的便捷性要求较高；不同规模的企业资金来源的稳定性及对风险的承受能力不同。因此，企业年金计划应该根据客户的特点，设计不同的产品和投资方案，提高灵活性和适用性。保险公司依托强大的精算技术支持，在产品研发方面比其他机构更具优势，应发挥优势设计出符合企业需求、缴费和领取方式多样化的企业年金产品。例如，2010年平安人寿推出《平安养老金转换年金条款》，规定了五种年金的领取方式，使得账户价值的处理和支取更具灵活性。

（四）注重中小企业市场空间

中小企业占我国企业数量的99%，提供了近75%的城镇就业岗位，是企业年金发展的重要资源。中小企业企业年金的认知不足，需要利用寿险公司丰富的营销机构和销售人员优势，对其采用一对一的服务，开发客户资源。此外，由于管理费用较高，但是中小企业的资金有限，所以即便是有建立企业年金的意识，也很难得到满足。企业年金集合计划将分散的资金聚集，通过标准化产品降低管理费用，运用集合资金组合投资，提高收益率，能够有效地满足中小企业对建立企业年金的需求。因此寿险公司应关注集合计划产品的研发，大力发展中小企业市场。

（五）与其他金融机构的合作

根据规定，"投资管理人与托管人不得为同一人，也不能相互出资或持有股份"。因此任何一家管理机构，即便以集团化的形式，在执行一个企业年金计划时也必须与其他金融机构合作。各家金融机构都有各自的竞争特点，在合作中可以发挥各自优势，根据对客户需求的了解，开发出更加安全可靠、收益率高的产品。目前，寿险公司的主要竞争者是商业银行，银行在管理资格的获得中主要是账户管理人和托管人，而在受托人资格中，保险公司居多，因此二者在竞争的同时还存在较大的合作空间。银行在账户管理方面有着多年的个人账户管理经验和大客户资源，而保险公司在营销方面拥有丰富的经验，因此在合作过程中，可以取长补短，互相借鉴。基金公司拥有经验丰富的投资专业人才，在资金运作环节具有明显的优势，是投资管理人的主体。寿险公司通过与优秀基金公司的合作，既可以提高基金的安全性和收益性，又可以提高声誉，赢得更多的客户。

此外，我国企业年金试行办法没有对企业破产资金后续问题的规定，一旦出现此问题，保险公司的整体投资计划将会被打乱，出现亏损风险。因此，寿险公司应该对受托业务做出分散风险计划，加强与再保险公司和其他保险机构的合作，利用再保险手段转移风险，同时提高公司资金管理的可信赖性。

（六）集团化发展，建立专业的养老保险公司

与寿险公司内部的专设投资部门相比，专业的养老险公司作为独立的法人机构，不受寿险公司整体经营情况的影响，提高了企业年金运用的安全性与透明度。养老保险公司针对不同人群的养老需求，开发出缴费灵活、支取方式多样、账户转移便捷的多种养老年金产品，在产品设计和个人账户管理方面经验丰富，为经营企业年金业务打下了坚实的基础。2011年8月，根据中国人寿保险（集团）公司的规划，人社部发布《企业年金基金管理资格延续的通告》，将中国人寿资产管理有限公司企业年金基金投资管理人资格转移到中国人寿养老保险股份有限公司。目前我国获得企业年金基金管理资格的保险机构，除新华人寿外，均为专业的养老保险公司。2014年我国养老保险公司受托管理资产31,599,422.28万元，较上年增长26.6%，投资管理资产28,578,899.31万元，较上年增长31.85%。

在商业银行领域，中国工商银行以工银瑞信基金管理有限公司获得投资管理人资格，工行获得企业年金管理全牌照。保险领域，为提高投资领域的竞争力，各公司分别成立在宏观经济分析、投资策略方面更具优势的专业的资产管理公司，如泰康资产管理有限责任公司、华泰保险资产管理公司、中国人保资产管理公司分别获得投资管理人资格。寿险公司集团化发展有助于公司获得多种管理身份，还可以依托集团总部的声誉和资本实力，开发大型企业客户，并凭借集团内部银行、信托、资管公司的力量设计出一揽子的产品，降低服务成本，提高市场占有率。

第五章

寿险公司介入老年服务业的策略分析

第一节 寿险公司开展管理式医疗的策略分析

国外不论是养老产业还是养老社区运营商，医疗护理均为其发展之初专注的领域。因此，提供养老需求的核心是解决医疗护理需要，机构养老能够提供专业化、标准化、有公信力的医疗护理服务，是拓展整个养老服务业的基础。

一、管理式医疗在国外的发展实践

管理式医疗模式发源于美国、欧洲，在美国的发展最为完善，其他国家也有不同程度的进展。目前，最有代表性的管理式医疗组织是美国健康维护组织（Health Maintenance Organizations，HMO）、优先提供者组织（Preferred Provider Organizations，PPO）及英国的联合提供协会（British United Provident Association，BUPA）等。

(一)美国管理式医疗发展实践

1. 管理式医疗保险组织产生和发展的原因

第一，医疗费用激增，改革医疗组织实施方法势在必行。美国是近年来全世界卫生保健费用支出最高的一个国家，医疗费用已成为美国经济的沉重负担。究其原因，除了通货膨胀、人均寿命延长、医疗新技术新设备的广泛应用等因素外，医疗保险传统的偿付方式按医疗服务量进行偿付也是医疗费用上涨过快的一个主要原因。因此，改变医疗保险制度的结算方法，通过制定预付标准和总量来约束医疗提供者的医疗行为，使其共同承担经济风险，规范自身的医疗行为，从而促使医院控制医疗费用、降低价格、提高效率和质量，成为建立管理式医疗保险组织的基本思想。

第二，政府的支持和法律的认可是管理式医疗保险组织得以发展壮大的前提条件。20 世纪 70 年代，管理式医疗保险组织之一健康维护组织（HMO）开始受到政府的重视，许多政府官员赞同将之作为一种医疗成本控制的方式。随着 1972 年社会保障修正草案（The Social Security Amendments）的通过，HMO 取得了法律认可。1973 年，美国通过了《健康维护组织法》（Health Maintenance Organization Act），取消了原有对 HMO 的限制，明确规定它与健康保险处于同等地位，并为这种组织的发展制定了统一的标准。同时，还决定对 HMO 给予资金援助，即用贷款扶助 HMO，甚至规定小企业应向职工提供 HMO，以便让职工自由选择。这些措施无疑促使了管理式医疗保险组织的发展壮大。

第三，有效的监督机构是管理式医疗保险组织不断提高医疗服务质量、完善新型的医患关系的根本保证。管理式医疗保险组织有严格的监督机构评价其服务质量，这些组织包括：联邦和州政府的代理机构、私营企业主、一些独立的非营利组织等。另外，各种医疗专家和医疗保险专业人士都会定期检查管理式医疗保险组织的病人接受治疗的情况，以便评价医疗的合理性。这些措施有效地防止了不必要的费用开支，也促进了医疗质量的提高。

2. 管理式医疗的组织类型

管理式医疗组织有很多不同的类型。各类型间的主要区别在于：

病人接受治疗的限制程度、MCO 与医疗机构之间关系和 MCO 所覆盖的日常治疗的范围。早期的健康维护组织（HMO）拥有自己的诊所和医生，其后的 MCO 更倾向于直接与医生团体和医院建立合同关系来为病人提供医疗服务，而不是建立自己的医院和医师。一些大的医疗机构会直接与雇主建立联系，这样它们也变成了保险公司。

按照方案及项目运作方式的不同，管理式医疗主要分为：健康维护组织（HMO）、优先提供者组织（PPO）、服务点计划（POS）三种类型。

HMO 提供的是相对综合性的医疗保健，其费用较低，但一般要求所有的保健都通过这个方案的网络来提供。PPO 为参与者提供两个不同层面的保险项目，扩大了参与者就医选择的权利和自由，但是参与者使用 PPO 的网络时负担的成本（如起付线和共付保险）比它们采用非网络提供者要低。POS 是 HMO 和 PPO 的混合体。像 PPO 样，POS 提供的是两个层次的保险收益。当成员选择网络提供者时，保险程度会比较高；反之则比较低。同时，POS 又像 HMO 一样，为每位参与会员指定一个医生守门人，由他来批准网络内的保健服务。下面总结了各种类型的管理式医疗运作模式的不同（表 5-1）。

表 5-1　不同 MCO 的运作模式

内容	传统医疗保险	管理式医疗		
		HMO	PPO	POS
服务供方	几乎所有	供方网络	几乎所有	供方网络
供方选择	病人	通科医生（供方网络内）	病人	通科医生（供方网络内）
费用共担	适度	网络内低 网络外高	网络内低 网络外高	网络内低 网络外高或自付所有费用
保险公司角色	支付费用	支付费用 组织服务网络	支付费用 组织服务网络	提供服务
利用限制	需方	供方（价格，数量）	供方（价格）	供方（价格，数量）

资料来源：陈文. 美国管理保健的经鉴与启示[J]. 中国卫生经济，2001，（7）. 20.

3. 美国管理式医疗保险实施效果

管理式医疗保险的出台在美国发挥了积极的作用，主要体现在以下几个方面：

第一，降低了病人的住院率和转诊量，缩短了病人的住院天数。管理式医疗将患者的住院天数一般控制在 7～10 天左右，然后转入社区医院和护理之家继续治疗。由于在医院的住院天数受到限制，家庭护理和门诊医疗变得更加重要也更加充分，其利用率大大提高。

第二，管理式医疗将医生的所得与费用的控制紧密联系在一起，对医生正确提供医疗服务、恰当选择医疗资源、合理评估成本—效益起到了引导作用。医生不再试图通过对高尖端昂贵仪器的依赖来获取更多利润，而开始追求廉价的医疗供给，共同使用医疗设备，对普通检查的医疗资源使用也更加合理化。

第三，增加了医疗人员提供预防性服务的动机，更加注重初级卫生保健工作、注重疾病的预防和健康知识的教育普及，进而也增强了病人对医疗服务的满意度，吸引了更多的投保人员，使医疗费用相对减少。

第四，使医疗机构间的竞争更加激烈。它所选择的合作医院必定具有很强的竞争力，有更好的发展前景，这就促使各个医疗机构努力改变自己的现状，以适应当前竞争的需要。

第五，减轻了政府的负担，对美国政府没有给予保险的群体敞开了保障的大门，而同时也在一定程度上减少了需要政府予以保障的群体范围。对于原本非贫困线以下的群体，政府无需对其进行救助，但如果这些群体生病住院而又无法支付高昂的费用，最终势必还会成为政府的管辖群体。管理式医疗保险恰恰降低了这一事件发生的概率。

（二）英国管理式医疗发展实践

其实管理式医疗机构不是美国的发明，它很早萌芽于欧洲。在实行国家卫生服务体系的英国早在 1947 年就出现了一种叫 BUPA（British United Provident Association）的非营利性私人医疗保险制度，一直到今天它都是英国 NHS（国家卫生服务体系）的重要补充力量。

1. 保柏组织的性质及产生原因

保柏（BUPA）是一个非营利性质的国际性（区域性）的自助互助私立医疗保险公司，成立于 1947 年。它没有股东，任何盈利均再投入到改善医疗服务的提供和最新的医疗技术发展上，建立基金会，提供研究经费，因此各国政府对其免征税收，可以认为它是一个集资金筹集与医疗服务提供于一体的健康维持组织。

近年来，英国不断上涨的医疗费用使保险公司意识到健康管理的重要性，通过健康知识宣传、疾病预防、慢性病管理等方式以达到阻止病情恶化，控制医疗费用，降低赔付率的目的。许多健康保险公司将保险保障、健康管理服务、医疗服务及其供应商等资源整合在同一平台下，并通过深化与 NHS 的合作或自办医疗机构等方式，增强了风险控制能力。

2. 保柏主要的产品及服务

健康保险是保柏最主要的业务来源，保柏根据客户需求设计各种健康保险计划，提供重大疾病保险、医疗保险、失能收入损失保险、长期护理保险、牙科保险等一系列健康保险产品，甚至可以为癌症、心脏病患者量身定制医疗保险计划。除此之外，保柏的健康产业链还包括：医院、疗养院、诊所、健康评估中心、健身俱乐部、幼儿园等，为客户提供体检、疾病预防、治疗、养老护理等全面优质的医疗保健服务。保柏公司通过其自有医疗机构和大量的医学专家为客户提供医疗服务；通过健康服务热线，在 24 小时内为英国保险顾客提供健康信息和建议。保柏公司专注于健康和保健工作，为客户提供专业健康知识，倡导健康的生活方式。正是其专业化的经营策略筑就了保柏的全面成功，使其发展成为全球领先的健康管理专家。

3. 保柏保险的实施效果

保柏模式下直接投资建立或者收购养老服务机构，通过提高医疗服务水平来降低赔付，在降低医疗费用的同时又保障了医疗质量。同时，专业的医疗技术可以在一定程度上避免健康险逆选择问题。实际上是实现了养老服务的内部供给，节约了交易成本。

（三）国外寿险公司介入管理式医疗实践

1. 纵向一体化的经营模式——美国管理式医疗

一体化医疗服务网络（Integrated Delivery System，简称 IDS），指保险公司与数量有限的医疗机构结成形式各异的纵向一体化联盟。从全科医生、社区医院直至专科医院、综合医院，各级医疗机构之间信息互通、资源共享，病患实现"分级诊疗、双向转诊"。根据医、患、保之间的契约安排不同，IDS 包含健康维护组织（HMO）、优选医疗服务组织（PPO）、点服务计划（POS）、独立医师联盟（IPA）等多种形式。管理式医疗的运营主体为管理式医疗组织（即上述纵向一体化联盟），是医疗保险机构和医疗服务提供方的合成体。管理式医疗将医疗服务提供者（供方）和医疗保险经费出资者（第三方）合二为一。这样可以使得保险组织直接介入医疗过程，运用经济杠杆来调整和控制病人、医生、医院，有效配置医疗资源，降低赔付成本，提升服务水平。如图 5-1 管理式医疗模型所示：

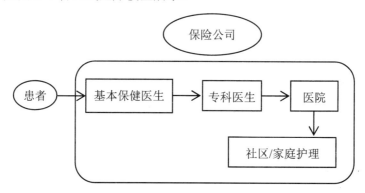

图 5-1　管理式医疗模型（Managed Care Model）

在该模型中，保险公司和医疗服务提供机构通过纵向一体化形成了风险共担、利益共享的共同体，即图 6-1 中右方。这样，原先保险公司与医疗机构的信息不对称问题通过内化得以消除，它们与患者即被保险人形成了较简单的二方关系。在内部组织形式上，它所形成的现代企业管理模式有利于公司的内部治理；在外部的市场竞争中，它所形成的价格机制和服务体系有利于公司的竞争和发展。

2. 全资股权投资模式——英国保柏（BUPA）

英国寿险业以全资收购养老机构的方式构建健康保险集团。保险机构经营医疗服务，即管理式医疗模式，保险公司除向客户提供健康险产品外，还提供相关的健康保健服务，后者则是养老产业链中的重要环节。占据英国长期护理保险、健康险市场份额将近 76.5% 的三大保险公司保柏（42%）、安盛医疗保险（24.5%）和诺维奇联合医疗保险（10%），均呈现出健康保险集团化的趋势。

保柏保险公司直接投资建立或者收购养老服务机构，这种股权投资模式实际上是寿险公司参与养老产业链的养老服务投资模式，与"地产开发模式"不同的是，养老服务投资模式不注重不动产的持有，或者只是持有轻资产，更多的是以不动产为依托提供高质量的养老服务。

英国健康险公司正是通过不断加强与公立医疗机构的合作以及自设医疗机构等方式，实现了对于医疗风险的有效控制。现阶段，我国商业保险公司主要是通过与医疗机构签订合同的方式进行合作，但由于没有形成利益共同体，因此效果并不理想；美国管理式医疗——保险公司成为医疗机构的主要支付方，在目前医疗资源垄断的情况下又不容易实现。因此在现阶段，由保险公司参股或控股医疗机构，或投资设立中小型规模的医疗机构（如社区诊所）是与医疗机构建立利益联盟较为可行的方式。

二、管理式医疗在我国的探索与实践

我国医疗保险发展由于起步较晚、发展周期短，目前国内正在尝试"管理型医疗"保险的地区还属凤毛麟角。在我国，管理式医疗保险还是新鲜事物，但是在不少地方却自发地借鉴了该模式。

（一）武汉商业职工医院的草根探索

武汉市商业医院职工早在 1984 年，大胆提出了"保险医疗"的改革新思路。所谓保险医疗就是凡是与该医院建立保险医疗关系的企业，按实际职工人数每月交付医院一定的保险费（1997 年的保费是每人每月 40 元，占同期某市职工月平均工资收入的 6%），医院通过单位发给每个投保职工保险医疗证，凭证就诊，医院包门诊、包大病、包住院。对于武汉市商业职工医院而言，根本节约的医疗措施就是：严格病案管理、坚持用低档而有效的药品、合理检查、合理用药、合理治疗、预防与治疗相结合。由于其保费低廉且保障水平较高，所以很受困难企业及职工的欢迎，随着影响的不断扩大，医院业务收入比 1984 年增长近60倍。然而遗憾的是由于行政干预，近年来不少企业被迫退出保险医疗而加入到社会医疗保险体系。

（二）"四一三"模式在九江县的实践

如果武商医院的"保险医疗"是自发的草根探索，那么"四一三"（即四定、一自由、三方付费）模式就是国内学者对国外管理式医疗保险的自觉借鉴，颇具管理式医疗保险模式的精粹。

四定是指：由医保经办机构根据参保者本人意愿，分不同人群费用标准，将全市参保者的医保费用连同医保责任按人头包干给各定点医院，费用超支不补，节余归医院。在具体操作上必须对医院实行四定：定就诊医院、定医保费用、定医保水平和质量、定医院定点人数规模。一自由是指：如参保者对定点医院的医疗服务质量不满意，可定期自由重新选择医院定点，任何单位和个人不得以任何理由进行干涉。三方付费：参保者的就诊，由定点医院、参保患者和医保机构（或政府）三方共同支付费用。

该模式的优点是："四一三"医保模式的创新在于"一自由"，它在一定条件下给参保人选择医院、变更医保"挂钩"关系的权利，较好地处理了医疗市场供需双方信息不对称与患者自主权的关系。"四一三"医保模式的实质是按人头付费，但又优于按人头付费。"四一三"模式改变了传统按人头定点包干给医院的做法，通过给予参保人自由选择医院的权利，促使医院之间通过良性竞争来争夺患者资源。"四一三"医保模式将医疗费用的管理主体让位于医院，使医院全面负担起控制医疗费用的作用。

2001年"四一三"在九江运行一年，效果良好，具体表现在：（1）医疗保险基金首次实现了个人账户、社会统筹年度结余的局面。（2）医疗成本大幅度下降（表5-2）。个人账户和社会统筹费用之所以大幅度下降，主要是"四一三"模式的激励机制充分调动了各定点医疗机构主动参与管理的积极性，有效地遏制了医院的滥开药、滥检查和人证不符现象，因而门诊和住院率以及门诊和住院人均费用明显下降。详见下表（表5-2）。（3）参保职工的医疗质量首次出现零投诉。（4）改进了医保经办机构的管理职能和方式。

表 5-2　九江市实行"四一三"模式前后基金使用情况对比

年份	参保人数	个人账户支出		社会统筹费用支出	
		总额（万元）	职工人均（元）	总额（万元）	职工人均（元）
2000	86052	3889.50	451.99	4698.52	577.39
2001	82476	2036.89	246.96	2176.97	263.95
降幅（%）	4.16	47.63	45.36	53.67	54.28

资料来源：四一三医保网 http://www.ch413.com。

表 5-3　九江市实行"四一三"模式前后门诊和住院情况对比

年份	门诊率（%）	住院率（‰）	门诊费用（元/人）	住院费（元/人）
2000	6.57	11.68	45.56	2259.96
2001	3.91	8.89	40.11	1936.26
降幅（%）	40.49	23.89	11.96	14.32

资料来源：同上。

（三）保险公司投资医院

平安保险集团与深圳市龙岗区政府签署合作备忘录，以战略投资者身份投资龙岗中医院，这称得上是国内保险业第一次进入公立医院。此前平安通过投资宜康医疗、慈铭体检、收购 1 号店，并与南非最大的健康险公司 Discover 战略合作，已逐步形成了体检、门诊、线上和线下药房的医疗产业链，现在直接进军医院，为这条产业链补上了最重要的一环。平安保险集团的此次合作或许将为"管理式医疗"的实施打开新的道路。根据平安与深圳市龙岗区政府签署的合作备忘录，龙岗中医院将被建设成集医疗、康复、社区服务等功能为一体的三级甲等综合性医院。平安保险以战略投资者身份，通过现金增资、托管、租赁等方式投资该医院，并全权负责医院的日常经营管理。股权合作后，平安的健康险客户将可以获得专家预约、医疗费用直赔等系列服务，逐渐形成保险公司、医疗机构、客户三方良好的信任关系。

中国人民健康保险股份有限公司辽宁分公司与中国医大附属盛京医院签署战略合作协议，共同探索便民就医新途径。双方将围绕风险管控、数据分析、健康管理、医疗保险学术研究等诸多方面展开深层次长期合作，依托各自的资源以及在医疗服务、保险服务及健康管理服务等方面的优势，通过优势互补、信息共享、协作配合，共同提供医疗及保险服务，并本着"利益共享、风险共担"的原则，逐步延伸到"盛京医疗联盟"成员单位。2010 年 2 月份，中国人保健康与北京大学人民医院共同签署了"北京大学人民医院人保健康医疗卫生服务共同体"项目，成为新医改正式实施后国内首个横跨医、保两大领域的"医疗卫生服务共同体"，在医疗数据分析、"先诊疗、后付费"预付标准测算、诊疗绿色通道和慢性病干预服务等方面展开了深入合作。

2014 年 6 月 23 日，阳光人寿保险股份有限公司(下称"阳光人寿")投资阳光融和医院有限责任公司（下称"阳光融和医院"）股权事宜获得保监会批复。阳光人寿将与山东潍坊人民医院和潍坊医学院共同出资 25 亿元筹建阳光融和医院，其持股比例在 50%以上。阳光保险从 2010 年开始着手调研布局医疗产业，并于 2012 年 7 月与潍坊市政府签订《关于市民健康中心市场化运营的合作协议》，共同建设阳光融和医院。这是真正意义上由险企投资成立医院的首例，是大健康产业布局的重要一步，为其他险企投资医院提供了宝贵的经验。

三、我国寿险公司开展管理式医疗的策略

保险公司投资医疗机构有两种方式：一种是直接投资并拥有医疗机构，即保险公司设立自己的医疗机构；一种是通过投资参股现有的医疗机构，通过股权上的合作关系进一步深化双方的合作内容和经营深度。

（一）大型保险公司——设立自己的医疗机构

由于医疗机构的运作具有独特的专业性和复杂性，保险公司如果没有很强的经营医疗机构的经验以及雄厚资金，在经营过程中会产生很多风险和阻力。因此，需要具备丰富的经营医疗机构的经验保险公司可以采取这种模式介入管理式医疗。建议大型保险公司采用直接投资拥有医疗机构这种方式进入医疗产业。

从控制医疗成本方面，大型保险公司可以采用以下几种方式：

第一，按病种付费的方式。按病种付费就是指承保人或者其他第

三方参考历史数据，并请相关的医疗专家一起完善针对某一疾病的诊疗过程，研究这一过程中所需的医疗服务并评估其价格，然后以此为基础去寻找相应的医疗服务提供者并与之签订契约。当投保人因患某种疾病到指定的医疗服务提供者处接受治疗后，保险商根据事前约定按投保人所患疾病进行支付。按病种付费的模式，迫使医护人员不断提高业务水平，探索更为低廉有效的治疗方法，以确保医疗服务提供方的经济效益，进而控制了总体的医疗费用。这种方式需要保险公司投入大量人力物力寻求相关医疗专业人才和医疗服务机构，适合大型保险公司。

第二，强调预防的健康管理机制。从承保者的角度来讲，自然希望投保者都可以保持健康，尽量减少医疗服务消费，降低其运营成本。因此，管理式医疗的承保者要把工作的重点放在预防保健服务上。这就需要大量的健康监控项目和预防保健措施，适宜大型保险公司。

第三，服务利用控制。管理式医疗保险更加强调事前的恰当性审查，需要保险公司提供住院核准、术前核准、数据库分析、出院计划以及事后审查等一系列服务，因而适宜大型保险公司。

（二）中小型保险公司——投资参股现有的医疗机构

通过控股与医疗机构合作的模式要比保险公司自己投资建立医疗机构的模式更容易实现控制医疗风险的目的。因此，控股现有医疗机构并与其深入合作的模式将成为中小型保险公司最具操作性和战略性的投资选择。

1. 入股集团化公立医院

欧美等发达国家医院产业的发展历程是：几家大型的医院不断地并购或新建医院，扩大规模，实现集团化。医院集团化可以避免医疗资源的重复购置，有效地降低了医疗成本，医院管理机构的重新优化组合，提高了医院工作效率和管理水平。我国的公立医院也开始了集团化发展的道路，具有代表性的是北大系医院集团、北京同仁医院集团、上海仁济医院集团、上海瑞金医院集团等。

中小型保险公司入股集团化公立医院，成为其战略投资者。双方不仅可以在业务领域深入合作，建立保险公司、医疗机构、客户三方良好的信任关系，更加优化保险产品和提高保险公司收益率；同时保险公司也能利用集团化公立医院的美誉度和知名度提升自身品牌价值。

集团化公立医院自身实力较强，对于资金需求并不是十分迫切。同时，集团化公立医院改革涉及多方部门，股权结构相对复杂，参股门槛较高。作为优质资源，各方资金对其竞争十分激烈。对于集团化公立医院的投资需要长期研究和反复沟通，投资机会较为稀缺，只能长期关注，等待时机。

2. 参与地方公立医院改革

中小型保险公司入股地方公立医院改革可以采取股权投资的方式。

投资模式可以借鉴平安入驻龙岗中医院模式，保险公司以战略投资者身份，通过现金增资、托管、租赁等方式投资地方公立医院，全权负责医院的日常经营管理。股权投资地方公立医院模式所需资金相对较小，保险公司利用较少资金便可和医院形成战略合作关系。双方深化业务合作，形成利益共同体，利益共享、风险共担。同时对于地方性资源，资本竞争较小，医院改革涉及部门相对容易沟通，股权结构相对简单，投资控股模式比较容易实现。

值得注意的是，地方公立医院作为地方性资源，影响力和盈利能力相对较小，目前很难形成规模效应。保险公司对待地方公立医院改革，应针对各地具体情况针对性研究分析。

3. 入股专科连锁医院

我国连锁的民营专科医院集中在美容整形、眼科、口腔科和妇科等领域。作为公立医院的有效补充，连锁的民营专科医院将某一专科治疗领域做深做精，同时发挥了比公立医院更好的服务质量、较低的治疗费用等优势，在细分的专科治疗领域建立了自己的品牌，依靠着自己的品牌和管理质量迅速扩张。

民营专科连锁医院股权结构简单，且民营专科连锁医院由于扩张需要对资金要求相对较大，险资相对容易进入。保险公司和民营连锁医院的股权合作可以作为其投资医疗行业的有效补充，帮助保险公司建立更完善的健康管理体系，更有效控制健康风险的同时为客户提供更好的服务。同时，民营连锁专科医院属于营利性医院，在良好的商业模式和管理模式下，医院以最大化利润为目标，最终能产生较高的利润。保险公司作为股权所有人能得到很好的投资收益。优质民营专科连锁医院资源较少，资本竞争激烈，保险公司需理性评估投资风险和收益。

4. 费用控制制度

第一，按人头付费的支付制度。按人头付费指的是承保人或者其他第三方与医疗服务提供者经协商达成一致，由保险商预付给医疗服务提供者一定的费用，在一定的时间段内，指定数量的投保人无论从该医疗服务提供者处接受了多少医疗服务都不再支付额外费用。由于是预先支付一定的费用且不再追加，这就迫使医疗服务提供方必须要加强对医疗成本的控制，防止医疗服务过度消费的情况出现，从而达到了控制医疗成本的目的。

此外，承保者通常还会设置一部分预留费用作为经济奖励，如果医疗服务提供者所提供的服务达到了预先规定的质量要求，并且没有超过已经支付的预算，则可以得到这一部分费用作为奖励，反之，则从预留费用里扣除超过预算的部分。通过这一制度，可以进一步引导医疗服务提供者完善其医疗过程，在保证质量的前提下有效地控制医疗成本的上升。

第二，转诊制度。所谓的转诊制度就是指承保人会为投保人指定一位初级疾病诊疗医师，当投保人感觉不舒服的时候需要先到这位初级疾病诊疗师处接受治疗，如果疾病较为复杂，超出了承保人与该医师的约定范围，则投保人会被转往指定的专科医师处接受治疗。

转诊制度强调分工及效率，常见疾病由初级诊疗医师也就是全科医生进行治疗，而一旦全科医生无法治疗则转诊到专科医生处，这就大大提高了医生的效率，实现了病人的合理分流，以防止病人一窝蜂地涌向专科医生或者大型医院造成医疗资源的配置不当，最大程度地做到专才专用，人尽其才。

以上两种费用控制制度不仅适合中小保险公司，大型保险公司同样适宜。

保险公司不论用哪种方式投资医疗机构，不论是直接投资还是股权合作，双方都要确立合作互信的关系，并且明确这种战略合作关系的具体含义。这样，保险公司才能通过投资实现与医疗机构的较强战略化合作，保险公司和医疗机构建立风险共担、利益共享的机制，通过对医疗行为的管控和约束，实现双方利益的整合与趋同，最终达到控制和降低医疗风险的目的。一旦医疗风险得到控制或降低，相应的保险费率和赔付率都会降低，保险公司会实现保险产品的经营利润；同时，老年人所享受到的医疗服务的水平大为提高，最为关心的医疗费用也逐步降低。因此，养老产业中能够整合医疗资源、护理资源的保险机构显然具有更大的优势。

第二节　我国寿险公司介入护理机构的策略分析

护理机构指的是由护理人员组成，在一定社区范围内为老人、婴幼儿、残疾人等人群提供专业护理服务、心理咨询和其他护理服务的医疗机构。虽然护理机构的服务对象可以是任何年龄段的人，但随着人口老龄化进程的加快，老年人的长期护理服务已成为护理机构的主要业务之一，服务范围也更多的是指除医疗服务外的生活支持服务。而作为长期护理保险、重大疾病保险等险种的提供者，商业保险公司在业务层面与护理机构又有着紧密的联系。通过介入护理机构的方式进行产业链延伸可以成为寿险公司的一个发展方向。

一、寿险公司介入护理机构服务的国际经验

（一）护理管理员制度

在发展咨询服务业的过程中，日本保险行业出现了类似护理咨询员的群体。以第一生命寿险为例，其咨询业务主要是通过 4 万多总体生命计划设计者（销售代表、Total Life Plan Designers）来实现，他们提供面对面个性化服务，其中涉及护理照看、退休生活的咨询等。基

于对客户的了解，第一生命寿险公司还提供了健康医疗等一系列的服务。该公司的医疗支持服务（Medical Support Service）会向投保人及其家人提供医疗健康服务、护理照料的相关信息。此外，日本的寿险公司还积极支持护理员培训。鉴于护理员在老年看护中发挥的重要作用，日本寿险行业协会从 1989 年开始便设立了护理员教育奖学金。截止到目前，已经有超过 3631 名的护理员接受了奖学金。

（二）长期护理服务

作为护理机构所提供的最主要的服务，长期护理服务应该是保险公司着重发展的业务。在美国、日本等保险制度相对发达的国家，保险公司都会将产业链延伸至长期护理业务。在美国，保险公司会通过长期护理保险等产品与多家养老社区展开合作，为客户提供多样化的护理和住宅选择，并对入住合作养老社区客户的护理费用等予以报销，或直接提供护理服务。部分保险公司也会买断部分养老社区的居住权，收取管理费用，并以此为平台深入挖掘保险客户。而在日本，得益于介护保险制度推行、人口老龄化带来的旺盛需求及养老机构破产带来的收购契机，日本寿险公司与养老机构展开了多方位合作，积极参与养老机构的发展。例如，寿险公司会以股东的身份参与养老地产项目或者直接收购养老机构。以索尼人寿保险公司为例，索尼人寿母公司索尼金融控股公司于 2013 年 11 月 11 日收购了老年护理机构 Senior Enterprise Corporation。2014 年 2 月 12 日，索尼人寿又宣布与 Watami 有限公司在护理业务上进行合作，持有其 4.97% 的股份。据索尼人寿保险 2012 年度公司年报显示，公司以收购私营养老机构的方式投资养老地产已达 11 家。再例如，明治生命保险公司将护理照料服务作为投资方向之一。2012 年 3 月，明治安田生命保险公司全资收购了私营养老机构 Sunvenus Tachikawa 有限责任公司，并于 2013 年 3 月通过该公司开设了新的服务机构，目前自营三家养老机构。此外，日本生命保险相互会社集团也拥有像 Nissay Eden-no-Sono 这样的养老机构；第一生命保险、富国生命保险也都参股了专门经营高端养老地产的 Sun City 株式会社。

二、寿险公司介入护理机构的国内实践

　　我国寿险公司在介入护理机构及护理服务方面已经做出了尝试。以护理管理员制度为例，在我国医疗保险或疾病保险的理赔中，已经出现了一些护理管理员的雏形。例如，在招商信诺高端个人医疗保险的理赔中，保险公司会组建一支治疗审批团队，为被保险人提供专业的医疗知识，帮助被保险人在附近找到最适合的医院、医生或诊所，并安排直接赔付。在此基础之上，我国寿险公司，尤其是已投资运营养老社区的保险公司可以借鉴国际经验，引入护理管理员制度。

　　此外，我国保险公司也已经开始了对介入长期护理服务的探索。2014 年 2 月 26 日，招商信诺人寿保险公司与北京慈爱嘉养老服务公司在北京签署协议，共同设计推出涵盖居家护理服务的健康保障型产品，首次将重大疾病患者所需的家庭护理纳入保险偿付范围。客户可以在保险给付金和北京慈爱嘉养老服务公司提供的家庭医疗护理服务之间进行选择。作为专业的居家护理服务机构，慈爱嘉养老服务有限公司可以为被保险人，特别是其中的老年人，提供专业的居家护理。具体而言，北京慈爱嘉会依据保费提供差异化服务，带有"私人定制"色彩，内容涵盖了健康评估、安全评估、个人护理、家庭护士、中医按摩等。此外，招商信诺所采取的直接与医院或护理机构进行费用给付的方式也给客户带来了方便。毫无疑问，这种将护理服务融入保险产品的尝试将在一定程度上全方位满足了客户的需求，同时也直接化解了陪护、特殊护理等各方面难题，提高了保险产品的核心竞争力。

　　太平人寿在健康管理方面进行的相关尝试也为保险公司介入长期护理服务提供了借鉴。2014 年 3 月 18 日，"太平人寿—'9 号健康'"健康管理合作协议签订。通过与健康、养生、养老服务提供商 9 号健康产业有限公司的合作，太平人寿将面对 VIP 客户的服务进行升级。此次协议主要是强化"预防保健"和"康复养老"两大环节的专业服务。服务涵盖了 24 小时家庭电话医生、紧急救援、上门服务等，实现了预防保健、就医、救援、康复养老的一条龙服务。此外，双方商议

还将在数据共享等方面进行合作,在条件成熟时,太平人寿会考虑成为中国 9 号健康的战略性股东,在健康管理等项目层面与公司进行进一步合作。

在介入护理机构的建设运营过程中,保险公司有其自身的优势也有不可避免的劣势。保险公司的优势主要体现在以下几个方面:(1)护理理念。寿险公司基于生命风险和健康风险精算基础的风险管理培育了其终生呵护的经营理念。(2)品牌商誉。与其他投资主体相比,寿险公司在品牌商誉方面有一定的优势。由于商誉对保险行业的发展尤为重要,寿险公司大都切实履行社会责任,注重维护自己的声誉。加之其自身所带有的保障色彩,寿险公司投资护理机构能够给消费者带来心理安全感。(3)产品对接。国外已经有通过寿险或者长期护理保险来支付长期护理费用的产品。我国保险公司可以通过产品创新的方式,在现有年金和投资型产品的基础上,融入实物给付、服务给付的内容,完成与护理机构服务的产品对接。(4)数据挖掘。在经营过程中,寿险公司积累了数量可观、有护理需求的客户,这为护理机构提供了良好的客户基础和营销渠道。保险公司介入护理机构的劣势则主要集中在相关经验不足和专业人才缺乏两个方面。由于经验和人才的缺乏,保险公司投资护理机构缺乏专业性,这在一定程度上导致了服务体系不健全等一系列问题,进而促使部分消费者形成了对寿险公司投资护理机构不认可的态度。

三、我国寿险公司介入护理机构的策略分析

(一)差异性特征

不同类型的保险公司介入护理机构的策略理应有所不同。具体而言,对于已投资养老地产、运营养老社区的寿险公司而言,养老社区就是其介入护理机构的最佳平台。公司可以在养老社区中自建护理机构,也可以引入第三方合作者。在自建护理机构的情况下,保险公司会成为长期护理服务的提供者。而在合作模式下,双方各自都发挥自身的优势,保险公司提供客户及相关信息,第三方则提供服务,保险

公司在合作中需要占据主导地位。此外，考虑到我国很多城市提出的"9073"格局[①]，寿险公司也可以在资源允许的情况下，在满足社区护理需求后，将服务范围进行扩大，提供包括居家护理在内的全面服务，包括家庭护士、个人护理、康复锻炼、就医服务、陪伴照护、特殊服务等。在构建养老社区的同时介入护理机构建设运营，不仅有助于保险公司解决长期护理的相关问题，也能够使养老社区形成更为完善的服务体系，增强自身吸引力。

而对于没有投资养老社区的大型寿险公司而言，介入的方式可以是全资成立护理机构。这样可以充分保证保险公司对护理机构的可控性，使护理机构能够有效地为保险公司的发展服务。考虑到直接建立护理机构可能会面临的一些问题，保险公司可以从向被保险人提供护理指导的初级阶段开始，逐渐从虚拟服务向实体服务过渡。

而中小型寿险公司的发展策略又有所不同，考虑到自身实力的问题，股权投资或合作的方式可能更为适合。大资管背景下，中小型寿险公司应注意做大做强自己的主业，在追求利润的同时应该重视抗击风险、稳健经营。因此，其可以通过股权投资或合作的方式介入护理机构的运营，在充分发挥自身优势的同时也可以利用合作方专业化服务弥补保险机构的不足。例如，保险公司可以与长期护理服务提供方签订协议，规定护理机构负有费用控制和保障质量的重要职责和义务，盈亏都由双方共同承担。由于保险公司有信息优势和客户资源，因此其在护理信息搜集、需求评价及个体化护理规划方面都可以发挥重要作用。在合作中，保险公司的需求是服务，长期护理服务供应商的需求是客户资源，双方通过合作可以实现双赢。同时，中小型寿险公司还可以通过购买护理机构服务的方式，为客户提供多种选择和服务。

（二）我国寿险公司介入护理机构服务的策略

不可否认的是，对于寿险公司而言，通过产品与护理机构搭建联系，不仅有利于提高服务质量，降低运营成本，还有利于提高品牌影响力，提升客户对品牌的认同度和忠诚度。在建立护理机构后，商业

---

① 将有90%的老年人由家庭自我照顾，7%享受社区居家养老服务，3%享受机构养老服务。

寿险公司还应该借鉴国际经验，积极开展护理服务。具体而言，寿险公司可以从以下几个方面进行探索：

1. 构建护理管理员制度

本书所指的护理管理员是经过一系列培训和锻炼之后，具备一定护理专业能力和知识、拥有良好沟通服务能力的专业人员。考虑到目前我国养老护理员还比较紧缺，2013 年全国持证的养老护理员仅 5 万余人，全国养老护理员缺口在 300 万至 500 万人。因此，护理管理员的服务对象势必会经历一个从小众到大众的过程。因此，目前已经涉水养老地产、并将客户群体定位在高端消费人群的保险公司可以率先在投资的护理机构中进行尝试。发展护理管理员制度的第一步是引入护理管理员制度，让客户享受一对一 VIP 服务，主要针对入住养老社区的客户。具体引入过程如下：（1）通过与护理培训机构合作，对护理管理员进行护理方面的专业培训。培训后任职护理员，负责具体的护理业务。（2）在负责一段时间护理服务之后，转任长期护理咨询员，负责向公司客户或潜在客户提供咨询服务。（3）最后再经过一系列培训之后成为护理管理员。其职责类似于私人助理，负责对入住养老社区的客户进行护理及生活的私人规划。

发展护理管理员制度的第二步即为由小众向大众的扩展。随着护理管理员人数的增多，其服务辐射范围也随之扩大，服务对象也可以扩展到非养老社区住户，即没有入住养老社区的其他投保人。在我国，老年人受到自身专业知识的限制，很难选择最合适的综合服务方案。因而，护理管理员主要的工作就是帮助病人和其家属选择最合适的综合服务方案。此时，护理管理员的服务方案不再是一对一式的服务，而是一对多式的服务，例如，1 个护理管理员负责 50 个或 100 个投保人的服务咨询，包括家庭护理服务和机构护理服务。投保人及其家属有权自由选择护理管理员，当他们不满意其护理经理时可随时申请更换。此时，护理管理员更像是一个建议者、专员和中介，并监督提供的服务。

2. 大力发展长期护理服务

作为风险保障的提供者，保险公司应该尽可能发挥其风险管理及补偿的重要功能。但就目前我国保险公司介入长期护理的情况而言，采用事后补偿方式对长期护理费用进行补偿的占据了绝大多数。但这种简单的服务方式已经不能满足客户的需求，同时也不利于保险公司风险管理功能的实现。从国际经验来看，长期护理与长期护理保险的交叉发展是未来的趋势。因此，保险公司可以考虑从单纯的事后理赔转变为提供全过程的护理服务，变被动为主动，积极介入护理机构，发展长期护理服务。这种寿险公司产业链延伸的方式也有利于公司的费用控制及风险控制，有利于形成以家庭护理为主导的管理式护理模式。

第六章

寿险公司介入养老地产的策略分析

第一节　寿险公司介入养老地产的国际经验及启示

　　养老地产是由房地产开发商或其他商业投资机构建设推出的针对老年人养老居住的房地产产品，也是以完善的基础生活及护理等设施为老年人提供符合其生理需求及心理特点的综合性养老服务体系。这一服务体系以住宅房屋为核心，以专业化运营管理团队为支撑，负载有居住养老、生活看护、医疗护理、餐饮娱乐、文体休闲等多种职能，并且形式多样，有专业化老年公寓、老年社区、普通社区中的养老机构、多社区共建的养老服务设施等。

　　国外寿险公司介入养老地产的商业模式主要有美国寿险公司的财务投资模式、日本寿险公司的股权投资模式及英国寿险公司的直接购买投资模式。

一、美国寿险公司的财务投资模式

图 6-1　美国养老地产的商业模式

在美国，保险资金运用有着广泛的投资渠道、多样化的资金管理模式，以追求高稳定性的投资回报为目标。养老地产投资方面，美国的养老地产体系运作顺畅，由投资商、建筑商、运营商形成了完整的融资、建设、运营的市场化体系，见图 6-1。

美国寿险公司涉入养老社区多以投资商角色出现，通常采用财务投资的模式。REITs 是美国当前养老社区的主流投资商，美保险公司多以财务投资方式购买 REITs，延伸至养老地产，并拓展养老服务，实现产业整合和投资回报。由于投资收入可预期、管理透明及总体回报较高，美保险公司对 REITs 的投资要高于其他投资方式。REITs 的可靠收入来源于不动产（包括养老社区在内）长期出租的租金收入以及资产融资的利息收入，同时大多数 REITs 采用简洁直接的商业模式，即通过入住率和租金的增加来获得更高收入水平，再加上红利和资本利得，REIT 的总体回报相当可观。有分析表明，同期 REITs 的回报远远高于包括大盘股票、固定收益证券在内的其他投资工具。

除了 REITs 投资方式外，美国寿险公司介入养老地产的方式还包括，一是通过下设的投资公司或资产管理公司发起基金，直接设立并募集不动产投资基金，通过专业化的基金管理获取佣金；二是直接进行置业投资，购买物业资产，为高收入者提供独立生活型老年社区；三是提供咨询服务，利用自身资源及经验提供不动产投资领域的相关工程和建筑咨询。

二、日本寿险公司的股权投资模式

日本养老地产分国营和私营两大类，"介护保险制度"的实行推进了养老市场的放大与成熟，运营主要由介护服务商提供，融资支持来自于政府补助和银行长期低息贷款，地产产品类型多样，商业模式见图6-2。

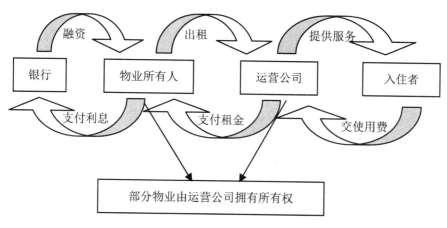

图6-2　日本养老地产的商业模式

得益于介护保险制度带来的需求旺盛，同时养老地产入门门槛较低，日本养老地产市场主体呈现多元化：有三菱地所、欧式力地产等专业地产商，也有垄断性大型国企如东京急行电铁，既有专门定位于高端养老地产运营管理机构 Sun City，也有寿险公司参与，如明治安田生命保险、索尼人寿保险股份等。

日本的寿险公司多以股东出资形式成立合资公司模式参与养老地产项目。成立于 1980 年专门经营高端养老地产的 Sun City 株式会社股东所涉及的行业包括银行、保险、证券、地产开发商、酒店等，日本第一生命保险、富国生命保险也通过持股该公司的间接投资到养老地产业。Sun City 依靠强大的股东背景，可以整合养老地产所需的开发技术、融资、运营服务等各产业资源。

此外，日本寿险公司还通过股权收购的形式经营养老机构。2012年，明治安田生命保险公司全资收购了私营养老机构 Sunvenus Tachikawa，目前经营着三家养老机构。据索尼人寿保险 2012 年度公司年报显示，该公司也以收购私营养老机构的方式投资养老地产达 11 处。2006 年日本制定了《特定设施入住者生活护理规定》，严格限制每年新增的收费养老机构数量，使得新建养老机构成本大为增加，原先进入市场的中小企业受制于自身条件，诸多破产，日本寿险公司凭借大量资金涌入养老产业，借机延伸业务产业链。

三、英国寿险公司的收购投资模式

英国养老社区在运营上与美国情况基本相似，但更多地呈现出公益性，收入来源包括自营收益、慈善捐助和政府补贴。在英国，除养老地产外，养老医疗、养老服务也是养老产业链上的重要环节，加之英国养老社区的建设呈现公益特征，英国寿险业出于对资金运用的营利考虑，转而以收购养老机构的方式构建健康保险集团，扩展业务范围及投资渠道。保险机构经营医疗服务，即管理式医疗模式，保险公司除向客户提供健康保险产品外，还提供相关健康保健服务，后者则是养老产业链中的重要环节。保柏（42%）、安盛医疗保险（24.5%）和诺维奇联合医疗保险（10%）是英国长期护理保险、健康险市场份额最大的三大保险公司。

英国最大的医疗保险机构保柏创办于 1947 年，其早期创建的"养老院公益信托机构"（Nursing Homes Charitable Trust）后被重新建设为 Nuffield 医院，遂逐步建立起一个提供高质量护理服务的全国忹医疗网络；1996 年保柏收购 30 家养老院，进入老年护理行业。保柏主要业务是健康保险，包括医疗保险、长期护理保险、重大疾病保险、失能收入保险等。保柏经营老年产业通过直接投资建立或者收购养老服务机构，提高医疗服务水平并降低赔付，并在一定程度上避免了健康保险的逆向选择问题。

可能发现英国寿险业参与养老产业链的模式实际上更倾向于在参

与养老服务投资。与"地产开发"不同的是，养老服务投资模式不注重不动产的持有，或者只是持有轻资产，更多的是以不动产为依托提供高质量的养老服务。从完善养老产业链的角度出发，我国中小寿险公司可以借鉴这一投资方式专业化提供养老服务，规避自身的资金劣势；同时也可以借此推动自身健康险、长期护理保险业务的发展。

四、国际经验启示

上述国际经验表明，国外寿险公司对养老地产的投资介入是多元化的，如美国，虽然也有直接建设养老社区的做法，但以对 REITs 投资的间接方式为主；日本寿险公司对养老地产的主要投资方式则是另一种间接渠道——股权投资，这两类都不是保险公司直接参与开发建设、投资运营。另外，国外寿险公司介入养老地产的角度也并不全部集中在地产方面，如英国寿险公司就更加注重对养老服务的投资，这一投资角度降低了对资金量的需求，更加适用于中小寿险公司。

从这些经验中我们可以得到启示：我国寿险公司在介入养老地产业时，一方面要以多元化介入方式，直接投资与间接投资并存，新建与收购、改建并存，增加间接投资形式，如 REITs 房地产信托投资基金、资产证券化产品，没有必要"一窝蜂"式地建设综合化老年社区，同时要注意介入程度与角度，保证投资养老地产的安全性、流动性与盈利空间；另一方面要重视老年健康产业，丰富产品类型，关注中低端养老，关注老年医疗护理服务的提供，增加社区养老与居家养老服务产品，在普通社区内建设带有餐饮、医疗护理、文娱等功能的小型养老服务站，或在老人聚集的多个社区周边建设大型的养老服务站，辐射更多有需求的老人，这种轻资产的养老服务机构也更容易形成品牌，与保险产品产生营销上的协同效应。

保险公司要对养老地产投资保持整体上的清晰认识，大中小型保险公司在投资时要依据自身实力找准市场定位，做投资商还是运营商，选择长期持有还是短期盈利，拓宽资金来源，引入更多资本，如银行贷款、信托资金、与地产商合作等，控制投资节奏，增强与政府合作，减轻对保险公司自有资金及保费投入的依赖,降低养老地产投资对偿付能力的影响,避免地产行业风险。

寿险业投资养老地产既是保险风险保障作用的延伸,又是资金运用的新途径,对于解决日益严峻的养老问题、开拓养老新模式具有重要意义。目前涉及养老地产的保险公司既有具有资金实力和资金管理运用经验丰富的大型寿险公司,也有成立时间不长但锐意创新的中小寿险公司,寿险资金如何通过高效的商业模式介入养老地产投资,一方面扬长避短,获得不俗投资收益,另一方面成为我国新型养老体系中的重要补充,需要在投资养老地产的商业模式上理顺各运营环节的衔接与合作。

商业模式通常是指某个产业或行业内一个完整的产品、服务和信息流程体系,包括每一个参与者在参与过程中起到的作用,以及每一个参与者的潜在利益和相应收益来源、盈利方式。在分析寿险业投资养老地产的商业模式中,将重点关注构建起养老地产项目的资金流及运营方式,针对大型寿险公司与中小寿险公司,分开发模式、投资模式及运营模式三个方面讨论。

第二节 我国寿险公司介入养老地产的实践

中国保监会 2010 年 9 月印发的《保险资金投资不动产暂行办法》规定,保险资金可以投资基础设施类不动产、非基础设施类不动产及不动产相关金融产品,其中不动产主要包括自用办公楼、投资廉租房、养老实体和商业物业四类。为规范保险资金投资不动产行为,防范投资风险,保障资产安全,保监会还在暂行办法中规定了保险资金投资不动产的相关资格条件、投资标的与投资方式及风险控制,其中对保险资金投资养老、医疗、汽车服务等不动产项目在投资方式与管理限制方面的条件有一定放松,可见对于险资投资不动产方面已获得在政策上的初步支持。

一、"泰康"模式

目前走在寿险投资养老社区前端的是泰康人寿，其已经推出了国内第一款养老年金与养老社区相衔接的保险组合产品——幸福有约终身养老计划，这一复合计划帮助消费者制订养老财务计划，并通过入住泰康之家养老社区提前锁定未来养老成本。泰康之家养老社区正在北京小汤山、上海崇明岛、海南三亚等地紧张建设中，尚未正式开业，最早的北京泰康社区可能于 2015 年正式迎来消费者入住。北京泰康之家位于昌平区小汤山附近，占地面积约 2000 亩，3 年后建成的社区、总建筑面积将达到 30 万平方米，总计可容纳 3000 户入住，文化、健身、餐饮一应俱全，社区还规划有约 8000 平方米，可提供 50 张床位的高端小型综合医院，提供综合门诊、老年康复调理等管理服务。在养老社区周围 30 分钟左右可到达范围内，医疗机构多达 6 家。泰康之家的老年住房设计也充分体现了适老性，房间的门上有上下两个猫眼，为了方便行动不便的坐轮椅老人，每个房间卫生间的马桶旁边都有扶手，浴缸是走入式的，防止老人摔伤，床边、浴缸边、马桶旁都装有红色的小按钮，提供 24 小时紧急呼叫应急服务等等。

泰康人寿把大城市的养老社区建设作为一期工程，其后会在云南、山东、辽宁等地选择 20～30 个核心大中城市作为二期重点开发的地域，把发展养老社区作为长期战略，打造全国连锁养老社区的旗舰品牌。建设泰康之家养老社区的全国布局，还可以给消费者更多的养老地选择，尝试长期或短期享受异地养老生活，或者根据季节选择生活地点享受候鸟式养老，都成为泰康社区养老吸引人眼球的地方。

在入住条件方面，只要购买了泰康保险产品的客户都有资格将来入住其养老社区，目前泰康养老社区首先主要针对其养老产品客户，要求入住客户本人 55 岁以上，或家中有 55 岁以上的老人均可，入住方式可以选择即时缴费，也可以选择将预留的养老金转存入养老社区专属账户。泰康将根据每位入住会员的年龄、身体健康情况、财务状况、个人喜好等多方面因素，将其分为 6 个等级，有活跃老者、独立老者、协助生活、专业护理、记忆障碍、临终关怀等。

费用方面，入住泰康养老社区时，需支付两笔费用，即入住费和每月服务费。入住费主要是住房租金，并含有一定数额的风险押金（将在老人出现紧急情况时使用）；每月服务费用入住区域（独立生活、协助生活或专业护理）以及享受服务的内容收费不同。至于其他餐饮等其他设施则根据消费后付费方法施行。泰康规定在入住的期间（5 年、10 年或者更长）到期时，入门费将进行部分退还，同时鼓励消费者购买泰康养老金的产品，其可用于支付、减免泰康之家的相关所需费用。泰康目前的产品定位是高端客户，产品的门槛为 200 万起，可以一次性或者分期缴纳。

寿险公司推出养老社区产品在产业链上的一大优势是其养老理财产品能够为消费者入住养老社区提供资金支持，解决老龄化加速发展下的"未富先老"问题。养老金规划是非常重要的长线理财规划，保险的强制储蓄性可以帮助消费者更早地坚持积累养老金。泰康人寿则针对入住养老社区推出了可以对接的财富规划产品，从而以养老理财产品的专业运作保证了养老资金安全、稳健、增值，以保险的中长期稳健保值性和强制储蓄功能保证为消费者提供固定时间点的稳定现金流，满足养老金在支出时的刚性需求。养老理财产品对接养老社区的另一优点是保证了养老金的专款专用，以养老保险产品的给付和收益支付在时间上的对接防止养老金的挪用，或者利用期交保费的投资对接换取高档综合养老社区的养老服务，提前规划、锁定养老成本，抵御通货膨胀带来的购买力下降等问题。

二、"合众"模式

泰康最早推出了养老社区产品，新华、国寿、合众等寿险公司也紧随其后，都在建设专属的养老地产项目。如果说泰康人寿的养老社区走的是高端路线，合众人寿则采取的是普通养老模式，2010 年，合众人寿还在距沈阳棋盘山几千里之外的武汉投资 80 亿元开建了合众健康社区。到 2012 年，合众人寿在地产领域已投下 223.7 亿元，其中大部分为养老地产。合众人寿目前已经在武汉、哈尔滨、沈阳等地开工建设合众优年生活社区，经营模式则是选择了美国持续照护退休社区，也就是 CCRC 社区。

在入住要求方面，泰康对客户的选择标准是 200 万资产以上，定位于高端群体，合众养老社区则显得亲民很多，针对不同护理入住需求，提供 6 万～12 万以上银行存款证明即可。并且入住模式方面，合众人寿提供了多项选择，特别是"以房养老"模式，承租人想要入住合众优年生活社区，可以提供以下三种选择之一即可：房产证明复印件（武汉市本地房产）、存款或退休金证明。在入住年龄上，合众养老社区也与泰康的选择有所差异，要求承租人须年满 65 周岁。与配偶共同居住的，有一方年满 65 周岁即可。

入住费用方面，合众与泰康的做法基本相似，都采用的是入住费用加月服务费用的方式。签约时需要支付入门费并需一次性缴齐，养老服务基础费用为每月支付，实行逐年递增（年增幅 15%），客户可享受到社区提供的各类基础、健康、物业服务；附加服务费用为另行收费项目；代收代缴费用为客户每月应缴纳的水费、电费、电话费、有线电视费、燃气费、上网费等公共事业收费。合众社区的租赁合同分为 A、B 两类，A 类租赁合同的入住费差低，但月租金高，B 类租赁合同与之相反，入门费高，但每月租金费用低。以二居室的两类租赁合同为例，A 类租赁合同入住费为 29 万～31 万，月租金为 2050～2110 元；B 类租赁合同的入住费为 50 万～52 万，月租金为 1350～1410 元。养老服务费用方面，按入住一、二、三居住不同，养老服务费用依次递增。

对于入住期限，只要符合社区的入住条件，可以终身租住，并享受到社区提供的配套环境和养老服务；对于不定期租赁合同，最长不超过 20 年。入门费用返还方面也与泰康基本相仿，入住客户承租满 5 年后，入门费按 98%的比例无息返还。合众养老社区内的入住不同分区主要为基本老年公寓、独立生活区、协助生活护理区、阿尔茨海默（老年痴呆）失忆护理区、专业护士护理区五个类别，入住客户可以依据自身健康状况进行选择。养老社区也通过适时监控入住客户的日常生活活动能力建议其调整居住区。合众人寿也推出了与养老社区对接的寿险产品，消费者可以选择通过实物养老给付方式获得养老照看。

合众人寿养老社区模式对于泰康模式的特点在于，为减轻家庭养老负担推出了"以房养老"的入住模式，定位更为大众，入住条件更倾向于中产收入养老。其养老社区的主要核心职能即看护养老、医疗复健、物业保障、文体休闲等方面的服务一应俱全，但其在延伸产品层及潜在产品层配置方面肯定略逊于泰康的高端养老产品。

泰康与合众两类养老地产并无本质上的区别，主要是定位消费人群与入住方式上的不同。对于前景广阔的养老市场，两者在未来应该都有很大的需求空间。

三、其他地产商模式

在国内，更多的养老社区是由房地产商开发建设，如北京及上海的亲和源、北京寿山福海等。由于房地产不像寿险公司在投资养老地产方面有诸多政策上的限制及要求，房地产商开发养老地产在 2000 年时已经在如火如荼地进行中，到 2006 年左右北京及上海地区先期运作较为成熟的养老地产项目已经进入了入住期。因此，房地产商对养老地产的投资经营一直走在寿险资金的前面，有很多经验值得保险公司借鉴。

在投资模式上房地产商多选择了独资模式或者合作模式，开发运营都由其负责，或者房地产商只负责建筑部分的设计开发，养老社区的经营管理则交由运营团队完成。入住条件及缴费模式方面与泰康、合众的做法都基本类似。在入住方式方面有一些借鉴国外做法的创新尝试，如反向抵押贷款、租售结合等。

北京寿山福海在入住方式上为老人提供了简易的"反向抵押贷款"服务。反向抵押贷款以拥有住房的老年居民为放款对象，将房产抵押给放款的金融机构，居住期间无需偿还，在贷款者死亡、卖房或者永久搬出住房时到期，以出售住房所得资金归还贷款本金、利息和各种费用的一种贷款。反向抵押贷款是实现有房的中产阶级"以房养老"

的重要方式。2007 年北京寿山福海国际养老服务中心与中大恒基房地产经纪有限公司共同建成北京市的首家"养老房屋银行",入住寿山福海养老服务中心的老人可以选择将自己的房屋委托给中大恒基进行出租,所得的租金用来抵缴入住养老中心的费用。目前寿山福海养老社区提供的还仅是初步的"以房养老"服务,并没有引入复杂的金融产品,而是简单的"以租抵租"的方式,虽然入住老人可以自己出租所有房屋并交纳养老社区的租金,但"养老房屋银行"一站式的服务还是提供了便利,并且通过"养老房屋银行"可以享受养老机构和中介机构向老人提供的养老费优惠和房屋租赁代理费优惠等政策。简单的"以租抵租"形式并没有使老人失去房屋的所有权,满足了老人在传统观念里要将房子留给儿女的想法,使得这种方式更容易被接受。

亲和源养老社区的入住方式采用了"租售结合"的方法。按照养老社区房屋产权是否让渡给入住老人,分为记名卡和不记名卡。记名卡即只让渡给消费者使用权,而产权仍归属于开发商;不记名卡是产权也过渡给了消费者,即老人完全拥有可以将养老社区的房产,可以在百年之后作为遗产由儿女继承。"租售结合"的方法一方面满足了老人将房产传承儿女的传统消费观念,另一方面租售的不同价格也给了入住消费者更多选择,从而可以吸引更多客户。同时让渡养老社区产权给入住老人,使老人有了更加舒适健康的养老环境,从而有助于其放弃原有住所,进一步开拓反向抵押贷款金融业务,盘活更多养老资金。

第三节　寿险公司介入养老地产的策略

保险公司要对养老地产投资保持整体上的清晰认识,大中小型保险公司在投资时要依据自身实力找准市场定位,做投资商还是运营商,选择长期持有还是短期盈利,拓宽资金来源,引入更多资本,如银行贷款、信托资金、与地产商合作等,控制投资节奏,增强与政府合作,减轻对保险公司自有资金及保费投入的依赖,降低养老地产投资对偿付能力的影响，避免地产行业风险。在分析寿险业投资养老地产的策略选择方面，我们将重点关注构建起养老地产项目的资金流及运营方式，针对大型寿险公司与中小寿险公司，分开发模式、投资模式及运营模式三个方面讨论。

一、大型寿险公司投资养老地产的策略

大型寿险公司在介入养老地产方面有着资金、品牌与客户资源上的优势，应当充分发挥这一优势，尽可能抓住有效盈利点。在开发模式上定位于具有消费水平的中高端客户群体，在投资模式上除全资持有外，可以考虑利用医疗护理机构的专业优势，并在自行运营时要注重控制成本与保险产品的对接问题。

（一）开发模式

开发养老地产比商业地产更为复杂，既体现在其建筑设计、物业运营方面的适老性要求，也表现在养老地产还带有一定社会公益或福利色彩，但寿险公司作为商业主体，投资的最终目的是获利，因此养老地产的开发要在市场消费定位、老年需求、资源获得和盈利等方面找到一个盈利的平衡点。这就要求寿险公司的开发之初就对养老地产的项目策划有通盘的计划，对涉入养老地产的各环节进行整体把握，系统化、综合化考虑，找到适合保险公司自身市场定位、可利用资源、资金水平、风险控制水平的开发类型，同时这一开发类型又要适合目前的政策、国情，适应老年消费者的传统观念与思维。

目前寿险公司对养老地产的产品开发，基本上都选择了"大而全"的综合化养老社区方式，综合化养老社区以住宅房屋为核心，以专业化运营管理团队为支撑，负载有居住养老、生活看护、医疗护理、餐饮娱乐、文体休闲等多种主要职能及扩展职能[1]。但结合国际经验来看，养老地产不限于养老社区这一种开发模式，至少 15 种开发模式[2]。我

---

① 如子女探望住宅、幼儿园、高级会议场所等配套设施。
② 周燕珉. 养老地产的 15 种开发模式[J]. 房地产导刊，2013（1）.

们可将这 15 种开发模式又分为五大类型，如下表所示。

表 6-1　养老地产开发的 15 种类型

序号	类型一：与社区共同建设	类型二：与相关机构并建	类型三：与旅游或商业地产合作	类型四：与国际品牌接轨	类型五：转型、改建及其他
1	综合型养老社区	就近医疗机构建设养老设施	与风景区内疗养机构合作	全球连锁品牌养老机构建设	寿险公司利用保险产品对接养老社区
2	大型社区内的养老单元	养老设施与幼儿园并建	利用中心商业城区的便利条件	国际知名养老品牌的本土化建设	结合经验丰富的护理机构开发养老机构
3	普通社区内的养老设施	就近高等教育机构建立			利用自身资源，如酒店转型养老机构
4	多社区共享的养老服务机构				优越区位的空闲厂房或学校改建养老机构

目前寿险公司所采用的开发模式形式比较单一，大抵只限于综合养老社区、风景区建设养老机构及利用养老保险产品与社区养老对接这几种。对于上述表中列示更多的开发模式，寿险公司则很少选择。寿险公司选择"大而全"的养老社区开发模式，一方面原因可能是这一模式在国外开发比较成熟，在投资运营方面容易借鉴，另一方面可能是其定位的客户经济收入水平更高，能够实现较高的入住率，保证在一定时间内收回成本。

但大型寿险公司具备雄厚资金实力，在开发模式上可以具有更多选择，除综合化老年社区外，还可以扩展大型社区内养老单元、建设大型多社区共享的高档养老机构，从而充分利用大型寿险公司的品牌和客户优势，形成与保险产品、老年金融产品一体化的老年服务体系。

1. 大型社区内养老单元

在房地产商开发大型商品住宅楼盘时，寿险公司与可以与地产商协商合作，获得楼盘中一些地产开发设计权利，并将其开发为具备一定基本养老功能的单元，这些养老单元具备相应的适老化设计，包括房间防滑设备、应急呼叫按键、轮椅通道、可进入救护床的电梯等，这需要与房地产商开发合作。房地产商当然也可以自行分开设计，但寿险公司在寿险产品的资金对接及金融服务上的优势会帮助其处于更有利的地位。大型社区内的养老单元能够节约开发成本，共享物业、绿化、休闲文娱、超市、社区医院等配套服务资源，并且这种将养老单元设置在小区内的方式，可以满足老人愿意与儿女就近居住的意愿，实现居家养老，这种就近而不同住的方式既方便了老人独立居住，也方便了儿女探望。因此这种大型社区内养老单元开发模式对代际养老需求有不俗的吸引力。但这种开发模式有一定局限，一般适合于身体较为健康，生活基本可以自理的老人养老，需要长期护理照看的老人则需要与子女同住照顾、聘请护工或者入住专业养老机构。

2. 建设多社区共享的养老医疗机构

我国医疗资源分布不均已是不争事实，养老医疗资源则更加紧缺。城市里交通便利，如果在几个相邻老年人集中的社区间建设可以共用的养老机构，则可以成为行之有效的开发模式。寿险公司可以考虑利用社区间的零散用地，新建养老或疗养机构，或者收购、改建原来宾馆、诊所等成为综合性养老医疗机构。由于可以辐射多个老年人集中居住的社区，因此这种开发模式的规模要更大一些，提供的服务也更为全面，同时可以利用大型寿险公司已经建立起来的品牌知名度与消费认知优势，便于复制和打造连锁品牌，快速回收资金。这类养老医疗机构需要具备提供医疗、护理服务和紧急救援团队的能力，能够提供对老人来院医疗护理及住院等服务，也可以为老人上门护理，顾客群体主要定位于周边社区老人，方便其在住处附近获得医疗护理服务，同时也保证了寿险公司投资养老医疗机构的客源。选址时需要考查周围小区内的老人居住量与消费水平，尽可能选在老人居住比较集中的几个小区周围，也可以与几个小区居委会多进行沟通，建立起多社区与养老医疗机构的合作关系。

（二）投资模式

寿险公司涉入养老地产最重要的环节就是投资，它决定了寿险公司将以怎样的方式进入养老地产业，是直接方式还是间接方式，以及这种投资方式所需要的资金量的多少、投资回报期长短、投资所得收益高低、投资风险及所需要准备的资源及必须符合的规章监管等。目前来看，前期进入养老地产的寿险公司都不约而同地选择了全资或股权合作方式进入养老地产业，但这两种投资模式并不是唯一选择，也不一定是所有寿险公司的最优选择。在养老地产业优惠政策日益完善、金融支持日益丰富的发展过程中，只要满足《保险资金投资不动产暂行办法》中关于投资不动产的一些定性规定、偿付能力要求及投资比例[①]，寿险公司可以有更多选择。

　　一般说来，大型寿险公司资金运用规模大，投资多处养老地产也不会达到保监会规定的投资不动产比例的上限，同时大型寿险公司都设有下属的资产管理公司，资金运用经验与人才丰富，风险控制能力较好，一般不会因为大量投资养老地产而影响其偿付能力，因此直接投资模式更适合大型寿险公司，因此资金自筹模式是首选，从而更有利于整合产业链资源、掌握利润链。如果寿险公司在地产、运营或医疗服务方面不甚熟悉的话，也可以采用合作投资模式，主要是与地产商、物业服务商及医疗机构合作投资开发。

　　1. 全资自筹模式

　　一些资金实力雄厚的大型寿险公司通过自身现有资金或通过其他途径融资扩大自有资金后，直接拿地、建设、运营，进行养老地产投资开发。目前大型寿险公司通过保费收入及多年的资金运用积累，的确攒下了不少自有资金，并且大型寿险公司的资金补充渠道也更为通畅，可以通过股东增资、上市增发股票、发行次级债等多种方式进行。当前进入养老地产的泰康、新华等保险公司基本都采用了自有资金全资模式，并且介入方法都是成立全资控股的养老置地公司。

　　采用全资模式最大的优点，一是具有最大的可控性，保险公司可以完全按照自己预先规划的目标制定投资计划并实施，完全将预期想

---

　　① 保监会今天发布并实施《关于加强和改进保险资金运用比例监管的通知》（2014年2月19日）规定，保险公司投资不动产的账面余额，不高于本公司上季度末总资产的30%，投资不动产相关金融产品的账面余额，不高于本公司上季度末总资产的5%；投资不动产及不动产相关金融产品的账面余额，合计不高于本公司上季度末总资产的20%。

法付诸实践，在其后的入住条件设计、运营管理、产品服务等方面也可以更多地体现出寿险公司的业务特征，使其更可能地与寿险经营业务所长靠拢，不必担心与合资方出现决策与管理上的矛盾；二是可以获得全部投资收益，寿险公司可以利用自身的资源整合优势，掌握并得到整个投资收益。全资模式也有缺点，最大问题在于投资量过大，回报周期长。房地产开发环节复杂，对资金量与流动性要求高，保险公司没有进入房地产市场经营的成熟经验，也缺乏相应专业管理技能，当下房地产市场风云变幻，需求遇冷、政策变化很有可能发生，这些都对寿险公司来说是重要挑战。因此保监会也要求保险公司投资不动产建设需要符合资质的第三方进行代建，因此寿险公司即使采用全资投资模式，也并不是每个投资环节都需要亲力亲为，对于养老社区的适老性开发设计、物业管理、医疗护理规划等寿险公司不擅长的环节都可以采用了直接购买或外包的方式进行投资，一则保证了业务的专业性，二则在能够控制采买成本的同时降低了运营风险。

2. 合作投资模式

合作模式下保险公司将与其他机构合作共同开发养老地产项目，寿险公司的合作伙伴多为房地产公司，也可以是医疗护理机构等。合作方式可以是业务上的合作，如国寿投就与中冶置业签署了合作协议；也可以是股权方面的合作，保险公司与开发商联合成立新的养老置业股份公司；或者保险公司入股房地产公司。大型寿险公司与房地产公司的合作可以说是资金与技术的完美结合，一方面寿险公司比房地产商具有更为强大的融资运作能力、品牌号召力及资源整合能力，可以提供长期的资金支持和擅长的风险管控咨询，另一方面房地产开发商则负责提供市场开发经验、养老地产规划与技术管理甚至土地，投资收益则由双方按照投资比例共同分配。

合作投资模式可以帮助寿险公司利用专业房地产开发商的技术支持，避免由于对地产业运作陌生而导致的盲目投资风险，也可以通过与房地产商互动及学习主动掌握养老地产开发规律，使自己迅速积累养老地产的投资、运营、管理经验。成立于2006年的泰康置业的规划就是成为中国最大的以养老社区业务为核心的专业地产开发运营公司。房地产商在合作中则可以利用寿险公司的长期资金支持，发挥自身的业务优势，帮助寿险公司把握设计环节、控制建设成本等。

寿险公司的合作对象除了房地产机构外，还有医疗护理机构。医疗护理机构通过多年的经营与发展，对老年客户有深入接触，了解其市场期望与切实需求，积累了大量客户，这些客户资源与寿险公司的投保客户资源交织在一起，形成了有效的市场群体定位，更重要的是对于养老来说，优良医疗护理条件是核心竞争力。有专家认为中国最适合做养老的并不是开发商，而是靠医疗和服务起家的"下游"和靠金融起家的"上游"公司，比如寿险公司。寿险公司与其他机构的合作模式正是各自利用了其自身所处区位优势，将养老地产业的资金链及产业链盘活，大型寿险公司在市场上的区位优势除了资金外，还包括其丰富的保险产品、完备的销售体系及充足客户储备。大型寿险公司在选择合作的医疗护理机构伙伴时，要注重对其业界口碑、医疗水平、整体规模与寿险公司自身养老地产的品牌、规模与需求相匹配保证引进医疗资源的优质性。

合作模式也有缺陷，寿险公司在与其他机构合作时往往需要利益博弈，在决策与管理对接上也难免存在沟通不畅的问题，并且在合作过程中双方都要避免为追逐私利而做出有损对方利益、共同利益的行为。

（三）运营模式

运营模式是寿险公司投资养老地产商业模式的又一重要组成部分，包含多个层面的内容，如行政管理层、销售层、生产层、技术层及日常资金管理层。养老地产的运营模式主要指当养老地产建成后，如何进行产品销售、整体管理、日常经营、考核运转等。

寿险公司在运营中的角色定位主要有三种，一是既投资又运营、二是只投资不运营、三是不投资只运营。这三种模式及其优劣比较，我们以表格的形式进行分析，如表6-2。

一般来说，不投资只运营适合专业物业机构介入养老地产业，大型寿险公司已是养老地产的既定投资商，因此对其来说可以选择运营或不运营。运营养老地产服务或获得物业管理服务收入，有利于增强对养老地产利润链的控制，因此对于大型寿险公司来说更倾向于选择运营养老地产。

表 6-2　不同运营模式的优劣比较

运营模式	优点	劣势
只建设不运营	寿险公司将养老地产开发成商品即可，产业链短，销售完成即可收回大部分投资成本，避免了在不熟悉领域内的物业运营风险，总体投资成本较小	对养老地产利润链的渗透不足，无法从进一步的物业管理运作中获得增值及溢价收入
不建设只运营	寿险公司只负责销售完成后的运营管理，对资金量的要求方面大大少于建设投入，降低了进入门槛	投资回报期被拉长，对养老地产的前期开发设计的适老性及质量难以控制，无法实现与养老保险产品的对接
建设与运营相结合	将利润链最大限度地拉长，获得了社区开发、医疗护理及物业运营等各产业链收益及资产增值等，并且对产业链各环节具有较强控制性，预期目标实现度高	投资回报期最长，对寿险公司的资金量要求高，在企业经营管理、资源整合与部门协调、利润分配方面对寿险公司来说是挑战

下面我们考虑如果大型寿险公司决定负责养老地产的运营其收益与风险的情况。参照美国养老地产运营模式，运营商对养老地产服务产品有较高的定价权，寿险公司可以获得除出租养老地产入住权外的其他费用，如物业服务费、餐饮费用、医疗护理费用等，但日常运营收入要扣去运营费、维修费、保险费、税费后才能获得收益，在这种模式下物业、餐饮、医疗等方面的经营风险也得由寿险公司作为运营商承担。因此寿险公司在获得了介入养老地产各产业链环节的利润价值的同时，也相应承担着较高的成本与风险，对企业经营管理、资源调配融合等方面的要求较高。

（四）运营入住方式选择

无论大中小型寿险公司，在运营环节中，销售都是非常重要的步骤，多样化的入住方式给老人其及家庭更多选择，往往能起到提高销量的作用。寿险公司作为金融业界的专业机构，可以将保险业务与入住方式结合起来，创新地进行保险产品与养老地产对接销售。

入住养老地产涉及两个重要的权利，即房屋的使用权及产权，按照养老地产产权归属的不同，老年客户的入住方式基本可以分为销售型、出租型及混合型。

销售型入住模式，又可称为购买型或不记名式模式，开发商将养老地产的使用权连同产权一并让渡给入住老人，老人在入住时需要交纳一大笔购买金，类似于购买商业地产。由于保监会规定寿险公司自行开发投资的养老地产，50 年内不得出售①，因此寿险公司全资开发的养老地产是不能选择这种入住模式的。如果寿险公司选择的是与地产行业相关机构等合作开发方式，则或可采用直接销售养老地产产权。出让产权意味着大量资金流回收，但对于入住老人来说可能是一笔不小的支出，但对于寿险公司等投资机构来说则可以快速收回前期投入成本。在后期运营方面，产权的出让并不影响寿险公司日后的其他服务运营收费，但由于入住老人通过购买产权"买断"了房产，因此养老地产以及土地相关增值都由入住客户及其继承者享有，寿险公司无法再获得时间溢价。当然，由于产权转让，为老人带来了继承上的便利，中国传统观念中老人都要留一份"家产"给子女，养老地产的产权就可以传承给子女，契合了老人的消费观念。不仅可以继承，获得产权的老人还可以选择出售，从而将地产的增值变现。销售模式也会带来一些不便之处，如由于入住老人已经购买了确定的户型，其后随着身体健康状况的变化想更换类型则只能再次出售，而租赁型入住方式在调换相应居住类型或服务类型方面则方便得多。

出租型，又称会员制或记名式模式。出租型入住模式并不把产权转让给入住老人，其获得养老地产使用权的方式是支付租金②。销售型入住模式是通过"买断"形式一次性将产权及使用权转让出去，而出租型则是利用按月或者按年购买养老地产的使用权。出租型带来的使用权是专属的，如果入住老人不想继续入住，可以随时搬离。有寿险

---

① 持有 50 年后的相关政策并未出台。

② 这一入住方式目前符合保监会关于保险公司必须持有养老地产产权的管理规定。

公司对出租型养老社区无法继承或流转的限制做了一些改良，居住权在可以在直系亲属之间进行转让，也就是说入住权益可以转让给配偶或者子女，但仍然无法在商业市场上流转。出租型入住模式在资金上为客户提供了一定缓冲区间，老人可以利用每月养老金、原有住房的月租金等资金入住养老社区；寿险公司虽然无法快速收回投入成本，但对租金具有定价权，可以根据市场租金或者通货膨胀率适时调整租金，并且可以获得养老地产的溢价收入。老人在更换入住区类型（如活跃老人区、护理老人区）时，也更为便利，只需要缴纳不同级别的租金即可。但出租型入住老人的归属体验上可能略差，老人可能对养老社区为"家"的认同感不高。

由于大型寿险公司是养老地产的直接投资者，在目前保监会的监管规定下，必然只能选择出租型入住方式，其能否出售养老地产还要看以后的政策规定。事实上，大型寿险公司的综合化养老社区内包含多种类型的护理区（如活跃老人区、长期护理区、失忆症高级护理区等），通过出租形式入住也更加符合其整体功能规划。

在入住方式方面，值得一提的是保险产品对接，即通过购买保险产品获得入住养老社区权利，如泰康公司的客户只要购买了泰康公司的一定寿险产品就成为了会员，相应具有了入住泰康之家养老社区的候选资格，这一对接模式对养老保险产品及地产商品都是一种销售推动。但目前市场上，寿险公司并未推出专门针对养老地产的特殊对接产品，一般都是在售的普通养老保险产品，并且提供这种产品对接的保险公司也为数不多。当保险产品到达给付期限时，以入住养老社区这种实务形式抵换，从这个意义上说养老社区入住权的实质与养老保险产品无异。这种对接抵换方式对于消费者来说，最重要的意义在于提前锁定入住成本，但对保险公司精算与资金运用带来了一定挑战，消费者入住养老社区通常都于在于购买后的 10 年、20 年甚至更长时间之后，根据寿险公司之前核算的成本定价能否完全涵盖日后的支出存在一定变数，而保险合同不可能"朝令夕改"，因此对寿险公司来说这种对接方式既扩大了客户群，又带来了挑战。为此，一些寿险公司提高了对接模式的条件，规定只有购买的保险产品达到了一定金额（如 300

万）才能够获得入住权。

　　除了精算困难外，寿险公司进行保险产品对接养老地产的局限还在于养老服务无法作为保险合同写明的保险利益。一般来说，保险公司向投保人收取保费，并到期向投保人给付保险金，但如果投保人选择了养老服务，提供养老服务的不是寿险公司，而是养老管理公司，于是就出现了问题，客户并未同养老管理公司签订保险合同，其获得的实体服务收益能否得到保险法认可？保费能否转成养老服务费用呢？这一问题的解决方法有三：一是三方协议解决，寿险公司与养老管理公司签订委托协议，客户与养老管理公司签订服务协议，协议方式规定了权利与义务，但同时增加交易成本，并且一旦出现法律纠纷，处理起来比较麻烦；二是绕开保险公司，养老管理公司与客户直接交易，但养老管理公司本身不得发行保险产品；三是保险法写明保险给付可以以服务形式提供，如日本介护保险法的规定一样。但修改法律涉及复杂流程，这些条件现在并不具备。因此在实际操作层面，对接保险产品的入住方式，在保险产品和操作规范方面都有待进一步完善。

二、中小寿险公司投资养老地产的策略

　　中小寿险公司在资金运用规模较小，一定程度上限制了其对养老地产的投资，但合作方式下的直接投资与间接投资方式可以帮助中小寿险公司规避养老地产投资的过高门槛及过长的回收周期。因此中小寿险公司介入养老地产的策略与商业模式与大型寿险公司不同，要特别注意选择恰当的开发模式与投资模式，尽可能地控制风险，缩短盈利回收区间，保证偿付能力，同时中小寿险公司可优先考虑发展养老服务机构等轻资产类投资。

　　（一）开发模式

　　目前投资养老地产的多是大型寿险公司，对养老社区的投资也是大手笔，中小寿险公司在资金运用量方面无法与大型寿险公司相比，同时碍于投资政策对险资投资房地产的比例限定，中小寿险公司建设综合高端养老社区的规划不甚现实。因此，对于中小寿险公司来说可

以选择其他开发模式，避开对资金的过高要求，从而也避免了过长的现金与收益的回笼期，以更加灵活的方式涉足养老地产业。上文分析养老地产的开发模式多样，中小寿险公司可以选择以小型养老机构、与相关机构合作共建养老机构等形式介入养老地产投资，从而适应其资金规模与经营灵活的特征。中小寿险公司应当更多地利用相关合作机构的资源，抓住介入养老地产的投资机会，同时特别注意与政府间的开发合作。中型寿险公司可以开发一定规模的综合养老社区或老年公寓，小型寿险公司应衡量自有资源，建设易于开发经营、较快回收资金的医疗看顾、康复护理等机构。

1. 开办小型养老机构

在一般社区内建设小型养老机构也是中小寿险公司恰当的选择之一。特别是在一些成熟小区中，居住着一定数量但又为数不太多的老年人，他们通常在小区内生活了多年，不愿搬离住所养老，如果寿险公司与这些小区的物业管理机构合作建立小型养老机构则会极大方便这些老人的养老需要。小型养老机构的建设比较简单，甚至无须建设住院床位，只需要提供老年人需要的医疗及护理就可以，对于非活跃的需要家庭护理的老人，小型养老机构则可以提供上门服务。在台湾地区，由民间资本兴建的小型养老机构非常发达，在相关法律监管及政策引导下，1997年来得到迅速发展。台湾地区将49床以下的养老机构归类为小型养老机构，于1997年开放了小型养老机构的注册，并针对其设置了准入门槛、历年检验标准及监督惩罚条例，极大提高了小型养老机构的服务品质，使其社会认可度不断提高。我国中小寿险公司可以选择对投资开办小型养老机构，一方面需要投资少，能够迅速收回成本，另一方面成熟小区选择空间大，可以将小型养老机构与保险公司的营销机构结合起来，形成连锁服务平台，可以帮助寿险公司快速形成养老品牌，从而对其养老保险产品及其他保险产品的发展大有裨益。

2. 与有关机构合作共建养老机构

中小寿险公司在资金规模及人才上的限制使其在投资建设大型综合化养老社区上可能力不从心，但其可以发挥比较优势，利用一定的投资资本和客户资源，与医疗机构、护理机构、风景区疗养所等共建养老机构。双方可以选择恰当的区位建立新的养老护理机构，由寿险公司提供主要资金支持，由医疗护理合作机构提供老年护理人员、技术；也可以在原医疗、护理机构内划出特定区域，增建新设寿险公司所属的养老机构。成熟的医疗机构和护理机构比寿险公司在养老机构的适老性设计方面更加轻车熟路，医疗护理机构与寿险公司的合作也是资金与医疗技术的双赢。医养结合的模式有利于将优质稀缺的养老医疗资源引入养老项目中，帮助提升中小寿险公司投资养老地产的竞争力。同时就近医院或疗养机构建设，既可以提高医疗资源的利用效率，又能够帮助更多的老人提高养老的医疗护理水平。一些医疗养老及护理机构在建立了良好的信誉及口碑后，也可以利用寿险资金扩大自己的经营范围。中小寿险公司则能够利用相关机构的医疗护理条件和人才技术，弥补自身在这些方面难于短时间内建设一套完备体系的不足及相关控制成本困难。

3. 其他开发模式

中小寿险公司可以选择的其他开发模式是与具有特色的相关机构进行合作，利用合作方的经营特点，为养老机构提供特别吸引力。如日本一家养老机构是与幼儿园建设在一起，其在建筑的第一层设置了一家幼儿园，楼上则是养老院，两个机构共用餐厅及其他设施，节约了物业建设及其他人力成本。同时，老人与天真活泼的儿童一起生活、游戏，有利于消除老人寂寞，增加生活活力。美国拉萨尔村养老社区则与之异曲同工，建设在一所大学旁。这种开发模式适合高级知识分子老人，高知老人愿意在退休休息之后继续学习，保持原有的生活习惯，或继续发挥余热，将毕生所学尽可能传播出去，如果为此新建老年大学或者开设培训课题则难免成本高、耗时长，若在高校周边开发养老社区则能够利用其教育资源，则使老人既利用了高校安静闲适的环境，又能够通过学习与学生交流，丰富养老生活。

其他的开发模式还包括中小寿险公司可选择市区中心附近的空闲厂房或搬迁学校空置地等进行建设养老社区，这些地理位置往往交通便利，区位优越，具有很大的增值空间，而建设养老机构寿险公司可以利用长期投资，以及对税收和周边基础设置建设的拉动作用获得政策支持优势。

4. 中型寿险公司的多元化选择

中型寿险公司在养老地产投资方面虽比不上大型寿险公司"财大气粗"，但仍具有一定资金实力，如合众人寿，由于其对地产业务的熟悉，更加希望在养老地产方面有所建树。但中型寿险公司想要像大型寿险公司一样，建设入住门槛高达 300 万元的豪华综合型老年社区，又不甚现实。并且基于目前我国国情，高收入水平的人群可能并不是养老需求最为迫切的，相比之下中低端养老市场也值得寿险公司关注。一方面中低端收入群体的养老大军队伍更为庞大，养老市场也更为广阔，另一方面中低收入人群的养老要求相对较低，对寿险公司的投资规模要求也就更低一些。养老地产是具备一定福利性的事业，如果寿险公司建设更接近普通市民需求水平的养老机构，可以在地产、税收等方面与政府政策更加融洽地对接。

香港房屋协会在养老地产建设上就采取了高端养老社区与中低端养老社区共同多元经营的方式，这样做主要是为了获得香港政府在地价上的优惠政策。香港房协目前正在运作经营的养老地产项目是彩颐居和乐颐居，正在规划中的项目是天水围湿地公园项目和北角丹拿山综合长者住屋。其中正在经营的彩颐居和乐颐居项目，每个都有超过300 个使用单元，入住率达到90%以上，定位于身价在 150 万到 330 万左右的中等收入养老群体，受到政府管制与支持，在寸土寸金的香港，彩颐居和乐颐居项目所使用地土地价格全免，但定价也受政府限制。正在规划建设中的北角丹拿山项目位于城市中心，定位于优质高档的养老生活；天水围项目位于城郊，定位于度假式悠闲养老生活，两者相较于彩颐居和乐颐居是更为高端的养老社区，主要针对的客户是资产在 1000 万港币以上的高端群体。目前香港与内地一样，并没有针对老年住宅相关优惠政策，但通过限定为养老住宅，丹拿山和天水围项目也都获得了一定地价优惠，丹拿山和天水围项目拥有自主定价权利，没有政府的定价控制，预期可以一次入住后就收回成本。彩颐居和乐颐居项目由于价格上的限定，目前经营较为困难，预计 45 年后大概 3

次居住权转移后可以收回成本。

地产业在国内炙手可热，地王标价连连刷新，寿险公司投资养老地产与直接投资商业地产不同，险资拓宽投资运用渠道是为了保证投保人的未来收益，是要保值增值的，与房地产商争夺似乎并不明智。寿险公司本身经营就带有社会保障意义，投资养老地产就更要考虑到其福利性特征，应当争取获得在土地税收等方面的优惠政策。或者借鉴香港住协的开发方式，中型寿险公司可将盈利期长与盈利期短的项目搭配经营，通过承办福利性强盈利期长的养老项目获得政策支持、社会认可与品牌效应，再推进收益性更强的地产项目，从而实现一种过渡，既在一定程度上弥补中型寿险公司在资金规模上的相对不足，又满足了其直接涉入养老地产业，获得直接开发收益的需求。

（二）投资模式

投资模式总体上分为直接投资与间接投资，一般来说直接投资更适合大型寿险公司，中小寿险公司可以选择合作投资模式[①]，也是同地产行业、医疗护理业协作投资建设，也可以考虑与政府紧密合作的 BOT 模式；间接投资对中小寿险公司来说更现实、更安全，同样可以获得养老地产业的行业红利，投资模式包括 REITs 模式、信托投资模式、贷款投资模式等。

1. BOT 模式

BOT 模式最早出现于 17 世纪的英国，即 Build-Operate-Transfer（建设—经营—转让），经过三百多年的发展，已经演化出多种衍生形式以适应不同的经济社会条件，如 BOOT（Build-Own-Operate-Transfer）建设—持有—经营—转让模式、BOO（Build-Own-Operate）建设—持有—经营模式、BLT（Build-Lease-Transfer）建议—租赁—转让模式及 TOT（Transfer-Operate-Transfer）转让—经营—转让模式等，BOT 模式现在日渐演化成为 PPP 模式即 Public-Private-Partnership，其名称与类型并不十分重要，重要的是私人机构与政府就基础设施建设合作的一种形式。近年来，BOT 及其衍生模式日渐成为流行的投资与建设方式，主

---

① 大型寿险公司投资养老地产的商业模式下投资模式已有介绍。

要被一些发展中国家用来进行其基础设施建设并取得了一定的成功。

BOT 模式的一般操作流程是，政府首先会与私人机构达成初步协议，由政府向其颁布某种特许经营权，允许私人机构在一定时期内筹集资金建设某项基础设施，并管理和经营该设施，向社会提供相应的产品与服务，获取利润，当协议期限结束时，市场机构按协议规定将特许经营的设施交还给政府部门，改由政府部门或指定其他机构经营和管理。由于政府在这一模式中为商业机构的经营提供了特许经营权，并且具有监管职能，因此政府对该私人机构提供的公共产品或服务价格和数量可以有所限定，但也需要保证私人机构能够从中获取利润。整个过程中的市场运营的风险由政府和私人机构共同分担。

传统上开办养老机构是民政部门社会福利的一部分。目前在基层特别是城镇级别，养老机构分为两种，一种是由民政部门开办，资金来源以政府拨款为主，接受企业、社会及个人捐助，经费来源不足，规模有限，床位紧张，医疗和护理条件较差，不能满足日趋增加的养老需要，很多乡镇养老院只能在年龄、经济收入条件及健康状况上放低要求，优先满足五保户老人等特殊群体的养老需要；另一种是私人开办的养老院，目前主要依照 1999 年 12 月 30 日民政部令第 19 号发布《社会福利机构管理暂行办法》执行，虽然在准入制度上有一些硬性指标要求，但在运营及服务质量监管、老人权益保障等规范方面仍不足，同时这类民办养老机构也日益供不应求。在大中城市，私营机构包括寿险公司投资建设的多是面向高收入家庭的养老住宅，因此二三线城市及小城镇养老市场必定前景广阔。

2012 年 7 月民政部发布关于鼓励和引导民间资本进入养老服务领域的实施意见，将采取政府补助、购买服务、协调指导、评估认证等方式，鼓励各类民间资本进入居家养老服务领域。中小寿险公司正好可以利用政策的支持机会，凭借养老事业的准公共产品性质及巨大的市场需求，采用 BOT 模式进入养老地产及服务领域。因此中小寿险公司不要只盯住高端客户适用的综合养老社区开发模式，而是可以考虑建立具有一定社会福利性质的养老院，扬客户资源、产品配合之长，避资金规模之短，积极利用合作机制，获得政府支持，加大发挥自身在整个养老服务体系中的重要补充作用，一方面在特许经营下能够获得利润，另一方面帮助提高了整个社会的中低端养老水平，有利于树立寿险公司良好的社会形象，获得良好的社会收益及其带来的更为广阔的溢出效应。

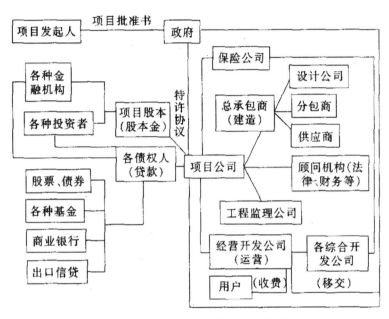

图6-3 BOT模式运行的典型结构框架

中小寿险公司利用BOT模式并不一定完全按照公式化的顺序，基本参与流程如图6-3，首先中小寿险公司作为项目的发起方先行创建一个养老项目，可以由一家寿险公司，也可以由多家寿险公司组成的联合项目团队完成，寿险公司计划的项目要满足一定资金、人员、技术等方面的资质；其次与政府签订特许协议，在协议中寿险公司可以争取关于养老地产项目的土地限价、税收优惠、从业人员工资补贴、行政流程上的绿色通道等支持，并通过协议确定下来；再次是项目公司的融资环节，寿险公司在这一环节中还可以邀请一些商业银行、医护机构或者物业开发机构参与，也可以将养老地产项目股票证券化，政府出于职能考虑也可以持有其中部分股份，融资阶段寿险公司组成的项目公司会与投资机构签订协议，约定双方的权利义务等；之后进入养老地产的施工阶段，寿险公司要保证每个时期的现金流入并控制期间的风险，寿险公司还可以利用业务所长为项目投保；最后是运营期，寿险公司利用拿到的特许权回收对项目的投资并赚取利润，通常要经过一个很长的协约期后，寿险公司再将养老地产项目交由政府经营管理或者通过买断方式继续经营。BOT 模式带来了政府与寿险公司的双赢，政府通过引入市场运作机制提高了公益事业的发展效率，中小寿险公司可以获得区位及价格较为诱人的项目用地，大大降低其购买、征地及其开发费用，降低对投资地产资金储备的高要求，使中小寿险公司也可以在不动产资金运用中处于优势竞争地位。

BOT 模式的适用范围广泛，包括一些公共事业开办及廉租房建设等方面，但目前在养老地产方面还没有更多有益的尝试。BOT 模式有一定优势，但也会给中小寿险公司带来一些挑战，如寿险公司与政府间的双向博弈，要想得到政府对养老地产的支持并不容易，特别是在土地等方面；并且由于 BOT 模式下特许经营权限具有时间限制，尽管这一时间可能长达 30 年之久，但还是会给寿险公司的经营效益带来一定压力，如果在预定区间内无法盈利，到归还时将使寿险资金遭受损失；最后由于寿险公司需要与政府机构进行协商、谈判等多回合沟通，比直接商业运作机构需要的工作量大，交易成本较高。

2. 信托投资模式

在目前寿险公司对养老地产业不熟悉的情况下，信托投资模式是间接投资模式中更适用于中小寿险公司，并兼具专业性与可行性的模式。信托投资模式指一家或多家寿险公司将集合资金以建立信托的方式交给信托公司，并指明信托的投资方向为养老地产。信托业近年来在我国发展日加成熟，规模也不断扩大，因此中小寿险公司选择间接投资模式的话，信托投资模式操作性较强。

首先，中小寿险公司与其选定的信托公司签订信托合同，将集合资金交给信托公司。根据信托投资方向的不同可以分为证券投资信托、组合投资信托和房地产投资信托。寿险公司可以根据偏好进行选择，这三种信托形式都可以一定程度地涉及养老地产业，第三种房地产投资信托的投资紧密性更高。其次，信托公司根据信托合同的约定，将寿险公司的资金放贷给寿险公司指定的养老地产项目，或者直接以信托资金发起新建或参股一家养老地产公司，或者购买养老地产公司发行的债券（证券投资信托）。信托公司通过贷款协议、公司章程、债券发行协议等规定，取得相关的利息、股息、资本利得等投资回报。最后，在一定期限内，信托公司应当按照信托合同约定，将获得的投资回报发放给寿险公司，或者解散信托返还其资产。当然，在信托运营期间为了保证寿险公司的资金安全，信托公司应当选择合格的银行负责受托资金的保管及本息、费用、清算等支付命令。

信托投资模式对于中小寿险公司投资养老地产业的优势表现在其具有安全性、专业性及流动性的特点。信托公司作为发行主体，具备丰富的投资经验及专业的选择、组合、预测、分散风险技术，并且养老地产投资信托的形式可以充分发挥信托财产的信用风险隔离作用，使养老地产项目能免除信用风险，解决了寿险资金的安全性问题；同时，由于信托凭证可以在市场上进行协议转让、质押、回购等操作，因此具备一定流动性，降低了中小寿险公司资金的投资风险，寿险资金可以随时抽回资金，不必担心折现损失问题。目前我国信托机构的运行日益规范，信托模式对于寿险公司投资养老地产来说是可行的选择之一。

3. REITs 模式

REITs 模式是美国房地产开发最流行的方式，发达的金融市场及工具创新能力给予了 REITs 模式强大的投融资功能。REITs，即 Real Estate Investment Trusts，也称房地产投资信托基金[①]，是一种针对房地产投资的信托基金，投资者将资金汇集到房地产投资信托基金公司处并得到其发行的收益凭证作为证明，房地产投资信托基金公司利用自身专业的投资技能进行房地产的投资与经营，主要通过选择购买收益类房地

---

① 在此，有必要对房地产投资信托和 REITs（房地产投资信托基金）进行区别，房地产投资信托是我国信托公司开展的一项主要业务，其运营模式是信托投资公司运用自有资金和长期信托资金，以投资真身份介入参与房地产投资，而 REITs 的基金性质更强，其投资形式、收益来源也与其不同。

产或为房地产项目提供融资获得利润，投资方向集中于能够带来稳定租金收入的房地产项目、房地产贷款、购买抵押贷款或者抵押贷款支持证券（MBS），投资所得的收益将按投资人的投资比例分配，从而使投资人坐享房地产业带来的高收益，同时还可以得到收益方面的税收优惠。

按不同划分标准，REITs 的运行分为很多类型，如公司型与契约型，二者依据的法律不同，资产性质及向投资人分配的利益来源也不同。依据使用资金去向的不同，REITs 也分为权益型、抵押型及上述两种的混合型。权益型 REITs 直接参与房地产的开发建设，主要投资于具有稳定收益的实物型房地产，收益来源是出售房地产的资本利得及房地产的租金收入，主要业务是房地产开发、租赁、物业管理等。抵押型 REITs 是一种通过资金涉入房地产业的间接投资方式，主要以投资住房抵押贷款证券（MBS）间接地将资金贷款给房地产经营者或者物业，投资性质更接近于一般债券投资，因此其收益变动与利率关系密切，而权益型 REITs 的收益变动则与房地产业发展息息相关。

REITs 的运作流程主要有发起设立、筹集资金、投资经营和收益分配四个阶段：发起设立阶段，依法设立的 REITs 将在证券交易所挂牌上市，筹集资金并向投资人发放收益凭证阶段，经营运作阶段 REITs 公司常常会委托资产管理公司对筹集的资金进行管理，由资产管理公司在不动产领域进行投资组合的选择，最后收益分配阶段，REITs 将不动产投资获得的租金、股息及利息向投资者分发。在此期间 REITs 也可以在证券市场增发股票进行融资等。投资者可通过短期或长期持有 REITs 获得不同的收益，短期投资者主要通过在二级市场买卖 REITs 证券赚取差价收益，长期投资者则看重的是稳定的土地溢价而带来的资本增值。

寿险公司投资养老地产主要遵循我国《保险资金投资不动产暂行办法》规定，保监会对险资投资不动产，做出了"三不原则"的要求，即不得投资或销售商业住宅，不能直接从事房地产开发建设（含一级土地开发）、不得投资设立房地产开发公司或投资未上市房地产企业股权（项目公司除外）。因此上述全资自筹模式及合作模式也都需要寿险公司通过设立一定项目公司或置业公司以免碰触到政策红线。而相比之下，REITs 模式是一种间接进入养老地产业的模式，显然不会违反上述原则。除了没有政策上限定外，REITs 模式本身的特点也非常有利于中小寿险公司投资。主要是：

（1）REITs 的收益具有长期稳定性

寿险业的资金运用最大的特点是期限长，REITs 投资于房地产业的收益长期性特点正好与之相匹配，可以帮助寿险公司实现资产负债在期限与结构上的协调。以美国的 REITs 为例，其收益来源是房地产业的长期地价增值，具有稳定的成长性，与债券投资和公共事业股票投资类似，比较安全，非常适宜险资、养老基金等长期的机构投资者。除了收益性外，寿险资金运用还有很重要的一点就是安全性，美国 REITs 规定其税前收入的 90%都要按比例分给投资者，这使得 REITs 的投资运营也更加稳健，证券价格增速比较慢但抗跌性强，因此长期以来收益稳定。截止到 2011 年，美国权益类的 REITs 指数 35 年间的年化收益率 13.58%，同期的标准普尔 500 指数是 10.8%。

（2）REITs 具有良好的流动性

寿险资金运用的另一个重要原则是流动性。投资养老地产本来是长期性项目，直接投资的话是不可能将资金短期内变现用于寿险公司业务的赔偿给付，中途撤资则可能付出非常大的变现成本或致使投资严重受损。中小寿险公司如果通过 REITs 模式投资养老地产业，其高流动性则可以满足寿险业的特殊要求。REITs 是房地产证券化产品，无论是公司型还是契约型，投资人都是通过收益凭证或股票形式参与，这就将养老产业的不动产性质转化为了具有流动性的证券资产，改变了不动产产权转移的复杂性，可以在各大证券交易场所自由买卖 REITs 份额。这便利了中小寿险公司能够随时通过市场变现应对可能出现的给付需求，使得寿险公司无须等到养老地产的传统收益期才能获利，也降低了中小寿险公司因参与养老地产投资而出现的偿付能力不足的担忧。

（3）REITs 的投资风险低

收入稳定及具有良好的流动性已经一定程度上反映了 REITs 的投资风险较低，更重要的是与其他投资渠道的低关联性也帮助了寿险资金分散风险。REITs 投资通常持有多个不同地区、不同类型的商业地产组合，分散了寿险公司投资于单个房地产项目带来的不可分散的非市场风险，降低了短期波动带来的收益影响；同时 REITs 的投资运营是由具有商业地产开发和投资分析经营专业知识的人士操作，避免了盲目投资风险。通过 REITs 发展较为成熟的美国、日本及新加坡的数据证实，REITs 与标准普尔 500、纳斯达克等的收益率指数相关性偏低，在新兴市场 REITs 与当地股市的收益关联性甚至为负，因此通过 REITs 投资于养老地产不仅能够增加收益，也是构建资产组合分散风险的上佳选择。

（4）REITs 模式投资简单，运营制度透明

由于 REITs 模式本质上是一种资金集合，因此对于中小寿险公司来说即使资本量不大也可以参与养老地产的投资。资金量上的低门槛使得中小寿险公司不一定非要进行实体建设才能涉入收益性、安全性、期限结构都适宜的养老地产业。并且在美国，REITs 模式下无论是权益型还是抵押型，其资产构成及收益来源都比较简单清晰，公司型或契约型 REITs 也都有严格的运营规章及法规，作为上市流通的证券产品，其在市场准入、运营章程、高管任职资格、利润分配、监督管理、会计审计、公开信息披露等方面都有严格的法律标准，投资者想要获得关于投资信息也十分便利，金融模型的发展对其收益预测分析也日益成熟精确，因此也适宜对养老地产业并不熟悉的寿险业进行投资。

（5）REITs 模式可以享受税收优惠

美国 REITs 模式发展迅速的原因之一就是得益于其在税收方面的优惠及单一课税政策。1960 年美国国内税收法案规定，如果 REITs 将每年盈利的大部分（一般是 90%以上）以现金红利方式分配给投资者，REITs 就不用交纳公司所得税，这是因为 REITs 是一个代价理财的转手证券（pass-through），应税所得被回报给投资者后，应当是获益的投资者被课税，公司不再被征收资本利得，因此 REITs 模式的税收政策是投资者与 REITs 基金单一赋税，这对中小寿险公司自发建立 REITs 是一种激发机制。

REITs 模式作为寿险资金间接投资养老地产业的首选途径，满足了

中小寿险公司对于资金运用的安全性、收益性和流动性要求，并且 REITs 模式以证券投资模式打破了养老地产业的较高行业壁垒，进入与退出简便，管理与运行透明、可预见。但问题在于我国目前并未真正引入 REITs 模式，亚洲其他国家（日本、新加坡）或地区（中国香港）都于 2000 年左右通过建立完善的立法及监管措施，并借鉴美国的发展经验发展自己国家的 REITs 产品。

我国内地最有可能成为第一单的 REITs 产品，是由中信证券承做的中信启航专项资产管理计划，已获批并于 2014 年 4 月发行，期限为 3～5 年，优先档收益率区间在 7%～9%，次级预期收益率在 12%～42%，优先劣后比为 7:3。该产品投资标的为北京中信证券大厦及深圳中信证券大厦，优先级评级为 AAA，优先级募资总规模为 36.5 亿，500 万元起，次级总募资规模 15.6 亿元，3000 万起，目前仍在募集中。募资对象主要是合格的机构投资人。值得注意的是，该产品的退出方式包括以 REITs 方式上市退出，以及按市场价格出售给第三方实现退出。产品存续期间，优先级及次级投资人均可在深交所综合协议交易平台交易。如果以 REITs 方式实现上市退出，则意味着该产品将成为中国内地首单 REITs 产品。中信证券的该 REITs 产品得到了市场的强烈反响，但这一 REITs 产品的投资标的为商业地产，而不是养老地产。养老地产 REITs 产品的发展仍有待时日。

结合目前我国 REITs 产品的尚在积极试水的情况，中小寿险公司利用这一模式投资养老地产大致有下面三种可行方式：

（1）参与组建合伙制 REITs。合伙制 REITs 的建立类似于成立投资公司，一般由一个无限责任人（普通合伙人）与多个有限责任人（基金投资人）共同组成，中小寿险公司可以作为其中的基金投资人也就是有限责任人参与。合伙制 REITs 以公募或私募的方法筹措资金，并将募集的资金严格限定用于养老地产项目的开发、租赁与出售等或者与养老地产相关证券投资，包括相关的股票、债券、住房抵押贷款债券等。寿险公司利用合伙制一方面可以借助普通合伙人在业务上的专业优势，还可以利用相关机制如分配约束机制、投资约束机制、责任约束机制等规避道德风险，提高运作效率。

（2）借助于共同基金间接持有 REITs。共同基金在国内被称为证券投资信托基金，在美国则被叫作共同基金，其是由投资公司以信托契约的形式发行受益凭证，主要投资标的除了有价证券外，还包括黄金（或其他贵重金属）、期货、期权及房地产等。目前从国外房地产投资信托基金的投资来源看，共同基金是主要的投资者，共同基金通常为了收益及分散风险而持有大量 REITs，中小寿险公司可以通过持有投资于养老地产的共同基金的方式来间接分享房地产业利润，这也是国外寿险公司常用的投资方式。

（3）购买 REITs 股票。寿险资金运用早就开放了股权投资，因此寿险公司投资 REITs 股票也是一个可行的间接渠道。REITs 股票的市场表现稳定、长期化收益高、波动幅度小、流动性强，同时可以作为投资组合的分散搭配，因此国外寿险公司也常常通过投资 REITs 股票的方式间接投资房地产业。

4. 贷款模式

贷款模式是银行与保险公司合作投资养老地产的模式。对于中小型寿险公司来说，投资养老地产由于政策限制只能利用 30% 的自有资金投资，而这一比例限制往往使其难以在养老地产业"分一杯羹"，而 REITs 模式在短时间内也不具有可操作性，因此中小寿险公司可以选择贷款模式，与银行合作，这一模式对于中小型银行系寿险公司来说是一种可行性较高的模式。银行—保险贷款模式主要是指寿险公司将自有资金委托给银行，让银行帮助其选择养老地产的相关项目进行放贷投资，由于银行可以将资金放贷给不同的养老地产或其他地产项目，因此降低了放贷投资的关联性和资金运用风险。同时这一模式可以利用银行的贷款管理模式和风险控制技术，一方面降低了寿险公司的风险管理成本，另一方面也将成为银保合作的新途径。除了通过银行保险联合贷款外，中小寿险公司也可以采用多家联合放贷，即多家寿险公司通过组建资金池或者投资计划，将寿险资金集中起来投资养老地产项目。由于多家寿险公司的组合资金池规模较大，既可以选择分散投资，也可以利用规模效应降低管理成本及投资风险。这一模式其实已经类似于基金模式，但在运行方面不及基金形式规范，由于养老地产专业性强、环节复杂，寿险公司在选择地产项目时往往需要较高的分析成本，这时寿险公司不妨将资金集合交给专业信托公司或资产管理公司运作，即上面介绍的信托模式。

5. 证券化产品投资模式

在国际上保险公司流行的不动产业投资模式几经改易，最初是投资实体，到 20 世纪 90 年代随着资产证券化兴起，不动产证券化产品开始吸引险资的目光，保险公司逐渐减少不动产直接投资，转为"间接投资为主、直接投资为辅"的投资模式。目前，国际上保险资金进行不动产间接投资的形式主要可以分为证券化产品和投资基金两类。投资基金模式包含上述介绍的 REITs 模式及信托投资等，而证券化投资产品也是中小寿险公司间接投资不动产业的一个重要途径，但由于目前我国并没有像美国、日本等国家一样发达的有价证券市场，因此类似 MBS、CDO、CDS 等在我国并没在发售，但寿险公司可以通过一定途径间接持有。

不动产证券化产品在国际市场上主要有以下三种（如图 6-4）：

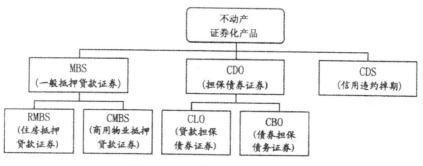

图 6-4　不动产证券化产品分类

MBS（Mortgage-Backed Security）抵押支持债券，在美国，主要由美国住房专业银行及储蓄机构将其贷出的住房抵押贷款集中起来，形成一个抵押贷款集合体，利用这些贷款定期形成的本金及利息所得发行证券，通常由政府机构或者类政府金融机构进行担保，如房利美、房地美等，具有深厚的政策性公共金融色彩。CDO（Collateralized Debt Obligation）担保债权凭证，发行者将一些债务集中到一起重新打包，这些债务包括新兴市场公司债或国家债券、住宅抵押贷款证券化及商用不动产抵押贷款证券化等，按信用等级高低销售给投资人，CDO可以将基础资产中的低信用置换成高信用，并且其现金流具有较高的可预测性。CDS（Credit Default Swap）信用违约掉期，虽然被归为金融衍生证券类，但实际上是一种保险产品，美国的CDS也多是由大型保险机构发行，投资人向保险公司支付一定的费用作为"保费"，以获得其资产有可能面临的违约损失。

中小寿险公司可以通过购买上述三种不动产证券化资产间接投资养老地产业，这些证券在二级市场流通，并且没有资金量上的投资门槛，但问题在于风险较高。2008年美国次贷危机中，上述三种证券化产品在风险聚集及膨胀的过程中起了推波助澜的作用，保险资金在进行不动产证券化产品配置时，需要高度关注风险分散问题。虽然对于保险间接投资不动产业没有一定比例的明确限制，但这反而容易造成风险增加。

2005年12月底，我国建设银行推出的个人住房抵押贷款证券化信托（MBS）正式发行。这标志着我国不动产证券化间接投资市场体系也正在逐步形成，我国寿险业可以向国际险资不动产运用模式接轨，逐渐发展"直接投资与间接投资共同发展，实物配置和产品配置相得益彰"的投资模式。但是寿险公司对不动产证券化产品必须抱有足够审慎的态度，试验性地推动投资行为，严控风险，吸引国际金融危机中美国国际集团AIG破产的教训，循序渐进地发展不动产间接投资。

（三）运营模式

如果中小寿险公司仅以间接形式在二级市场上运作投资养老地产，则不会涉及养老地产的运营。但中小寿险公司可以通过合作形式，或者建设小型养老机构，因此有必要讨论其指导投资建成后的运营模式。我们建议中小寿险公司将运营部分外包给专业物业管理服务机构，以降低成本与相应风险。

在美国，养老地产的商业模式是开发商、投资商与运营商互相分离的模式。开发商只负责定制养老社区的开发，包含土地使用规划、房屋设计、施工建筑等内容；投资商则负责地产开发的各项财务安排，主要是低成本地提供长期资金与规划使用，其中可能涉及更多市场融资手段并承担金融风险，当开发建设阶段完成后，开发商会按约定的价格将养老地产卖给投资商或运营商；运营商负责面向客户的养老地产的经营，其业务与酒店管理类似，美国的多数运营商本身拥有一部分物业，更多则是接受外包租赁或委托经营业务，从而扩大资产管理规模。开发商、投资商、运营商的角色分离构成了完整的美国养老地产金融生态系统，这一系统的核心是开发利润、租金收入、经营管理收益和资产升值收益的分离与投资风险、经营风险、市场风险的分拆。开发商通过将地产商品快速销售给投资商或运营商迅速收回开发成本，收益可能不高但资金回笼快；基金公司等投资机构通过证券化资产的买卖获得较高收益，但也承担了相应的财务风险；REITs则通过长期持有物业取得稳定的租金收入，获益高但回收期长；运营商通过少量资产以杠杆方式扩大经营获得较高的现金回报并承担着市场与经营风险。

　　大型寿险公司可以统一开发商、投资商与运营商角色于一身，但中小寿险公司可能力不从心。中小寿险公司最好只成为养老地产的投资商，涉及地产专业环节的开发与运营则由外包给专业机构完成。在运营环节则可以选择物业委托管理模式。在委托模式下，中小寿险公司利用专业的物业管理机构代为运营，作为运营商向投资方收取固定的管理费获取利益，运营方将承担经营过程中可能遇到的物价、劳务上涨等风险；如果担心物业管理偏离整体养老地产的既定核心服务理念，中小寿险公司也可以与专业运营商合作，由中小寿险公司入股运营机构，从而获得一定的控制权。

　　（四）运营入住方式选择

　　小型寿险公司投资养老地产应多利用间接投资渠道，不参与更多的直接投资建设，因此入住模式并不是其商业模式中重点关注的问题。对于中型寿险公司，其在销售型、出租型入住方式及对接保险产品方面，与大型寿险公司的境况类似，在此不再赘述，可参见上文。

第四节 寿险公司投资养老地产的风险分析及防范

寿险业虽然有着丰富的资金运用经验，但涉入养老地产业时间尚短，甚至并未真正开展经营，对房地产业的运作模式、产业链条等不熟悉，加之房地产市场本身专业性较强、市场风险较大，以及由房地产次贷危机曾引发美国金融海啸乃至全球经济危机的教训，寿险公司投资养老地产业必须把风险分析与防范放在十分重要的位置。不能因为对养老地产业不熟悉而放弃新的优质投资渠道，更不能因为看到长期的可观收益就轻视风险贸然进入，在投资养老地产过程中要时刻遵循资金运用的三项重要原则：安全性、收益性、流动性，特别是要保障保险公司基本业务的偿付能力。

对于大型寿险公司来说，直接投资运营是其介入养老地产的主要方式，因此市场运营风险、养老市场的需求风险是最重要的；对于中小寿险公司来说，介入方式是直接投资与间接投资相结合，或者以间接投资为主，所以其面临的市场运营风险、养老需要风险较小，更重要的是流动性风险与财务风险及其可能带来的偿付能力危机。

一、相关风险分析

（一）大型寿险公司投资养老地产面临的重要风险

1. 需求风险

养老地产的消费者群体多为老年人，消费观念、购买能力及整个社会养老环境的变化都会影响养老地产的需求，从而导致寿险公司投资养老地产业的投资收益波动。而预测市场需求并不是简单的技术问题，其涉及更多不确定的市场因素和心理因素。市场的大小不能只靠消费人群多少与其经济水平高低来衡量，还有一个关键因素是对商品的渴求，因此老年人的消费观念也是影响其对养老地产需求的重要因素。老年人往往生活朴素，即使自身积累了一定财富也常常精打细算，对于养老地产这种连续支出较大的消费可能产生一定的抵触心理，即使子女愿意资助也会拒绝；有的老人安土重迁，对离家到郊区的养老社区生活甚至到疗养城市养老不适应。消费观念上的限制还包括老年人多想把财富、房子留给儿女，传承心理强，这限制了养老地产消费资金来源的进一步开拓。

我国养老市场虽然的确是存在着较大的需求，但如果不通过宣传引导、示范带动等措施将这些潜在需求转为切实购买力，寿险公司投资的养老地产就无法被市场消化，投资就无法转化为盈利。养老地产切实面临的问题就是能否保证入住率，国际经验表明只有入住率达到70%以上，投资机构才可能逐渐盈利。在社会养老体系探索发展的阶段，保险公司投资养老地产还需要格外关注地产业消费本身的一些特点，尤其是房地产区位性强、不可移动、价值昂贵、使用期限长等，这使得房地产市场是一个相对具有地域分割性的市场，不同经济发展状况、人口结构、供求状况及价格租金水平都使得投资应当具体问题具体分析，谨防对养老地产的盲目复制。寿险公司要对每个市场进行调研，分析当地老年人的消费习惯、确切分析购买力以及当地的房地产销售状况、地产价格、租金行情等，对影响需求的每个环节进行可行性后再投资，当然也有必要多进行宣传教育促进老年人对养老地产的需求进一步转化消费。

2. 市场经营风险

当寿险公司直接运营养老地产时，最可能遇到的风险就是经营管理风险。产生经营性风险的原因有很多，如经营管理效率低下带来的成本增加、投资决策失误损失、目标设定不合理、遭遇影响重大的突发情况、经理层的委托代理问题等，经营性风险最终会造成寿险公司资金流与预期发生巨大偏差，实际收益水平低于期望水平，项目目标无法实现。经营性风险既有内部因素的原因，也涉及外部因素。

内部原因主要包括经济发展、通货膨胀等原因对物业项目、服务价格的影响，寿险公司作为运营商要特别关注经营中租金、餐饮、服务在价格方面的变化，因为运营交易的连续波动性要大于外包服务管理佣金支出的波动性，寿险公司随时会遇到通货膨胀或者市场供需变化带来的交易成本增加的问题，所以寿险公司要特别关注入住客户选择、物业服务项目组合及各个环节的成本控制，尽量避免成本的随意性扩大，在签订合同时注意保留物价上涨条款，或者通过资金运用等其他手段降低价格波动对盈利的影响。寿险公司在物业运营方面缺乏经验、并不擅长，因此可以招聘对房地产物业服务有操作运营经验的管理团队，由其专业运作，避免出现大的偏差造成无法挽回的损失。

外部因素可能事出突然，寿险公司往往无法做出合理预测，市场供求环境及周边甚至国际经济局势的不利影响都可能随时发生。寿险公司要对外部环境做出尽可能保守的预估，考查其在有利变化、一般情形及不利变化下对寿险公司运营的影响，特别是要充分估计各影响因素在不利情形下的影响，做出情景测试及敏感性分析。

3. 政策性风险

国家或者地方性政策的变化也可能给养老地产的开发经营带来的各种潜在经济损失。不论是房地产还是养老都是关系国计民生的行业，也都是倚赖政策非常强的行业，养老地产业是二者的结合，政策变化对其影响不言而喻。土地政策、金融政策、税收政策、行政便利政策等无一不影响着养老地产业的经营。尤其是养老事业，其发展离不开政策的铺路与支持，政策对养老事业推动大，寿险业投资就获益性高，政策推动力小或者在连贯性、执行度上不足，寿险业的投资获益就会受到影响。

除此之外，寿险业资金运用的政策也是不得不考虑的因素，保监会对保险资金投资不动产业制定了详细的政策条款，包括资格条件、投资标的与投资方式、风险控制与监督管理等方面，这些都是寿险业投资养老地产的严格准则。如保险公司投资不动产，应当符合上一年度末及投资时上季度末偿付能力充足率不低于150%，上一会计年度盈利，并具有与所投资不动产及不动产相关金融新产品匹配的资金，来源充足稳定。偿付能力在红线边缘及刚刚开始盈利的寿险公司的进行养老地产投资时就必须注意投资是否合规，投资政策也有可能发生预期之外的紧缩，寿险公司要具备完善的公司治理、管理制度、决策流程和内控机制来应对这些政策变化。

（二）中小寿险公司投资养老地产面临的主要风险

1. 偿付能力不足风险

财务风险是指寿险公司投资养老地产的财务结构不合理或融资不当致使企业财务收益与预期目标发生偏离，寿险公司遭受经济损失，甚至产生偿付能力不足问题。只要涉及投资等经济活动，财务风险就客观存在，特别是对于寿险公司这种以负债经营为主的金融机构，目前按保险监督管理委员会对不动产投资比例上限 30%来说，寿险公司不太可能达到这一上限标准而陷入因投资养老地产过量而带来的财务风险，但寿险公司仍要保持应有的警醒，特别是中小寿险公司。以合众人寿为例，2010 年在武汉投资 80 亿元兴建了合众优年养老社区，又投资 140 亿元在沈阳棋盘山泗水购买了 2000 亩土地，2012 年 12 月又在这一地区以 3.7 亿元拿下了 13 宗土地，规划医疗、养老、休闲度假及养生项目，合众人寿自 2005 年成立以来，从最初的年保费收入 5.8 亿元、总资产 7 亿元发展到 2012 年年保费总收入 80.85 亿元、总资产 391 亿元，排名在 12 名，公司规模不大，在养老地产上投资可谓"大手笔"，合众人寿 2011 年的偿付能力充足率仅为 105.97%，2012 年末偿付能力充足率为 132.02%，属于偿付能力充足 I 类公司。2013 年 3 月合众人寿第二次收到保监会的监管函，被暂停增设分支机构，虽然合众高层解释养老土地增值会增加偿付能力，而真正导致偿付能力吃紧的理由是产品结构和投资收益较低，但业界仍怀疑其是因养老地产投入过大导致偿付能力吃紧。合众人寿报送的 2013 年 1 季度末偿付能力充足率为 154%，达到了偿付能力充足 II 类，已获保监会解除监管措施。合众人寿的例子提示寿险公司特别是中小寿险公司，应当特别注意防范偿付能力不足风险。养老地产的前期土地投入及后期开发及运作都需要大量资金，举债规模过大、投资方式选择不当、现金流异常都会带来财务风险，特别是当寿险公司选择财务杠杆扩大自有投资时，要特别注意防范因此可能出现的偿付能力不足问题，否则殃及池鱼还会影响寿险公司自身的核心保险业务。

2. 流动性风险

流动性风险是指在寿险公司投资养老地产时由于地产本身流动性

不足而在需要出售资产变现时所面临的困难，以及无法在适当的时间或期望价格上变现而遭受损失的可能。养老地产是不动产，虽然可以在二级市场上流通但其变现能力肯定低于证券类资产。重要的是目前政策要求寿险公司持有物业产权，因此更要特别注意养老地产投资带来的流动性风险。

地产业除了受经济形势、宏观调控政策、政策倾向影响外，对地方规定及其他行业的影响也十分敏感，如钢铁业、水泥业、木材业及运输行业等，同时地产业专业性强，影响因素众多，市场在每个影响因素的变化下都可能发生重要转折，加上养老地产在消费受众上比商业地产要少，因此市场流动性又进一步受到了削弱。

寿险公司要严格控制养老地产的投入规模，遵守政策限定的比例。特别是要与自身负债业务规模、资产规模相匹配，能够保证主体业务的偿付能力。寿险公司投资养老地产是为获得更好的收益，平衡其长期负债匹配，寿险公司必须同时考虑保险业务随时给付的特点，权衡好长期收益与短期流动需要的关系。房地产业综合收益率可能高于寿险公司原有的资金运用业务，但前期大量资金投入，收益都是"细水长流"式长线回收，寿险公司要防范短期内的资金链安全。为了防范流动性风险，寿险公司特别是中小寿险公司，在投资养老地产时要注重实体投资直接与证券工具间接投资方式相结合，以间接投资的流动性弥补直接投资流动性的不足，在养老地产投资内部就注重风险分散，防止同类风险聚集扩散。

3. 利率风险

寿险公司投资的利率风险主要是指当金融市场上利率发生变化时对养老地产价值变动的影响，从而实际收益低于预期收益，或实际成本高于预期成本，使寿险公司遭受损失。利率风险的影响表现在以下几个方面：一是利率增加会无形中增加了寿险公司投资的机会成本，给养老地产的内含价值造成了不确定性，养老地产可能因为利率变化价值下降，同时利率也影响着与房地产相关的各建造业，使投资成本增加，利率空间变小，影响寿险公司的实际投资收益；二是利率变化会影响地产业消费，进而影响养老地产业的需求，利率是国家用来调整资金流向重要的经济手段，通过对消费者融资成本的控制，调节资金供求，避免某个行业经济过热，优化整个国民经济结构，房地产业就常常受到利率变化的影响，养老地产属于资金密集型行业，消费者常常需要通过信贷手段购买养老地产，特别是如果我国真正开办反向抵押贷款，利率变化对房地产业消费的影响就变得十分重要，贷款利率的高低影响着借款人能够获得的借款额度及交易成本，一旦利率升高就有可能抑制养老地产消费；三是利率变动也影响着寿险公司通过间接方式投资房地产市场的各种有价证券的价格，一般而言市场利率上升会导致证券价格下跌。利率变动风险结合了商品价格、需求形成及投资价值的影响，寿险公司的防范方法也必须达到"组合拳"的效果。

4. 委托代理风险

在寿险公司利用间接金融产品投资养老地产，或采用租赁形式经营进行物业管理服务等情形下可能会遇到委托代理风险。寿险公司特别是中小寿险公司，可以选择利用间接方式以投资基金集合或 REITs 方式投资养老地产，虽然这些金融产品本身有一定自控机制，约束被委托方在信息不对称情况下可能产生的违背代理人利益的问题，但间接证券投资毕竟操作过程复杂，还可能涉及多方参与者，基金管理人、资产代管者等利益方都可能做出损害投资方利益的行为，特别是当资金进行交接后，寿险公司就不再直接参与基金等投资的管理运作，监督职能如果无法顺利履行的话，就可能产生道德风险与利益冲突。并且，养老地产无论是在投资以及后期运作方面的专业性都使得寿险公司的监督可能无法全面、科学、准确地进行，从而即使寿险公司为防止发生委托代理问题采取了预防监督机制，也可能无法有效实现。

图 6-5　寿险公司投资养老地产的简要风险分析

上述（图6-5）大型与中小寿险公司投资养老地产所面临风险的划分只是依据寿险公司的介入方式、投资规模、资金运用水平等进行的简单分类，并不是说大型寿险公司面临的市场运营风险、需求风险、政策风险，中小寿险公司不会遇到，也并不意味着中小寿险公司可能发生的偿付能力风险、流动性风险、财务风险及委托代理风险，大型寿险公司不会发生，反之亦然。简单划分只为提醒大型与中小寿险公司应当依据其自身介入情况制订更为合理、更具针对性的风险防范计划。

二、风险防范措施

投资养老地产的风险防范，要求寿险公司建设有效的内控体系，建立健全全面风险管理制度，包含以下主要措施：

（一）综合控制地产风险

养老地产资金投入量大，保险公司要严格遵循不动产投资比例，进行动态监测，保证偿付能力；针对养老地产资本沉淀期长、盈利回收期长的特点，寿险公司特别是中小寿险公司要适当调整养老社区的产品类型，增加轻资产的服务型养老社区，尽可能缩短投资周期；针对可能面临的市场需求风险，寿险公司通过对接保险产品、缴纳会员费、入门费等形式，提前锁定客户，确保入住率，并通过入住率情况调整新的建设节奏和房屋户型；对于地产风险，保险公司选址时应倾向于房地产价格稳定的一、二线城市，兼顾交通与需求，在实体建设方面，按管理规定由专业地产公司代建；产品定价方面，尽可能地准确精算，提早发现市场价格与老年人心理价位，由于养老地产精算假设条件多，需要考虑入住率、物价劳务工资上涨以及资本市场投资等情况，避免未来可能出现流动性风险。

针对地产泡沫风险，目前地价、房价蒸蒸日上，但不排除出现拐点的可能。日本的房价泡沫曾给保险公司带来巨大创伤，2007～2010年日本养老地产项目分别有23、26、32和17家破产，保险公司对不动产投资也出现了大幅下降。人口统计学也认为人口拐点可能引发住宅市场价格拐点，而 2018 年正是我国人口统计学意义上的转折，房价泡沫破裂会使拿地价格优惠也变得毫无意义。地价、房价下跌使资产贬值，更加难以出售变现，因此保险公司必须控制投资节奏，真正进行市场调查分析，保证现金流动性与偿付能力，预留退出机制，严格防范与隔离地产泡沫风险。

（二）谨慎选择投资项目

养老地产不是寿险公司常规熟悉的投资项目，在选择投资项目及制定投资策略方面要做出科学合理地规划论证后再施行，逐步建立起流程式规范化的操作流程，形成有效的日常管理体系，注重细节，不留死角。无论是自行投资，还是选择合作伙伴或者选择间接投资工具，都必须在能够控制的范围内进行，严格遵守保监会关于保险资金投资不动产的各项政策要求，实时监控投资比例、投资条件、投资范围等是否合规，并且及时做出调整。在投资之前对风险敞口止损做出设计。同时，定期对已经投资的房地产项目的收益和资金回收情况进行评估分析，特别是对寿险公司的偿付能力指标进行实时监控。

（三）完善健全内部控制体系

完善的内部风险控制体系能够最快地发现问题、解决问题，将风险掌控在萌芽状态。内控体系的建立要求寿险公司自身树立正确的风险控制理念，能够清楚地认识到投资可能带来的风险，通过内控体系培养危机意识，一方面要继续完善公司的组织结构，深化股份制改革，健全公司治理结构，通过权力的制衡，使之各司其职，相互制约，不流于形式，这可以从基础上提高投资养老地产业的决策能力、增加寿险公司抵御风险的能力；另一方面在健全组织体系的基础上，全面认识养老地产投资的各种风险要素和风险来源，将各项防范任务与责任落实到具体的岗位与负责人身上，培养与形成责任意识，把风险控制理念贯穿于整个投资流程，切实做到权责明确。要特别注意对经营活动的财务报表及效益性的分析，形成自行检查、制约和调整内部业务活动的自律体系。

（四）加强人才培养

不论是投资决策与操作还是风险管理，都需要人员进行操作，因此具备保险业务功底同时熟悉房地产业投资的复合型人才对寿险公司来说格外需要。寿险公司既要做好人才引进，又要注重后期培训，将负责实体投资、间接证券投资、地产开发、销售服务、物业经营、运作管理等方面的人才组成一支队伍，加强内部学习与沟通，做好人才储备，从而既可以获得高额投资收益的策略，又有防范投资风险的安全运作保障。

除此之外，相关政府部门也应当制定可行措施，防范养老地产业的行业风险。包括加快立法进程，使养老地产业的各开发环节首先有法可依，有章可循，明确行业标准及准入条件，对不同偿付能力、资金实力的保险公司的投资比例、投资方向实行差异化可调化管理；完善相关的土地政策、税收政策、金融政策的支持，加快建立与养老地产相关的金融业务体系，如 REITs 及反向抵押贷款等，将这些业务的运行与寿险公司投资养老地产纳入同一个监管体系；完善寿险公司投资养老地产的信息披露制度，对披露的内容规范和频率做出规定。

第七章

寿险公司介入社区养老的策略分析

第一节　寿险公司介入社区养老的国际经验

"社区养老"是以家庭养老为主、社区机构养老为辅，在为居家老人照料服务方面，又以上门服务为主、托老所服务为辅的整合社会各方力量的养老模式。这种模式的特点在于：让老人住在自己家里，在继续得到家人照顾的同时，由社区的有关服务机构和人士为老人提供上门服务或托老服务。"社区养老"与"养老社区"的最大不同在于，社区养老不需要新建养老居住的房地产产品，也不需要进行住房反向抵押，而是使老人在自己的家中享受养老服务。

本节以美国、英国和日本为例，研究社区养老的主要模式以及寿险公司介入社区养老的国际经验。

一、美国社区养老模式

美国的社区居家养老是"品质养老"的典范，其优质服务和品质生活让人产生快点老的感觉。在居家养老服务体系建设方面，美国积累了丰富的经验。

（一）政府引导的多元化的社区养老服务资助项目

要保证老人在社区中获得连续性的多方位的养老服务，没有政府的干预是绝对做不到的。在美国，政府干预表现为复杂的、涉及多方面的资助计划。这些资助计划有不同的服务对象和服务内容，表现出不同的项目特色。大部分项目都是围绕扶持组织机构来整合各类养老服务，但也有项目重点扶持人力资源，如照顾者（Caregiver）和服务协调员（Care Coodinator）。

美国长期以来的自由福利体系决定了其福利支出以保底为主，同样既有的社区养老服务资助计划也多集中在符合医疗补助资格的低收入老人群体。然而老龄化趋势的加重，迫使政府考虑更为普遍地适度扩大受惠人群的社区养老模式，引导包括寿险企业在内的社会资源参与普适社区养老的发展。

美国住房和城市发展部针对服务协调员（Care Coordinator）的支持项目，为在联邦资助型集合住宅里工作的老人服务协调员提供补助基金，使他们能够更安心地为老人提供服务；马萨诸塞州医疗补助中心设置了针对照顾者的基金，为向在普通社区中养老者进行服务的照顾者（可能是家庭成员，也可能是非家庭成员）提供培训和补助。

有的是将既有的机构养老设施养护院（Nursing Home）转化为协助生活型老人社区或日托所。如内布拉斯加州于1998年建立了一个护理设施转化现金基金（Nursing Facility Conversion Cash Fund），为机构养老设施转化项目提供拨款和低息贷款。鼓励养护院改造成协助生活型社区，或整合其他类型的照料项目，以尽可能扩大成本效益，摆脱高成本模式。要求转化后必须留出40%的住房给符合医疗补助资格的老人。申请该基金的养护院自己也须相应配套基金资助的20%。该项目早已于2001年终止，通过该项目与包括寿险企业在内的社会企业合作，新增了967个协助生活养老住宅单位，27个日托所；节省了大笔医疗补助预算，减少了护理床位。

（二）美国社区养老的市场供给层面

美国的养老地产和社区养老具有一定的交叉关系，在这其中不乏寿险企业等社会企业的身影。一直以来，提及美国的养老体系，其多元化的养老地产运作模式发展相对成熟，值得研究。按照商业组织"美国老年社区协会（American Senior Housing Association）"的划分，老龄产业化运作的养老地产居所按照服务类型的差异和护理程度的高低可分为 6 种类型，包括活跃老人社区（Active Adult Community）、老年公寓（Senior Housing）、独立生活社区（Independent Living Community）、协助生活社区（Assisted Living Residences）、专业医疗护理养老院（Nursing Home/Skilled Nursing Facility）和持续护理退休社区（Continuous Care Retirement）。其体系化的、适应不同需求的养老保障产品，确实已经成为美国老人养老方式选择的重要渠道之一。

但是需要厘清的是，这种养老地产模式，与老人既有熟悉的居住社区存在三种关系：第一种是高度医疗化的养护院，老人进入以医疗看护为主的机构养老（Institutionalization）阶段，将不存在社区邻里关系；第二种是迁居后进入相对封闭管理的养老居所，在新的住区里重新构建熟悉的邻里关系，并获得照料服务；第三种是在原有社区或附近的养老地产居所，与原有社区没有脱离关系，但是其提供的服务主要面向养老居所住户，不过近年的发展提倡某些公共设施、特别是日托老所（Day Care Center）与周边社区的共享。

因此，美国的养老地产和社区养老具有一定的交叉关系。一方面，美国模式强调不同收入人口混合、不同产权混合、代际混合的发展模式，是在既有的针对自有住户服务导向的封闭居所开发模式基础上，向开放的、活跃的、强调社区共享的方向发展。另一方面，商业型的养老地产根据其利润取向，有不同的发展定位，相当多的是针对中高收入老年人群，无论是房屋价格还是服务收费都比较高，这种针对高收入的养老居所不可能成为社区养老的主流模式；然而也有针对中等收入老年人群的产品，如协助养老社区，是政府以及学术界倡导的商业型养老居所的发展方向。

（三）美国常见的社区养老服务方式

美国绝大多数的老年人社区照顾采取典型的社区自理模式，即政府不直接干预或只提供协助，由社区主导、居民主动参与、社会企业提供服务、由下而上实施的社区发展模式。不同的机构和设施与具体的居住模式有机配合，形成一个完善的老年人居住服务体系。美国老年人社区照顾模式大体可分为如下几类：

1. 独立居住社区

如果老年人能够自己独立生活，但想要居住得更安全一些，或者喜欢同其他老人住在一起，就可以选择独立生活的方式。其主要是适合年龄在 55～64 岁之间的活跃长者（Active Adult）居住，即老年人们能够保持自己独立的生活习惯，很少或基本不需要其他帮助。例如，福克斯·希尔社区（Sunrise Senior Living，Fox Hill Community）就是一所集现代化设施和安逸典雅居住环境于一体，能提供老年人独立生活的大型社区。该社区尽量维持有需要的老年人在社区内的独立生活，直至他们必须接受住院照顾。换句话说，社区能提供合适的支援，让老年人可以在自己的生活上获得最大的自我独立性。上述目标虽是由美国老年人社区照顾政策文件所规定的，但却真实地反映了美国强调自强、自立的文化，以及美国老年人社区照顾的目标之一；提供各种项目帮助老人做力所能及的工作，齐心协力让老人可以维持在社区内与其他社区人士的接触，并能够继续成为社区内的一份子，让老年人过其最大程度的独立自主的生活，发挥其退休后的自身价值。

2. 护理居住社区

护理居住社区旨在为需要持续医疗康复护理、明显丧失日常生活活动能力的老年人提供服务。如果老人需要 24 小时护理照料，没有轮椅、助行器或其他人的帮助不能行走，不能自己完成日常生活活动，或者到了老年痴呆晚期阶段，需要治疗和恢复设施，患有长期或慢性病等情况，那么护理居住社区是比较合适的选择。护理居住社区的其他名称有：专业护理中心、康复之家、长期照料社区等。

护理居住社区资金支付来源有私人资金、医疗补助、长期照料保险。它是为康复期病人以及慢性和长期患病的人们提供 24 小时护理照料的社区。它提供常规的医药监督和康复治疗，不同的护理居住社区各有专长。由于护理居住社区受美国联邦、州政府的规定管辖，护理居住社区必须满足美国联邦、各州政府的标准。例如，在人员配置方面规定有专业的管理人员、注册护士、有执照的护士、心理医生、护工和其他人员。绝大多数护理居住社区都参加了美国医疗补助和医疗保险项目。

3. 协助居住社区

协助居住是介于独立居住和护理居住二者之间的一种老年人社区照顾方式。协助居住社区适合那些需要提供日常生活活动协助（Activities of Daily Living），同时希望能继续独立居住，但不需要持续、固定的医疗照顾的老年人。其服务内容包括：就餐、洗衣、清理房间、医药管理、日常生活活动帮助（洗澡、进食、穿衣、行走、上厕所等）。一般这种生活方式的资金来源是：个人资金、社会保险收入补充、长期照料保险，同时美国的一些州政府还会提供一定的医疗补助。上述的福克斯·希尔社区（Sunrise Senior Living，Fox Hill Community）也会提供协助居住的相关服务。有别于独立居住的模式，协助居住模式只提供房屋租赁，居住者不能购买相关物业。主要原因是因为协助居住模式中将会使用到一些有助于老年人身体康复治疗的专业的设施设备。这些设施设备的价格一般比较昂贵，并不是每一位老年人或家庭都能够支付得起，并且需要在具有专业资格证书的工作人员指引下操作及使用。

4. 活跃长者社区

活跃长者社区是一个有年龄限制的社区，专门为那些喜欢参加体育和社会活动的老年人建立的。这些社区吸引约 55 岁的活跃长者，他们大多希望住在一个有很多娱乐活动场所的社区环境中。

例如，位于弗吉利亚道明山谷的 Regency 社区就是以活跃长者为消费群体的典型社区。该项目由美国著名的房地产开发商托尔兄弟公司（Toll Brothers Inc.）开发并管理。Regency 社区被有关机构评为"2009年全美最适合老年人居住社区"。通常类似 Regency 的社区是由一些能够出售给老年人居住的独栋房子、联排公寓或别墅构成。社区的面积较大，建有俱乐部、湖泊、游泳池、图书馆、高尔夫球场、散步和自行车路径、网球场、饭馆、礼堂等设施及场所供社区居住者使用。老年人还可以参与到由社区提供的一系列教育课程、艺术、手工、演出等社区活动。Regency 社区的负责人指出，老年人住宅是社区照顾的重要组成部分。理想的老年人居住建筑应该是允许老年人自由且独立的生活，并提供必要的协助，但是不一定一切包办，否则会降低老年人的活动能力、加速老化过程。因此，大小合适、坚固耐用、温暖舒适、交通方便、价格合适的住房有助于增加老年人生活独立自理的能力，而不适合的住房则将加重老年人对护理的需求。

5. 持续照顾退休社区

不同的老年人社区之间的灵活性和变革性等需求，也促使不同形式的服务发生变化，组合成新的类型或者模式。如将养老公寓、护理居住、公共设施等集中在一起，当老年人需要增加服务项目时，不必再来回搬迁。这个设想在美国及其他欧洲发达国家已经有了一定的发展，并形成了"持续照顾退休社区"（Continuing Care Retirement Community，CCRC）。老年人根据自身的需求和经济条件，可以选择一退休就入住不同的居住形态（包括独立居住、协助居住和护理居住等），只要每月支付一定的服务费用后，不必再担忧护理、家政之类的烦恼。这种模式能为老年人提供从最初的退休享乐到最后临终关怀的"一站式"终生退休养老服务。它的开发周期不长，容易形成连锁经营的格局，实现规模效应。

6. 纯居家模式

除上述五种涉及专门养老社区及养老地产的方式，美国的普通居住社区一般都建有完善的社区养老服务设施，并针对不同需求提供不同的服务。设施主要包括有养老院、托老所、食品供应所、收容所、暂住处、公营住所、服务性公寓、护士护理公寓等。美国政府通过社区委员会组织与民间达成了契约合作，通过政府购买服务的方式来发展社区养老服务。而在服务供给方面，公益性非营利组织和包括寿险经营机构在内的私营部门均参与其中。寿险企业通过介入纯居家养老，将商业养老保险和长期护理保险打包在其他服务之中进行销售。同时，纯居家模式通过社区志愿者的活动增加社区的凝聚力，更有效地利用专业的人力资源来提供优质服务。

此外，美国家庭护理员制度支持了居家养老模式，真正有品质、有保障的养老必须做到物质保障、照料保障、医护保障和精神保障"四位一体"。家庭护理员介于家政服务员与专业护士之间，主要工作就是照顾住在家里或住宅式护理中心的孤独老人、伤残人士、长期病患者等。例如，在纽约每个区都设有一个护理中心，护理员由该中心管理调配。中心根据老年人的健康状况与自理能力，决定护理员在服务对象家的天数。一般情况下，老年人健康情况尚好，又有自理能力的，每周安排 3 天，护理员上午 8 时上班，下午 6 时下班，每天 8 至 12 小时；如果出现急病或意外伤害，护理中心会调整护理员工作的天数；对于健康情况不佳、又没有自理能力的老年人，每天均有护理员陪伴在他们身边。

二、英国社区养老模式

英国的社会企业介入社区养老的发展历经较长时间，组织模式以及政府与养老机构之间的关系比较完善，社会公众对介入社区养老的企业的认可度较高。

（一）英国社会企业介入社区养老的需求情况

当今英国的老龄化日趋严重，随着年龄的增长需要的照顾也就越多，据推测接受社会照护和健康需要的关键年龄段在 85 岁左右，超过 85 岁的人在 21 世纪初占总人口的 1.9%，据推测到了 2056 年会达到 3300 万，占总人口的 5.2%。20 世纪，由就业扩张引起了大规模移民现象，带来人口结构的多样化。有些少数人群的社区正在面临着贫困和照护不足的情况。这些社区的老龄化结构和移民的时期有着密切的联系，研究表明现有的照顾并不能够满足普通和特殊的需求，尤其是个别的小社区的需求就更难满足了，这些都增加了养老照护的难度。

根据英国小型企业服务中心的数据，到 2009 年，英国有超过 55000 个社会企业，其中寿险企业占到 40% 左右，每年的年产值超过二百七十亿元，对国内年生产总值的贡献超过 85 亿元，社会企业在服务领域和经济领域都有着非常重要的地位。这些社会企业，特别是寿险企业，结合其保险产品的经营展业经验，擅长满足公共市场的需要，能够达到其他的提供商和供应商难以满足的社区的需要，它们的范围是很宽的，它们能满足的英国经济需要的潜力是巨大的。

在英国有社区参与健康和社会保险的传统，基础保健信托机构 PCTs（Primary Care Trusts）是一种国民保健服务 NHS 的公益信托机构，旨在直接提供或者授权提供一系列基础保健服务和社区照顾服务，并且参与授权中级护理，现在许多的 PCTs 都称自己是国民保健服务机构（NHS），并在机构名称的前面冠以地名，以区别其属地。PCTs 总体上占了国民健康服务预算的 80%。基层医疗机构（Primary Care Groups）现在取代了卫生当局（Health Authorities），渐渐变成基层医疗信托基金组织 PCTs，主要负责机构所在地区的基层医疗保健。

英国公共基金在社区照顾养老中的使用在很长时期是受到限制的，政府还没有接受皇家委员会（Royal commission）用公共基金来满足社会所需的社区照顾养老需求的建议，因为这样会给政府带来巨大的财政负担，但是在社会服务中的拨款每三年就增加 3.4%。近年来，大多数的照顾都是用公共基金购买的，但是私人的购买市场也在增加。许多人通过卖掉家庭的房子住进安老院舍。持续升高的家庭护理的标准，使得越来越多的人需要用自己的积蓄去购买养老服务，据推测，未来私人购买照顾服务将会很困难。这是关于国家利益和私人养老金和财产方面的分歧。大多数评论家都认为社会将不得不寻找新的资源来支付越来越多的老人的照顾费用，不管是从公共领域还是从私人领域。

在英国国民卫生保健制度（National Health Service）NHS 建立之前，许多社区建立和管理他们自己的医疗养老机构。近年来，在健康服务方面英国各地管理的基础保健信托机构（Primary Care Trusts）有超过 250000 个员工，提供广范的重要服务，包括社区护士和健康状况访问者。他们在适合的管理安排下的，保证他们的使命与提供者的角色相协调。许多从事养老服务的全科医生，牙医，药剂师和眼镜配镜师是独立的，也是追求利益的。但是依然有许多第三部门组织在以社区为基础的养老服务中提供着多方位的服务。第三部门和慈善信托组织经营着大约 75%的救济院，一些私人的养老院照顾着许多虚弱的老年人。

　　近年来，政府战略鼓励发展多样化的提供渠道和独立的部门。同时，公共部门组织更趋向于公共服务的委托和采购，其结果就是以往由政府内部完成的事项，现在由政府外部的部门来完成。这一变化带来的结果是一种新型的组织社会企业的发展，这种组织具有民主和企业家精神，对社区和用户的要求敏感。他们在市场上运作，但却又具备许多公共部门的特征。这些社会企业是自治组织，其管理和所有制机构是以董事会的组成成员（使用者或顾客、员工、当地社区团体等）为基础或者是以信托人为基础的。其利润分配给股东或使用者用于造福社区。社会企业获得的捐款以及志愿者帮助，也会用于社会照顾。

　　（二）参与社区照顾养老的社会企业的基本类型

　　根据涉及的范围、种类和规模以及其角色，参与到社区照顾养老中的社会企业的类型比较复杂，一般包括以下几种：寿险业务机构、发展信托机构、当地外汇交易系统 LETS（Local Exchange Trading Systems）和时间银行、信用合作社；志愿部门负责的合同、工人合作社、多股东合作社、住房协会和住房合作社等。有些社会企业的收入来自贸易，有些社会企业是依靠混合收入生存的。他们也许和当地政府签订了合同，获得无偿资金援助和慈善捐赠，或者向接受服务的人收费。有的组织有受过严格训练的员工和职业经理人，有的组织则依靠各种各样的员工和熟练的志愿者。有的社会企业为当地就业有困难的人提高技术指导，帮助他们就业，对健康推动战略有直接的作用，在提供和改进传统与健康相关的服务中有着重要的作用。

　　总体而言，社会企业参加健康和养老护理主要有以下三个目的：一是提供照顾；二是提供就业；三是增强社区的建设。有时候是一个目的；有时候是一个目的占主导，同时兼有其他的目的；有时是三个目的平衡存在的。工人合作社是提供家庭护理的，它既可以创造更多的就业机会，又能帮助提供家庭护理的质量。时间银行是整合社区资源用于养老照顾的，它重视老人对社区的贡献，它并不直接提供主要的社会照顾，而是建立一个社区，提供让老人活得更长、生活更独立的基础资源。发展信托机构为老人运营特殊照顾中心，致力于维持和发展社区，在社区内创造就业，保证老人在他们居住的社区得到应有的照顾。小型地方社区组织与当地政府签订合同，为痴呆老人运营日护理中心，确保需要照顾的人能得到高质量的服务。通过当地的成员，宣传和竞选活动在社区内增加对痴呆症患者的理解和支持。

（三）英国社会企业参与社区养老系统的多元合作

1. 英国社会企业与政府的伙伴关系

英国社会企业通过参与或组建志愿性质的养老服务部门介入社区养老。而在理念上，志愿部门往往既保持自己与政府和企业的相对独立性，又能与之形成良好的合作关系。在英国，1998 年，政府和志愿部门的代表共同签署了一份《英国政府和志愿及社会部门关系的协议》。协议确立了政府和志愿部门及社会部门各自相对应的 5 项责任。其中，政府部门的责任主要包括：承认和支持志愿部门和社会部门的独立性；以参与、明确、透明的原则提供资助，并需要就融资方式、签署合同、承包等方面征询志愿部门和社会部门的意见；对可能影响志愿部门及社会部门的政策制定，需要征询他们的意见；促进互惠的工作关系；政府和志愿部门及社会部门一起建立评估系统；每年对协议的实施情况进行评估。相应地，志愿部门及社会部门的责任包括保持高度的治理与责任；遵守法律和相应规范；在参与政策制定过程中与服务对象和其他利益相关者进行协商；促进互惠的工作关系；同政府一起对协议的实施情况进行评估。

2. 英国社会企业参与社区照顾养老的多元合作体系

当今，在英国社会照顾中，社区健康照顾的供应者是多元化的混合提供者模式，养老照顾的提供者包括：地方当局内部政府部门（公共部门）和独立部门。独立部门包括营利部门和非营利部门。具体而言，社区照顾的提供者包括：当地政府内部提供者、自雇人士拥有和运行的收容所或家居护理机构、照顾事务所、大量的居民住宅的民营经销商以及大范围的第三部门提供者，社会企业提供者的范围还在不断的扩大。这里面包括了许多大型的国家慈善机构，如专门负责精神健康的 MIND、房屋庇护所。

英国的社会照顾市场十分发达，但是大多数的社会照顾的提供来自公共部门，到 2002 年，独立部门（包括私人部门和志愿部门）对社会照护提供已经超过了 50%，同时，健康保健方面主要依靠公共部门的情况已经开始改善了。政府的支持人民方案（Supporting People Program），专门为弱势群体提供住房。在这个方案框架内，可以运作各种类型的基金。2000 年，政府引进过渡房补助计划（Transitional Housing Benefit）修改住房福利规则（Housing Benefit Rules）运行新的支持费用由住房福利来补贴，这个补贴发放给私人营业主经营的庇护所，半庇护所特别照顾住房中居住的人。到 2003 年，政府开始建立社区住房伙伴关系方案（Local Housing Partnerships），其中包括：住房与邻里重建计划（Housing and Neighborhood Renewal）、社区安全健康计划（Community Safety and Health）和社会服务计划（Social Services）。政府鼓励社区养老，以防止不必要的住院治疗安排，改善接受医院治疗后的康复，帮助老人更好地独立生活，应对紧急压力。

政府战略强调与国民保健服务之间的伙伴关系，地方议会重视其与公众以及包括私人营利部门和非营利部门的独立部门的合作关系。这样带来的预算汇总，使得政府从独立部门购买服务。合同根据地方政府的预算以及购买的服务而不同，但是社区照顾的合同内容始终包括以下一系列的规定：住宅和护理之家的及时的床边照顾服务；利于疗养的居家设施；快速反应的 24 小时紧急家庭护理；强化的康复服务包括一般家庭护理和专业治疗干预。一些地方当局和公益信托机构已经开发出了这些服务，并且对其中的一部分资金进行了分配。

（四）英国社会企业介入社区养老的资金来源渠道

以社区为单位，养老照顾服务的购买者一般有：当地社会服务部门、健康信托（Health Trusts）和基层医疗服务团体（Primary Care Group）、慈善组织、使用自己积蓄的个人、使用国家福利和直接付款的个人。近年来，国民保健服务（National Health Service）NHS 和社区照顾法（Community Care Act）做出一系列关于社会照顾的组织和支付方式方面的重大变化。它的主要目的是确保老人在社区的家中独立生活，设置适合他们个人特别需要的服务。伴随着该模式，许多社会服务部门改制为独立评估和提供购买的机构，并建立相应的委托功能来规划服务的发展。

在较长的一段时间内，英国从事社区养老保险服务的独立寿险部门中，很少有能独立提供家庭护理服务的。近年来，地方当局提供的过渡资金补贴，其中的大部分将用于独立部门，这些资金促进了新的照顾市场的形成。随之，许多志愿组织和社区组织的资金方式发生了转变，当局也从直接资助变为了承包。有的使用的是服务水平合同（Service Level Agreements），总体而言，合同要求活动和付款直接必须要有直接联系。这使得中小型志愿组织被纳入社会企业范畴。在这种情况下，如果他们和政府的合同关系可以定义为交易，就能构成他们收入的很大部分。政府要求参与社区养老服务供给的社会企业必须要有一系列新的技能，包括：合同管理、商业计划、市场营销、财务管理。这些社会企业变得更有企业家精神，寻找赚取收入的新途径，并把服务扩大到其他的资助者或开发新的项目。这样带来了组织文化在内部的变化，使得社会企业对使用者和顾客更加负责任，在提高服务方面更有效率。

地方当局为了管理养老照顾的购买，引进了合同购买的方式。由于购买发生于不同地区，地区间服务与相关产品的价格存在差异，因此对于养老的住宅、照护和家庭护理有地方性定价。大多数地方当局经常与当地的认证体系合作，引进核准供应商名单。合同主要分为两类："块合同"（Block）和"点合同"（Spot）。"块合同"主要是得到认可的提供商通过定额合同，为地方提供协议数量的物品和服务。"点合同"是个人购买者与通过认可的供应商协议，为特定的个人提供服务。当地政府经历了刺激和鼓励家庭照顾提供者的多样化的阶段，一些地方当局意识到有一系列的标准和非常高的合同监督成本，因此开始精简可以签订合同的提供服务者的数量，即使如此，仍然要保留少数专家和社区照顾提供商。政府的财政支持精简，就意味着社会企业必须更加地完善自己的经营能力来完成使命，提高服务的质量。

（五）智能居家养老的提出

1. 智能居家养老的含义

智能居家养老最早由英国生命信托基金会最早提出，他们称其为全智能化老年系统，即老人在日常生活中可以不受时间和地理环境的束缚，在自己家中过上高质量高享受的生活。智能居家养老是社区养老条件下居家养老研究的最新进展之一。

智能居家养老是利用物联网（The Internet of Things）技术，通过智能感知、识别技术与普适计算打破了传统思维，使人们最大限度地实现各类传感器和计算网络的实施连接，系统采用电脑技术、无线传输技术等手段，在居家养老设备中植入电子芯片装置，让老人的日常生活（特别是健康状况和出行安全）能被子女远程查看。例如，如果老人走出房屋或摔倒时，智能居家养老系统中的手表设备能立即通知医护人员或亲属，使老年人能及时得到救助服务；当老年人因饮食不节制、生活不规律而带来各种亚健康隐患时，智能居家养老设备的服务中心也能第一时间发出警报；智能居家养老设备医疗服务中心会提醒老人准时吃药和平时生活中的各种健康事项。最重要的是，"智能居家养老"可以在老人身上安装 GPS 全球定位系统，子女再也无须担心老人外出后走失。

智能居家养老是家庭亲情和高科技的最新结合，为老年人提供日常生活资讯、健康管理、实时安全监控和精神慰藉等服务。它不同于传统的养老方式，因为它既体现了家庭成员的亲情，也融合了高科技的辅助功能。所以，智能居家养老服务实际上是在远程科技的体系上建立的一个支持家庭温情养老的新型社会化服务体系，是其他养老模式的补充与完善。

2. 英国智能居家养老的实践

2011 年，英国赫特福德郡大学研究员公布了智能家居"交互屋"（Inter-Home）的原型系统。这种智能家庭管理方案不仅可以合理利用资源，还可以监测老年人的健康状况。交互屋适应性强，能够"学习"居住者的日常生活习性。特别增加的腕带设备，如果老人不慎跌倒，立即启动脉搏监控器，看此人是否休克，早期报警系统可立即通知老人家属或医护人员。同时开发了健康服务相关内容，譬如地理位置坐标系统，这一系统适用于罹患老年痴呆的居住者，一旦走失，系统就可发挥作用。同时还设计一种可穿戴的无线电频率识别牌，如果当时人走失或长时间没有动作的时候，识别牌将发出警报并定位。

目前，生命信托基金会计划构建一种全智能化老年公寓，使老年人在未来可以不受养老院束缚，在自己家中过上高质量生活。公寓将采用电脑技术、无线传输技术等多项现代技术手段，让老年人无须任何护理人员陪伴，也能拥有足够的个人生活空间。公寓将配备全套电子芯片装置，植入地板和家用电器中，使老人的日常生活处于远程监控状态。如果老人走出房屋或摔倒，地面安全传感器会立即通知医护人员或老人亲属；安在冰箱和厨房的传感器会对翻倒洒出的牛奶或是炉灶上无人看管的锅发出警报；自动化"药剂师"的职责是提醒老人准时吃药；娱乐传感器则在老人进门时自动播放主人喜爱的音乐，并适时调节暖气和灯光。

目前，包括英国寿险业在内，全球寿险业在智能居家养老方面的参与度并不高。随着养老产业智能化步伐的加快，寿险业如何介入智能居家养老是值得全球专业人员研究的新议题。

三、日本社区养老模式

日本早在1970年就进入了老龄化社会，目前是世界上老龄化和高龄化程度最高的国家，在应对老龄化方面，经验丰富，有很多值得我们借鉴的地方，比如：完善的老年保障体系、社区老年服务的健全、居家养老方式的推广、充分发挥老年人潜能等。本书主要结合日本的社区养老体系模式，探寻符合我国实际情况的养老体系的创建模式，为相关部门的决策提供借鉴。

长期以来，日本政府和地方政府不断改进应对人口老龄化的政策，积极探索新型的养老服务模式，创办了功能齐全、安全度高、方便快捷的社区养老模式，构建了多元化、立体式的社区养老服务体系，基本实现了在地安养。我国与日本有着相似的文化传统，因此，日本的社区养老体系构建的经验和对策对我国有着十分重要的借鉴意义。

（一）日本社区养老服务体系的构建

1. 健全的法律规章制度

日本是一个各项法律规章制度都比较健全的国家，每进行一项重大的社会管理变革都会出台相关的法律，以作为改革的指导纲领和动力保障。自20世纪60年代，日本政府开始关注社会化养老问题以来，以被称为"老人宪章"的《老年人福利法》为开端，先后出台了《老人保健法》《社会福利士及看护福利士法》《福利人才确保法》《高龄老人保健富力推进10年战略计划》《介护保险法》等相关的法律，为推进日本养老事业的改革与发展提供了强有力的法律支撑，也使日本的养老事业向着专业化和法制化的方向发展。

2. 完善的组织形式

目前，日本社区养老服务的形式主要有四种：一是政府设在社区的养老机构；二是获得政府和自主的民间组织；三是志愿者及其组织机构；四是企业式的养老服务。其中，第一种形式的工作人员为政府工作人员或当地民政工作人员；后三种形式的工作人员和服务人员大多为志愿者。

日本的志愿者服务在《特定非营利活动促进法》的推动下，得到了蓬勃的发展，大多数的志愿服务人员为家庭主妇和身体强健的老年人，志愿活动的对象主要是老年人及残疾人等社会弱势群体，志愿活动的经费也主要来源于参加活动的志愿者和社会募捐。由于志愿者提供的服务是免费或者低收费的，极大地降低了社区养老事业的经费开支。同时志愿者能够对老年人提供面对面的交流，能够感染更多的人，也可以吸收更多的人加入到志愿者队伍当中，不断壮大社区养老服务工作人员的队伍，推动社区养老事业的良性循环发展。

3. 多样的服务内容

在相关的政策和法律法规的保障下，日本的社区养老事业在政府的大力支持下，充分利用社会资源，汇集各方面的力量为老年人提供服务，以适应不同状况的老年人的需要，其主要内容包括：第一种是上门服务，即专程到老人家中提供各种服务，如帮助老人做家务、定期上门为老人检查身体等；第二种是日托服务，即只在白天将老人接到社区护理中心、托老所等机构照顾，晚上就将其送回家休息；第三种是短托服务，即针对由于特殊原因而无法居家护理的老人进行的短期内的社区照顾；第四种是长期服务，即为社区内的老年人提供 3 个月以上的护理服务；第五种是老年咨询和指导服务，即定期举办健康讲座，提供法律咨询服务等。使老年人在不远离家庭和社区的情况下享有丰富多彩的的服务，无忧无虑地安度晚年生活。

（二）日本社区养老护理保险的发展

日本自 2000 年开始实行护理保险制度，在此制度中，在所属市、町、村范围内居住的 40 岁以上的人是护理保险的被保险人。其中参与保险者被划分为第 1 号保险人与第 2 号保险人，年龄段分别为 65 岁（含 65 岁）、40 至 64 岁两个阶段。另外，在日本居住 1 年以上，参加健康保险的 40 至 64 岁外国人员也可加入护理保险。

由于护理保险具有义务性特点，法律强制规定 40 岁及以上公民必须参加护理保险。第一号被保险人与第二号被保险人在缴费过程中存在差别，其中，65 岁及以上被保险人的保险费用由市町村来决定，缴费标准依据本地实际给付与参加护理保险人员数量等因素决定，以做出相应的调整。有年仅收入者 18 万日元/年以上的从其所得年金中直接扣除（特殊征收），其他人员则由当地政府制定机构缴纳（普通征收）。第二号被保险人所需缴纳的保险费用与其参与的医疗保险有直接的联系，由其单位代为缴纳，企业与个人各承担 50%。并且对于享受老年服务的人群来说，除了需要缴纳保险费之外，在利用护理保险的时候，除了保险支付费用的 90%之外，还需要自费 10%。而政府则承担保险费的 50%，按级别逐级划分。

（三）日本发展社区养老的主要措施

1. 健全关于养老事业发展的立法

健全的法律法规、规章制度可以为养老事业的发展提供指导性和基础性的作用与支撑，日本就是在不断的实践发展中积累了成功的经验和失败的教训，将成熟的经验用法律法规的形式固定下来，并加以推广，有力地推动了社区养老事业的发展。

2. 加强政府引导

吸引不同的社会主体参与养老事业，为社区养老事业的发展夯实基础。从日本的社区养老服务形式上看，存在着政府主导的养老机构，也存在各种民间养老服务组织，但后者是在政府的正确引导和大力支持下发展起来的。一些基础的养老设施和环境，还是需要政府来筹建的，而且各种民间养老服务组织的服务水平和服务内容也需要政府的引导和监督。

3. 加大人才培养力度和人员培训力度

从日本的经验来看，高素质、专业化的社区养老服务工作人员是优质的养老服务的重要保证。日本实施了社区养老服务人员资格认证制度，每位服务人员都要持证上岗，确保了养护人员的基本素质，能够为老年人提供更专业化的服务，不仅能够满足老年人基本的生理需求，也能够在精神上给老年人更多的专业化关怀。

4. 创新养老服务的形式和内容

日本的社区养老服务工作由市政府设立的社会部全面负责，下设福利计划科、社会福利科、老人福利科、保险医疗科等，全面掌握区域内的老人的健康状况、经济状况、家庭状况等，目前，开展的主要养老服务内容包括：

（1）家庭帮助服务。主要是由政府派出医护人员和护理人员到老人家里帮助体弱多病、生活不能自理的老人。

（2）日间服务。主要是指白天在家里没人的情况下将行动不方便的老人和生活不能自理的老人接到社区服务中心，由专门的服务人员和志愿者进行照料，包括生理方面和精神方面。

（3）短期留宿服务。主要是指老人的居家护理者因事暂时无法进行护理，可以让他们短时间内入住社区服务中心，由社区工作人员和志愿者进行短暂的照料，时间一般在三天以内。

（4）长期服务。主要是指社区为老人提供三个月以上的服务。

四、社区养老模式的国际启示

（一）政府在社区养老模式发展过程中的引导与支持

在社区养老模式的发展过程中，政府起着举足轻重的作用。从美英日的例子可以看出，政府首先是制定并实施了促进社区养老模式发展的各项政策，对发展社区养老模式提供资金支持，建设所需的设施，并雇用各类服务人员，支持鼓励第三部门在社区养老过程中发挥作用，为其提供政策引导、财政资金的资助与法律保障。比如美国的社区卫生服务站由当地政府负责管理，不同层级的政府之间有明确的分工。在美国，由联邦政府管理的相关卫生组织负责开展健康咨询、健康讲座等活动并进行统筹管理；各个州政府要对自己区域内公众的健康负责，由州长直接任命卫生部长；地方政府则要保障本地居民的健康问题。可见，美英等发达国家在整个社区养老发展的过程中，政府始终起着最重要的统筹安排、计划指导的作用，各种资源的利用，社区的规划建设、多元参与者的整合，这些都是政府认为任何部门没有能力做到的。

（二）充分依靠社区提供养老服务

从英美日等西方发达国家的经验中，养老的责任由最初政府直接负责变为多元参与共同提供，这样既扩大了福利责任的承担主体的数量，也同时激发了非营利组织的潜力。各国在养老服务的实践中将社区置于中心地位，立足并依靠社区，将福利设施尽可能建在社区中，并安排专业服务人员提供服务。以社区为媒介，相对于传统家庭养老与机构养老，服务更加人性化，成本更加低廉。比如英国的社区照顾就是充分依靠社区，尽可能将养老服务的方式与老人的生活融合在一起，让老年人享受更加舒适的服务；美国政府也是建立各种养老功能的社区，在社区中建设充足的基础设施，为不同养老需求的老年人服务。

（三）充分发挥包括寿险企业在内的第三部门的支持作用

福利多元主义理论强调福利应由多个部门提供，在其影响下，欧美国家及日本都特别重视第三部门与志愿者的作用，特别是积极支持引导寿险企业参与社区养老服务的供给，给予寿险机构充分自由的发展空间，鼓励支持其积极参与社区养老事业。1993 年的"国家与社区服务法案"鼓励青少年为社区养老服务做贡献，美国年轻的志愿者只要做将近 1500 小时的志愿养老工作，政府会给予奖学金的奖励。香港地区有数量庞大且发达的非营利组织，还有大量的志愿者为社区养老服务，加之公众具有高度的互助精神，为社区养老模式的发展起到了重要作用。香港政府也会从社会福利的预算中抽出资金补贴非营利组织。由志愿者和非营利的社会组织来承担一部分社区养老服务，可以降低成本，减轻养老机构压力以及财政和家庭的养老负担，提供更加优质高效的服务。一些社区居民也参与互助，有利于形成一种良性的社会互助循环。

（四）建立和完善养老服务法律保障体系

一个国家的养老事业要想有条不紊地进行，关键要有完善系统的法律作为支撑。将社区养老事业中养老服务的内容和形式、服务主体、社区工作人员的要求等明确在法律条文中，确保老有所养、老有所依的同时也防止出现道德风险和逆向选择。从日本的经验中我们发现，社区养老服务发展完善的每一步都离不开政策法律的支持，法律在日本的社区老年服务事业中起到了基础性、指引性的作用。为此，应效仿日本健全的养老法律体系，针对不同的老年群体制定不同的养老保障法律。

第二节　我国寿险公司介入社区养老的实践

当前，我国人口老龄化形势日趋严峻，面对家庭养老模式的日益弱化、机构养老模式所显现出的不足，社区养老这一成本低、效率高，具有针对性和多样性，同时吸收家庭养老与机构养老优势的养老模式逐渐成为关注的焦点。它既符合现实生活中对养老需求的多样化要求，又可以引入市场机制有效避免机构养老的官僚化倾向。而我国作为一个发展中的老龄人口大国，农村老龄人口的基数大、增速快，农村养老保障问题与城市养老问题一样值得关注与研究，因此本节分别就城市和农村社区养老及机构介入等问题进行分析。

一、城市社区养老现状

（一）现阶段我国城市社区养老的发展情况

1. 我国城市社区养老的实践探索

社区养老模式在我国人口老龄化的背景下不断发展，从 20 世纪 80 年代到现在城市社区养老服务日益被重视，政府相继出台了关于社区养老服务建设的《关于加快实现福利社会化的意见》和《关于加快发展社区服务业的意见》。在政府的大力支持、非盈利机构的配合和民间力量的积极参与下，我国初步形成了较完备的社区养老服务体系。

从服务的内容和形式来看，我国城市社区提供的养老服务主要涵盖了日常生活照料、卫生保健服务和精神文化方面的服务。形式也从单一的老年人俱乐部、老年人日间照料室等发展成为现在形式新颖的老年人茶室、老年人免费电影厅、老年社区公寓等。从服务设施的数量来看，我国的社区养老设施已经从 2002 年的 23.8 万个增加到 2013 年的 34.7 万个；从服务队伍的数量来看，我国的社区养老服务队伍由 2002 年的 900 万人增加到了 2013 年的 1337 万人；从社区养老服务的运行模式来看，现在的社区养老模式已经发展成为政府与社会服务中心配合提供养老服务的模式。老年人在社区内可以享受到社会服务中心提供的专业的照顾，如日常生活照料、卫生保健服务、文化娱乐项目等。

目前，相对成功的社区养老模式有上海模式、南京模式、大连模式与宁波模式等。上述几种模式在组织体系、运行、资金来源及监督机制等方面的特点及异同如表 7-1。在具体实践过程中也是丰富的、多样化的，这都是由这些模式所在城市、所在社区自身特点和情况所决定。这些根据各自具体情况因地制宜创新的居家养老模式不仅丰富和深化了社区养老的实践经验，而且为其他地方社区养老的发展提供了很好的借鉴。

表 7-1　社区居家养老典型实践模式比较表

	上海模式	南京模式	大连模式	宁波模式
核心特征	最早探索社区养老，运作相对规范成熟	首创"居家养老服务网"	首创"居家养老院"；开创自费项目	首创"义工银行"志愿管理机制
组织体系	"区—街道—社区"三级管理体制	区老龄委办公室负责并协调	"区—街道—居委会"三级管理体制	区成立"居家养老领导小组"
运行机制	政府购买服务，以服务券的形式	政府购买服务，以项目委托的方式	养护员与被养护对象之间签订服务协议	政府购买服务，委托给某敬老协会运作
资金来源	政府投入、福利基金支持	政府投入	政府投入、社会捐助、个人自费	政府投入、社会捐助
监督机制	建立居家养老评估事务所，由市区县居家养老服务中心分级评估	由区、街道、社区三级构成评估网络，并引入第三方评估机构	监督员制度，监督员由街道老龄委、退管站和部分老党员组成	由区级敬老协会和各社区共同监督

2. 社会企业参与我国城市社区养老服务概况

（1）一般社会机构的参与情况

近年来，各种护理中心、托老所、家政服务中心等社区服务机构应运而生，这些机构主要由社区福利服务业、便民利民服务业组成，是构成社会保障体系和社会化服务体系的重要组成部分。

2000 年，国务院办公厅转发民政部等部委《关于加快实现社会福利社会化的意见》，要求对社会福利机构的用地、用电、用水、电话等方面给予优惠政策。之后，国家有关部门分别于 2005 年、2006 年、2011 年相继出台并印发了《关于支持社会力量兴办社会福利机构的意见》《关于加快发展养老服务业的意见通知》《社会养老服务体系建设规划（2011—2015）》，要求 2015 年实现居家养老和社区养老服务网络的基本覆盖，基本形成制度完善、组织健全、规模适中、运营良好、服务优良、监管到位、发展持续的社会养老服务体系。规划中提到的社区居家养老成为许多企业、机构寻找商机和事业发展的动力。可以说，鼓励社会企业与社会组织介入养老服务业，成为我国应对深度老龄化、超级老龄化社会的战略选择。在国家政策的大力支持下，民办养老服务机构本应得到不断发展与壮大。

然而，根据全国老龄办在全国范围内展开的全国民办养老服务机构基本状况调查统计，我国大多数民办养老机构配备的养老服务人员数量严重不足，与国家相关政策要求的老年人与服务人员配置比例差距较大。在 2009 年 4 月到 2014 年 1 月期间，共有 37 个民办非企业社会组织被批准成立，而其中专门针对老年人养老服务的只有 5 家，分别是：华龄涉老智能科技产业发展中心、中民养老规划院、民升康复护理养老发展中心、中益老龄事业发展中心以及光彩居家养老服务中心，所占比例不到 1/6，但其中尚未出现寿险企业参与的身影。社会企业参与我国养老服务虽有一定程度的进展，但与日益扩大的老龄化需求相比依然是杯水车薪，供不应求。

（2）寿险介入社区养老的现状

目前，寿险公司介入城市社区养老的主要方式一方面仍局限于部分传统健康保险及护理保险的层面上，另一方面是结合养老地产进行的寿险产业链开发。而关于寿险介入养老地产的相关问题，第七章已进行了分析；关于传统健康保险及护理保险的有关内容，第五章已进行了分析。因此本章在此问题上不做赘述。因此，本节主要就寿险传统保险产品中涉及城市社区养老的长期护理保险的发展情况进行分析。

需要说明的是，我国 2006 年出台的《健康保险管理办法》将长期护理保险与疾病保险、医疗保险、失能收入损失保险并列为健康保险的四大险种，这是我国法律首次将护理保险作为独立险种进行界定。虽然我国对长期护理保险的潜在需求巨大，但由于我国步入老龄化社会的时间相对较短，和发达国家相比，我国的长期护理保险起步较晚，理论研究尚处探索阶段，保险产品的开发还处于萌芽状态，公众对这一险种知之甚少，保险实践经验更无从谈起。

3. 现阶段我国城市社区养老模式存在的问题

（1）社区养老的服务内容与质量不高，资金缺乏

我国社区养老服务的内容主要集中在为老年人提供日常生活照料上，而相对来说，卫生保健、体育锻炼、娱乐项目等方面的服务还较少。在我实地考察的过程中，有许多老年人向我反映了这一问题。大部分老年人认为他们对精神方面的需求和对生活照料方面的需求一样多，只有在精神方面保持了健康愉悦的状态，才能享受生活，进而有一个健康的体魄。而我国城市社区养老服务从内容上讲，娱乐设施单一、体育器材缺乏。目前我国城市社区养老设施的构建还不能满足老年人各方面的需求，比如一些社区的体育器材的设置不适合高龄老人或者没有构建相应的安全措施，这就使得这部分老年人不能或者不敢享受到这种福利；还有些老年人反映一些活动室的配置不能满足老年人的多种需求，比如聊天室所准备的棋牌类型单一、老年人茶室布置过于单调等。

在商业保险方面，根据《2013 年国民经济和社会发展统计公报》披露的数据，2013 年我国城镇和农村居民年人均纯收入分别为 26955 元和 8896 元人民币，老年人退休后收入下降，他们的收入一般会低于人均纯收入，而目前市场上销售的长期护理保险产品，动辄年缴费几千元，远非一般民众和老年人所能承受。

而产生这些问题的原因主要有以下几个方面：一是支持社区养老服务的资金短缺。高质量高水准的服务需要有完备的设施做基础，而设施的构建需要巨大的人力物力和财力作为支撑。社区养老的资金提供主要是由政府负责，然而在我国高速发展的过程中，政府的参政压力越来越大。政府虽然能够出资构建养老社区和基础服务设施，然而当前政府的资金还不足以为所有城市社区提供一流的配置。这就使社区内部硬件设施不能为老年人提供高水平的服务。二是养老服务提供机构的数量有限。我国的社区养老服务模式一般是政府与社会服务中心合作，政府出资购买服务，服务中心为社区提供服务。而社会服务中心一般是民间公益机构，其性质为非营利机构。这些机构的日常运营所用资金很大程度上是社会上的捐助。在我国，社会上对这些公益

机构的资金支持还较低，因此导致了这些机构的数量较少。

（2）社区养老服务社会化程度较低

目前我国逐步形成"居家养老、社区服务"的养老模式，需要庞大的社会资源支付。从一定意义上说，发展居家养老服务的过程，也是养老服务社会化的过程。社会化服务要立足于社区，鼓励社会力量开展以社区为基础的养老服务，逐步形成为老年人提供生活照料、医疗保健、康复护理、家政服务、心理咨询、文化学习、体育健身、娱乐休闲等综合性的服务网络，为居家老人提供优质、便捷的服务。发达国家在研究老年人的社会支持问题和解决老年人养老问题时，特别注重不同群体和不同组织，即家庭、亲属、朋友、邻里和机构在为老年人提供支持和照料服务中的职能分工。

当前我国开展社区居家养老服务的最大难题是有能力承接服务的中介组织匮乏。在此背景下，部分基层政府尝试通过建立专职队伍和依托社区养老服务机构进行辐射的办法，以求突破瓶颈。调查结果显示，目前，我国非营利性养老服务中介机构（包括部分养老服务超市），主要从事收集养老服务信息，开展养老、维权、保健、旅游和咨询等服务。在养老服务队伍上，提供照料的主要是女性（离家近、收入稳定、工作时间有弹性，一般是老人的邻居，有一定的感情基础，有责任和感情的驱动）。伴随着住房的改革，我国目前城市当中以单位为主心的社区格局，将逐渐演变成按收入等级分层的商业居住格局，这一方面将使得我们通过单位和企业来推动社区服务发展的传统做法，将不再起多大效果；另一方面各个居住小区之间的差异将变得更明显，对社区服务的种类和要求也各不相同，从而影响到养老服务社会化的整体布局。

（3）寿险介入城市社区养老程度不高

自 2005 年国泰人寿保险公司推出首款长期护理保险险种已有近 10 年历史，但面对强大的市场需求，该险种未如人们期望的那样经营得风生水起，却相反一直处于供求两不旺的窘境之中，究其原因主要有产品设计较单一、其他险种的挤出效应、年缴保费较高、长期护理保险产业链尚未形成等方面，具体内容已在第五章进行了较细致的分析。

二、农村社区养老现状

（一）发展农村社区养老的必要性

据全国老龄委发布的《中国人口老龄化发展趋势预测研究报告》显示，老龄人口是我国人口中增长最快的群体，而且老年人口将在未来十几年甚至几十年内有持续增加的趋势，我国将进入快速老龄化阶段。长期以来，人们关注较多的是城市人口的养老问题，而对农村的养老问题却关注甚少，而全国老年人口当中就有将近70%的老年人居住在农村。根据全国老龄委课题"国家应对人口老龄化战略研究"测算，2012年中国农村60岁以上老年人口约1.12亿，是世界上唯一一个农村老年人口过亿的国家，60岁以上老年人口比重达到17%，年龄中位数达39.5岁，老年抚养比达26.3%。鉴于1960～1980年间中国的高出生率，未来20年农村老年人口数量仍将保持较快增长，预计到2034年中国农村老年人口将持增至1.74亿。

目前，我国农村现有养老模式主要有家庭养老、土地自营、新型农村社会养老保险、社区养老、商业养老保险以及"五保户"制度等（如表7-2）。其中，家庭养老和土地养老由于子女外出务工及老人劳动力的下降而正在减弱，空巢家庭日益增多。目前家庭养老一般是"轮养"的模式。所谓"轮养"，就是两个或两个以上儿子结婚成家后轮流承担赡养父母或父母一方，一般情况下，轮养老人在经济上不再独立，受到子女的赡养，缺乏一定的经济自由。随着农村消费方式由自给性消费向商品性消费的转变，农村老年人经济供养来源对市场的依赖性加大，老年人供养状况直接受子女货币收入的影响，缺乏稳定性并隐藏着风险。

此外，新型农村社会养老保险虽然在全国范围内广泛展开，但其保障程度较低：国家规定的基础养老金为每人每月55元，地方补贴不低于每人每月30元，合计不足百元；而单纯的商业养老保险在现阶段我国农村的认可度并不高，仅有少数较发达地区的富裕农民选择购买；而五保户供养制度仅仅解决的是农村极度贫困和独居的老年人的养老

商业养老保险及其产业链延伸国际比较研究

资金问题，在供养范围上局限于"五保户"群体，不能广泛地满足老龄化所带来的老年人口数量增多而产生的养老需求增长。

农村社区基层组织为主导的社区养老是社会保障养老和家庭自给养老的有效补充和替代。农村社区养老可以充分整合政府与社会的财力、物力和人力资源，以老年人生活所在地——村庄作为发挥养老功能的重要环境，为老年人的安老、养老提供力所能及的支持，使农村老人能在熟悉的环境里得到必要的救助和照料。农村社区公共服务能够深入细致地了解当地老年人的需求，发展人性化的养老。在农村社区内，成员之间对相互之间的家庭、生活及健康等情况都有一定的了解，因此对困境中的老人的保障和救助是相对直接和快捷的。同时，农村社区养老可以充分挖掘社区内的养老资源，例如，利用闲置的村队房舍兴办小型的照料中心等，使社区中老人的生活质量得到极大的提高。

表7-2　我国农村现有养老模式

养老模式	保障来源	发展趋势
家庭养老	家庭（配偶、儿女、亲属等）	正在弱化
土地自营	家庭自行耕种土地的收入	已经弱化
新型农村社会养老保险	统筹基金和个人养老金账户	正在全面推行
社区养老	社区提供养老金和设置敬老院	仅在少数经济发达地区试行
商业养老保险	投保人缴纳保费 被保险人领取养老金	仅少数较发达地区的富裕农民选择购买
五保户制度	政府财政负担	只针对少部分生活无着的困难老人

（二）社会机构介入农村社区养老的现状

1. 农村社区养老机构的严重匮乏

随着社区养老服务体系的建设和开展，城镇大部分社区都建立了各式养老服务机构，向老年人提供日间照料、上门服务和各种文体活动，而农村的社区养老机构数量严重匮乏。经过走访部村镇了解到，有些镇下辖十几个村甚至几十个村，却只在镇中心设立一个养老服务机构。在如今老龄化的背景下，农村留守老年人数量庞大，各村距离镇中心较远，一个养老服务机构远无法满足全镇数千老人的养老需求。

2. 农村社区养老服务机构资金与设施匮乏

我国农村社区养老服务机构受当地社会经济发展状况和国家有限财政支持的影响，资金严重短缺。养老服务机构需要雇用服务人员，免费向老人提供水、电、暖，提供价低味美的饭菜。没有充足的资金支持，就无法满足老年人的这些物质需求。如果活动起居面积小，日常生活设施简陋，缺少文化娱乐活动以及不能为失能老人提供医疗或辅助设施，那么老人在文化娱乐和生活照料上就得不到满足。

3. 社区养老服务机构缺少具有专业知识和专业技能的服务人员

在我国，老年人护理照料这一专业领域仍然处于相对空白阶段，缺少专门针对这一职业的大专院校课程或职业培训。老年人由于器官老化，体弱多病，心理的失落和精神生活的空虚，常患各种疾病甚至出现身体失能。护理人员需针对不同老人的生理特点和身体状况，进行有针对性的专业护理和照料。这种护理和照料不仅包括身体上的健康，还需要通过交流沟通对老人进行心理上疏导以及精神慰藉。

4. 寿险介入农村社区养老尚处于起步阶段

目前农村的少子化、老龄化和城镇化正冲击着传统的家庭养老模式；农村土地的不断流失和可耕种土地减少，弱化了土地的养老功能；城乡二元体制结构的存在，使得农村居民无法享有城镇居民的社会养老保险待遇。大量研究表明，借鉴市场机制可减轻政府的农村社会保障负担，并且可以满足农村居民不同层次的需求。我国养老保障体系对商业保险的引入和利用远远不够，其现状与农村和农民需求脱节，与快速转型中的农村社会生活不相适应。商业养老险在农村地区的推行有利于我国农村养老保险体系的完善，对于缓解和解决农民的养老问题可以发挥积极作用。

然而，目前商业保险在农村养老体系中参与程度严重不足，农村老龄人口主要依靠家庭（占 54.1%）和劳动收入（占 37.9%）来养老[①]。

---

① 朱龙培. 农村养老保障体系中商业保险参与性不足的困境[J]. 农村经济, 2012,（8）.

在经济比较发达的上海，2012 年农村居民中无任何保险的占 51.7%，商业养老保险的参保率仅为 8.7%，在其他地区，特别是经济欠发达的中西部地区，农村居民商业保险参保率还要低得多。与社会保险相比，商业保险分摊风险的范围大、效率高，但也存在价格较高、给付不确定等问题。与社会养老保险强调的"社会公平性"和"社会再分配功能"相比，商业保险更强调保费缴纳的"个人公平"和"盈利性"，在同等费率水平下，商业养老保险的给付水平低于社会保险。因此，商业养老险对于平均收入水平并不高的农民而言仍是奢侈品。

同时，由于农村自然环境复杂，地广人稀、居住分散、交通不便，导致保险公司在农村开展保险业务难，开展保险业务的成本高，再加上农民的收入水平相对城镇居民来说较低，参加保险和缴纳保费的能力都有限，因此保险公司在农村开展保险业务的动力不足，致使农村商业养老保险的供给不足。而且这些极少数开展农村商业保险业务的公司中一般都未考虑过城乡之间的差异性，缺乏针对性，同质化现象很严重，因此真正适合广大农村居民的低保费、高保障的险种几乎不存在，这些严重影响了商业养老保险制度在农村地区的建立和完善。

第三节　我国寿险公司介入社区养老的策略

与发展养老地产应重点关注收益与风险的策略不同，寿险公司介入社区养老产业的关注点应放在创新社区养老介入方式与开发新的寿险产品上面。

一、针对社区养老实际开发新型长期护理保险产品

目前国内老年长期护理保险产品虽然发展较快，但与国外成熟市场的护理保险产品相比还有较大的差距，需要从以下几个方面进一步推进研究和发展创新。

（一）积极推进长期护理产品的基础研究

"长期护理状态"标准是护理保险产品的核心，是产品发展和创新的基础，通过"长期护理状态"标准的建立，可量化分级定义标准，使公司以多层次、多样化的产品设计，适合市场需求，引导规范经营，更好地满足客户日益增长的长期护理保障需求。国内长期护理保险产品条款虽然对"长期护理状态"进行了定性表述，但均没有对采取何种方法、依据、途径和流程来判断客户是否达到上述状态予以明确，即缺乏相应的评定方法。一般都是依靠约定医疗机构中具有一定资质的医师进行判定，保险产品的风险控制力很弱。因此，对于"长期护理状态"分级标准及评定方法的研究，是推进产品创新，突破现有概念产品的重要基础。

（二）积极推进实物给付型和费用报销型等专业护理产品的开发

从国外经验看，养老护理产品主要有三种类型：定额给付型、实物给付和费用报销型。定额给付型以一次性或分期给付保险金为特征，产品设计与服务可不挂钩，是目前国内常见的产品类型。该类产品设计灵活，可以将护理保险和养老保障结合在一起，利于开发万能型与分红型等产品，但产品设计专业化程度不高，易于复制。实物给付型产品以将养老护理服务作为保险给付手段，体现一体化服务为特征。该类产品属于纯保障型产品，产品设计将保险保障与养老护理服务有效结合，充分体现公司的专业化服务水准与竞争力，不易复制。费用报销型产品，以依据养老护理服务实际发生的费用报销支付为特征，类似于国内医疗险产品，属于纯保障型产品，产品设计对专业技术能力要求介于前两类之间，与养老护理服务联系较为密切。因此，进一步推进产品转型，突破现有概念性产品的局限，是长期护理保险走向专业化的发展趋势。

（三）探索建立定价、核保、理赔等专业技术体系，提高营运能力

目前保险公司在长期护理保险定价、核保与理赔等专业技术体系上还很欠缺，缺少技术手段和相关经验。因此，应尽快着手配合产品相关标准的研究，借鉴国外成熟经验，探索建立长期护理保险产品的基础数据模型，确定护理服务成本和收费标准合理匹配的统计分析口径，推进经验数据的积累和研究，为产品费率厘定奠立基础；同时，及时完成包括核保、理赔手册，工作流程和服务指南等制度在内的专业技术体系，提高长期护理保险运营管理的专业化水平。

基于上述分析，专业健康保险公司或保险集团要想抓住社区养老护理产业发展先机，就必须在积极发展长期定额给付型产品的基础上，大力推进实物给付型和费用报销型等产品的开发，以专业化的产品形成市场竞争中的优势。

二、与城市"以房养老"密切结合

一般情况下，参加"以房养老"的老人仍保留着房屋的居住权，并未离开原先居住的社区，因此将"以房养老"与社区养老结合起来，有利于寿险产业链的进一步完善。

目前，在住房反抵押贷款业务中，承办机构把其购进的大量住房资产向保险公司投保，投保的内容一般是"以房养老"借款人的人寿险和以房屋价值为对象的财产险。而投保内容的创新，则是寿险公司构建城市"以房养老"产业链的重要环节。在政策允许范围内，在投保人寿险和财产险的基础上，寿险公司可以视被保险人个体情况适当增加长期护理保险、老年健康保险等险种，完善养老保险服务。

同时，随着物联网技术的发展，智能社区居家养老成为城市养老保障的新选择。为此，寿险公司可以利用社区养老与"以房养老"的平台，在有条件的地区和家庭中试点由保险公司牵头，联合社区、民政部门、医疗、志愿者、公安消防等机构的智能养老服务体系，向每个智能居家养老对象提供包括保险、医疗、饮食、居住、出行、娱乐等多层次、多形式化的现代智能居家养老服务。

此外由于社区养老服务产业在商业运作、经营管理和发展路径上都与保险产业有着很大的不同，因此，寿险公司发展社区养老服务产业首先要有独立的实体作为运作的基础。要把握好"服务支撑技术、服务维护网络、服务实施团队"这三大要素，在产业建设上形成集管理与服务为一体的养老护理服务机构，机构网络建设模式立足因地制宜，采取"与健康管理服务机构合署""赋予养老护理机构相关职能""委托健康险或养老险分支机构管理"及其他方式，实现资源共享、降低成本、协同运作的发展模式。

三、开拓农村社区养老保险市场

农村商业养老保险产品是一种对未来风险提供的保障，由于它具有无形性，因此农民不会自主产生保险保障的需求，需要外部的引导，因此商业养老保险市场的开拓应该是通过提高供给来创造需求。从实践上分析，我国农村在开展商业养老保险业务上有了初步的经验；从农民的收入水平上看，农村居民已经初步具备购买人身保险的能力，尤其是近些年来我国农村小额人身保险的试点的成功，更加充分证明了可以通过商业化手段，让商业保险公司为农村居民提供保险服务。我国农村商业养老保险有效需求不足实际上是因为保险公司不注重研究农村市场的特点，没有全面的营销服务网点和农村市场的营销队伍，没有提供适合农民消费水平和需求的产品。

在农村商业养老保险产品的设计上，应以农民的需求为导向，根据不同地区、不同收入水平、消费习惯、农村居民的家庭人口结构、传统风俗等特点有针对性地开发适合于农民的商业养老保险保障产品。特别地，在农村地区的产品定位和定价上要根据其收入水平、不同层级的风险保障需求进行制定。需要开发缴费期限灵活、保障范围较广的保险产品。

因地制宜是寿险企业开拓农村社区养老保险市场的必然要求。第一，对于经济较发达的县市是目前县域范围内商业养老险重点推广和发展的地区，保险机构可通过加大保险宣传、提高营销力度等方式促进商业养老险业务量的提升。第二，对于经济发展水平较高但人口少、自然资源相对贫乏的县市，以及社会经济发展水平相对落后地区，保险经营机构应基于培育市场的出发点，通过商业养老险宣传和保险意识教育等方式，逐步提高农村居民对商业养老险的认识和接受水平，从而达到逐步开发农村市场的目的。保险监管部门针对各个县市社会经济发展水平的差异，应有针对性地制定分层的县域农村商业保险政策，因地制宜地推进商业保险在农村的发展，借助切实合理的保险制度创新安排促进县域农村商业养老保险的发展。

第八章

我国商业养老保险产业链延伸的结论与建议

第一节　结论

　　经过对产业链的理论研究、国际经验借鉴的对比与分析，在考察我国商业养老保险发展现状和实际调研养老市场社会需求现状的基础上，确定了寿险公司延伸商业养老保险产业链的方式、主要领域及各领域延伸策略，总结归纳，主要得出了以下结论：

　　1. 我国商业养老保险业目前发展水平比较低，其保费收入只占到人身保费收入的一小部分，产品同质化严重，业态发展呈现封闭化、碎片化，对养老实体服务、健康管理领域涉足过少，产业延伸与多元化社会化养老需求对接基本处于空白或分离状态，作为社会养老保障体系中第三支柱的重要补充作用没有得到发挥。因此延伸商业养老保险产业链将成为其扩展发展空间、提高发展水平的重要途径。

　　2. 商业养老保险业与养老产业有天然的紧密关联，主要表现在：一是寿险公司现有保险产品为养老事业提供了养老资金储备、长期护理保险、企业年金等系列化养老方案；二是寿险公司的养老保险产品的客户与养老行业有着高度重合性；三是寿险资金运用范围不断扩大，养老社区、养老地产投资已成为保险公司资产负债配置中非常重要的长期资本工具。

3. 从国际经验看，寿险公司是养老产业市场上重要的投资者。与其他投资者相比，如民政部门、房地产公司等，寿险公司投资养老产业有着独特优势，如雄厚的长期资金实力、明显的品牌辨识度与忠诚度、中高端客户优势，以及强有力的资源配套与整合能力。

4. 从理论分析和实践经验借鉴看，商业养老保险产业与养老产业的结合，或者说，商业养老保险向养老产业的延伸或介入，主要应涵盖养老产业的"核心产业"和"衍生产业"。"核心产业"指老年用品生产业、老年金融业、老年服务业、养老地产业和老年文化业，"衍生产业"指为养老事业提供技术支持的相关行业，如技术开发、服务培训、信息平台、老年营销等。考虑商业养老保险的功能、地位、行业优势、现阶段养老产业各行业的发展成熟水平以及养老保险业与养老产业间的关联度，我们认为商业养老保险产业链延伸应该集中于"核心产业"中的老年金融业、老年服务业和养老地产业。

5. 当前，积极推进我国商业养老保险产业链的延伸，将有助于扩大寿险公司的盈利空间，改进碎片化的盈利模式，增加新的价值创造点，改善目前失衡的寿险业务结构，利用养老地产的长期资产投资改善资产负债错配问题。同时产生积极的社会效益，有助于国家治理能力和治理水平的提高。

6. 从国际经验看，商业养老保险产业链延伸的代表性模式主要有两种，一种是美国的市场主导延伸模式，另一种是日本的以政府为主导的延伸模式。我国正处于社会主义市场经济的重要转型期，养老事业作为社会公益性与福利性明显行业，政府应在商业养老保险产业链延伸过程中占主导地位，并积极利用市场资源配置机制。

7. 我国养老产业已进入了需求的快速扩张时期，根据我们测算，到 2020 年，我国 60 岁以上老年人口将达到 2.34 亿人，65 岁以上人口将达到 1.64 亿人，以 15% 的增长水平假设下的基本养老保险基金支出将达到 47604 亿元，居家养老、社区养老、机构养老的市场规模将达到 26496 亿元、3154.29 亿元、1892.57 亿元。

8. 在我国，寿险业进行商业养老保险产业链延伸不仅具有必要性，而且经过三十多年的快速发展已经有一定的能力和基础，主要表现在：一是寿险业整体净资产逐年提高，偿付能力不断增强，积累了一定风险承受能力；二是寿险业资金运用余额不断增加，资金运用能力不断增强，资产管理公司的数量、投资能力与投资经验正与日俱增；三是寿险业的社会管理能力正逐步提高，在医疗保障领域，积极参与新农合、城镇职工与城镇居民基本医疗保险、新型农村合作医疗、大病保险等社会保障体系的建立与完善，在养老保障领域，经办基本养老保险项目、承办企业年金、提供多元化个人养老保险产品等，正逐步发挥养老保障体系的补充作用。

9. 正确界定商业养老保险产业延伸的性质，将影响国家对其政策的选择。我们认为，商业养老保险产业在具有盈利性的同时，又带有养老产业自身的社会公益性、福利性，在不排斥其具有商业性的同时，不能对商业保险公司参与养老事业服务的所有行为，都完全排斥在政府鼓励和政策支持的范围外。在某些养老服务方面，商业保险公司的延伸行为确实一定程度上解决了政府的养老难题，应当给予一定鼓励、支持和优惠政策。

10. 在商业养老产业链延伸发展中，寿险公司应有一个合理的定位。我们认为，寿险公司在所延伸的养老领域市场中，还基本上处于补充性地位，当下以及未来的一段时期内都无法成为养老产业链中各领域的市场主导，国际经验也已经充分证明了这一点。随着我国人口老龄化加速，养老市场必然需要更多类型的、不同性质的主体提供不同层次的养老市场需求服务，但从总体上看，养老产业更多强调的是非盈利性，从这一角度上说，商业养老保险在养老产业中难以起到主导作用，而只是重要补充部分。

11. 在我国，众多的寿险公司分为不同的类型、具有不同的特色，延伸产业链的必要性和其能力各不相同。从总体上看，商业养老保险产业链延伸的基本思路是，寿险公司根据老年人的特定需求，充分发挥自身在风险管理和理财等方面的专业能力，利用其资金、机构、资源整合的经验及能力，帮助老年人规划未来生活，提供一系列养老服务方案，利用全资投资、股权投资、外部购买等介入方式，并根据自身资金实力、竞争优势、相关资源等确定商业养老保险产业链延伸的主线、优势产业和连接方式。

12. 在寿险市场上，大型寿险公司与中小寿险公司在资金规模、偿付能力、资产管理经验、风险控制、人才储备、客户服务、股东资源等方面都有很大的不同，因此大型寿险公司与中小寿险公司的延伸商业养老保险产业链的策略也应当是不同的。大型寿险公司对养老产业链的介入主要集中于开发老年金融产品和投资"以房养老"，依靠其直接投资的综合化大型养老社区，开拓老年服务领域，丰富养老业务体系。中小寿险公司介入养老产业链则可以优先考虑老年金融业与老年服务业，并适当以间接方式投资养老地产。

13. 寿险公司在现阶段开发"以房养老"产品，应当优先试点"非参考型"产品，避免传统文化观念、房价波动、产权法律等方面带来的风险，大型寿险公司（集团）可利用其资金实力、资产管理、产品精算等优势独立开发，中小寿险公司，特别是具有银行股东背景的中小寿险公司，建议以"银保合作"形式开发。

14. 目前我国长期护理保险产品发展相对落后，实物服务产品开发滞后，行业标准缺失及护理业发展落后是制约寿险业长期护理保险发展的重要原因。

15. 我国企业年金发展中还是存在公众意识薄弱、税收优惠不足、监管体系复杂等问题亟待解决。面对企业年金市场发展需求的提高，我国寿险公司作为合格的基金管理机构，应当紧握机遇，积极参与企业年金市场的拓展，发挥自身在产品研发、缴费方式、风险管理及销售渠道等方面的优势，加强与金融机构的合作，促进产品和服务创新，既推动多层次社会保障体系的构建又为公司开拓新的业务领域和发展空间，实现社会利益与公司利益的统一。

16. 我们认为，延伸领域的自身发展成熟程度深刻影响着寿险公司能否延伸和如何延伸的决策与效果。现阶段我国信托业发展波动性大，存在一定系统性风险，寿险业应当谨慎地介入保险信托业，可创新性地开发一些风险性较小的保险金信托产品。

17. 医疗护理产业将是未来养老产业的重要组成部分，延伸医养产业，有助于寿险公司拓展业务范围，提高服务效率和水平，树立服务口碑和业界品牌，因此商业养老保险延伸护理服务是十分有必要的。对于大型寿险公司，可以直接投资开设医疗机构、护理机构；对于中小寿险公司，可以通过投资参股现有医疗机构，利用股权合作关系进一步深化双方合作项目和经营深度。

18. 在国际上，寿险公司投资养老地产的运作模式主要包括美国的财务投资模式、日本的股权投资模式和英国的收购投资模式。目前我国寿险公司还缺乏多元化投资方式，身兼"开发商""投资商""运营商"三职，则可能面临巨大的涉入地产业过深风险。寿险公司应尽可能多样化投资，增加间接投资方式，鼓励财务投资，规避过度投资而带来的地产风险。

19. 在介入养老地产方面，大型寿险公司应当充分发挥资金、品牌与客户资源上优势，尽可能抓住更多盈利点，开发定位于中高端客户群体，投资方式上除全资持有外，可以考虑利用医疗护理机构的专业优势合作开发，运营养老地产方面选择自行运营，以增加营业收入，并应当注重控制成本和保险产品与养老产品的对接问题。中小寿险公司介入养老地产的策略与大型寿险公司不同，要特别注意选择恰当的投资模式与运营方式，合作投资、间接投资与外包运营可以更好地控制风险，缩短盈利回收期，保证偿付能力，同时中小寿险公司可优先考虑投资养老服务机构等轻资产类业务。

20. 保险公司对养老地产的投资风险应当始终保持清醒的认识，规避地价下跌风险、房价下跌风险、投资回收期过长风险、社会需求下滑入住率不足风险、保险产品对接养老地产权益分配不清带来的法律责任风险等。保险监管机构则需要守住投资养老地产保险公司的偿付能力监管，严防寿险公司利用投资养老地产方式提高公司公允评估价值来虚增偿付能力。保险公司可以延伸投资养老地产，但需要小心谨慎，需要首先保证传统业务的偿付能力。

21. 资源共享可以提高资源的配置和使用效率。整合社区内部资源有利于充分利用现有社会资源，将分散的、潜在的养老资源变为可利用、可使用的资源；有利于促进城乡社区老年需求与服务相对接，并引导其他各类社会服务机构的加盟；有利于将社区养老由初级阶段的个体型向集团化转变，实现城乡社区养老服务设施规模化经营。整合城乡社区资源、构建社区养老服务网络，第一，要充分挖掘社区潜力，将多管理部门整合规划安排，确立统一的发展目标，避免出现利益冲突问题；第二，从软、硬件两方面来建设社区养老服务网络，软件是指服务队伍的建设，硬件是指服务设施的建设。

22.《国务院关于加快发展养老服务业若干意见》中明确提出，逐步放宽限制，鼓励和和支持保险资金投资养老服务领域。寿险公司将商业养老保险产业链优先延伸于老年金融业、老年服务业（医养产业）和养老地产业，打造一种将商业养老保险产品、商业养老服务体系紧密结合的新型商业养老保险产业，对保险业自身发展和国家社会管理具有双重重大意义。

第二节　建议

一、做好商业养老保险产业链延伸的顶层设计

商业养老保险产业链是否要延伸，如何延伸，显然不仅仅属于商业保险公司的经营行为，此外，该行为领域也不能视为市场化的领域，任由公司确定，市场选择。我们认为，如何延伸应属于体制改革的范畴，其主要原因是：

一是商业养老产业链的延伸虽然具有各种经济意义，但毕竟在某种意义上是跨出寿险公司原有的企业经营边界。按照我国保险公司专业化经营的相关管理规定，自然应由政府或监管部门审定或核准。

二是养老产业虽然在个别领域或层次上存在商业性的需求，但多数领域属于公益性而非商业性。虽然商业保险公司可以经营公益的事

业，但也要防止公司的商业性与公益的冲突导致养老事业的受损，或保险公司保险资金过度流失或承担过度风险导致被保险人利益的受损。

三是养老保险业延伸的领域，同样存在大量的风险，且是保险公司不熟悉的领域，对于这些业务领域的监管，是由保险监管部门监管，还是由延伸的所在领域的监管部门监管，这自然涉及体制问题。

因而，为了保证这一项改革的顺利进行，做好改革的顶层设计是必要的。其中，我们认为应注意的问题有：

1. 坚持政府在改革推进中的主导作用，在确定市场规则后，再引进市场机制

政府及相关监管部门对于商业养老延伸的改革应确定相关的政策规定。把握商业养老保险产业链延伸的大方向，防范和控制系统性风险，保证金融稳定。2014 年 6 月 23 日，保监会公布了"中国保监会关于开展老年人住房反向抵押养老保险试点的指导意见"，意见明确表示 2014 年 7 月 1 日要在北京、上海、广州和武汉开始试点，成熟之后全面推开。以上两点充分展示了保监会对于商业养老保险产业链延伸方向上的把握和引导。

2. 合理界定商业养老保险产业链的性质

商业保险的经营行为，自然是商业行为，但是不能将商业养老保险延伸的全部行为多界定为商业行为，而不给予适当优惠政策。商业养老保险的延伸，在某些内容上确实在部分程度上解决了政府的养老难题，如由商业保险公司经营的长期护理保险，应给予保险公司一定的税收、床位补贴、人才培训等方面的优惠。此外对与养老事业相关的业务、个人年金保险业务，给予被保险人个人税收递延政策。

3. 商业养老产业链的延伸，无论涉及何种业务，监管部门都依然坚持防范金融风险的监管理念

当前，部分寿险公司在涉及养老地产的投资发展上，因投资过深，加大了流动性风险、偿付能力风险。2014 年 5 月 26 日，为加强偿付能力监管，防范房地产投资风险，保监会下发通知：对保险公司的投资性房地产的评估增值进行清理和规范，对以公允价值计算的投资性房

地产重新进行评估，保证寿险公司的偿付能力。所以，从行业发展的角度分析，需要保监会相关部门制定相应的风险管理指引，指导和规范进行商业养老保险产业链延伸的各寿险公司的行为及其风险控制。

4. 积极发挥行业协会的作用，加强行业自律

商业养老保险产业链延伸涉及未来整个保险行业的健康增长和快速发展，而且介入养老产业并且在养老产业中占有一定的份额，需要较好的社会认可度，需要树立较好的品牌。所以介入养老产业应该是一个合作博弈的过程，需要充分发挥行业协会自律的功能。提高行业市场主体对于商业养老保险产业链延伸的共识，推动和保证产业链延伸有序、健康的进行。

5. 寿险公司应采取差异化的产业链延伸策略

作为独立的市场主体应根据自身的特色和能力，采取差异化的产业链延伸策略，提高公司的经营能力和服务能力，推动公司多元化发展。与此同时，寿险公司应摆正延伸业务与公司主营业务的关系，并确定合理的公司战略发展目标。

二、提高寿险公司产业链延伸意识，积极参与产业的布局、标准的制定，推动寿险业健康发展

中国寿险业经过三十年的快速发展，确实取得长足的发展，但是从保险深度和密度看，与国际上保险业发达国家和地区相比，还存在较大的差距。我们认为，商业养老保险业延伸是加快寿险行业发展的重要机遇和途径之一，对此，寿险行业和相关投资者或监管部门应高度重视。

此外，未来我国的养老产业是一个具有极大发展空间、规模巨大的行业，国外的发展实践已经无可辩驳地证明了这一点。对于我国来讲，养老产业正处于形成、整合和发展阶段，被公认为未来的朝阳产业，只有在朝阳产业形成初期进入到该产业中，积极参与产业的布局、标准的制定以及寻找和形成自己的竞争优势，无疑对寿险行业的发展具有极大的意义。

三、明确商业养老保险产业链延伸是一个分阶段、多元化的选择调整过程

商业养老保险产业链延伸是一个有计划、分阶段的过程，不可一哄而上，这样会导致某些延伸领域竞争过分激烈（在养老产业发展的初期可能不会这样，因为市场的需求相对较大，消费者的容忍度相对较高，成熟期后就会出现，需要退出机制的保证），出现恶性竞争，最终导致服务质量下降，寿险公司品牌下降，寿险业社会认可度下降。最终寿险公司可能不得不退出这个领域。

这就需要寿险公司必须准确地认识到商业养老保险产业链延伸是一个长期的战略布局，应该按照寿险业与相关产业的关联程度、相关延伸产业的成熟度、以及企业战略需要有计划、分阶段地进行商业养老保险产业链的延伸。按照关联程度分析，首先应该考虑的是与寿险业相近的老年金融业、老年服务业，以及将二者有机结合起来的养老社区，老年生产性产业、老年文化业以及支持性产业不在现阶段的考虑范围；在确定大块产业延伸版图基础上，寿险公司延伸业务领域至自身并不熟悉的行业，要特别注意该行业的发展程度、相应风险、规模。相应延伸行业越不成熟、越不规范，越容易向保险业传递风险，越容易在经济形势发生不利变化时带来需求下降等问题，反而可能拖累原本健康的寿险业。因此在确定延伸顺序和方向时，要考虑医疗行业、护理行业、地产行业、信托业等本身的发展水平；最后寿险公司考虑公司自身的特色和能力，如企业战略定位、公司股东背景、集团发展规划等，将短期发展与长期目标结合起来，结合产业关联度和延伸产业的成熟度分析，最终确定自己的商业养老保险产业链延伸策略。

四、商业养老保险产业链延伸的相关人才队伍建设和培养

上文已经明确商业养老保险产业链延伸需要分析产业关联度、产业的成熟度以及公司自身的战略目标。这就要求有一支多行业背景的

人才队伍，这支队伍应该是在公司战略部门的领导下组成和开展工作的。最好形成一个常规的战略分析小组，原因是我们介入的养老产业是一个长期发展的产业，随着外部政策、经济、社会环境以及其他因素的变化需要快速地进行调整。一些人员的构成可以从公司内部相关部门（产品部、精算部、风险管理部、投资部门等）抽调，更多的是需要那些具有医疗行业、护理行业、地产行业工作背景，对于自己工作的行业有着深入了解，同时又具有整体研究分析能力的人才。这样的人才目前相对紧缺，除了从其他行业通过人才流动获得这些人员，保险公司还可以自己进行培养，以当前正在进行的养老社区为一个平台，通过该平台涉及的医疗、护理、地产等方面的工作和实践来培养具有保险专业素质的复合型人才。随着平台的成熟和发展，复合型的人才队伍才会壮大。

五、在养老地产与保险产品衔接方面，明晰服务给付和保险金给付间不同的法律关系，体现保险产品资金储备优势

一般来说，寿险公司收取保费，到期向被保险人给付保险金，如果入住养老社区客户选择了养老服务，提供养老服务的是养老管理公司，而入住客户缴纳的服务费用并没有交给养老管理公司，而是以保费形式交给了寿险公司。所以就需要利用协议或其他方式将保险金给付明确为养老服务实体服务给付。因此在养老地产与保险产品对接上，保险公司要向客户明晰告知实体服务给付和保险金给付间给付形式、法律关系的不同，以避免未来可能的法律纠纷风险。另外，寿险公司应当适当调低保险产品对接门槛，同时最好覆盖未来养老的居住费用、餐饮、医疗、护理等其他服务等费用，体现保险规避（长寿）风险、提前锁定不确定性的优势，寿险公司应当加快针对对接养老地产保险产品的开发，多样化对接产品，切实考虑投保人的养老需求，锁定未来养老成本，发挥保险产品风险管理和金融服务优势，为投保人提供解决养老、护理、医疗、服务、金融等一揽子养老方案，并且尽可能更早地发现市场价格，同时注意风险控制。

六、在投资养老服务方面，注重对第三方服务机构的遴选与树立品牌

不论是地产业还服务业都是商业养老保险本身不熟悉的领域，短期内这些业务，寿险公司需要与医院、物业管理公司、护理服务机构等相关第三方机构合作。寿险公司可以通过合作方式共同运营来不断熟知相关运营方式，逐步积累经验。因此，引入第三方服务十分关键，第三方的优劣直接影响着寿险公司的服务优劣与消费者对寿险公司的评价，随着寿险公司涉及的业务及服务越来越多，品牌与口碑就显得更为重要了。寿险公司要注重对服务提供方的选择与考查，以树立自身产品的优质形象。第三方的资质、水平、业绩、财务、管理、风险控制等方面寿险公司都要做尽可能细致的尽职调查。规范与提升养老服务不仅可以避免在未来激烈的市场竞争中被淘汰，还可以在市场资源整合期以低成本兼并重组一些因经验不善难以为继的企业。

七、在投资养老地产方面，现阶段宜采用财务投资方式，避免流动性与收益性风险

养老地产的商业运作大致可以分为开发、投资、运营三个阶段。一般国外寿险公司对养老地产的投资大多只选择其中一个阶段。如美国寿险公司主要扮演投资者角色，通过 REITs 基金等金融工具进行间接投资；英国保险公司的角色倾向于运营商，英国最大的健康保险集团保柏旗下经营着 26 家医院和 290 多家疗养院、诊所及健康评估中心；日本保险公司参与养老地产也是不进行独立开发，而是通过收购私营养老机构的方式投资养老地产。相比之下我国寿险公司对养老地产的开发显得过于"全能化"，寿险公司既负责提供资金，承担项目设计开发，还要负责进一步的运营管理。涉入环节越多，投入的资金量越大，保险资金回笼就越慢，虽然保险资金是长期资金，但现金流动性要求高。长期投资可能使保险公司很难及时退出养老地产。保监会规定养

老地产 5 年内不得出售，5 年后政策走向未明，长期持有使资金回收期拉长。如果是财务投资或股权投资，流动性较强，便于保险公司及时退出或回收投资。特别是保险公司为了降低土地成本，与地方政府达成长期投资协议，这一长期投资计划加剧了保险公司的资本沉淀与退出困难。我们建议目前寿险公司投资养老地产宜采用间接财务投资，避免流动性与收益性风险。

八、在养老地产的运营方面，通过实践逐步调整完善

寿险公司介入养老地产一定程度上就像"摸着石头过河"，很多业务运营方面寿险公司缺乏相应经验，整个行业也没有可以参考的先例，因此寿险公司就需要在实践运营中不断摸索前进，在进行过程中不断调整、反复论证。如目前养老地产中很多寿险公司都设置了活跃老人区、一般护理区、长期护理区及专业护理区等，而这些不同户型的市场需求比例各是多少，即使经过了市场调查寿险公司也可能难以真正拿捏准确市场脉搏。再比如设置入住方式，是选用一次性入门费还是与保险产品对接，要考虑哪种更应和寿险公司的业务，还要考虑入住老人意愿、子女意愿及市场接受度，因此寿险公司只能在市场反应中不断调整自身业务与策略，经过长期实践、反复论证后总结出一套市场符合市场需求与利益目标的业务体系。寿险公司还要处理好短期利益与长期利益间的关系，明晰投资目的与盈利来源，将养老服务放在首位，淡化地产概念，成为集养老资金规划、金融服务、实体服务为一体的综合化养老方案。

九、整合行业资源，建设养老信息与服务平台

我国规划的社会养老体系为 90%居家养老、7%社区养老和 3%机构养老，可见居家养老与社区养老是养老体系的主体。居家养老和社区养老要想顺利推行，发展养老服务机构势在必行。寿险公司在全国各地市都有相应的营销机构，可以依此网络建立连锁服务机构。寿险

公司的养老服务机构除了可以为老人提供餐饮、递送、代购物、代缴费、上门看护、基础医疗、相关护理等养老服务外，还应当成为社区的一个中介平台，所有提供与养老服务相关的第三方机构都可以通过该平台向社区老人提供服务，但必须通过寿险公司的资质审核与相关标准认可，虽然寿险公司并不介入服务过程，但这一平台的审核功能可以成为老人的"慧眼"，避免上当受骗风险。同时，寿险公司还可以作为老年消费者的利益代表，利用规模效应与第三方服务机构进行谈判，帮助以更低价格获得优质服务。如果这一中介平台是付费的话，为第三方提供准入机制与客户资源也可以成为寿险公司新的收入来源。

十、在社区养老介入方面，应城乡统筹布局

寿险机构在介入社区养老时，应努力建立起城乡统筹的养老服务网络，加快城乡社区养老资源的整合，力求构建完善的社区养老服务体系。寿险机构在建立城乡统筹的社区养老服务体系的过程中，一方面可以通过智能通信系统和终端设备，打造智能化的信息交流平台和拨号功能，建立对享受社区养老服务的老年人的动态管理机制，及时调整政策满足城乡老年人不同的养老需求，另一方面可以建立全社区老年人信息档案，利用现代先进的技术手段提高服务水平和管理水平，最终形成一个城乡统筹的社区养老服务体系。

附录 1

我国寿险公司投资养老地产现状调研分析

一、问题的提出

随着保险公司资金运用逐渐放开，寿险公司对投资养老地产热情日渐高涨。从拍地规划到适老性地产建设，再到开发相应保险产品锁定客户，市场上十多家保险公司动作频频。泰康、合众、新华、国寿、平安、华夏、太平洋等已经成为寿险公司投资养老地产的先行者。保监会资金运用部副处长贾飚透露，截止到 2013 年 10 月末，保险公司投资养老地产的总计划投资额 150 亿元，实际投资额 50 亿元。在总额近 8 万亿的总资产中，150 亿元计划投资额占比不足 2%，但养老地产倍受瞩目，恰恰是因为其融合了当下最热的房地产与养老，养老地产能不能养老，怎么养老，为谁养老，保险公司投资会不会成为"圈地运动"，风险是否可控，会不会影响偿付能力等等，都是业界关心的问题。

养老地产被寄予厚望成为寿险业务新的增长点、盈利点，是改善资产负债匹配的重要投资渠道。当下养老地产投资虽然进行得如火如茶，但完整清晰的商业模式并未形成，产品建设类型单一，入住要求高，与养老地产对接的保险产品简单，或无法体现保险功能，保险公司投资涉入过深，盈利期、资金沉淀期长，退出困难，这些都可能导致保险公司面临较大风险，这些问题如不解决，肯定会影响投资养老地产效果，保险行业整体形象也可能因此受损。

　　本书作者对国寿、新华、泰康、合众四家寿险公司进行了走访调研，将调研成果汇总分析总结了目前养老地产投资的一些问题，并针对各问题提出相应的解决方法；我们发放了大量问卷，包括针对老年人、年轻人及保险从业人员的三类近 600 份问卷，通过调查数据分析目前养老地产的需求、市场对保险公司投资养老地产的态度和接受度及其对保险公司的启示，以期从保险公司实践的视角，为其投资养老地产进行一些有益探索。

二、保险公司养老地产投资现状及问题

（一）养老地产的产品问题

1. 主要类型

　　目前我国保险公司开发的养老地产多是综合老年社区，为老人提供入住专业机构的养老方案，这一养老方式以适老化住宅为核心，配备专业物业，提供给老人居住养老、生活看护、医疗护理、餐饮娱乐、文体休闲等多种服务。泰康、国寿、新华、合众等养老社区产品大同小异，居住方面按老人活跃程度分类，包括独立生活区、协助生活区、专业护理区、老年痴呆专门护理区等。各保险公司产品类型见图 1。

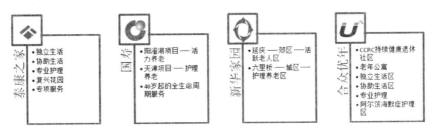

图 1　目前各寿险公司主要养老社区产品

略有不同的是市场定位，根据定位客户群不同，以泰康之家为代表的是"高大上"模式；另一类则是立足于中端的合众模式。主要区别体现在入住费用方面，泰康之家缴费起点为200万[①]；合众则定位于中端客户，入门费根据户型大小从20万~75万不等，月租及服务费用也是1000~3000元不等。

2. 产品类型单一，缺乏市场细分定位

目前寿险公司开发养老地产的产品问题在于产品类型单一，客户定位单一，各公司缺乏对市场入住需要调查的情况下"一窝蜂式"地建设高端综合养老社区。

养老有三种方式：居家养老、机构养老、社区养老，养老社区其实是一种机构养老方式，这一机构以养老地产为依托，为老年人提供饮食起居、清洁卫生、生活护理、健康管理和文体娱乐活动服务，从这个意义上说，综合养老社区在本质上与养老院无异。因此，目前保险公司对养老产品的开发明显忽略了居家养老与社区养老。

其实，居家养老与社区养老产品可能比养老社区开发更简单，投入资本更少。如在普通社区中建设养老单元，开发出一幢或几幢具备适老设施的楼房，子女与老人可以入住同一小区，便利照顾与探望；或建设多社区共用的养老服务机构，在老人聚居的几个小区附近寻址建设具备基本餐饮服务、医疗护理、文娱休闲功能的服务机构，便利具有活动能力、不愿离家或经济实力不高的老人养老。这些服务机构除具备养老职能外，还更加灵活、投入资金少、回收快、服务客户准确稳定。

市场定位方面，产品类型的单一决定了客户类型的单一。地产业作为高资本行业，土地成本、建设成本、运营成本高，为了回笼资金、尽量缩短盈利年限，积累品牌经验，保险公司不得不将目光投向购买力更强的高端客户。同时，入住养老社区也须具备一定接受度，这也是客户类型单一的原因之一。但从目前其定位来看，保险公司难免被人诟病是为"富人"养老，解决这一问题，保险公司要从改变产品类型开始，更多地建设平民化养老产品，这些养老产品不一定奢华、高级，重要的是能够满足一般养老需求。

---

① 200万起，趸交或者10年期缴，年缴保费20万起。

（二）养老地产的销售问题

1. 目前的两种销售方式

根据是否与保险产品对接，保险公司对其投资的养老地产主要有两种销售方式，一是与保险产品对接，二是不对接采用会员费、入门费等形式。

泰康选择了与保险产品对接，合众也开发了与养老社区连接的"乐享"和"颐享"两款保险产品。以泰康为例，与其养老地产对接的是"幸福有约终身养老计划"。该计划由一份名为"乐享新生活"的分红型养老年金与"泰康之家"入住确认函组成，养老年金产品 200 万起缴，可期可趸，购买养老年金产品的客户有机会[①]入住泰康之家。养老社区的费用可选择用养老年金给付，也可以直接缴纳，不与保险产品对接；其他餐饮、护理服务等费用另行结算。200 万费用也可以选择为未来服务费用兜底，即不再缴纳更多费用[②]。

另一种销售方式是会员式，新华、国寿等公司采用这种方式。入住客户需要缴纳一笔费用（如 300 万元）作为会员费，会员客户可入住养老社区。会员名额可以转让，也可以退出，但退出时会员费打折退还。高额会员费用于资金运用，投资所得利息可支付养老地产房租，只收取服务费用。

2. 存在问题

上述两种销售方式不同之处在于是否与保险产品对接。下表简单列出了与保险产品对接的好处与可能存在的问题。

表 1　对接保险产品销售方式优劣分析

好处	问题
利用客户优势	存在销售误导
增加金融服务	产品精算困难
体现保险职能	存在法律障碍
形成产品组合	

---

① 购买分红年金产品的客户可获得优先入住机会，即比其他非保险客户入住可能性高，但并不保证能够入住。

② 200 万是否为未来费用兜底可供入住客户选择。

与保险产品对接，便于发挥保险公司客户优势，将优质客户发展成为养老地产客户，免去更多客户定位、寻找与销售成本，同时与保险产品对接可以为老人提供金融服务，为其规划长期养老资金来源，体现保障功能，使养老地产成为对抗长寿风险与通货膨胀的重要投资选择。养老地产还可以与健康保险产品、医疗保险产品、长期护理等产品形成系列组合，成为新的吸睛点。单纯会员费、入门费等销售形式，虽然操作简单，但无法体现保费的长期回收效应，并且这种销售地产开发商等主体都可以做，无法凸显保险职能。

既然与保险产品对接销售更具优势，为什么很多保险公司没有选择对接呢？主要是因为法律障碍：养老服务无法作为保险合同写明的保险利益。下图 2 表示了保险公司、养老地产管理公司与入住客户三方间的关系。

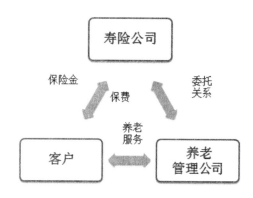

图 2　养老地产参与三方关系图

保险公司收取投保人保费，一般来说保险公司到期向投保人给付保险金，但入住养老地产客户选择了养老服务，而提供养老服务的不是寿险公司，而是养老管理公司，于是就出现了问题，由于客户不是单独与养老管理公司交易，其获得的收益能否以养老服务代替，并且保费能否转成养老服务费用？解决方法，一是协议方式，寿险公司与养老管理公司签订委托协议，客户与养老管理公司签订服务协议，协议方式规定了权利与义务，但也会增加交易成本，并且一旦出现法律纠纷，处理起来非常麻烦；二是绕开保险公司，养老管理公司与客户直接交易，但养老管理公司不能发行保险产品，无法发挥保险保障功能；三是保险法写明保险给付可以以服务形式提供，如日本介护保险法的规定。但修改法律涉及复杂流程，这些条件现不具备。

虽然目前保险公司推出了与养老地产对接的产品，但对接方式简单，并缺乏针对性，与养老息息相关的长期护理保险、医疗保险等健康相关险种也未与之关联，吸引力不佳。目前这种对接方式还存在销售误导问题，某公司销售人员在营销时向客户保证只要购买 200 万的保险产品就能入住养老社区，这种保证描述涉嫌误导。200 万只能买到或有的入住权利，消费者难免要怀疑钱花得是否值得，并且 200 万并不能涵盖未来的所有服务费用，不能称其具有成本锁定功能。保险公司投资养老社区，应当发挥自身风险管理和金融服务专长，为投保人提供融资方案，开发对接保险产品，但这一产品应当精算准确，适当锁定成本、抵御通胀，并且要避免营销误导。

（三）投资涉入过深可能带来风险

1. 目前养老地产投资的两种模式：投管一体与投管分离

对于养老地产的投资模式，目前主要有投管一体方式与投管分离两种，投资流程一般如图 3 所示。养老地产作为保险公司资金运用途径之一，委托资产管理公司或投资公司实施，当地产项目规划确定后成立专项项目公司运行，为了隔离地产风险，按照保监会规定由专业地产公司代建地产，为了保证资金安全，专项养老地产资金不得再投资其他项目，不得抵押贷款。运营阶段，由项目公司成立养老地产管理公司进行养老服务与物业管理。

如果寿险公司的投资公司、项目公司、管理公司三者实为一体，即投管一体模式，如新华成立了新华家园养老企业管理有限公司。如果投资公司、项目公司及管理公司（通常可能将物业管理外包给专业公司）三者分离，即投管分离式，国寿主要采用这种投资模式。

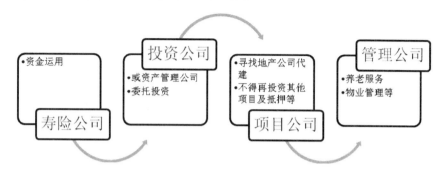

图 3　保险公司投资养老地产模式流程图

2. 涉入过深可能带来风险

养老地产的商业运作大致可以分为开发、投资、运营三个阶段。一般国外寿险公司对养老地产的投资大多只选择其中一个阶段。如美国寿险公司主要扮演投资者角色，通过 REITs 基金等金融工具进行间接投资；英国保险公司的角色倾向于运营商，英国最大的健康保险集团保柏旗下经营着 26 家医院和 290 多家疗养院、诊所及健康评估中心；日本保险公司参与养老地产也是不进行独立开发，而是通过收购私营养老机构的方式投资养老地产。相比之下我国寿险公司对养老地产的开发显得过于"全能化"，寿险公司既负责提供资金，承担项目设计开发，还要负责进一步的运营管理。国外的投资模式要么选择间接财务投资，要么选择股权投资，很少全程涉入。我国保险公司进入养老地产时间短，如此"大规模"，难免带来风险。

涉入环节越多，投入的资金量就越大，保险资金回笼也就越慢，虽然保险资金是长期资金，但现金流动性要求高。目前养老地产回报期究竟有多长，在没有正式入住、市场需求不明、服务价格等都未确定的情况下无法得到准确市场预测，可能是 30 年，也可能是 50 年，在不能收回成本的时间内，保险公司投资收益率肯定会受到影响。当下承保端对保险资金运用收益率要求越来越高，保险公司能否承受来自股东、消费者及市场竞争的压力？

投资风险还来自于保险公司可能很难及时退出养老地产。保监会规定养老地产 5 年内不得出售，5 年后政策走向未明，但长期持有使资金回收期拉长。如果是财务投资或股权投资，流动性较强，只要在二级市场上出售证券就可以回收或退出投资。按目前保险公司的商业模式，恐怕退出并不容易。特别是保险公司为了降低土地成本，与地方政府达成长期投资协议，地方政府利用养老地产搭建的投资平台进一步开发，拉动当地经济、税收、就业等，这一长期投资计划加剧了保险公司的资本沉淀与退出困难。

（四）养老地产的盈利问题

1. 目前养老地产的盈利模式

养老地产的投资盈利主要来自于以下几个方面：一是租金、物业管理及医疗照护服务等收入，二是地产土地及其资产升值，三是通过深度客户挖掘带来的综合效应。租金、物业管理及医疗照护是养老地产运营阶段入住老人缴纳的费用，是运营期基本收入，这一部分即使有盈利也不会过多，运营阶段基本收支平衡。医疗护理服务在养老社区中必不可少，如何处理医疗体系与养老社区间的关系，各保险公司做法不同。泰康认为医疗体系是养老社区的重要有机组成部分，应当亲自管理建设，当其发展成熟时，甚至可以单独经营；合众的观点与泰康相左，认为保险公司对医疗体系建设并不擅长，并且医疗体系本身能否盈利未知，医疗体系若和养老社区捆绑过死，双方都会失去独立与自由，因此合众将养老社区的医疗服务外包给附近的三甲医院。

养老地产土地升值是盈利的重要来源，如果保险公司在拿地时以周边土地市价的 1/3～1/2 获得土地，只要地价、房价不出现跌至半价及以下的情况，持有土地是稳赚不赔的。

深度客户挖掘是保险公司进行养老地产投资的另一个重要目的，也是长期盈利来源之一。对于保险公司来说，客户投保粘性较高，养老地产将成为优质客户的天然平台，除养老服务外，通过这一平台保险公司可以开发销售更多相关产品，为客户提供从"摇篮到天堂"的全生命周期个性化服务。同时这一优质客户平台还具有较强示范效应，可以吸引更多客户。

2. 盈利期过长、圈地隐忧等问题

目前保险公司投资养老社区的盈利点相对清晰，但盈利周期及效果无法确定，特别是前期资金投入量过大，何时能够盈利还要看市场需要、入住反映、投资环境、地产价格等多重因素。在 30 年甚至更长时间内，投资养老地产在运营方面少有盈余，由于地产持有不可变现，即使土地增值，保险公司也不能将其变现，反而存在流动性隐忧。如何在养老地产长期盈利与短期收益需要间平衡，如何将其与前端承保负债匹配都是保险公司面临的问题。

在没有明晰的市场反映和盈利预期时，保险公司就大动作地进行养老地产投资，难免被质疑意在"圈地"，先以养老名义拿到低价地后再说。或者对于保险公司来说，其目的本就不是利用长期养老服务投资盈利，目前地价、房价节节攀升，低价拿到土地就会只赚不赔。养老地产建设方面，真正进入实体操作阶段的少，选址拿地的多。虽然保监会有保险公司不得直接进行商业地产投资，5 年内不得出售养老地产产权等各种规定，各界也难免担心其投资动机不纯，借养老之名，行地产之实。保险公司是风险管理专业机构，负有保险保障职能，如果涉嫌圈地盈利，可能招致形象受损。因此在养老地产投资时，保险公司要把握开发目的与盈利来源，将养老服务放在首位，淡化地产概念，提供集养老资金规划、金融服务、实体服务为一体的综合化养老方案。

（五）养老地产的风险问题

1. 目前保险公司投资养老地产的风险控制

养老地产投资面临很多风险，如偿付能力风险、流动性风险、资产匹配风险等，在保监会层面，2010 年 9 月下发了《保险资金投资不动产暂行办法》，对保险公司投资不动产的原则、类型，特别是条件予以了详细规定。条件涉及公司治理条件、相关经验人员、偿付能力充足率、净资产及市场行为等，并规定了相应比例及风险控制条款。各保险公司在严格遵守不动产投资规定的基础上，针对养老地产投资的特点也进行了一定的风险控制。

养老地产资金投入量大，保险公司要严格遵循不动产投资比例，进行动态监测，保证偿付能力；针对养老地产资本沉淀期长、盈利回收期长特点，保险公司要适当调整养老社区的产品类型，增加轻资产的服务型养老社区,尽可能缩短投资周期;针对可能面临的市场风险,保险公司通过对接保险产品,缴纳会员费、入门费等形式,提前锁定客户,确保入住率,并通过入住率情况调整新的建设节奏和房屋户型;对于地产风险,保险公司选址时倾向于房地产价格稳定的一二线城市,并兼顾交通与需求,在实体建设方面,按管理规定由专业地产公司代建;产品定价方面,保险公司尽可能地准确精算,由于养老地产精算假设条件多,需要考虑入住率、物价劳务工资上涨以及资本市场投资情况,大多数保险公司还未最终确定价格,要避免未来可能出现流动性风险,保险公司首先要进行价格发现。

表2 保险公司投资养老地产的风险管理应对

养老地产特征	风险管理应对
资金投入量大	严格控制投资比例,保证偿付能力
资本沉淀期长、回收期长	丰富产品类型,增加轻资产养老服务
市场风险	提前锁定客户、确保入住率,以入住率确定建设进程
地产业风险	设立养老项目公司,地产公司代建,隔离行业风险
流动性风险	提前发现价格,准确产品精算

2. 严控地产泡沫风险

虽然保险公司在养老地产投资中进行了一定风险控制,但并不表示这些风险控制就足够了。偿付能力风险、现金流风险、地产泡沫风险、资产匹配风险等都需要保险公司严加防范。特别是地产泡沫风险,目前地价、房价蒸蒸日上,但不排除出现拐点的可能。日本的房价泡沫给保险公司带来巨大创伤,2007至2010年日本养老地产项目分别有23、26、32和17家破产,保险公司对不动产投资也出现了大幅下降。人口统计学也认为人口拐点可能会引发住宅市场价格拐点,而2018年正是我国人口统计学意义上的转折,房价泡沫破裂会使土地价格优惠也毫无意义。地价、房价下跌使资产贬值,更加难以出售变现,因此保险公司必须控制投资节奏,真正进行市场调查分析,保证现金流动性与偿付能力,预留退出机制,严格控制与隔离地产泡沫风险。

（六）以房养老问题

1. 目前各寿险公司均未开展及其原因

以房养老，学名反向抵押贷款，只针对有住房老人，一般抵押贷款为银行向借款人放贷，而"以房养老"相当于拥有住房的老人向银行等机构放贷，因此叫作反向抵押。当老人选择反向抵押贷款时，银行等开办机构会依据房屋价值、老人未来生存年限、利率、手续费等，向老人按月或年发放款项，直至老人去世，房屋归银行等机构支配。反向抵押贷款又称房产价值释放机制，在不同国家有不同形式，如英国终身抵押贷款与住房转换计划、台湾地区售后租回年金屋等。

我国国务院于 2013 年 9 月下发意见，明确要"开展老年人住房反向抵押养老保险试点"。目前多家保险公司有尝试意向，幸福人寿计划于 2014 年 1 月份推出首款以房养老产品①，但因为相关平衡精算问题可能会推迟。辽宁省也正积极推行反向抵押贷款，探索建立养老服务储蓄制度。

各保险公司虽然态度积极，但以房养老在我国的推广仍面临很多问题，保险公司大多也不敢冒然推行。反向抵押贷款需要对房地产业非常熟悉、能够准备预测房地产价格走向及估值，但地产业不是保险公司熟悉领域，在人才配备上也相对缺乏；估值方面，虽然保险公司在产品定价、生命表精算等方面具有优势，但对居住期长的房屋估值本就困难，特别是当房屋居住超过 30 年时，价值会快速下降；流动性方面，老龄化深入发展使长寿风险加剧，以房养老很可能无利可图，并且在为老人提供资金几十年的时间内没有资金流入，只能单纯放款，难免会影响保险公司的流动性；法律方面，我国规定房产只有 70 年使用权，70 年之后地产归属划分也无定论，保险公司能否获得地产的最终归属也是未知；市场接受度方面，老人对反向抵押贷款的接受度可能不高，在传统观念里，房屋作为家产是要给子女继承的，并且晚年没有了房屋，老人归属感可能也会降低，还有不少人认为前 30 年做房

---

① 这款产品将针对 65 岁以上老人，自双方签订合同起，保险公司就开始履行定期给付养老金责任。无论采用产权增名还是抵押方式，投保老人可以一直住在房子里，直到老人过世后保险公司才处置房屋。如果投保老人愿意住在养老院，公司可以帮助老人安排适合老人需求的养老院。

奴还房贷，后 30 年再倒按揭，实在是折腾，子女方面，老人将房屋按揭而不是留给子女可能会引起利益冲突和反对，在赡养老人上也可能缺乏积极性。

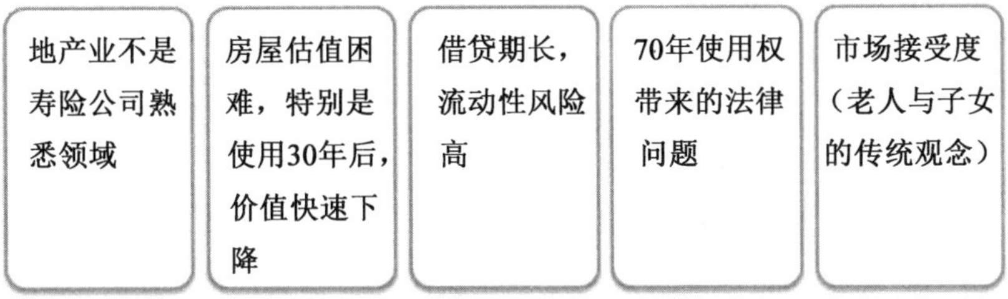

地产业不是寿险公司熟悉领域	房屋估值困难，特别是使用30年后，价值快速下降	借贷期长，流动性风险高	70年使用权带来的法律问题	市场接受度（老人与子女的传统观念）

图 4　反向抵押贷款推广困难重重

2. 保险公司应如何介入反向抵押贷款

虽然推行反向抵押贷款存在一定障碍，盈利空间也可能不高，但作为发挥保险保障功能的一种拓展，保险公司有必要提供这一为老人筹措养老资金来源的金融服务，并且金融服务也是养老产业链中必不可少的环节。在产品方面，应当尽可能多层次，兼具选择性，可以按房产状况、老人预期寿命状况等设置不同按揭方式，对于房子是否被收回或由子女赎回可以灵活选择。在介入方式上，除了目前正在准备推出的倒按揭保险产品外，还可以发挥精算定价、生命表计算等方面的优势，与银行、信托及地产业合作，开拓更大市场。

以房养老的推行离不开政策支持，在客户方面，期待能为反向抵押贷款设置更低利率、费率，减免房屋税费、房产税；对于开办保险公司，减免企业所得税，提供补贴以应对可能发生的"长寿风险"等。

三、对目前保险公司投资养老地产的评估

（一）可行之处

近年来寿险业发展开始趋缓，产品竞争力不强，资金运用效益低，亟待找到新的发展动力与利润增长点；金融混业也使保险业受到金融同业的激烈竞争，行业发展空间受限；同时，城镇化与老龄化深入发

展，保险业投资养老地产正是上述背景下进行的。可以说保险公司投资养老地产已成为寻找业务突破、积极拓展寿险产业链的发端，也成为了积极开拓资金运用渠道的新方略。与此同时，抓住城镇化、老龄化带来的市场机遇，在大数据时代继续发挥保险功能，增强保险保障与社会管理效用，这些都是投资养老地产的可行之处。

对于保险公司来说，在风险管控与稳妥经营下，投资养老地产也的确能够增加投资收益，提高盈利能力，拉动业务增长，养老地产形成的新的业务平台也将为保险公司带来更多机会，在深挖客户数据的基础上，丰富产品种类与体系，将养老保险、养老地产、医疗保险、健康保险、长期护理保险、反向抵押贷款等产品形成一揽子方案，成为解决养老问题的新选择；并且，养老地产作为一种长期资产，还可以帮助保险公司解决资产负债长期错配问题，在一定程度上缓解我国资本市场上长期资产配置工具短缺的困难。

表3　对目前保险公司投资养老地产的评价

可行之处	可能存在的问题
抓住了城镇化与老龄化的市场机遇	土地成本高，占比大，各项政策尚不明确
开拓了资金运用新渠道	资本投入接近上限，影响偿付能力
积极探索寿险产业链延伸	资本沉淀，变现能力差
解决长期资产负债匹配问题	销售对接与销售误导问题
增加投资收益，提高营利能力	医保报销与异地医疗问题
基本控制了养老地产的投资风险	反向抵押贷款问题
形成新的客户平台，挖掘综合效应	投资模式并不适合小型保险公司

（二）存在问题

机遇往往与挑战并存。寿险产业发展需要延伸产业链，开拓行业空间，寻找新的业务增长点是整个行业的共识，但目前养老地产开发、投资、运营模式也的确存在一些问题。

一是土地成本高，拿地资金占比高。土地成本必然是地产业投资占比较大的部分，由于养老地产对面积、交通、医疗、环境等条件的要求比一般商业地产更高，因此拿地成本会占到更高的比例。目前，国家并没有出台针对养老地产用地的优惠政策，各保险公司也是市场条件下竞争拍卖挂牌的土地，较高的土地成本会拉长资本沉淀期与回收期，同时也会累积地产泡沫风险。

二是融资与变现问题。目前多家保险公司基本都有规划养老地产项目，高端养老社区投资额在 30 亿～50 亿，一个项目已达到中型寿险公司不动产投资上限，如果要规划多个项目，实现多目的地"候鸟式养老"，则投资额会成倍增加。虽然保险公司预期有保费收入及补充资本，但大量沉淀期长的投资很可能会影响偿付能力。养老地产不得出售产权的规定及与地方政府签订的长期投资协议也都加剧了资本沉淀与变现能力差的问题。变现期长会降低公司的资金运用效率，保险公司为此要承受更大的来自股东、市场竞争及消费者高回报预期的压力。

三是养老地产与保险产品对接问题。选择对接，保险公司要切实开发优质恰当具有针对性的保险产品，并且避免销售误导，明确保险产品与养老地产各自的销售内容、当事人权利、给付方式、可能存在的风险等；如果不对接，则无法利用优质的销售平台，难以锁定客户，无法体现保险产品职能及保险公司的资金汇聚优势。

四是医疗体系协调问题。养老社区内的医疗服务必不可少，但养老社区发生的医疗费用能否对接医保报销，能否实现异地医疗费用报销都是切实面临的问题。同时，养老社区医院的医生的职称评定、成长空间相比公立医院都更加受限，工作也更为艰苦，培养与留住医疗护理人才也是一大难题。

五是目前这种高资金消耗型的投资模式并不适用于小型保险公司。小型寿险公司不具备资金优势，因此无法投入重金开发养老地产，而是更适用于轻资金的养老投资项目，资金量小，回收期更短，便于退出。

四、未来发展建议

（一）对保险公司的建议

面对目前投资养老地产的问题，保险公司可以通过增加间接投资方式、丰富资金来源、丰富产品类型等途径优化目前的商业模式。

增加间接投资形式，如 REITs 房地产信托投资基金、资产证券化产品，以加强不动产投资的流动性，同时这种间接投资方式也更加适用于小型保险公司；拓宽资金来源，引入更多资本，如银行贷款、信托资金、与地产商合作等，减轻对保险公司自有资金及保费收入的依赖，降低养老地产投资对偿付能力的影响；丰富产品类型，关注中低端养老，增加社区养老与居家养老服务产品，在普通社区内建设带有餐饮、医疗护理、文娱等功能的小型养老服务站，或在老人聚集的多社区周围建设大型的养老服务站，辐射更多有需要的老人，这种轻资产的养老服务机构也更容易形成品牌，与保险产品的产生营销上的协同效应；养老事业带有公共福利属性，保险公司还可以借机增强与政府合作，建设受到政策支持的养老服务平台，突出商业运作模式的竞争与效率。

总之，保险公司要对养老地产投资保持整体上的清晰认识，大中小型保险公司在投资时要依据自身实力准确定位，做投资商还是运营商，选择长期持有还是短期盈利，并控制投资节奏，保证偿付能力，避免地产行业风险。

表 4　对保险公司投资养老地产的建议

对保险公司的建议	间接投资形式：REITs，资产证券化，增强流动性
	拓宽投资来源：引入更多资本，如银行贷款、第三方投资等
	丰富产品类型：社区养老设施、居家养老服务
	积极与政府合作：参与中低端养老、养老服务平台建设
	开发适合的与养老地产对接的保险产品，避免法律风险与销售误导
	对投资风险保持清楚认识，控制投资节奏，保证偿付能力，避免行业风险

（二）对监管机构、政府部门的政策建议

养老地产的发展离不开政府部门的支持与监管。对于养老地产投资的直接监管部门（保监会）来说，首先要明确监管对象是保险资金，并且是全程投资链条上流动的保险资金，同时有必要设立针对保险公司投资养老地产的专项管理规定，以保证保险公司偿付能力，保护消

费者合法权益。在法律方面，酝酿讨论能否将实物（服务）给付列为可供选择的保险给付方式之一。

对其他政府部门的建议：一是明确针对养老地产投资的土地政策、税收政策，可根据养老地产的服务对象来确定减免与优惠的力度，如对以中低端客户为主要服务对象的保险公司提供一定的拿地优惠、营业税减免、延迟税收等；二是支持养老社区内医疗体系建设，为养老社区医院办理医疗服务准入资格，认定等级，并实现医疗费用报销与医保体系联网对接、异地医保对接报销等；三是加快培养养老护理人才，将其提高到战略高度，增加老年护理专业培养机构，规范服务标准与等级，为养老护理人才的培训与工作提供岗位补贴，对养老社区的医护工作人员在评比与职称晋升方面有所倾斜，既培养人才又留住人才；四是建立养老机构的退出机制，以防止养老地产业发生重大风险对保险公司主业及偿付能力产生重创，可成立类似保险保障基金制度，建立老人救助机制，若发生老人因突发状况无法缴费的情况，应建设应急机制，保障老人基本权益。

附录 2

寿险公司参与养老产业国际经验及借鉴

一、问题的提出

随着合众人寿推出我国第一个持续性照护社区，各大寿险公司均加快布局养老社区的步伐，运用自有保险资金以"地产开发模式"深度介入养老产业，从前期成立投资公司，再设立项目公司，以自有土地或是竞争拍卖的方式拿地，设计，建设，到后期的委托运营均有寿险公司的全程参与。对比发达国家寿险公司参与养老产业链的国际经验，几乎很难发现如此深度全程介入养老地产的案例。

就寿险公司是否应该布局养老产业，延伸养老产业链这一问题，学界已有充分论证。目前我国寿险公司投资养老地产的"地产开发模式"就保险公司和监管部门双方都具有隐忧和风险：保险公司多环节参与养老地产资金要求高，而各环节的专业性程度无法跟上；监管部门（保监会）对保险资金流入养老地产各环节全程监管但缺乏对保险公司投资养老地产的专项规定。本书将在介绍发达国家寿险公司参与投资养老产业的国际经验基础上，探讨符合我国寿险公司客观情况的养老产业投资模式。

二、美国寿险公司参与养老社区的财务投资模式

（一）以财务投资的方式购买 REITs

得益于发达的资本市场、多元化的投资渠道和宽松完善的监管政策，美国保险资金运用呈现以下特点：广泛的保险资金运用渠道，高稳定性的保险投资追求，多重的保险资金管理模式。

表1 2007～2012年美国寿险公司金融资产分布 （单位：十亿美元）

年份	2007	2008	2009	2010	2011	2012
政府债券	462148	516914	292860	365700	403793	391777
公司债券	1812919	1833370	1507604	1611217	1702987	1759282
抵押贷款支持证券			561136	526877	512417	485377
债券	2275067	2350285	2361600	2503794	2619196	2636436
股票	147955	117571	77723	82510	82820	82391
抵押	324714	338008	325942	317273	333243	345602
不动产	34943	32479	27714	27851	28909	30559
保单贷款	116047	121887	122707	126273	128826	130348
短期投资			89608	63688	62651	71544
现金及其等价物	36066	15874	36285	33892	37230	39558
衍生工具					44358	41577
其他投资资产	122410	143789	130597	149940	140334	153431
非投资资产	137917	162569	160028	160549	173939	185027
总金融资产	3180148	3270330	3324262	3457944	3643531	3707639

数据来源：life insurance fact book（2008～2013）。

在表1的数据中，根据联邦层面的保险公司投资示范法和州层面的保险法规定，统计来源在不动产一项下专门划分了自有物业（Occupied by Company）、投资性长期持有物业（Investment，Hold for Income）和投资性出售物业（Investment，Hold for Sale）。其中，投资性长期持有物业2011和2012年的数据分别是22632和24244（十亿美

元），其主要组成部分便是 REITs（不动产投资信托基金）。美国寿险公司涉入养老社区多是以投资商的角色出现，通常采用财务投资的模式。

REITs 是当前养老社区的主流投资商，保险公司多以财务投资的方式购买 REITs，从而延伸自身业务链，拓展养老服务，实现产业整合和投资回报。在鲜明的利润导向下，美国保险公司投资于 REITs 具有一定的必然性。一是收益流可预期。REITs 的可靠收入来自于不动产（包括养老社区在内）长期出租的租金收入以及资产融资的利息收入。二是收入透明。大多数 REITs 采用直接和简洁的商业模式，即通过入住率和租金的增加来获得更高水平的收入。呈报财务报表时，REITs 也应当提交按照会计准则核算的每股收益。另一种核算方式是比较 FFO，即营业现金流量。三是总体回报高。红利和资本利得的收入可以使 REITs 的总体回报非常可观。分析表明，同时有分红和股价上升使得 REITs 的回报远远高于其他投资工具，包括大盘股票、固定收益证券等。

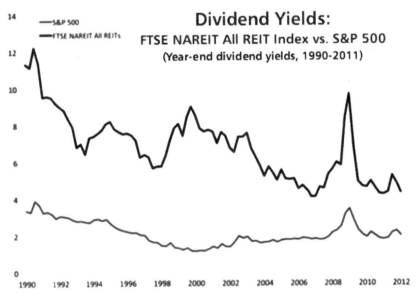

图 1　REITs 和标普 500 回报率比较（1990～2012 年）

资料来源:investors guide to REITs 2012.

（二）以 AIG 为例探讨美国保险公司投资养老产业的模式

1. 财务投资模式

AIG 通过旗下的全球房地产公司 AIG Global Real Estate（以下简称 AIGGRE）进行不动产投资和管理。在投资方式上，AIGGRE 主要采取下设一些开发公司和参与投资基金进行投资。方式一是投资基金，已经参与了超过 30 个权益基金（包括不动产基金 REITs），基金合资方主要是养老基金，目标收益率在 20%以上。方式二是发起基金，直接设立并募集不动产投资基金，通过专业化的基金管理获取佣金。已募集了 12 支不动产投资基金（其中 11 支为私募，一支为公开募集，在德国法兰克福证券交易所上市交易），详情见表 2。方式三是置业投资，直接购买物业资产。方式四是咨询服务，利用自身资源及经验提供不动产投资领域的相关工程和建筑咨询。

表 2　AIGGRE 管理的不动产投资基金的情况

序号	基金名称	目标市场	成立时间	基金规模	募集形式
1	PMP	英国	1995 年	3000 万英镑	私募
2	FPF	法国	1998 年	1.84 亿欧元	私募
3	Europe Fund	欧洲	2001 年	1.84 亿欧元	私募
4	Asia Fund	亚洲	2001 年	1 亿美元	私募
5	ARE	全球	2002 年	1.04 亿欧元	公开募集并上市
6	Japan Fund	日本	2002 年	150 亿日元	私募
7	U.S Residential Fund	美国	2004 年	3 亿美元	私募
8	Mexico Fund	墨西哥	2005 年	22 亿美元	私募
9	Japan PPP	日本	2005 年	500 亿日元	私募
10	Japan Fund II	日本	2005 年	100 亿日元	私募
11	Japan Fund III	日本	2006 年	526 亿日元	私募
12	Japan PPP II	日本	2006 年	500 亿日元	私募

资料来源：美国国际集团 www.aig.com.

2. 全资控股模式

AIG 在美国的子公司 VALIC 和 Sun America，是提供养老服务"一揽子"方案的子公司。VALIC（变额年金公司）是美国最大的养老计划服务商之一，而 Sun America 被称作"退休专家"。公司通过专属的经纪人，向客户提供个性化的变额年金、共同基金、资产管理、退休账户管理、养老保险产品购买、子女教育储蓄在内的全方位养老计划。

3. 直接投资模式

AIG 旗下有位于新罕布什尔州 Nashua 市的 AIG Retirement，是提供给高收入者的独立生活型老年社区，允许年龄接近的老年人独立自由有尊严地过退休生活，既保证能在需要的时候得到及时救助，又保证社区内居民保持一种理想的生活方式。

4. 不同模式间比较

三种方式各有侧重，分别从地产投资角度、社区建设角度和养老服务角度开展业务，形成了较为完整的养老产业链。其中财务投资模式下风险可控、行业进退自由，在保险公司资产中占比小，在鲜明的利润导向下，AIG 只是将养老社区作为投资渠道之一。

（三）美国保险监管制度、法规对保险公司投资养老产业的影响

美国保险监管的风险资本模式（Risk-Based Capital, RBC）其基本原则是将调整后的风险资本总额与保险公司调整后的总资本额对比以反映保险公司的风险资本状况，基本不同的风险水平由监管采取不同措施。由于寿险公司以购买 REITs 的方式投资养老产业的比例占其金融总资产的比例不足 1%，在 RBC 模式下，寿险公司的偿付能力没有任何问题，属于无需采取措施的情况。然而，REITs 产品作为金融衍生品的一种在已有的监管体系中缺乏清晰明确的定位，很可能出现与保险相关的衍生品却不属于保险监管的情况。尤其是次贷危机中 AIG 投资信用掉期违约（CDS），本身并不违反保险监管制度却出现重大损失，引起了对保险监管的新思考。在参考了国际保险监督官协会 2005 年维也纳年会上提出的以市场行为、偿付能力和公司治理结构为主的三支柱保险监管制度的监管新思路，美国在《多德—弗兰德法案》基础上搭建了保险监管的新框架，其中着重考虑了对金融衍生品监管和风险隔离。这一进行中的改革最终会对寿险公司以购买 REITs 的方式投资养老社区最后会产生何种程度的影响还没有具体的测算。在不动产市场价格趋于稳定、消费信心逐步恢复的情况下，REITs 产品以其透明性、安全性博得了追求稳定收益率的寿险公司的青睐，成为美国寿险公司投资养老产业的首选。

除了宏观的保险监管制度，美国还有较为完善的专门针对保险公司投资房地产的监管规则，较为有代表性的是美国保险监督官协会（NAIC）的保险公司投资示范法（Investments of Insurers Model Act）。保险公司投资示范法对产寿险公司采取了分列式的规定，其第二部分 B、C 两条规定了保险公司投资不动产可以采用投资金融衍生品的形式，将投资房地产的范围限于获取租金收益的不动产（Income Generation）或是对房屋的修葺或进一步开发，没有法律解释说明投资房地产的范围包含"地产开发模式"下的拍地、建设、出售等行为。另外还有对投资比例的限制，在该法案的不同版本中（Standard version、Limited Version）对合计投资的限额和单项投资的限额也有不同规定。

正是基于美国宽松监管制度和完善的投资法规，美国保险公司以利润为导向、购买 REITs 做财务投资布局养老产业的模式才能安全高效完善地运转。

三、英国寿险公司构建健康保险集团的全资模式

英国养老社区在运营上与美国情况基本相似，但更多地呈现出公益性。以 Joseph Rowntree House Trust 运营的 Hartring Oaks 社区为例，作为英国第一个退休社区，社区的运营模式与美国 CCRC 近似，但是属于非盈利性质。作为英国众多的社会企业之一，Joseph Rowntree House Trust 有广泛的资金来源，主要包括自营收益、慈善捐助和政府补贴。社区的建设资金全部来自于 Joseph Rowntree 住房信托和居民捐赠，运营过程中向社区居民收取一定的费用以补贴运营和持续发展的成本，包括住宅费用和月付社区费两部分。美英养老地产建设开发的资金来源有一定程度的差异。美国以市场为导向，建设资金以基金、信托的方式募集，美国的寿险公司以财务投资的方式参与其中，具体表现为发行或购买 REITs；英国则是以社会企业经营、慈善捐助、政府补贴的方式建设具有一定公益性质的养老社区，其中很难发现寿险资

金的流动。

　　除养老地产外，养老医疗、养老服务也是养老产业链上的重要环节，加之英国养老社区的建设呈现出一定的公益性，英国寿险业转而以全资收购养老机构的方式构建健康保险集团。保险机构经营医疗服务，即管理式医疗模式，保险公司除向客户提供健康险产品外，还提供相关的健康保健服务，后者则是养老产业链中的重要环节。占据英国长期护理保险、健康险市场份额将近76.5%的三大保险公司，保柏（42%）、安盛医疗保险（24.5%）和诺维奇联合医疗保险（10%）均呈现出健康保险集团化的趋势。其中保柏的全资股权投资模式更是值得探讨。

　　最早在20世纪50年代，保柏就创立了"养老院公益信托机构"（Nursing Homes Charitable Trust），随后将其重新建设成Nuffield医院，保柏逐步依靠自己的医院资助项目建立起一个提供高质量护理服务的全国性医疗网络；1996年在英国收购30家养老院，进入护理行业；此外保柏还致力于保健的宣传和医生的培养，率先提出健康筛查的概念、开设健康筛查中心，先后与NHS开展合作并和各大学合作培训年轻医生。保柏主要业务来源是健康保险，包括医疗保险、长期护理保险、重大疾病保险、失能收入保险等，另外还根据客户的不同需求提供健康保险计划和健康保险服务。

表3　2007～2012年BUPA CARE HOMES投资收购养老机构收益情况

（单位：百万英镑）

	INVESTMENTS IN CARES　　HOME (WORLDWIDELY)	REVENUES	SURPLUS	OUCCUPANCY RATE	FEES PER RESIDENT PER WEEK(UK)
2007	152.2M	648.7M	115.9M	90%	551
2008	265.8M	873M	123.9M	93%	582
2009	183.3M	908.1M	125.1M	88.3%	611
2010	77M	937M	125.2M	88.2%	614
2011	94M	946M	159M	87.8%	657
2012	114.7M	895M	143M	87.3%	696

　　数据整理自：BUPA CARE HOMES PLC DIERECTORS'S REPORT AND FINANCIAL STATEMENTS 和 BUPA FINANCIAL PLC DIERECTORS'S REPORT AND FINANCIAL STATEMENTS.

保柏模式下直接投资建立或者收购养老服务机构，通过提高医疗服务水平来降低赔付，在降低医疗费用的同时又保障了医疗质量。同时，专业的医疗技术可以在一定程度上避免健康险逆选择问题。实际上是实现了养老服务的内部供给，节约了交易成本。

英国寿险业的股权投资模式实际上是寿险公司参与养老产业链的养老服务投资模式。与"地产开发模式"不同的是，养老服务投资模式不注重不动产的持有，或者只是持有轻资产，更多的是以不动产为依托提供高质量的养老服务。从完善养老产业链的角度出发，我国中小保险公司可以借鉴英国寿险业的股权投资模式专业化经营提供养老服务，与养老地产有效对接；同时也可以通过养老产业推动健康险、长期护理保险的发展。借鉴英国经验的同时也应当注意到我国从法律政策层面到市场环境层面上存在差异。

四、日本寿险公司参与养老地产的多元模式

（一）日本寿险公司参与养老地产的模式

日本养老地产类型可分为国营和私营两大类，私营养老地产包括收费养老院和带介护服务的高龄住宅。得益于介护保险制度带来的对养老地产旺盛需求，同时养老地产的入门门槛低，日本养老地产市场的主体呈多元化：有三菱地所、欧式力地产等专业的地产商，也有垄断性的大型国企如东京急行电铁，既有专门定位于高端养老地产运营管理机构的 SunCity，也有寿险公司的参与，如明治安田生命保险、索尼人寿保险股份等。

寿险公司以股东的形式出资成立合资公司的模式参与到养老地产项目。成立于 1980 年的专门经营高端养老地产的 SunCity 株式会社其股东所涉及的行业包括：银行、保险、证券、地产开发商、酒店等，依靠股东自身资源，解决了融资、运营服务提供等产业环节的需求。第一生命保险、富国生命保险都是该公司的股东。

此外，日本寿险公司也通过股权收购的形式经营养老机构。2012年，明治安田生命保险公司全资收购了私营养老机构 Sunvenus

Tachikawa，目前自营三家养老机构。据索尼人寿保险 2012 年度公司年报显示，公司以收购私营养老机构的方式投资养老地产达 11 家。

（二）日本寿险公司参与养老地产的原因

1. 介护保险制度带来老年产业的旺盛需求

日本的老年产业包括医疗医药、护理和基础生活三大板块，养老地产相应属于护理板块。2009 年日本养老护理市场的整体规模达到 4 兆 2000 亿日元（约 2872 亿人民币），2010 年的整体规模超过 7 兆 9000 亿日元（约 5403 亿人民币），同比增长 88.10%，预计 2025 年将达到 15.2 兆日元。巨大且持续的市场需求刺激了资金的流向，寿险公司也积极参与投资养老机构。

2. 养老机构破产为寿险公司提供收购契机

自 2006 年以来，日本根据《特定设施入住者生活护理规定》严格限制每年新增的收费养老机构数量，使得新建养老机构的成本大为增加；大量资金雄厚的企业涌入养老产业，拉动了市场发展，而原先进入市场的中小企业受制于自身条件，出现了诸多破产的情况。此前提到的明治安田生命保险就是借助这一契机进军养老产业。

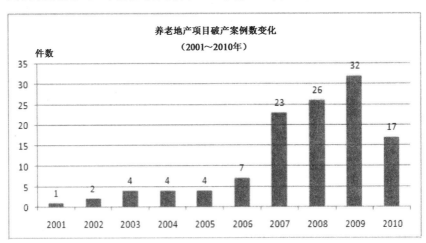

五、发达国家寿险公司参与养老产业对我国的启示

结合各发达国家寿险公司参与养老产业多元化的实践经验，本书认为从中可以概括出如下两点供我国参考和借鉴。

（一）鼓励寿险公司进军养老产业

尽管我国寿险公司开发建设养老机构的"地产开发模式"存在诸多的问题，但这是由现阶段我国养老产业的客观条件所决定的。美国的财务投资模式建立在发达的资本市场、多元化的投资渠道和宽松完善的监管政策的基础上；受到英国养老社区公益性的影响，英国寿险公司转而专注于养老服务投资，收购已有的养老机构；日本的股权收购模式受到了日本私营养老机构破产的推动。比较三者的相似之处，值得关注的是它们都建立在存在大量养老机构和养老服务供给的基础上。而我国的现实却是处于供给少的初级发展阶段，只有鼓励养老机构进军养老产业，在增加养老机构供给的情况下才具备借鉴英国、日本股权收购模式的条件。具体的鼓励条件如税收优惠政策、培训补贴计划等需要在具体实践中探索。

（二）规范寿险公司投资养老产业

随着国内众多寿险公司都开始布局养老地产，一度引起各界对寿险公司"圈地"的隐忧，毕竟土地作为稀缺资源具有长期投资价值，同时地产业也是与国民经济高度相关的行业。目前监管部门对寿险公司投资养老产业建设养老社区所使用的保险资金投资上限、寿险公司的偿付能力有框架性的监管，但缺乏具体管理规定，仅仅是禁止保险资金直接进行地产开发，并规定养老地产五年内不得出售。考察美国保险公司投资房地产的监管法规，规定了以长期出租为特色的房地产投资路径，将长期出租作为制度保障并取得成功。从这一角度出发，对商业保险公司经营的养老地产是租赁还是销售的政策规定亟待明朗。

附录3

养老保险及寿险公司投资养老机构需求分析——基于课题组问卷调查情况

一、调查问卷的背景、内容与方法

我国目前正在面临严峻的人口老龄化形势。一方面，随着新中国成立后新出生人口的突增，我国迎来了第一个老年人口增长高峰。民政部统计数据显示，截止到 2012 年底，我国 60 岁以上老年人已达到 1.94 亿，占总人口 14.3%。另一方面，劳动年龄人口却进入了负增长的历史拐点。劳动年龄人口数 2011 年为 9.40 亿人，2012 年则降为 9.39 亿人。我国社会总抚养比从 2012 年的 44.62%上升到 2013 年的 45.94%。同时，我国还面临老年人口的高龄、失能及空巢化问题。针对这种情况，我国政府先后下发了《中国老龄事业发展"十一五"规划》《关于加快发展养老服务业的意见》等一系列文件，旨在通过发展社会力量，从建设、服务、模式创新等多个方面加强养老服务业的发展。

在此背景下，"商业养老保险及其产业链延伸国际比较研究"课题组通过调查问卷的方式对养老地产的需求进行了调研。此次调查问卷依据对象的不同可以分为三个版本：老年版、青年版和专业版。老年版问卷共发放 120 份，回收有效问卷 102 份。由于受访对象年龄较大，因此调查员深入社区，采取了一对一的调查方式，并现场收回调查问卷。问卷内容主要涉及老年人对养老方式的选择倾向、对以房养老政策的态度以及对养老社区服务的期待与担忧等。青年版问卷共发放并收回 300 份，其中 100 份为网上完成、200 份为现场完成。调查问卷的内容主要涉及年轻人对于社区养老、以房养老政策的态度等。专业版问卷主要针对保险从业人员，共收回问卷 346 份，有效问卷 335 份。调研对象的工作职责涵盖保险精算、财务企划、风险管理等多个领域。问卷主要关注保险从业人员对于保险公司通过养老地产进行产业链延伸的态度、对于相关政策的期待等问题。基于调查问卷的统计分析，本书将从消费端和投资端两个方面对养老地产的需求进行分析。

二、消费端对养老地产的需求分析——基于老年版和青年版问卷结果

（一）养老方式

表 1　养老方式现状

	居家养老	子女照顾养老	专业养老机构	其他	不能确定
本项目组老年版问卷数据	70.59	23.53	0.98	4.9	-
天津市老龄服务业发展需求的调查研究	58.10	-	7.70	-	34.20
2013 年中国老年消费者权益保护调查报告[①]	60.50	39.10	0.40	-	-

不论是依据本项目组调研数据，还是依据拥有更大样本容量的其他相关调研数据，我们都可以得出这样的结论：我国老年人大部分还是倾向选择居家养老，选择专业养老机构进行养老的比例还很低。目

---

①《2013 年中国老年消费者权益保护调查报告》由中国消费者协会于 2013 年 10 月 12 日发布，内容主要涉及老年人医疗保健、旅游出行、娱乐健身、养老生活。

前，很多城市提出了"9073"的养老格局，即将有90%的老年人由家庭自我照顾，7%享受社区居家养老服务，3%享受机构养老服务。若按照此格局进行考虑，专业养老机构还有很大的发展空间。

（二）对养老社区和以房养老政策的态度

表2　期待的养老方式

养老社区	老年人	期待社区养老	25%
		期待其他方式	75%
	年轻人	非常看好	2%
		有期待也有疑虑	81%
		不看好	16%
以房养老政策	老年人	能接受	16.67%
		不能接受	83.33%
	年轻人	支持	9%
		观望	68%
		反对	21%

值得注意的是，在老年版问卷调查过程中，没有人愿意选择商业保险机构提供的养老服务；仅有5.88%的受访者认可保险公司投资养老院的行为并认为自己有能力入住。基于此，本书从四个不同的角度对我国养老地产的需求进行了预测：

1. 基于调研结果的预测

依据联合国对我国老年人口预测，参照本次调查结果中5.88%的入住比例，我们可以预测未来可能入住保险公司养老机构的人数。

表3　依据调研结果的入住人数预测

年份	总体老年人口预测（万人）	入住人数预测（万人）
2015	20901	1229
2020	24243	1425
2025	28935	1701
2030	34561	2032
2035	38999	2293

续表

年份	总体老年人口预测（万人）	入住人数预测（万人）
2040	40278	2368
2045	40831	2401
2050	45436	2672

数据来源：根据联合国人口司提供数据整理。

　　然而，在本次调研过程中，样本未涉及失能老人。随着我国人口老龄化以及老年人口高龄化的快速发展，失能老人的绝对数量正不断增多。《中国老龄事业发展报告（2013）》中的数据显示，到2013年，我国失能老年人口将从2012年的3600万人增长至3750万人。考虑到失能老人的看护需求更大，其愿意入住养老机构的比例也会更高。中国老龄科学研究中心的三次调查数据显示，失能老年人愿意入住养老机构的比例高达16.6%。参考此比例，如果将失能老人纳入考虑范围，入住人数将进一步增多。

　　为了能够更全面地测算机构养老需求人数，本书对关于机构养老需求的已有调研结果进行了梳理，并在此基础上，对我国有机构养老需求的人数做出了测算。

表4　过去调查研究结果总结

作者	时间	地区	对象	人数	机构养老需求人数占比
复寿劳等	1996	上海浦东	60岁以上老年人	2300	4.5%
程远等	1997	上海市	50岁以上人群	-	5.7%
郅玉玲等	2000	长江三角洲地区	农村老年人	1500	1.2%
宋宝安等	2003	东北三省	60岁以上老年人	2196	8.3%
			中青年	2239	14.9%
夏海勇等	2003	江苏省太仓市	农村老年人	500	1.8%
Manuel Eskildsen, Thomas Price	2004	美国	65岁以上老年人	-	4%
			85岁以上老年人	-	17%
龙书芹等	2004	江苏省扬州、南京、镇江、泰州	65岁以下老年及中年人	825	7.43%
蒋岳祥等	2004	浙江省杭州、宁波、台州、温州、湖州	老年人（平均年龄68.69岁）	1197	9.69%
初炜等	2007	-	60岁以上老年人	1200	11.2%

作者	时间	地区	对象	人数	机构养老需求人数占比
韦云波等	2008	贵阳市	60 岁以上老年人	595	7.2%
董沛等	2008	河北石家庄和保定	60 岁以上老年人	1428	7.77%
陈建兰等	2008	江苏省苏州	60 周岁及以上空巢老人	570	24.6%
杨敏等	2009	杭州市	60 岁以上老年人	314	20.7%
高歌	2010	河南省叶县	59 周岁以下农村已婚居民	247	1.2%
黄俊辉等	2010	江苏省农村	60 周岁及以上老年人	664	25.6%
姚兆余等	2012	北京、河北等东部地区农村	60 岁以上的老年人	749	14.5%
中国消费者协会	2013	全国 15 个大中城市	55 岁~74 岁老年人;21 岁~54 岁且家中有 55 岁以上老人的年轻人	3001	0.40%
国家统计局天津调查总队	2013	天津市	60 岁以上老年人	234	7.70%
杨晓龙等	2013	山东省烟台市	60 岁以上老年人	1273	27.1%
宋红玲等	2013	江苏省南通市	65 岁及以上老年人	729	29.8%
本项目组	2013	天津市南开区	老年人	102	0.98%
			年轻人	300	11%

可以看出，由于调研时间和调研地点的不同，调研结果的差异性很大。但总体来看，我国老年人中有机构养老需求的老年人占比约为5%~15%；农村地区老年人中有机构养老需求的比例约为 1%~9%。鉴于此，本书选取了5%、8%、10%和15%四个不同的测算水平，结果如下：

表5 有机构养老需求人数预测

年份	总体老年人口预测（万人）	5%水平下预测（万人）	8%水平下预测（万人）	10%水平下预测（万人）	15%水平下预测（万人）
2015	20901	1229	1672	2090	3135
2020	24243	1425	1939	2424	3636
2025	28935	1701	2315	2893	4340
2030	34561	2032	2765	3456	5184
2035	38999	2293	3120	3900	5850
2040	40278	2368	3222	4028	6042
2045	40831	2401	3266	4083	6125
2050	45436	2672	3635	4544	6815

数据来源：根据联合国人口司提供数据整理。

由此可见，从有机构养老需求的人数来看，保险公司投资养老地产有较大市场。

2. 对机构养老市场的预测

按照"9073"的养老格局，将有3%的老年人享受机构养老服务。若假设2013年底我国养老机构床位为420万张，新增机构人均建筑面积为40平方米（考虑到公共面积可能比较大），仅考虑3%的机构养老，老年地产年平均增长面积占比、2012年商品房销售面积比均在1%及以上。

表6 机构养老市场预测

年份	总体老年人口预测（万人）	入住人数预测（万人）	养老地产新增建筑面积（万平）	平均新增建筑面积（万平）	占2012年住宅销售面积比例
2015	20901	627	8261	4130	4.2%
2020	24243	727	12271	1753	1.7%
2025	28935	868	17902	1492	1.5%
2030	34561	1037	24653	1450	1.5%
2035	38999	1170	29979	1363	1.4%
2040	40278	1208	31513	1167	1.2%
2045	40831	1225	32177	1005	1.0%
2050	45436	1363	37703	1019	1.0%

数据来源：根据联合国人口司提供数据整理。

如果将活动老人等纳入考虑范围，年增加养老地产数量会更高。鉴于此，本书借鉴欧美国家相关数据，从更加广泛的意义上计算了养老地产的需求量。

在英格兰，2009年老年专门住宅入住者占65岁以上家庭的9%左右；而在美国，2007年老年住宅的存量占美国65岁以上老年人的比例为9.5%。同时，英国和美国基本均在养老地产开始快速发展之后的20年左右，达到养老地产供给相对充足的状态。考虑到我国具体的国情，本书在2025年、2035年和2045年达到较均衡状态三种假设下进行了测算。

若我国养老地产发展速度快于英美两国，可以假设到2025年底养老地产达到供给相对充足状态。若选择居住到养老地产的老年人达到8%，则平均每年带来的新增养老地产建筑面积约为2012年住宅销售面积的6.4%。若选择居住到养老地产的老年人达到15%，则平均每年养老地产新增建筑面积约为2012年住宅销售面积的13.3%。

表7 年新增建筑面积敏感性分析（2025年）

选择养老地产老年人占比（假设）	3%	5%	8%	10%	15%
对应2025年老年人人数（万人）	868	1447	2314	2893	4340
对应2014~2025年养老地产新增建筑面积（万平）	17902	41050	75772	98920	156790
平均每年新增建筑面积（万平）	1492	3421	6314	8243	13065
占2012年住宅销售面积比例	1.5%	3.5%	6.4%	8.4%	13.3%

数据来源：根据联合国人口司及国家统计局提供数据整理。

若假设养老地产用22年时间达到较均衡水平，在不同的比例假设下，平均每年带来的新增养老地产建筑面积约为2012年住宅销售面积的1.4%~10.0%。

表8 年新增建筑面积敏感性分析（2035年）

选择养老地产老年人占比（假设）	3%	5%	8%	10%	15%
对应2035年老年人人数（万人）	1170	1950	3120	3900	5850
对应2014~2035年养老地产新增建筑面积（万平）	29979	61178	107977	139176	217174
平均每年新增建筑面积（万平）	1363	2781	4908	6326	9871
占2012年住宅销售面积比例	1.4%	2.8%	5.0%	6.4%	10.0%

数据来源：根据联合国人口司及国家统计局提供数据整理。

假设我国养老地产发展速度慢于英美两国，经过32年的时间，才在2045年达到较均衡水平，则平均每年的新增建筑面积将进一步下降。不过，即使是在3%的假设下，平均每年带来的新增养老地产建筑面积占2012年住宅销售面积的比例仍然在1.0%以上。

附录3　养老保险及寿险公司投资养老机构需求分析——基于课题组问卷调查情况

表9　年新增建筑面积敏感性分析（2045年）

选择养老地产老年人占比（假设）	3%	5%	8%	10%	15%
对应2045年老年人人数（万人）	1225	2041	3266	4083	6125
对应2014~2045年养老地产新增建筑面积（万平）	32177	64842	113839	146504	228166
平均每年新增建筑面积（万平）	1005	2026	3557	4578	7130
占2012年住宅销售面积比例	1.0%	2.1%	3.6%	4.7%	7.3%

数据来源：根据联合国人口司及国家统计局提供数据整理。

由此可见，在不同假设下，年平均新增建筑面积可占2012年住宅销售面积的1.0%~13.3%，中性假设下占比在5%左右。

3. 对养老床位的预测

根据国家统计局发布的《中华人民共和国2012年国民经济和社会发展统计公报》，截止到2012年底，全国共有养老服务机构4.2万个，床位381万张，收养各类人员262万人。养老床位占老年人数的1.96%，收养人数占老年人总量的1.35%。相比较而言，发达国家一般为6%左右，在发展中国家比例约为2%~3%，例如，日本机构养老的占比约为4%，荷兰占比11%，巴西占比3%。由此可见，我国养老床位还有进一步增长的空间。

具体而言，参考联合国对我国老年人口的预测，按照2013年9月16日《国务院关于加快发展养老服务业的若干意见》中提出的发展目标"2020年，全国社会养老床位数达到每千名老年人35~40张"进行计算，我国2020年养老床位需求约为848万~969万张。而我国2012年底共有养老床位381万张，则年复合增速在2.6%~5.6%之间。

4. 对以房养老业务前景的预测

在2013年9月国务院印发的《关于加快发展养老服务业的若干意见》中，提出了开展老年人住房反向抵押养老保险试点，明确了以房养老的保险属性。结合国际经验与我国国情，失独家庭和孤寡老人将是反向抵押养老保险的主要对象。下面本书结合国际经验，对我国以房养老的市场需求进行了预测。

从国际经验来看，以房养老的规模都不大。在美国符合条件的对

369

象中，仅 2%～3%的老年人参与了反向抵押贷款。2008 年，美国反向抵押贷款达到 11.52 万份，但年发放金额仅约 200 亿美元，相对于寿险逾 5000 亿美元的年保费收入而言数额较小；日本逆按揭于 1981 年出现，但由于只有土地可以融资，受欢迎程度远不及美国；英国 2012 年新发 1.75 万单，占同期 65 岁以上老人比例不足 0.2%。

2012 年，我国至少有 100 万个失独家庭，且每年在以 7.6 万个的速度增长。同时，计划生育的实施、生活习惯和意识的改变使得家庭规模不断变小，空巢家庭比例逐年上升。2012 年，我国人身保险公司原保费收入达到 9957 亿元。如果按美国反向抵押贷款占寿险保费收入比测算，我国反向抵押年发放额约为 400 亿元。而随着老龄化程度的加深和观念的改变，该业务的市场空间将会进一步加大。但就目前的情况而言，以房养老只是国家养老体系的一个补充，暂不具备成为主要养老方式的条件。

（三）对养老社区的期待与担忧

图 1　老年人认可保险公司投资养老地产后最担忧的事情

根据老年版的调查结果，公司后续服务的质量是老年人最为忧虑的事情。同时，25%的受访年轻人也有类似的担忧。

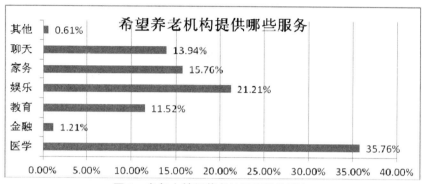

图2　老年人希望养老社区提供的服务

由调研结果可以看出，在养老机构提供的众多服务中，老年人最关心的是医疗方面的服务。与此相类似，在《2013 年中国老年消费者权益保护调查报告》中，医护条件好也以 29.8%的比例成为了老年人选择专业养老机构时考虑的首要因素。同时，在受访的年轻人中，分别有 73%和 65%的受访者表示自己比较关注社区的健康呵护服务和心理照护服务。

在《天津市老龄服务业发展需求的调查研究》中，国家统计局天津调查总队对医疗服务的内容进行了进一步的细分。调研结果显示，64.8%的老年人选择需要老年体检服务，48.9%的老年人选择需要提供入户医疗服务，34.2%的老年人选择需要老年病防治讲座，26.9%的老年人选择生病时需要家庭病床。

三、投资端对养老地产的需求分析——基于专业版问卷结果

在专业版问卷调研过程中，我们依据公司的资产规模及市场份额将受访人员所在公司划分为大公司和小公司，并分别进行了问卷统计，以期发现公司规模对于从业人员对养老地产及以房养老态度的影响。

（一）寿险产业链是否需要延伸

依据调研结果（表 10），大公司中认为没有必要延伸的受访者占比仅为 10%，而小公司中该比例也仅为 13%。总体来说，不论大小公司，从业人员对寿险产业链延伸都持支持的态度，这与产业链延伸给寿险

商业养老保险及其产业链延伸国际比较研究

公司带来的商业机遇密不可分。寿险公司产业链延伸的过程也是保险产品被创造并不断增值的过程。就产业链延伸的领域而言，寿险公司的选择有很多，如老年教育、老年娱乐、老年健康等。其中最重要的形式，也是目前我国寿险公司进行产业链延伸最主要的形式是投资养老地产，建设养老社区。从产业链延伸角度来看，养老社区向上衔接了养老保险等产品，促进了保险产品的创新，向下链接了护理服务、老年医疗等产业，有效整合了关联产业，推动了资源的优化配置。

表 10　从业人员对产业链延伸的态度

	大公司从业人员	小公司从业人员
有必要延伸	62%	54%
长期需要延续,短期没必要	28%	33%
没有必要延伸	10%	13%

此外，调研结果还显示，大公司从业人员认为没有必要延伸的首要原因是我国寿险行业自身还不具备相应条件，而小公司从业人员则更多地关注外部监管和法律的不完善。而对于需要延伸的原因，大小公司的从业人员的关注点也表现出了一定的差异性。大公司受访人员比较关注延伸后寿险行业在金融业中的竞争力，而小公司的受访人员则更关注延伸对盈利的影响。

（二）是否需要通过以房养老延伸产业链

表 11　从业人员对以房养老的态度

	大公司	小公司
有必要通过以房养老延伸产业链	43%	43%
没有必要通过以房养老延伸产业链	57%	57%

由于住房反向抵押贷款产品的长期性十分符合寿险公司发展策略，同时又可以在风险管理及融资上体现出寿险公司的精算优势，因此该产品引起了保险从业人员的广泛关注。在"目前我国寿险公司是否有必要通过以房养老延伸产业链"的问题上，大公司从业人员的态度与小公司从业人员的态度呈现了高度一致性，均有超过半数的受访

者认为保险公司没有必要通过以房养老进行产业链延伸，反映了业内人士对以房养老政策的观望态度。

这种观望态度不仅与消费端需求分析中体现的养老观念相关，也与我国法律环境及保险公司自身条件有联系。就我国目前情况而言，寿险公司推出房屋反向抵押贷款阻力重重，主要包括以下几个方面：（1）估价难。由于未来房价走向不确定，寿险公司担心抵押物缩水。这就导致了老人预期贷款额与寿险公司实际提供的贷款额会有较大差异。这也正是2007年上海售房返租政策失败的原因之一。（2）产权年限较短。中国土地产权只有70年，有的只有40年或者50年。到寿险公司收回房屋时，产权年限可能已经快到期了。（3）产权不清晰。老人去世后，寿险公司可能会面临子女的纠缠。（4）民众对寿险公司的这款产品不够信任。以在城市中有多套房产的老人为例，他们很有可能会选择以自己出租房屋的方式来养老。2005年南京汤山温泉留院老年公寓推出的以房换养，就是因为民营机构缺乏信用而夭折。（5）传统观念影响。中国传统文化是儒家文化，注重宗法血缘关系和孝道。如果儿女没有出息，不会希望老人"以房养老"；但如果儿女有出息，也不会允许老人"以房养老"。由分析可知，不论是从外部环境来看，还是从内部机制分析，保险公司对于以房养老业务并没有运作优势。

（三）养老地产适合所有寿险公司吗

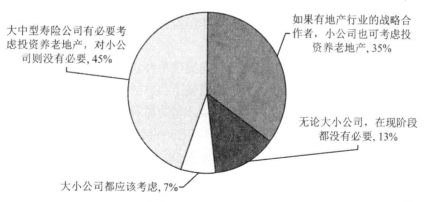

图3　养老地产是否适合所有寿险公司

依据调研结果，仅有 13% 的受访者认为无论大小公司，在现阶段都没有必要投资养老地产。由此可以看出，在利率市场化和互联网金融高速发展的背景下，大部分从业人员都比较认可我国寿险公司进行产业链的延伸、投资养老地产。不可否认，作为目前我国寿险公司产业链延伸的主要形式，保险公司投资养老社区可以将寿险产业链拉长 20 年至 30 年，这种将保险、地产、养老产业融合在一起的商业模式势必对我国寿险行业的发展具有深远意义。

具体而言，投资养老社区对寿险公司所产生的有利影响主要体现在以下几个方面：

1. 投资养老地产有利于寿险公司缓解其资金 "长短错配" 的压力。养老产业相对稳定的长期投资收益与寿险资金投资所要求的长期性与稳定性有着天然的匹配优势。作为一种长期负债性资金，寿险资金在投资管理中应选取长期性投资项目，否则将会使我国寿险业面临较高的资产负债匹配风险。一般而言，寿险负债的持续期在 15 年左右，相比于一般的投资工具持续期而言时间较长，而养老地产的特殊属性可以在一定程度上缓解这种压力。

2. 投资养老地产为养老社区和养老金的结合提供了可能。实现货币给付和实物给付的结合对于消费者和保险公司而言都是有益的。一方面，实物给付可以有效地帮助消费者对抗通胀。如果采用货币给付的方式，消费者面临物价水平变动的可能，其养老服务质量得不到保障。另一方面，实物给付也可以帮助保险公司锁定部分成本，增强其稳定性。

3. 投资养老地产可以为保险公司提供平台。在养老地产的平台上，保险公司一方面通过产业链的延伸增强了客户的粘性。另一方面，基于平台的数据搜集和挖掘拓宽了保险公司的盈利渠道。此外，在构建平台过程中，保险公司可以充分发挥其在产品定价方面的精算优势。

同时，依据调研结果，认为不论大小公司都应该进行考虑的受访者仅占比 7%。由此可见，保险公司投资养老地产应从自身情况出发，制定差异化发展策略。公司的资产规模、股东背景等因素都会在一定程度上影响着公司的决策。

（四）应如何进行监管

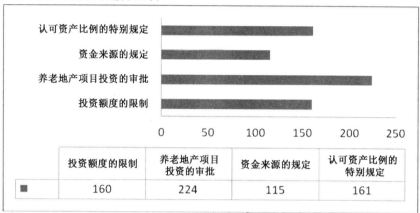

	投资额度的限制	养老地产项目投资的审批	资金来源的规定	认可资产比例的特别规定
■	160	224	115	161

图4　如何进行监管

毫无疑问，为了保障寿险资金的安全性，相关政府部门应该采取一定的风险防范措施。根据问卷调查的统计结果显示，相比于"认可资产比例的特别规定""资金来源的规定""认可资产比例的特别规定"三个选项，更多的从业人员倾向于通过"养老地产项目投资的审批"进行监督管理。不过，由于问卷选项的局限性，很多监管方面没有被考虑。例如，鉴于养老产业的特殊性，应明确养老产业的土地性质归属问题，因为不同性质土地成本、使用年限、政策等都有较大差别；明确相应的行业准入门槛和服务规范等等。同时，调查问卷中也未涉及以房养老监管政策，但在该业务开展过程中，监管部门也应该采取相应措施建立动态监管体系，制定相应的寿险公司偿付能力指导性规则，避免寿险公司因急功近利，出现违法违规的行为。

（五）期待的优惠政策有哪些

依据调研结果，有48%的受访者认为，税收优惠政策更为重要，比例稍高于"投资比例方面的支持（21%）"和"土地优惠政策（31%）"。但这并不能说明投资比例方面的支持和土地优惠政策不重要。事实上，我国目前养老地产的蓬勃发展离不开保险公司投资养老地产时所享受的土地优惠政策。由于选项的局限性，没有考虑其他类型优惠政策的情况。

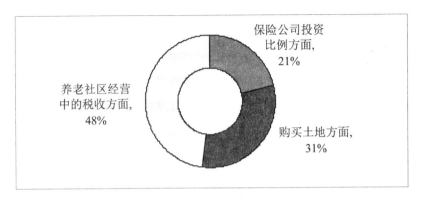

图 5　期待的优惠政策

　　同样，问卷调查中也没有涉及在"以房养老"业务开展过程中，相关政府部门应该通过何种方式推动政策逐步实施。但不可否认的是，由于我国相应机制还不完善，以房养老的顺利实施离不开政府部门的大力支持。具体而言，政府一方面可以通过授权认证、提供担保的方式来增加民众对寿险公司的信任，规避产权年限带来的不确定性。一项英国上议院的调查报告显示，在产权释放产业中消费者的信心十分重要，因此政府应致力于营造一个安全透明的环境。目前，英国产权释放委员会也已经将建立消费者信心作为工作重点。另一方面，政府可以通过政府主导的保险机构对房价下跌风险的后果进行托底。此外，政府还可以鼓励中立专业评估机构的建立，重视专业金融咨询意见的质量，通过税收优惠的方式促进政府和企业的双赢。

四、对保险公司的启示

　　通过消费端的需求分析可知，我国目前养老床位没有办法满足市场需求，大量的市场需求持续存在。如果保险公司理性介入养老地产，注重医疗服务的建设，是可以实现盈利的。然而，就目前而言，大部分的老年人及年轻人对于保险公司投资养老地产、经营以房养老业务仍然持观望态度，因此保险公司应在投资养老地产的同时加大宣传力度，注重增强信誉保证。此外，老年人与年轻人对于养老社区的期待与担忧也为保险公司提供了借鉴,医疗服务必须是社区服务的重中之重。

通过投资端的需求分析可知,寿险公司进行产业链延伸的行为得到了大部分受访从业人员的认可。不可否认,相比于其他机构,保险资金进入养老地产也有其特殊的优势。具体体现在以下几个方面:

1. 资金层面。投资养老产业是一项长期经济效益大于短期经济效益的投资行为。同时,养老地产构建和运营的资金需求很大,我国目前许多养老社区的开发和运营都面临着资金不足的窘境。因此,养老社区的构建需要在投资决策时进行长期一致的规划。保险资金的长期性和稳定性为其投资养老地产带来了天然的优势,它可以为养老实体项目的建设提供大量稳定的长期资金。

2. 技术层面。寿险公司在提供健康、医疗等保障方面拥有丰富的经验和优势,其可通过流程式服务提高养老机构的服务水平。在人员培训方面,保险公司可以利用其专业技能参与其中,建立一支专业人员与志愿者相结合的社区服务队伍。在产品设计过程中,保险公司在运用生命表定价以及自有客户数据分析方面的优势也能够得以体现。总之,寿险企业的专业化经验和技术可以提高养老机构的服务水平。

然而,尽管保险公司在投资养老地产方面拥有众多独特的优势,但是寿险公司如何投资养老地产、如何防范相应风险还有待进一步的探讨。对比国际经验,我国寿险公司这样深度介入养老地产的尚属少数。而寿险公司这样的投资行为势必将对公司短期及长期收益率产生重大影响。因此,寿险公司在决策及实际投资过程中应注意以下几个问题:

1. 保险公司投资养老地产与其核心功能关联不大,一定程度上脱离了其保险保障的本质。同时,寿险公司投资养老地产的跨期比较长,整个过程中涉及的不确定因素很多,这在一定程度上加大了精算定价的难度。大资管背景下,寿险公司应注意做大做强自己的主业,在追求利润的同时应该重视抗击风险、稳健经营。

2. 我国目前寿险产业链延伸的主要形式是养老地产,但房地产泡沫的存在使得风险较大。因此,保险公司应首先考虑清楚自己的定位是开发商还是服务商、应该以什么样的方式介入养老地产。同时，考虑到社会影响对保险行业的重要性，应严格防止养老地产从事商业地产活动。此外，寿险公司应该合理平衡长期利益和短期利益，明确养老地产的配套服务（医疗、护理、娱乐）才是未来利润的主要来源。

3. 从目前来看，保险公司与养老地产在产品上的对接方式比较简单。就产品结构而言，未来我国寿险业发展的主要方向是养老险和健康险。从健康险角度来看，其作为养老服务、地产服务的附加服务，在产品设计的多样性方面还有很大的提升空间。

参考文献

[1] A Abrahams, Adam. Irrevocable life insurance trusts: An effective estate tax reduction technique. News quarterly, 2013(4): 14-17.

[2] Akerlof G. The Market for "Lemons": Qualitative Uncertainty and the Market Mechanism [J]. Quarterly Journal of Economics, 1970(74): 488-500.

[3] Andrew Caplin, Christo Pher Joye. Primer on a Proposal for Global Housing Financing, edited by O.Mitehell, Z.Bodie, P.Hammond, and S.Zeldes University of Pennsylvaia Press, 2002.

[4] Anita M, Mcgahan. How Industries Change. Harvard Business Review. 2004.

[5] Barney, J.B. Firm Resources and Sustained Competitive Advantage [J]. Journal of management, 1991.17:99-120.

[6] Barney, J.B. Gaining and sustaining competitive Advantage [M]. 北京：清华大学出版社. 2003.

[7] BrightScope and Investment Company Institute. 2014. The BrightScope/ICI Defined Contribution Plan Profile: A Close Look at 401(k) Plans. San Diego, CA: BrightScope and Washington, DC: Investment Company Institute. Available at www.ici.org/pdf/ppr_14_dcplan_profile_401 k.pdf.

[8] Campbell, Ikegami, Gibson. Lessons from public long-term care insurance in Germany and Japan [J]. Health Affairs, 2010, 29(1):87-95.

[9] Clemons, E.K, MC.Row. Information technology and industrial cooperation: the changing economies of coordination and ownership [J]. Journal of management information Systems, 1992.9:9-28.

[10] Deloitte Consulting LLP and Investment Company Institute.2014. Inside the Structure of Defined Contribution/401（k） Plan Fees, 2013: A Study Assessing the Mechanics of the "All-In" Fee. Washington, DC: Investment Company Institute. Available at www.ici.org/pdf/rpt_14._dc_401 k_fee_study.pdf.

[11] Don Potter. Confronting Low—end Competition. Sloan Management Review, 2004(7).

[12] Donabedian, Avedis. The Definition of Quality and Approaches to Its Assessment [J] .Health Administration Press, 1980.

[13] Dr.Ian.Philp, A comparison of care in private nursing homes. geriatric and psychogeriatric hospitals [J]. New York: International Journal of Geriatric Psychiatry, 2004: 162.

[14] Edward F, Pierzakde. Payment Choice in REITs Property Acquisitions [J]. Journal of Real Estate Research, 2001(17):104-140.

[15] Edward J, Szymanoski, James C. Enriquez,Theresa R. Diventi . Home Equity Conversion Mortgage Terminations: Information To Enhance the Developing Secondary Market [J]. Journal or Policy Development and Research, 2007 (9):5-45.

[16] Fuchs V.R. The Supply of Surgeons and the demand for Operations [J]. Journal of Human Resources, 1978 (13): 35-56.

[17] Gale E. Newell, Jerry G. Kreuze, David Hurtt. Corporate Pension Plans: How Consistent are the Assumptions in Determining Pension Funding Status [J]. American Journal of Business, 2002, 172.

[18] Gordon Keenayand Edward Whitehouse, The Role of the Personal Tax System in Old -Age Support: A Survey of 15 Countries [J]. Fiscal Studies, 2003(3), Vol.24, No.1:1-21.

[19] Gudmundsson M. The Icelandic Pension System. The Central

Bank of Iceland, Monetary Bulletin 2001/1, pp.43-59. www.cb.is/ library/Skr%C3%A1arsafn---EN/FromOldWeb/Acrobat-(PDF)/mb011_5.pdf

[20] Gurbaxani.V, S.Whang. The Impact of Information Systems on Organizations and Markets[J]. Communications of the ACM, 1991. 34: 59-73.

[21] Harrison, Hall, Nargundkar, Resource Allocation as an Outcropping of Strategic Consistency: Performance Implications [J]. Academy of Management Journal, 1993, Vol.36.1026-1051.

[22] Herbertsson, TT 2006, 'Icelandic pension system', Pensions: An International Journal, 11, 4, pp. 239-246, Business Source Complete, Ebscohost, viewed 27 January 2015.

[23] Hillel Schmid. The Israeli long-term care insurance law: selected issues in providing home care services to the frail elderly [J]. Health and Social Care in the Community, 2004(3): 191-200.

[24] Hitt, L.M. Information Technology and Firm Boundaries: Evidence from Panel Data [J]. Information systems research, 1999. 10: 134-149.

[25] Holden, Sarah, Jack VanDerhei, Luis Alonso, Steven Bass, and AnnMarie Pino. 2014. "401 (k) Plan Asset Allocation, Account Balances, and Loan Activity in 2013". ICI Research Perspective 20, no. 10 (December). Available at www.ici.org/pdf/per20-10.pdf.

[26] Houlihan, John B. International Supply Chain Management, International Executive,1985, 27(3):1012-1023.

[27] Humphrey, J and Schmitz H. How does insertion in global value chains affect upgrading in industrial clusters, Regional Studies, 2002, 9(36): 1017-1027.

[28] Ihara, K. Japan's policies on long-term care for the aged: The Gold Plan and the long-term care insurance program [J/OL]. New York: International Longevity Center [2000]. www.ilcusa.org/_lib/pdf/ihara.pdf.

[29] Ihara, K. Rationale, design and sustainability of long-term care insurance in Japan- in Retrospect [J]. Social Policy and Administration, 1997, 6(3):423-434.

[30] IRS (2014), Types of Retirement Plans, United States. 04-N ov-2014. DOI: http://www.irs.gov/Retirement-Plans/Plan-Sponsor/Types-of-Retire ment-Plans-1Jansen, Donald O. giving birth to, caring for, a nd feeding the irrevocable life insurance trust (J). Real property, prob ate and trust journal. 2006, 41(3), 571-649.

[31] John S. McAlearney, Community Health Center Integration: Experience in the State of Ohio [J]. USA: Journal of Health Care for the Poor and Underserved, 2006: 116

[32] Lannon, Patrick J. Planning opportunities with life insurance trusts Estate Planning. Estate Planning, 2007(5), 34-43.

[33] Larson A. Network dyads in entrepreneurial settings: a study of the governance of exchange relationships. Administrative Science Quarterly, 1992(37):76-104.

[34] Laveda R, Martinez J, Munnz C. Different profile of cyto—kine synthesis according to the severity or acute pancreatitis [J]. WnrhI J Gastroenterol, 2005, 11(34): 5309-5313.

[35] Mark Pearson , John P.Martin. Should We Extend the Role of Private Social Expenditure [N]. Oecd Social Employment and Migration Working Papers, 2005(3), No.23: 19-23.

[36] Markusen A. Sticky places in slippery space: a typology of industrial districts. Economic Geography, 1996(72).

[37] Maurice Weinrobe. An Insurance Plan to Guarantee Reverse Mortgage [J]. Journal of Risk and Insurance, 1987 (2): 644-659.

[38] Meeli TJ, Sirmans CF. Reverse Mortgages and Borrower Mainienan risk [J]. Journal of the American Real Estate and Urban Economies Association, 1994, 22(2):76-85.

[39] Melvin Delgado, Community Social Work Practice in an Urban

context [M], New York: Oxford University Press, 2000: 207.

[40] Merrill SR, Finkel M, Kutty NK. Potential Beneficiaries from Reverse Mortgage Products for Elderly Home Owners: An Analysis of American Housing Survey Date [J]. Real Estate Economics, 1994, Vol. 22(2):257-299.

[41] Miller, R.H, Luft HS. Managed Care Plan Performance since 1980: A Literature Analysis [J]. Journal of the American Medical Association, 1994, (271): 1512-1519.

[42] Ministry of Health, Labor and Welfare. Annual Health, Labor, and Welfare Report 2011-2012 [R]. Japan: MHLW, 2012.

[43] Ministry of Health, Labor and Welfare. The current situation and the future direction of the Long-term Care Insurance System in Japan-With a Focus on the Housing for the Elderly [R/OL]. Japan: MHLW [2013-03-07]. http://www.mhlw.go.jp/english/policy/care-welfare/care-welf are-elderly/dl/ri_130311-01.pdf.

[44] Monroe S M. Health care REITs (real estate investment trusts): a fine performance [J]. Provider (Washington, D.C.), 1995,213.

[45] National Association of Insurance Commissioners. A shopper's guide to long-term care insurance [R]. America: NAIC, 2013.

[46] OECD (2013), Pensions at a Glance 2013: OECD and G20 Indicators, OECD Publishing, Paris. DOI: http://dx.doi.org/10.1787/pens ion_glance-2013-en.

[47] OECD (2013), "Pensions indicators", OECD Pensions Statisti cs (database). DOI: http://dx.doi.org/10.1787/data-00518-en.

[48] OECD (2013), "Pensions statistics", OECD Pensions Statistics (database). DOI: http://dx.doi.org/10.1787/data-00517-en.

[49] Paul Klumpes. Competition Among Stakeholder Groups For Political Influence Over Business Regulation: The Case Of The UK Pensions Industry [J]. Economic Affairs, 2008,233.

[50] Peter Chinloy, Isaac F. Megbolugbe. Reverse Mortgages:

Contractions and Crossover Risk [J].Journal of the American Real Estate and Urban Economics Association,1994(2):367-386.

[51] Peter Hicks, Public Support for Retirement Income Reform [N].Oecd Labor Market and Social Policy Occasional Papers, 2001(12), No.55: 4-5.

[52] Porter ME .The Competitive Advantage [M]. New York Free Press, 1985.

[53] Rasmussen D.W, Megbolugbe I.F, MorganB.A. The Reverse Mortgage as an Asset Management Tool[J].Housing Policy Debate, 1997.

[54] Robert J. Shiller, Allan N. Weiss. Moral Hazard in Home Equity Conversion [J]. Real Estate Economics, 2000 (3):1-31.

[55] Ronald C. Clute, Don P. Holdren, George E. Moody. Impact Of The Tax Reform Act Of 1986 On The Housing Industry[J].The Clute Institute,1988(1): 67-79.

[56] Ross, Alan J. System and method for assuring predictable gains. Journal of financial service professionals, 1999(8):23-42.

[57] Rothman, Strategies of Community Intervention (6thEdition) [M], Itasca IL: F.E.Peacock Publisher, 2001: 78-89.

[58] Shan H. Reversing the Trend: The Recent Expansion of the Reverse Mortgage Market [J].Real Estate Economics, 2011,39(4):743-768.

[59] Sherry Anne Chapman, et al. Client-centred, community-based care for frail seniors [J]. Health and Social Care in the Community, 2002(3): 253-261.

[60] Someya Y, Wells, Y. Current issues on ageing in Japan: A comparison with Australia [J]. Australasian Journal on Ageing, 2008, 27(1): 8-13.

[61] Stevens, Graham, Integrating the Supply Chain [J]. International Journal of Physical Distribution and Material Management, 1989, Vol.19, No.8.3-8.

[62] Tobias Laun, Johanna Wallenius. A life cycle model of health and

retirement: The case of Swedish pension reform [J]. Journal of Public Economics, 2013.

[63] Tsutsui T, Muramatsu N. Japan's Universal Long term care system reform of 2005: Containing Costs and realizing a long-term vision [J]. Journal of American Geriatrics Society, 2007, 55(9): 1458-1463.

[64] Whitelaw, E. Randolph. How to relieve the plight of unskilled irrevocable life insurance trust trustees unfamiliar with their duties [J]. Journal of financial service professionals, 2014, 68(2), 44-49.

[65] Wolfram J, Horneff, Raimond H, Maurer, Olivia S, Mitchell, Ivica Dus. Following the rules: Integrating asset allocation and annuitization in retirement portfolios [J]. Insurance Mathematics and Economics, 2007,421.

[66] 柴效武, 胡平. 美国反向抵押贷款发展历程及对我国的启迪 [J]. 经济与管理研究, 2010 (4).

[67] 柴效武, 孟晓苏. 反向抵押贷款运作 [M]. 杭州: 浙江大学出版社, 2008.

[68] 柴效武, 杨梦. 反向抵押贷款产品定价的机理和方法体系研究 [M]. 北京: 科学出版社, 2012.

[69] 常雪凌. 浅谈我国管理式医疗保险现状及对策 [J]. 致富时代, 2006 (6): 53.

[70] 陈北. 保险金信托: 我国保险业同信托业之间的"鹊桥" [J]. 重庆工商大学学报, 2004 (5).

[71] 陈成, 宋建明. 保险资金不动产投资模式研究 [J]. 保险研究, 2011 (9): 60~67.

[72] 陈功. 促进保险产业链形成的机制创新 [N]. 中国保险报, 2013.2.6.

[73] 陈圣莉, 林晓东. 发展商业养老保险正其时 [N]. 经济参考报, 2007-11-15.

[74] 陈文. 美国管理保健的经验与启示 [J], 2001 年第 7 期《中国卫生经济》第 20 卷.

[75] 陈星，魏枫. 美国企业年金监管模式与方法借鉴[J]. 财会月刊，2014，14：108～112.

[76] 陈莺. 我国发展住房反向抵押贷款的研究[D]，厦门：厦门大学，2008.

[77] 程强. 人口老龄化下的养老产业发展[J]. 劳动保障世界，2012（12）.

[78] 丁铄. 基于中国国情的REITs模式及其风险管理研究[D]. 重庆：重庆大学，2009.

[79] 董潇. 险资进入养老保险还需延伸产业链[N]. 中华工商时报，2013（11）：1.

[80] 段美枝. 中国31个省份城镇贫困保障制度实证分析——以城镇居民最低生活保障为例[J]. 社会福利（理论版），2014（2）.

[81] 樊阳. 中美德日企业年金制度比较分析[J].天津社会保险，2012，33:42～44.

[82] 范子文. 以房养老——住房反向抵押贷款的国际经验与我国的现实选择[M]，北京：中国金融出版社，2006年版.

[83] 董春晓. 福利多远视角下的中国居家养老服务[J]. 中共中央党校学报，2012（8）：81～83.

[84] 冯菲菲. 中国人寿企业年金经营策略研究——基于企业年制度框架[D]. 四川：西南财经大学，2013.

[85] 冯璐. 中国企业年金税收优惠模式研究[D]. 太原：山西财经大学，2014.

[86] 冯鹏程. 管理式医疗在我国的实践、困境和发展对策[J]. 上海保险，2007（7）.

[87] 冯倩. 基于EET税制的我国企业年金税收优惠模式研究[D]. 焦作：河南理工大学，2012.

[88] 付平. 保险金信托法律问题研究[D]. 长沙：中南大学，2009.

[89] 傅鸿源，孔利娟. "以房养老"模式的现状及分析[J]. 城市问题，2008（9）：68～72.

[90] 高锐. 我国保险业开展住房反向抵押贷款的可行性及对策研

究[D]．长春：吉林大学，2013.

[91] 龚勤林．产业链延伸的价格提升研究[J]．价格理论与实践，2004（3）.

[92] 龚勤林．论产业链延伸与统筹区域发展[J]．理论探讨，2004（3）.

[93] 龚勤林．区域产业链研究[D]．成都：四川大学，2004.

[94] 苟丽娜．发达国家企业年金比较研究及对中国初期阶段企业年金制度的启示[D]．成都：西南财经大学，2008.

[95] 郭竞成．居家养老模式的国际比较与借鉴[J]．社会保障研究，2010（1）：29～39.

[96] 郭凯，钭旭杰．创新商业养老保险商业模式的探索[J]．上海保险，2010（9）：10～13.

[97] 郭倩竹．中国企业年金受托管理模式研究[D]．成都：西南财经大学，2011.

[98] 海龙．日本长期护理保险的政策设计、基本特征及发展走向[J]．经济与管理，2013，27（8）：14～19.

[99] 韩莹．REITs对我国房地产业融资的启示[J]．新疆财经，2007（3）：61～65.

[100] 韩再．住房反向抵押贷款研究综述[J]，城市发展研究，2009（8）.

[101] 何金卫，姜婉婧．我国房地产投资信托基金（C-REITs）运作模式探讨[J]．中国商界，2008（11）：124.

[102] 何林广，陈滔．谈谈长期护理保险产品条款的设计[J]．上海保险，2006（12）：34～36.

[103] 胡宏伟，汤爱学，王剑雄．美、德、日三国长期护理保险制度发展评析与启示[J]．广西经济管理干部学院学报，2013（2）：7～14.

[104] 胡金．我国城镇住房反向抵押贷款模式研究[D]．武汉：武汉科技大学，2012.

[105] 胡雅梅．中国居民消费倾向问题研究[D]．北京：中共中央

党校，2013．

[106] 贾景梅．我国发展住房反向抵押贷款养老模式研究[D]．保定：河北大学，2010．

[107] 蒋虹．论发展我国长期护理保险[J]．保险研究，2006（10）：38～40．

[108] 蒋君．构建我国房地产投资信托基金REITs制度的思考——基于日本美国REITs经验的视角[D]．武汉：中南民族大学，2012．

[109] 蒋正华，徐匡迪，宋健．国家人口发展战略研究报告[M]．北京：中国人口出版社，2007．

[110] 蒋正华．中国老龄化现象及对策[J]．求是，2005（6）：13～17．

[111] 荆涛．建立适合中国国情的长期护理保险制度模式[J]．保险研究，2010（4）：77～82．

[112] 敬夏玺，汪洋．房企通过REITs上市融资[J]．企业导报，2010（3）：78．

[113] 居家养老服务调查组．我国城市居家养老服务研究[R]．全国老龄办，2010．

[114] 孔月红，李淑雯．寿险公司涉老业务链的延伸与整合路径探析[J]．当代经济，2014，01：127～129．

[115] 蓝霞，王伟．积极发展商业养老保险，完善中国现行"三支柱"养老保障体系[J]．经济研究导刊，2010（19）：59～62．

[116] 蓝宇曦．引入管理式医疗保险的制度性障碍探讨[J]，保险研究，2005年第4期．

[117] 黎民，权晓妮．反向抵押贷款养老的中国困局及其突破[J]，贵州社会科学，2012（03）．

[118] 李海燕．浅谈BOT模式在养老地产中的运用[J]．福建建筑，2013（1）：115～117．

[119] 李静．我国房地产开发模式探讨[D]．上海：华东师范大学，2006．

[120] 李佩纯．台湾信托课税之法律问题研究——以遗赠课税为中

心[D]．上海：华东政法大学．2006.

[121] 李文群．长期护理保险国际经验与政策建议[J]．经济研究导刊，2012（1）：74～76.

[122] 李晓波．寿险复苏、产险盈利能力堪忧[N]．中国保险报，2014（01）.

[123] 梁莉．住房反向抵押贷款定价研究[D]，成都：西南财经大学，2009.

[124] 梁晓强，陈继．人寿保险信托及其在我国推行面临的问题[J]．上海保险，2012（10）：32～36.

[125] 廖淑蓉．借鉴管理式医疗突破医疗保险费用控制难点[J]．中国发展观察，2007（7）.

[126] 林显达．人寿保险信托之研究[J]．环球技术学院科技人文学刊，2005（3）：21～32.

[127] 刘大唯，左晴．广州市推行"以房养老"的可行性分析——兼论养老保险风险释散的对策[J]．社会保障研究，2011（5）：92～100.

[128] 刘贵富．产业链基本理论研究[D]．长春：吉林大学，2006.

[129] 刘洪．农民消费倾向高于居民[N]．经济信息时报，2014-03-26.

[130] 刘降斌，沈铁铮．浅谈商业寿险在我国养老保险体系中的地位和作用[A]．黑龙江省保险行业协会．2004年保险行业协会论坛文集[C]．黑龙江省保险行业协会，2004，4.

[131] 刘君娴．论我国人寿保险信托制度的建立[D]．青岛：中国海洋大学法学院，2012.

[132] 刘涛，林晨．我国人寿保险信托制度创新初探[J]．上海金融．2008（12）：28～32.

[133] 刘文雯．关于我国管理式医疗的思考[J]．经营管理，2009（21）：83.

[134] 刘向东．新形势下信托保险的互动发展[J]．保险研究，2004.5.

[135] 刘永刚．人寿信托保险及其在我国的发展研究[J]．商业经

济，2010 年第 1 期.

[136] 刘颐. OECD 国家企业年金基金监管及其对我国的启示[D]. 南昌：江西财经大学，2013.

[137] 刘宇. 我国商业地产市场发展房地产投资信托基金（REITs）研究[D]. 昆明：云南大学，2011.

[138] 路静，高鹏，董纪昌. 基于保险精算的住房反向抵押贷款定价研究[J]，管理评论，2010（4）.

[139] 罗莉，王亚萍，尹静，何雯. 以房养老模式在我国发展的思考——基于武汉市城市居民以房养老状况的分析[J]. 当代经济，2011（10）：24～25.

[140] 罗亚希. 浅析管理式医疗保险的发展及对我国的启示[J]. 现代经济信息化，2010（10）：30～31.

[141] 吕国营，薛新东. 卫生经济学中供方诱导需求命题研究评述[J]. 经济学动态，2008（9）：95～99.

[142] 吕焕. 浅谈我国商业地产 REITs 的发展[J]. 现代商业，2012（26）：87～88.

[143] 吕学静. 社会保障国际比较[M]. 北京：首都经济贸易大学出版社，2007.

[144] 马琳琳. 浅论我国人寿保险信托制度的发展[J]. 上海保险，2012 年第 10 期.

[145] 毛中根，孙武福，洪涛. 中国人口年龄结构与居民消费关系的比较分析[J]. 人口研究，2013（3）.

[146] 缪稳. 企业年金监管法律制度研究[D]. 合肥：安徽大学，2013.

[147] 牛清霞. 我国城市住房反向抵押贷款养老模型研究[D]. 沈阳：沈阳建筑大学，2012.

[148] 欧新煜，赵希男. 保险公司投资养老社区的策略选择[J]. 保险研究，2013（1）：119～127.

[149] 潘素侠. 养老地产及其融资模式分析[J]. 经营者管理，2013（8）：170.

[150] 潘秀菊．人寿保险信托所生法律问题及其运用之研究[M]．台湾：元照出版社，2001．

[151] 潘勇涛，卢建．中国城乡居民消费倾向决定因素的实证研究[J]．统计与决策，2013（21）．

[152] 潘卓，李硕．对寿险公司发展企业年金业务的思考[J].金融教学与研究，2010，03：80～81．

[153] 彭华明，黄叶青．福利多元主义：福利提供从国家到多元部门的转型[J]．南开学报（哲学社会科学版），2006（6）：43．

[154] 彭华明．西方社会福利理论前沿[M]．北京：中国社会出版社，2012．

[155] 彭晓娟．管理式医疗保险模式研究初探[D]．厦门：厦门大学，2007：1～47．

[156] 仇雨临，孙树菡．医疗保险[M]．北京：中国人民大学出版社，2001．

[157] 瞿燕.我国企业年金投资运营研究[D].武汉：武汉科技大学，2013．

[158] 任朝相．健康管理和健康保险结合效应之初探[J]．医院管理，2007（24）：141～142．

[159] 邵爽．浅谈美德两国企业年金基金投资的风险控制[J].时代金融，2011，11:198．

[160] 施懿纯，林淑慧．我国保险信托概念之探讨[C]．台湾：2009保险金融学术研讨会 1 期（5月）：98～117．

[161] 宋连仲，赵竹岩，刘秀峰著．国外医疗保险制度比较研究[M]．中国协和医科大学出版社．

[162] 苏珊·特斯特著．周向红，张小明译．老年人社区照顾跨国比较[M]．北京：中国社会出版社，2002．

[163] 孙理军，方齐云，郑晓军.传统行业产业链的延伸发展[J].经济管理，2006．

[164] 孙秀娟．我国养老地产开发模式研究[D]．北京：北京交通大学，2011．

[165] 田佳. 建设银行山东省分行企业年金发展战略研究[D]. 成都：西南交通大学，2012.

[166] 田香兰. 养老事业与养老产业的比较研究——以日本养老事业与养老产业为例[J]. 天津大学学报，2010（1）.

[167] 田原. 城市社区养老服务：日本的经验与启示[J]. 中国发展观察，2010（5）：77～79.

[168] 王波. 居家养老：问题与模式创新——以上海亲和源老年公寓为例[J]. 华东理工大学学报，2009（4）：94～99.

[169] 王慧. 我国健康保险产业链研究[J]. 保险研究，2009（9）.

[170] 王莉莉. 国外养老丛书——英国老年社会保障制度[M]. 北京：中国社会出版社，2010.

[171] 王文娟，陈岱云. 中国医疗保险的现状与发展趋势分析[J]. 理论学刊，2009（10）：51～55.

[172] 王晓曦. 中国推出人寿保险信托产品研究[C]. 沈阳：辽宁大学，2012.

[173] 王欣华. 国寿养老保险企业年金业务发展营销策略探讨[D]. 大连：大连理工大学，2008.

[174] 王秀芸. 寿险资金投资养老地产研究[D]. 杭州：浙江大学，2012.

[175] 王亚柯，吕惠娟. 资产规模覆盖率与替代率：国际视野的我国企业年金现状[J]. 资本市场，2012，08：141～146.

[176] 王忠. 养老地产商业模式解构[J]. 现代物业，2011（2）：110～111.

[177] 魏华林，何士宏. 反向抵押贷款养老保险机制的设计与安排[J]，保险研究，2007（10）.

[178] 翁小丹，李铭，余海微. 国外商业养老保险税收制度比较[J]. 上海金融，2009（8）：61～64.

[179] 吴定富. 大力发展商业养老保险[J]. 中国金融，2005（20）：6～8.

[180] 吴新坚. 养老地产商业模型探讨[J]. 城市开发，2011（6）：

14～15.

[181] 吴彦艳. 产业链的构建整合及升级研究[D]. 天津：天津大学，2009.

[182] 冼青华. 我国长期护理保险实施实物给付方式探讨[J]. 金融教学与研究，2010（3）：75～79.

[183] 肖芬，刘西林，王军. 煤炭矿区产业链延伸影响因素的实证研究[J]. 软科学，2009（1）.

[184] 徐丽芳. 论出版产业链延伸策略[J]. 出版发行研究，2008（8）.

[185] 徐思云，董明英. 寿险公司大力发展企业年金的思考[J]. 合作经济与科技，2013，12：55～56.

[186] 徐文杰. 中国人寿集团投资养老地产市场研究[D]. 天津：天津大学，2011.

[187] 徐瑜阳. 我国养老地产开发中存在的问题与对策[J]. 黑龙江对外经贸，2011（8）：93～94.

[188] 许辉，周园. 商业养老保险的保障水平研究[J]. 经济经纬，2012（1）：148～152.

[189] 徐志文，谢方. 农村社区养老合理性分析及实施对策[J]. 农村经济，2005（11）：34～36.

[190] 阎春宁，祝罗骁，张翔，张伟. 上海市居民以房养老意愿研究[J]. 价值工程，2011（1）：318～319.

[191] 杨长汉. 中国企业年金投资运营研究[M]. 北京：经济管理出版社，2010.

[192] 杨锐. 产业链竞争理论研究——基于产业链治理的视角[D]. 上海：复旦大学，2012.

[193] 杨瑞龙. 企业理论：现代观点[M]. 北京：中国人民大学出版社，2005.

[194] 杨寅. 保险公司促进企业年金市场发展策略研究[D]. 成都：西南财经大学，2013.

[195] 杨志浩. 养老地产的融资与盈利模式[J]. 中国地产市场，

2012（3）：66～67.

[196] 易礼. 以房养老模式研究——以太原市为例[D]. 太原：山西财经大学，2013.

[197] 易丽芳. 美国团体健康保险对中国补充医疗保险的借鉴意义[C]. 武汉科技大学，2007：34.

[198] 于林樾. 对我国管理式医疗保险的思考[J]. 管理与财富，2010（3）：38.

[199] 俞晓滨. 养老保险公司发展企业年金业务的优势与策略选择[D]. 上海：复旦大学，2012.

[200] 郁义鸿，管锡展. 产业链纵向控制与经济规制[M]. 上海：复旦大学出版社，2006.

[201] 郁义鸿. 产业链类型与产业链效率基准[J]. 中国工业经济，2005，11：35～42.

[202] 于莹. 美国401（k）计划法律构造研究——兼论对中国养老金入市的启示[J]. 社会科学战线，2013，09：159～163.

[203] 俞自由，陈正阳. 社会养老保险、补充养老保险与商业保险的关系——上海地区社会养老保险的替代率分析和商业养老保险市场预测[J]. 管理世界，1997（2）：181～186.

[204] 袁妙彧. 市场化与国家责任:福利国家强制性企业年金制度的比较[J]. 财政研究，2010，08：46～51.

[205] 袁艳平. 战略性新兴产业链构建整合研究——基于光伏产业的分析[D]. 成都：西南财经大学，2012.

[206] 曾星. 社医养老服务的发展方向：专业化、产业化和规模化[J]. 西北人口，2008（3）：38～46.

[207] 曾昱. 社区养老服务——中国城市养老服务保障的新选择[J]. 天府新论，2006（4）：342～343.

[208] 张冬冬. 养老地产开发运营"惑之五部曲"[J]. 城市开发，2012（2）：58～61.

[209] 张晶. 我国寿险公司推展反向抵押贷款之研究[D]. 杭州：浙江大学，2006.

[210] 张雷. 产业链纵向关系治理模式研究[D]. 上海：复旦大学，2007.

[211] 张雷. 寻路中国养老地产模式[J]. 房地产导刊，2013（1）：109～113.

[212] 张莉媛，刘锡标. 我国保险产业链弊端分析[J]. 企业研究，2010（8）.

[213] 张佩，毛茜. 寿险业介入养老产业：经验借鉴与现实选择[J]. 南方金融，2013（3）.

[214] 张茜，任艳艳. 住房反向抵押贷款养老运作机制探讨[J]. 求索，2013（2）.

[215] 张茜. 我国反向抵押贷款的风险因素与定价研究[D]. 济南：山东大学，2013.

[216] 张松. 中国人口老龄化背景下的养老保险研究[D]. 长春：吉林大学，2009.

[217] 张旺芝. 城区老年人消费行为实证研究——以石家庄为例[D]. 青岛：中国海洋大学，2008.

[218] 张怡. 反向抵押贷款：一种新型养老模式的研究[D]. 大连：大连理工大学，2007.

[219] 赵春红. 中国企业年金税收优惠政策分析——基于企业年金市场的国际比较[J]. 现代商贸工业，2014，24：200～201.

[220] 赵东霞，李赖志. 独生子女时代我国养老产业发展的SWOT分析[J]. 财经问题研究，2013（1）.

[221] 赵婧. 浅析保险公司投资养老实体的可行性[J]. 上海保险，2011（2）：37～39.

[222] 赵磊，夏鑫，全华. 基于旅游产业链延伸视角的县域旅游地演化研究[J]. 经济地理，2011（5）.

[223] 郑秉文，孙守纪. 强制性企业年金制度及其对金融发展的影响——澳大利亚、冰岛和瑞士三国案例分析[J]. 公共管理学报，2008，02：113～121.

[224] 郑功成等著. 中国社会保障制度变迁与评估[M]. 北京：中

国人民大学出版社，2002.

[225] 郑志华. 基于养老社区的新型寿险商业模式研究[D]. 北京：中国社会科学院研究生院，2012.

[226] 中国保监会. 养老保险国别研究及对中国的启示[M]. 北京：中国财政经济出版社，2007.

[227] 中国老年消费者权益保护调查报告（2013）. 中国消费者协会，2013.

[228] 周国红，周耀烈. 基于产业链延伸的循环经济发展对策研究——以宁波为例[J]. 科技进步与对策，2008（7）.

[229] 周海珍. 长期护理保险的理论研究：进展与前景[J]. 投资研究，2012（7）：144～150.

[230] 周建再，胡炳志，代宝珍. 我国商业养老保险个税递延研究——以江苏省为例[J]. 保险研究，2012（11）：3～12.

[231] 周延. 我国开办长期护理保险瓶颈分析及险种设计[C]. 2013中国保险与风险管理国际年会论文集，云南昆明，2013：621～630.

[232] 周燕珉. 养老地产的15种模式[J]. 房地产导刊，2013（Z1）：120～121.

[233] 周云. 日本护理保险制度评述[J]. 人口学刊，2000（3）：46～51.

[234] 周翊. 我国发展保险信托的可行性分析[J]. 内江科技，2007.6.

[235] 朱龙培. 农村养老保障体系中商业保险参与性不足的困境[J]. 农村经济，2012（8）：41～43.

[236] 朱孟杨，喻海燕. 企业年金制度发展及模式选择：日本的经验与启示[J]. 日本问题研究，2007，03：1～6.

[237] 祝向军，董琳. 论保险公司和养老服务业的合作与发展[J]. 深圳大学学报，2011（2）.

南开大学出版社网址：http://www.nkup.com.cn

投稿电话及邮箱：022-23504636　　QQ：1760493289
　　　　　　　　　　　　　　　　QQ：2046170045(对外合作)
邮购部：　　　　022-23507092
发行部：　　　　022-23508339　　Fax：022-23508542

南开教育云：http://www.nkcloud.org

App：南开书店 app

　　南开教育云由南开大学出版社、国家数字出版基地、天津市多媒体教育技术研究会共同开发，主要包括数字出版、数字书店、数字图书馆、数字课堂及数字虚拟校园等内容平台。数字书店提供图书、电子音像产品的在线销售；虚拟校园提供 360 校园实景；数字课堂提供网络多媒体课程及课件、远程双向互动教室和网络会议系统。在线购书可免费使用学习平台，视频教室等扩展功能。